RAÚL BENOIT

PROHIBIDO DECIR TODA LA VERDAD

EDITORIAL OVEJA NEGRA
QUINTERO EDITORES

1ª edición: diciembre de 2007
2ª edición: junio de 2008

© **Raúl Benoit, 2007**
prohibidodecirtodalaverdad@raulbenoit.com
www.raulbenoit.com

© **Editorial La Oveja Negra Ltda., 2007**
editovejanegra@yahoo.es
Cra. 14 Nº 79 - 17 Bogotá, Colombia

© **Quintero Editores Ltda., 2007**
quinteroeditores@hotmail.com
Cra. 4 Nº 66 - 84 Bogotá, Colombia

Si desea escribirle al autor:
9737 N.W. 41st Street
P.O BOX # 285
Miami, Florida, 33178
U.S.A.

ISBN: **958-06-1099-1**

Diseño portada: Jorge Martínez

Corrección y diagramación: José Gabriel Ortiz A.

Impreso en Colombia - Printed in Colombia

En una guerra, la verdad es la primera víctima.
Franklin D. Roosevelt,
Presidente de los Estados Unidos

El patriotismo es la virtud de los sanguinarios.
Óscar Wilde

Dedicado a los que creyeron en la verdad.
A las viudas y a los huérfanos de la violencia, el terrorismo y el
narcotráfico.
A las víctimas de la infamia en Colombia que dependen de la
verdad y de los medios de comunicación honestos para contarla,
aliviar el sufrimiento, alcanzar justicia y derrotar a los perversos.
Raúl Benoit

A mi preciosa Libertad.

Contenido

A MANERA DE PREFACIO,
DE UNA CARTA A MIS HIJOS

En un viaje que hice a los Estados Unidos cuando todavía trabajaba como corresponsal de noticias de la cadena *Univisión* en Colombia, una familia se me acercó, me entregó una estampita religiosa y la mamá me dijo las siguientes palabras: *"Que la Virgencita de Guadalupe lo guarde. Sabemos el riesgo que corre para darnos a conocer las noticias de su país. Hemos rezado por usted y hoy lo haremos otra vez"*. No fue la primera ni sería la última vez que oiría esa voz de aliento, por parte de la audiencia que me veía en televisión. Pero, aunque esas palabras me deberían haber hecho reconsiderar mi regreso a Colombia, en aquel tiempo volví, como lo hacía siempre, para seguir reportando noticias, quizás obsesionado por el sentido de responsabilidad profesional.

Siempre me pregunté si lo que pasaba en nuestro país era realidad o alucinación. También me pregunté: ¿Quién, o quiénes, respondían por la desigualdad social, el desorden nacional, la guerra y el terrorismo prolongados por más de 50 años? ¿Quién, o quiénes o qué fue responsable de los hechos de violencia que se repetían sin cesar y sin capacidad de meditación, sin discusión y sin dar tiempo a cauterizar? Creía que informando al mundo sobre lo que ocurría allí, una anarquía casi institucionalizada, las cosas iban a mejorar.

Todo lo confronté con el futuro de ustedes, con el peligro que correrían en una nación en conflicto, porque quienes somos padres, tíos o abuelos, buscamos ese tipo de respuestas, más que los que no lo son; pero, además, en nuestro caso se volvió agotador porque los hechos nos rozaron, nos lastimaron en forma directa.

Mediante estos relatos, que comenzaron como una carta para ustedes, mis hijos, trataré de explicarles la razón de esa lucha que volví casi personal y que me hizo dejar a un lado mi obligación como padre y esposo y poco a poco me separó de su cariño. Tuvieron que pasar incidentes graves, pero uno en especial, el último atentado contra mi vida y el subsiguiente juicio público propiciado por enemigos invisibles, para que entendiera que posiblemente me equivoqué, pero no por decir toda la verdad, sino porque en mis manos no estaba el solucionar mágicamente los males del país, revelando la verdad.

Hijos, la crudeza de estos relatos me obliga a pedirles que lo lean con cuidado. Ciertos pasajes tendrán que leerlos cuando sean adultos, ostenten la suficiente madurez y un buen estómago para asimilarlos porque, aunque pude matizarlos, preferí no hacerlo ya que sería injusto con los protagonistas y con la historia. Algunos dieron la vida por defender la verdad.

Ciertos lugares y nombres los reemplacé para no perjudicar la intimidad familiar o profesional y por la seguridad personal de los involucrados, porque en ese pueblo surrealista, la vida valía poco, o como decía la gente: *"valía huevo"*, aunque, la verdad, el huevo costara más que la vida.

Durante la narración me referiré a Colombia en pasado, porque evocar esa nación para mí representó dolor. Hubo un sentimiento de pérdida grande. Cuando uno pierde lo que quiere o lo que ama, así queda marcado. Sufrí el exilio del corazón.

Papá.

Posdata / Estos relatos no son una autobiografía, solamente son un testimonio personal que espero sirvan para hacer recapacitar a las personas que tienen hijos y nietos, y que por la violencia y la indiferencia existente en Colombia, quedaron atrapadas en su propio destino.

*Este libro pude publicarlo
después de una larga lucha por hacerlo.
Lo que demostró cuán oscuro fue el resentimiento,
pero también, cuán profundo el miedo de quienes por años
me atacaron para ocultar la verdad que
ellos se proponían prohibir.*

Raúl Benoit

Casi todos los hechos y los testimonios están registrados en video o en pruebas originales, fotográficas o escritas. Ciertas frases y testimonios son como las recuerda el autor.

CAPÍTULO I
CUANDO EL DESTINO APREMIA

La mentira la utilizaban en Colombia como una cómoda vía para evadir responsabilidades, para no asumir obligaciones o deberes, para obtener ganancias personales o para ocultar delitos. La verdad y la mentira se confundían en una irrebatible mezcla de odios y pasiones, de envidias y ambiciones.

1
DESPERTANDO DE LA PESADILLA, EN EL DESTIERRO

Mientras me arrojé al suelo, ayudado por un empujón de mi cuñado, escuché un tiro. Él apenas agachó su cuerpo, porque quien disparaba parecía atacarme sólo a mí. Entonces, en el piso de la calle, me arrastré utilizando los codos y las rodillas para mantenerme lo más bajo posible y comencé una veloz carrera hacia la vida, como lo hice antes. Sentí mi corazón palpitar vigorosamente y en mi cerebro escuché los latidos, como si estuvieran a punto de explotar mis arterias. Al mismo tiempo que me desplazaba apuradamente, oí el segundo disparo y después el tercero. En ese momento las esquirlas del cemento me picotearon la piel. El sicario, después de no atinar en su ataque inicial y todavía sobre su moto estacionada, se empinó, quizá por no poder visualizarme y trató de encontrar mi cuerpo levantando su brazo, disparando al piso en forma desordenada, por encima del carro. Quería propinarme un balazo a como diera lugar. Seguí en mi huida y terminé en el otro extremo del automóvil, mientras mi cuñado huyó temeroso, quedando a salvo de la línea de fuego.

Segundos antes vi surgir de la nada a ese sicario. Posiblemente estaba escondido entre los árboles. Noté que viajaba en contravía, zigzagueando e inesperadamente paró frente a mí, gritó *¡periodista!*, y vi que levantó un revólver. Ahí me lancé al suelo, pero alcancé a ver que el individuo portaba un casco protector en su cabeza. Distinguí sus ojos y las gotas de sudor que corrían por su cara.

Fui a Cali para asistir a una misa católica, en recordación de mi tío George que murió en Francia pocos días atrás, y me hallaba frente a la casa de los abuelos de ustedes, mis hijos[1].

El gemido que salió de mi garganta me despertó y noté que estaba bañado en sudor. Ese evento, ocurrido dos meses antes, ahora convertido en pesadilla diaria, marcó el comienzo del fin de la amarga historia del exilio del corazón. Apenas dormía un par de horas cada noche. El insomnio se convirtió en un castigo. También el destierro, pero aún más esa pesadilla que se repetía, como cuando se padece un dolor y la noche lo hace más agudo.

Para disminuir la amargura me repetí que ese exilio debía verlo como *voluntario*, aunque siempre supe que no fue *voluntario*, porque fuimos desterrados de nuestro país por los eventos y por gente que no estaba a gusto con mi trabajo. Ahora vivíamos como inmigrantes en los Estados Unidos. En el exilio comencé a entender que siempre hubo una causa y un efecto. Causas y efectos que se repitieron a través de los años mientras ejercí el oficio de *corresponsal de guerra*. Estar expatriado fue un efecto.

En Colombia el simple hecho de ejercer el oficio de periodista representaba un peligro. Pero en mi caso afronté un problema más en mi contra. Durante años sufrí una campaña perversa de unos cuantos colegas, que me acusaron de *exportar mala imagen al exterior*, al reportar noticias, lo que indujo una antipatía de sectores de la sociedad, que me vieron como uno de los culpables, ignorando adrede a los que provocaban los hechos violentos. Entonces, cuando ocurrió el atentado, argumentaron que éste hacía parte de un plan para atacar al país. Me decepcioné tanto al escuchar eso, que hubiera preferido caer allí mismo, en vez de arrastrarlos a ustedes por la tortura de la infamia y posterior destierro y sólo así, con mi muerte, se comprobaría que los hechos sucedieron en realidad. Sin embargo, reflexioné que la idea sería injusta

---

1 Este atentado ocurrió el 15 de febrero de 2001.

con ustedes, porque no merecían quedarse sin papá para darle gusto a los que fomentaban la farsa generalizada de que vivíamos en un país maravilloso, donde no pasaba nada violento.

Después del atentado y a pesar del peligro, tercamente decidí quedarme en Colombia. Resistí ocho días hasta que recibí una llamada telefónica en la oficina de Bogotá, donde una voz me advirtió: *Te vamos a quemar vivo con tu linda esposa y tus hijos, adentro de tu casa. Malparido, ¿te acordás?* Sí me acordé. Esa frase la escuché en el pasado y casi la cumplieron.

Frente a esa cruda realidad, fue vital protegerlos a ustedes y ese día, les hice empacar lo que pudieron en una maleta y corrimos al aeropuerto. Sentimos que el demonio nos perseguía. Parecíamos los malos nosotros, ¿recuerdan? Pero los verdaderos culpables de esa tragedia y la que padecían millones de colombianos, vivían apoltronados en sus sillones de corrupción riendo a carcajadas, bebiendo güisqui y destrozándose el tabique nasal con cocaína, producida en los laboratorios clandestinos que ellos decían combatir a través de las simuladas políticas de gobierno, llenándose de dinero y de poder, a costa de la violencia y la sangre de los conciudadanos.

Ustedes, mis hijos, desconcertados por el rapidísimo viaje, pidieron explicación de lo inexplicable y ya en el aeropuerto *El Dorado* de Bogotá, antes de partir, recuerdo que lloramos juntos, no sólo por dejarlo todo, sino por la injusticia que existía en nuestro país, la cual vivíamos en carne propia. Con el corazón destruido rompí el pacto conmigo mismo de nunca abandonar a Colombia hasta ver la nación próspera y en paz, pero quedarme sería una necedad, porque seguir negando la realidad, a esas alturas, era suicida.

Dos meses después estaba sufriendo no sólo por el destierro, sino por esa pesadilla que me recordaba a la muerte. La muerte se acercó a mí en varias ocasiones, a veces con una cara de ángel y otras con un rostro de demonio. Aunque ustedes no lo supieron o no lo recuerden, en 11 años intentaron asesinarme cuatro veces, mientras fui corresponsal de noticias de la cadena *Univisión* en Colombia y antes, por lo menos hubo planes de lastimarme en tres ocasiones.

Estando a los lejos logré analizar sin presión lo que vivía Colombia: sin duda, una época siniestra, donde seres deshumanizados dieron órdenes de matar sin medir las consecuencias, mientras otros aceptaron trabajos criminales encubriéndose tras la venia de su dios. Un hábito de los asesinos a sueldo en Colombia porque, según su trastornada convicción, rezar absolvía el pecado de asesinar.

Respiré profundo regalándole al cuerpo vida, oxigenando el cerebro; para que las ideas no se confundieran con la ira y el sufrimiento. Me levanté de la cama, abrí la ducha y comencé una terapia en soledad que se prolongó por un largo tiempo.

En otra habitación ustedes, Felipe y Carolina, dormían aparentemente plácidos, aunque supe que aguantaban por obligación; entendí que ese último intento de asesinarme los alejó por completo de lo que amaban: los abuelos, los tíos, los amigos, el colegio y la tierra que los vio nacer.

En esos días, tú Carolina, como hija mayor, madurando forzadamente, solamente con 14 años, me confesaste apenada, como si también te juzgaras culpable, que sentías tristeza por los colombianos que sufrían por la violencia, por tus compañeras de colegio que se quedaron allá en medio del caos y por los que perdían a sus familias en secuestros y explosiones de bombas. También me revelaste que en tu cabeza retumbaban tiros y paseaban rostros de maldad y la imagen del último hombre que empuñó un arma para hacerme daño se te aparecía como un fantasma.

Comprendí que mi vida fue lastimada y cambiada y que a mis 40 años me volví un viejo prematuro. También entendí que a ustedes los agredieron directamente, incluyendo a su mamá. Comenzar de nuevo una vida profesional y familiar en otro país sería una tarea difícil. Su madre tuvo que regresar secretamente a Bogotá, dejándolos conmigo, para solucionar los asuntos financieros. Eso complicó la situación y creó otros problemas que a larga distancia no pude resolver. Protegerla, por ejemplo. La lejanía y la incomunicación, me generó ansiedad y pánico, porque podía perder a la mujer que ahora intentaba reconquistar, ante la ruptura inminente del matrimonio.

No me percaté cuánto tiempo pasó desde que me desperté y me duché. Ahora estaba frente al espejo mirándome, escrutándome. Debieron haber transcurrido un par de horas, porque la luz del sol ya entraba por las rendijas de la cortina. Comenzaba a rayar el alba. Me dije a mí mismo: tengo que hallar la razón por la cual ocurrió esa persecución infame, por la que tuvimos que terminar como unos desterrados más.

Tres décadas antes, cuando comencé a interesarme por el periodismo, jamás planeé llegar a esta encrucijada. En aquel tiempo, tan sólo el olor a la tinta recién impresa en el papel periódico o el sonido de una rotativa de prensa me sedujeron. Quizás me enamoré del oficio en esa época, cuando apenas cumplí los 11 años. Pronto descubrí que detrás de esa atracción simple poseía un deseo intenso y profundo de expresarme. Creía, románticamente, que el periodismo debía ser un servicio a los demás y que mediante las palabras, con la verdad y la honestidad, haría cosas grandes. Pero poco a poco aprendí crudamente que en Colombia se prohibía decir toda la verdad; que la pobreza se consideraba pecado; que la justicia y la ley, como decían en antaño, se aplicaba *sólo para los de ruana* y que los privilegiados la impartían a su conveniencia. Supe que la codicia definió el futuro de la paz o la guerra de la nación.

La ingenuidad, la inocencia y el idealismo periodístico lo fui perdiendo, como quien pierde la virginidad en una noche ausente de amor y desprovista de pasión, sin derecho a réplica.

2
DEL IDEALISMO A LA OBSTINACIÓN

Desde lo alto del árbol miré alrededor temiendo que alguien me estuviera observando. Corría el mes de julio de 1971.

Jugar en el parque del barrio *El Peñón* en Cali, Colombia, hasta ese tiempo, era tranquilo, pero en esas últimas semanas la *gallada*[2] de *Timoteo* se tomó como suyo aquel lugar, que mis amigos y yo creíamos sólo nuestro.

Cada vez que iba a la tienda de Don Leocadio a comprar una *Coca–Cola* y una galleta negra endulzada con panela, mi mamá, la abuela Gloria, me advertía: *¡Cuidado con Timoteo!* Sabía que ese muchacho se portaba mal, lastimaba a la gente, pero aún peor, fumaba marihuana y tenía 19 años. Marihuana fue una palabra que me aterrorizó desde aquellos tiempos.

Esa vez en el árbol, mientras buscaba una chicharra muerta de tanto chillar, hallé por casualidad el *tesoro* de *Timoteo*, que él guardaba adentro de una media, escondida en un hoyo natural en una rama alta. Observé que nadie me mirara, agarré la media, bajé de la rama del árbol y corrí con el paquete en mis manos, molesto. Durante días guardé *su tesoro* sin saber qué hacer con éste, mientras en las calles del barrio *El peñón* se armó una pelea de *galladas* que nunca antes se vio allí. Aunque nadie murió, varios jóvenes terminaron golpeados y mal heridos.

En El peñón, un antiguo barrio de Cali que en aquel tiempo todavía conservaba su elegancia, vivían familias adineradas y distinguidas. Los Benoit éramos apreciados en el barrio. El párroco de la iglesia, Monseñor Benoit, tío de mi padre, nos exigía buena conducta y los vecinos vivían atentos a nuestra actuación pública. Aunque casi nunca íbamos a su iglesia, las pocas veces que asistíamos nos comportábamos excesivamente atentos y educados.

El peñón quedaba bordeado por el río Cali y enfrente se veía el majestuoso Cerro de *Las tres cruces*, una gigantesca montaña en cuya cumbre recuerdo el monumento de la crucifixión de Jesús. Con mis amigos de barrio y mis hermanos, osábamos subir a esa montaña

---

2 *Gallada*, grupo de personas que se reunía a conversar o a divertirse en una esquina del barrio. Después se conocería como pandilla.

explorando unas minas de carbón abandonadas y jugando al escondite entre acantilados formados naturalmente por el agua a través de cientos de años, venciendo el temor al *Monstruo de los Mangones*, un asesino y violador de niños inexistente, inventado por los papás para controlarnos. Desde lo alto, la ciudad se veía serena y prometedora. Vivíamos tiempos felices y relativamente tranquilos. *Cali es un buen vívidero*, comentaba mi padre, y creo que decía la verdad. Allí se caminaba sin miedo en las noches y podíamos tomar un refresco con los amigos en una *fuente de soda*, siendo esto la aventura más audaz.

Mi papá, Henri Joseph, nació en Marsella, Francia, y llegó a Colombia a los 16 años. En seis meses aprendió español y nunca le noté acento francés. A pesar que a veces se quejó de las injusticias y las inmoralidades de cierta gente, amó esa nación como propia. Tanto así que a mediados de la década de 1960 recibió la nacionalidad colombiana, aunque sufrió humillaciones y abuso de autoridad. Alguna vez, pocos años antes de naturalizarse como colombiano, se atrevió a visitar *Juanchito*, un balneario en Cali en la ribera del río Cauca, donde habitaba fundamentalmente gente de raza negra y donde se establecieron bares en los cuales se escuchaba música tropical, guaracha y salsa. Mi padre quiso bailar con una esbelta morena, pero policías se lo impidieron a golpes, alegando que ningún *franchute,* blanco, rubio y de ojos azules podía hacerlo en ese lugar. Los agentes de la Policía le rompieron las costillas y perdió parte de un pulmón. No obstante, Colombia lo sedujo sobremanera, como a muchos les pasaba.

Un día supe que el tesoro de *Timoteo* contenía ni más ni menos que 40 *cachos* de marihuana que pretendía vender a los jóvenes del barrio. Me enteré por boca de uno de mis hermanos que conocía la matita aquella. Eso me afligió, pero también me invadió una furia incontrolable porque comprendí que en mis manos cargaba algo malo. No sólo la *gallada* de *Timoteo* nos estaba quitando nuestro lugar de reuniones, sino que ahora estaba dañando el futuro de los muchachos del barrio, hasta mi propia sangre.

Resolví desaparecer la media repleta de marihuana. Corrí hasta la orilla del río y desde un pequeño puente peatonal la lancé con fuerza a las aguas, limpiando así mi orgullo y la dignidad del barrio. En aquel momento ni siquiera pasó por mi mente que ese acto de rebeldía contra las drogas ilegales, sería parte del estigma que marcaría mi vida para siempre.

Dos años después, quizás en abril de 1973, los conflictos de la preadolescencia parecían no perturbarme, a pesar de que mis padres se divorciaron y sabiendo que un hermano mío fumó marihuana.

Un día fui al colegio con particular entusiasmo porque en la mañana programé organizar las páginas de una gacetilla escolar que yo publicaría. El proyecto consistía en escribir noticias estudiantiles en una pequeña hoja. Antes probé con un periodiquillo de barrio, una hoja que alquilé para su lectura por diez centavos, donde conté cortos chismes familiares, peleas callejeras, bromas de los amigos y críticas al tendero de la esquina. La gacetilla tuvo éxito, tanto que pasaba de mano en mano hasta que leerla se volvía casi imposible porque se desbarataba con el tiempo. Comencé a hacerlo a los 9 ó 10 años, en 1969 ó 1970 y mi *fiebre periodística* me subió por temporadas, especialmente en vacaciones escolares. El plan de jugar al periodista contó con el aval de mi abuela, Consuelo Carles, una mujer española, nacida en Madrid, de fuerte carácter, quien me prestó una vieja máquina de escribir que guardaba como una de sus joyas y se reía de verme derrochar tiempo diagramando, dibujando páginas y tecleando, pero a veces me *censuró* ya que no la dejaba dormir la siesta, por el golpeteo de la máquina. Mi papá decía que yo no mecanografiaba sino que *chuzografeaba*, porque escribía solamente con los dedos índices, aporreando las clavijas con fuerza.

Ese día del mes de abril de 1973 llegué a casa con el proyecto periodístico listo y aprobado por el rector y seguí con el tecleo protocolar, pero en medio de mi trabajo, supe una amarga noticia. A mi hermano mayor, de 24 años, lo hirió un supuesto ladrón en una calle del barrio donde vivía mi abuela.

Su partida a la guerra para mí representó dolor. Él combatió contra la subversión cuando prestó el servicio militar obligatorio y los recuerdos trágicos de sus historias se asemejaban a películas de horror. Le dolió tanto la crueldad y el sadismo de las experiencias que vivió en la guerra contra guerrillas, que pidió permiso a sus comandantes para que no lo enviaran más al campo de batalla y solicitó actuar en grupos de teatro del Ejército, para ayudar a olvidar a otros soldados ese sufrimiento.

Él sobrevivió a la guerra, pero resultó lastimado en un insólito crimen callejero. Lo apuñaleó un hombre sin compasión dizque para quitarle un reloj, pero esa no fue la verdad. El tipo que lo atacó, un negro corpulento y necesitado de dinero, jamás reveló quién dio la orden de lastimar a mi hermano, pero, según investigadores, pudo haber tenido relación con la mafia de la marihuana y el contrabando de cigarrillos, licores y electrodomésticos, que en esa época se iniciaba como un mercado clandestino elemental en Cali y el cual descubrió casualmente mi hermano. Recién salió del servicio militar, trabajó como administrador de un restaurante y bar llamado *Las rocas* y una noche sorprendió a los contrabandistas con un cargamento que almacenaban en las bodegas de ese lugar. Se negó a participar, renunció, buscó otro trabajo y al poco tiempo lo hirieron. Estuvo en coma ocho días en la sala de cuidados intensivos de un hospital en Cali, hasta que una madrugada recibimos la visita de una caravana de carros fúnebres, con sus vendedores, ofreciendo servicios acosadoramente, golpeando la puerta.

–¿Qué pasó?–, pregunté asustado.

–*Que el señor Benoit se murió esta madrugada y le tenemos una buena oferta para el entierro. Llame a su papá* –, insistieron. A mis casi 13 años no comprendí de qué se trataba ese negocio. Al amanecer, mi padre y yo salimos a la morgue; papá me preguntó si me sentía capaz de entrar y le respondí que sí. Cuando ingresamos al tétrico lugar, encontramos a mi hermano, acostado desnudo en la fría mesa de disección, con su cuerpo lacerado, lleno de cicatrices mal cosidas con un grueso hilo negro. Esa fue la última vez que vi el rostro de mi hermano mayor y la primera ocasión que tuve un encuentro con la muerte.

Nunca pude sacar de mi memoria la esquina del barrio donde lo atacaron, porque las paredes de una casa, donde apoyó su cuerpo para tomar aliento, quedaron marcadas con las huellas de sangre de sus manos y así se mantuvo por años. La familia jamás volvió a pasar por ese lugar. Tampoco se borraron de mi memoria las heridas que mi padre se inflingió en las palmas de sus manos al clavársele las uñas, en el momento en que golpeó con sus puños, una y otra vez, la cara del asesino de mi hermano, cuando los policías que lo custodiaban consintieron que lo castigara en su celda.

Ese impacto por la muerte de mi hermano[3] me destrozó y me precipitó a la adultez. Por un año, tal vez por la confusión, aplacé mi proyecto escolar y sólo hasta septiembre de 1974 recomencé una nueva etapa del que sería mi oficio. Por fin publiqué la hoja, igual a la que hacía en mi barrio, esta vez con el nombre de *La Tirita*, donde contaba las cosas cotidianas de mis compañeros y de los profesores. Ya para marzo de 1976 el proyecto se convirtió en el periódico escolar oficial de mi colegio. Además, seguí los pasos de mi hermano artista y también hice teatro, actué y dirigí obras que escribí, lo que me ayudó a catalizar el coraje que acarreaba por dentro.

A mí me gustaba el colegio, pero con frecuencia me fugaba o no asistía, no para nada malo, sino para irme a meditar a un lugar solitario o a esconderme en la Biblioteca Municipal para leer. Escarbando en los anaqueles descubrí que los textos escolares no decían toda la verdad y estaban incompletos, referente a lo que pasó en la historia colombiana y lo relativo a lo que escribían historiadores en otros textos, tal vez ignorando la realidad a propósito. Decepcionado fui construyendo mi propio juicio histórico, desde cuando el conquistador español Cristóbal Colón llegó a América en 1492, pasando por la sangrienta colonización de sus sucesores hasta la campaña libertadora. En esas lecturas secretas descubrí un pasado horrendo de nuestra América: los indígenas eran caníbales. Algunos pueblos devoraban a sus opuestos vencidos en las batallas. Otros secuestraban a las mujeres de las tribus enemigas para preñarlas y después criar, a manera de animales, a sus propios hijos, hasta que crecían como robustos adolescentes y se los comían.

En mis lecturas conocí frases del libertador Bolívar, que nunca escuché en mi salón de clases y que años después encajaban en forma perfecta con la historia colombiana: *"Yo he mandado 20 años y de ellos no he sacado más que pocos resultados ciertos. Primero, la América es ingobernable para nosotros. Segundo, el que sirve a una revolución ara en el mar. Tercero, la única cosa que se puede hacer en América es emigrar..."*. *"...Cada día me confirmo más en que la República está disuelta, y que nosotros debemos devolver al pueblo su soberanía primitiva, para que él se reforme como quiera y se dañe a su gusto"*.

---

3 El hombre que atacó a mi hermano se llamaba Francisco Antonio Valdéz y fue condenado a 18 años de cárcel, acusado de robo y homicidio. Nunca supe si cumplió la sentencia completa.

A pesar de mi veloz maduración, seguí siendo un joven despistado que no distinguía las causas libertadoras, ni sabía de política, ni de problemas sociales y económicos. Mi única preocupación fue no fallar en el colegio. Quería hacerlo bien para comenzar rápido mi carrera profesional en el periodismo, aunque mi padre dispuso de mi futuro como piloto de avión... o como abogado, si no lograba convencerme de lo primero.

–Si no vas a la escuela militar de aviación, no hay más periodismo–, sentenció el abuelo de ustedes, Henri Joseph. Conocer la historia y ser periodista me gustaba más que pilotar aviones, porque escribir para mí lo sentía como volar. Como aviador sería un fracasado. En cambio, como abogado podría acercarme al periodismo, según me aconsejaron mis profesores. Después de escucharlos, acepté ir a la escuela de leyes. Sin embargo, al pasar los meses, sólo asistí con apetito intelectual a la clase de derecho romano, donde aprendí las bases de la jurisprudencia. El resto del tiempo lo dediqué a hacer mis primeros pinitos en el periodismo y a seguir estudiando la historia colombiana.

Supe que después de la muerte de Bolívar, por más de 150 años, hubo tantos golpes de Estado y guerras, como en ningún otro lugar del mundo. Casi todas sanguinarias, aterradoras y demenciales. A los niños los utilizaban en esas guerras, disparando las escopetas de bando y bando. Las madres se hacían asesinar con sus hijos prisioneros; los enemigos capturados tuvieron que pagar por la bala con que se les mataría, para evitar una muerte *gratuita*, pero a puñaladas; hubo casos en que descuartizaron a niños y a bebés, para *acabar con los estorbos, futuros enemigos del país*. Llegaban a las casas, las incendiaban con la gente adentro y a los que alcanzaban a salir les disparaban y a los que pasaban el cerco de las balas los destrozaban a machetazos o a cuchillo. A otros los empapaban con gasolina y los quemaban en la plaza pública. Las cabezas se exhibían como trofeos, como lo hacían los indígenas a la llegada de Colón. El *corte de franela*, se aplicó como un acto común de justicia; con machete le tajaban el cuello y le sacaban la lengua por el orificio del gaznate.

Esa violencia se repitió década tras década, como otra forma de canibalismo.

Los ríos de sangre en Colombia se negaron a desaparecer, porque la gente codiciosa sólo quiso el poder y le importó un bledo el pueblo y el futuro de la nación. Aprendí, en mis lecturas, comparando la historia, que los presagios de Bolívar parecían volverse una maldición.

Al comenzar 1974 escuché una noticia sobre el robo de la espada que usó Bolívar, la cual se conservaba, como símbolo de la emancipación, en una urna del museo La Quinta de Bolívar, una casona en la ladera del cerro de Monserrate, en el corazón de Bogotá. La información judicial, no representó importancia para mí, aunque me sobrecogió, porque tocó levemente mi rebeldía. Poco después se supo que el autor del asalto era un grupo sedicioso nuevo que se hizo llamar M–19, subversivos que se proponían empuñar la espada de El Libertador y retomar la idea Bolivariana de liberar al pueblo, esta vez no de los españoles, sino, según ellos, del yugo de los oligarcas, los poderosos y los ricos de Colombia. *Con el pueblo, con las armas, al poder, Bolívar, tu espada cumplirá tu sueño*, escribieron en las paredes. Con los autores de ese acto revolucionario tendría mis primeras experiencias periodísticas en un futuro cercano.

Mientras tanto, en la casa de infancia, seguí jugando al periodista. Elaboraba cámaras de televisión con cajas de cartón, utilizando como lente el cartucho sobrante del papel higiénico y el trípode una vieja escoba. *Filmaba* imaginariamente los romances de mis hermanas, escondido detrás de las cortinas o de los asientos; las perseguía en la casa, en los jardines y por los parques.

–¡*Mamá!, Raúl está otra vez molestando. Está detrás del comedor. Este parece que va a ser periodista, ¡chismoso!*–, gritaba una de ellas mientras me perseguía para destruir mi primer *equipo de trabajo*. La abuela de ustedes, mi mamá, Gloria María Sánchez, me complació en extremo y soportó el desorden que formé en la casa con los imaginarios *estudios de televisión*, aunque utilizara los muebles y los adornos caseros. Mamá vislumbró en mí un futuro profesional y en el poco tiempo que vivió a mi lado me apoyó. Fue la primera persona que creyó en mi ilusión. En agosto de 1976, con 16 años, me escapé de Cali a Bogotá, donde se mudó ella, junto con dos de mis hermanas. Yo vivía en casa de mi abuela Consuelo. Con mis ahorros compré un boleto de autobús y llegué a la capital, sorprendiéndola. Estuvimos paseando durante el fin de semana y haciendo compras para su eterno amor, mi papá, el abuelo Henri Joseph, a quien nunca pudo arrancar de sus pensamientos, a pesar de un traumático divorcio. Lo que les voy a revelar sucedió una fría mañana bogotana. Su corazón estaba débil por el asesinato de mi hermano mayor y por la separación matrimonial de mi padre. Ella me preparó el desayuno y sorpresivamente corrió a su habitación. A los pocos segundos, escuché un grito de auxilio. Su voz mencionó mi nombre y después un sonido del golpe de su cuerpo cayendo al piso me sobresaltó. Fui hasta el cuarto donde segundos antes ella intentó beber unas gotas de valeriana que le ayudaban a tranquilizarse y la encontré desmadejada en el piso. Me arrodillé, le di respiración boca a boca y segundos después le hice masajes en el corazón para revivirla, como alguna vez vi en la serie de televisión *El Doctor Kildare*, pero mi esfuerzo resultó inútil. Durante horas no supe que hacer con ella, abrazándola entre mis brazos para no perderla. Finalmente avisé a mi familia. Aunque diagnosticaron la causa de la muerte como un paro cardiaco, en realidad falleció por la tristeza que embargó su espíritu, a raíz de la muerte de mi hermano y el divorcio de mi padre.

De esta manera perdí para siempre a mi única seguidora. Ella admiraba mi intención de ser reportero, porque quizás le recordaba a su padre Juan Antonio Sánchez[4], un periodista, escritor, poeta y librero. Mamá me contaba con orgullo que en la librería familiar se ofrecía un servicio singular, se redactaban cartas de amor, que se vendían por 5 ó 10 centavos a los románticos que no lograban expresar sus sentimientos por sus propios medios. El bisabuelo de ustedes las dictaba a mi mamá y a sus hermanas, mis tías, y ellas las escribían con hermosa caligrafía y después las perfumaban. Mi abuelo Juan Antonio murió en los días en que mamá quedó embarazada de mí, en 1959. Quizá de él heredé el deseo de escribir y también la rebeldía. Él repetía: *Toda injusticia produce una rebeldía, de la cual, en final, viene a ser directamente responsable un mal padre, un mal pastor, un mal gobierno.*

Por razones económicas tuvimos que sepultar a mi mamá en Bogotá. Pero un día al visitar la tumba en el campo santo descubrí que desapareció. Una horrenda mafia de los cementerios colombianos se robó su cuerpo,

---

4 Juan Antonio Sánchez, dirigente Conservador. Fundó la *Gran Librería Sánchez*, en el centro de Cali, donde se hacían tertulias entre intelectuales y poetas.

tal vez, para venderlo a estudiantes de medicina, obligados a comprarlos por profesores sin escrúpulos, sin saber su procedencia. Jamás supimos en manos de quién quedó, aunque su alma sí sé dónde está: en el cielo.

Esos sufrimientos personales, el asesinato de mi hermano y la muerte y desaparición del cadáver de mi propia madre, me acercaron más al periodismo, porque entendí que esa podía ser una forma ideal para averiguar lo que pasó. Pero aunque lo intenté nunca pude deshilvanar la madeja de ninguno de los dos casos. A pesar de mi fracaso seguí considerando el periodismo como una solución a ese tipo de problemas en Colombia.

Después de hacer mis primeros pinitos de periodismo en el barrio y en el colegio, a los 16 años conseguí empleo en el diario El País[5], escribiendo artículos en una sección dedicada a la juventud que se llamó *Gente Joven*. Junto a compañeros que asumieron los mismos sueños míos, planeamos grandes proyectos utópicos, desde comprar un periódico en bancarrota llamado El Crisol, hasta fundar una revista. Simultáneamente tuvimos programas de radio donde realizamos campañas sociales y actos multitudinarios, como conciertos de rock en español, eventos deportivos y culturales.

Mi primer cubrimiento de una noticia importante lo hice en 1977, cuando ocurrió un incendio en un afamado almacén llamado Malca. Mientras esperaba el bus escolar, desde mi casa vi el humo que se extendía varios kilómetros hacia las nubes. Entonces, decidí una vez más no ir al colegio y corrí doce cuadras con mi maleta llena de libros y cuadernos hasta llegar al siniestro. Durante las tres horas que se prolongó el fuego, hice las veces de reportero, preguntándole a los policías y bomberos cada detalle. En las calles se rumoró que el incendió lo provocaron los dueños para cobrar un seguro, lo cual nunca se comprobó. Después me castigaron por haber faltado a clases. Pero valió la pena. Escribí una crónica para el periódico escolar sobre una noticia trascendental.

A los 18 años me contrataron en el diario Occidente[6], donde también hice una popular sección de juventud. Allí pasaba horas en los sótanos donde un experto redactor linotipista colocaba las letras de plomo que iban formando las noticias. Más adelante llegó el sistema de rotativas *offset* y me cautivó esa modernísima técnica viendo imprimir con

5 El diario El País, de línea conservadora fue el primer periódico en importancia en el suroeste de Colombia.
6 El diario *Occidente*, era el segundo periódico regional de Cali, Colombia.

rapidez el periódico. Recuerdo que antes de eso, cuando niño, mi mamá me arrancaba de las rejas de la puerta del taller de ese diario, porque me seducía el sonido del linotipo al imprimir el papel. Justamente en ese tiempo me enamoré del olor de la tinta recién impresa en el papel periódico. Allí mismo, en esa imprenta, en la sala de redacción y en las mesas de diagramación, viví los momentos más felices de mi existencia, pero también las frustraciones, porque en ese lugar comencé a ejercer como reportero aprendiz. Me gustaba este oficio como fotógrafo quiere a sus fotografías, pintor a sus cuadros, músico a sus melodías y escultor a sus figuras.

Me formé al lado de buenos y veteranos periodistas empíricos. Algunos se comportaron rigurosos conmigo. Por ejemplo, cuando dirigí la página *Gente Joven*, pasaba días enteros escribiendo los artículos y reuniendo las fotos que la ilustrarían, pero faltando pocas horas para el cierre del periódico, el jefe de redacción rechazaba mi trabajo, pero no se contentaba con decírmelo, sino que destruía, frente a mis ojos, todas las cuartillas que hacía con esmero, lanzándolas al piso sin miramientos. Un día me rebelé y le informé al subdirector, quien comprobó que la actitud del jefe de redacción era injusta. Esa rara forma de enseñarme, formó mi carácter para defender mis propios criterios. En esos años de principiante, la profesión de periodismo o comunicación social todavía no existía en las universidades colombianas y las mejores escuelas eran las salas de redacción y los mejores maestros los viejos reporteros, a pesar de su intolerancia.

Pero también hubo otros salones de clase, a los que llamábamos *las escuelitas*, donde los nuevos nos educábamos para escribir y hablar mejor, escuchando a los viejos. Me enseñaron a luchar contra los políticos corruptos que le hacían daño al pueblo. Una de esas *escuelitas* quedaba en una pequeña tienda cerca al periódico y otra en un popular bar de mujeres de la *vida alegre* llamado el Café Royal, donde hacíamos largas tertulias intelectuales, a las cuales tuve el privilegio de asistir, como un aprendiz de la universidad de la vida. Allí, aunque les parezca un lugar inapropiado, en medio de Coca Cola para mí y cerveza y aguardiente para los adultos, se formaron mis primeros valores en el medio: el servicio a la comunidad, el periodismo para el desarrollo de las naciones, el respeto por los demás, sea quien sea no importa a qué se dedique, ni la condición social o el color de piel, la raza o la religión. En esos cafés de mala muerte me comprometí conmigo mismo a hacer un periodismo por encima de todo y de todos, pero respetando a los demás. Hice un pacto con este oficio: buscar la verdad, costara lo que costara, aunque costara la vida.

Muchos de esos colegas, con los que compartí, dieron la vida por la verdad. Uno de ellos, Alejandro Jaramillo Barbosa, en esa época presidente de la Asociación Colombiana de Periodistas. Hombre ingenioso y con un fino humor, a veces ácido. Casi 18 años después me lo encontré, a finales de 1996, en Tulcán, un pueblo en el norte de Ecuador, en la frontera con Colombia. Aquella vez él me advirtió sobre lo que decía se gestaba a mi alrededor.

–*Tienes enemigos poderosos, Raúl. No quieren que sigas en Colombia. Cuídate–,* me comentó en ese encuentro casual, mientras él huía de sus propios espantajos. Tiempo después a Jaramillo lo mataron descuartizándolo. Su cabeza, sus brazos y sus piernas, fueron arrojadas en diferentes calles de Pasto, una ciudad en el sur de Colombia, a pocas horas por carretera de donde, casi un año antes, me había encontrado con él[7]. Los enemigos que lo persiguieron por años fueron los mismos que se apoderaron de mi ciudad y de mi país desde que descubrí el tesoro de *Timoteo,* los dueños de un *negocio maldito:* el narcotráfico.

En mayo de 1980, antes de cumplir 20 años, pasé de coordinar grupos juveniles a codearme con grandes artistas de la música, la televisión y el cine. Comencé a dirigir la revista de farándula y espectáculos del diario Occidente. Mediante esa publicación luché contra las costumbres de colegas que cobraban la famosa *payola* para divulgar una fotografía o emitir un disco en las emisoras. Poco a poco me fui introduciendo en el mundo de las estrellas, sin embargo, enseguida me enteré de las grandes soledades de sus protagonistas. La droga también estaba allí. Determinados artistas consumían marihuana, cocaína y bazuco. El *bazuco,* el desperdicio de la cocaína, se popularizó por ser más barato. Alguna vez un colega de la farándula, en ese tiempo de 1980, me dio a probar una fumada de su cigarrillo, que no me causó ningún efecto. Jamás volví a ensayar esa porquería. En cambio ese amigo periodista

---

7 Alejandro Jaramillo Barbosa apareció asesinado cruelmente el 7 de noviembre de 1997, cuando cumplió 67 años.

cayó en la perdición total y al pasar los años, cierta vez lo vi caminando como un pordiosero buscando droga desesperadamente por las calles de Cali.

A los 21 años hice *los primeros pinitos* en el medio televisivo, siendo corresponsal en Cali. La televisión se me presentó como una buena oportunidad. El periodismo se proyectaba hacia los medios electrónicos. Unir la imagen y la voz y contarle al mundo lo que pasaba tal cual lo veía, me atraía. También exploré la publicidad; hice el papel de periodista en comerciales de televisión; anuncié un producto contra los insectos y las cucarachas: *Cúpex, fórmula dos, el fumigante completo*, decía en pocos segundos, después de preguntar a la gente qué insecticida usaba contra las cucarachas. Los primeros ataques de los colegas los recibí por aceptar ese contrato. Con ironía se mofaron diciendo: *Benoit, el terror de las cucarachas, perdió la credibilidad.*

Esas críticas no me molestaron porque finalmente estaba a gusto con mi nuevo oficio y pensé lo afortunado que fui de realizar mi sueño de infancia. Casi doce años después, las cajas de cartón pintadas con un letrero diciendo TV, comenzaron a ser de verdad.

A esa edad ya tenía en mis manos una serie de triunfos profesionales, pero sentimentalmente todavía nadie conquistaba mi corazón. Para ser feliz, solamente me faltaba un amor estable. Un día de agosto de 1981 vi su fotografía en las páginas sociales de Occidente. Un momento mágico que no quise borrar de mi mente. Al ver el retrato en el periódico, de la que iba a ser mi amada, fui al escritorio de la secretaria recepcionista, con quien conversaba de vez en cuando. Ella me dijo: *Es mi ahijada* y prometió presentármela. En los siguientes meses, a diario, cuando entraba en las mañanas a mi trabajo, le encargaba la misión de cupido a la señora. Un día llegó el momento afortunado y la recepcionista me presentó, en la puerta del periódico, a quien sería mi suegra.

–*Ella es la mamá de tu último amor–*, dijo bromeando. Sin pensarlo dos veces me comprometí a visitarla al día siguiente para tomarle unas fotografías, que publicaría en las páginas dedicadas a la juventud. Sin embargo, no fui y pasaron semanas, hasta que de nuevo, frente a la entrada del periódico, me detuvo la recepcionista en presencia de la mamá de la muchacha.

–*Raúl, dejaste esperando a la familia para lo de las fotos. ¿Cuándo vas a ir?–* preguntó.

–Mañana voy–, dije. En esa ocasión, un viernes en la tarde del 5 de febrero de 1982, la vi frente a frente por primera vez. El corazón trepidó como nunca antes lo hizo, como anunciando que los días de soledad se acabarían, porque su sola presencia llenó los vacíos del alma.

–Es la mujer de mis sueños–, pensé en voz alta. Cada mañana al amanecer, recordaba su rostro y su cuerpo. Poseía una cadencia sin igual al caminar y su cabello castaño oscuro bailaba al roce de la brisa de las tardes caleñas. Perfecta como un ángel bajado del cielo, ostentaba una blanca y bella sonrisa que desbordaba paz, tranquilidad y felicidad. Su piel parecía cubierta de pétalos de flor y cuando el sol la acariciaba, se tornaba de color miel o caramelo. Me enamoré y mis intenciones debían ser formales, como exigían las normas de la sociedad en esa época. Hubo química entre los dos en forma inmediata. Allí nació ese amor que modificó el destino de ambos. Ella me hizo olvidar mis romances infantiles, a veces agitados y frenéticos, que comenzaron a los 13 años como pasiones platónicas, con ciertas vecinas del barrio que *visitaba fugazmente* pasando frente a su casa en bicicleta, mirándolas de reojo y huyendo como un estúpido tímido, sin siquiera decirles ¡que linda estás hoy! También me olvidé de mis amores de juventud: tres modelos de publicidad; después, una azafata de una aerolínea; más tarde, una famosa cantante; a los años, dos actrices de televisión y finalmente una bailarina sobre el hielo italiana, del espectáculo mundial *Hollyday On Ice*, con la cual casi me voy a Europa, días antes de conocer a mi amor.

La enamoré con versos que escondí en los chocolates que le regalaba. Destapaba con cuidado el empaque, acomodaba el papelito con los escritos junto al papel aluminio y después pegaba de nuevo la envoltura y cuando iba a comerlos encontraba mi declaración de amor. Su alma inocente creía que yo los mandaba a fabricar. También le llevé serenatas donde hacía interpretar canciones típicas de un enamorado latino, desde la romántica *Somos Novios* hasta la comprometedora *Te Amaré Toda la Vida*, y la canción de los dos, *Jamás: El día muere en la noche, la noche muere en el día... El fuego muere en el agua, el invierno en la primavera, pero mi amor por ti no morirá jamás*[8].

8 *Jamás*, un poema escrito por el compositor y cantante argentino Atahualpa Yupanqui que interpretaban sus coterráneos *Los Chalchaleros*.

Antes de conocerla pensaba que mi único y primer amor sería siempre el oficio de escribir. Me uní en matrimonio con ella, casi niña, el 18 de junio de 1983, un mes antes de que llegara a sus 17 años. Dos meses después yo cumpliría 23 años. Su nombre quedaría marcado por largo tiempo en mi memoria: María Fernanda, *Nanda*, la madre de ustedes, mis hijos. La comencé a llamar *Nandita.* Pero, la perversidad de enemigos gratuitos que encontraríamos en el camino, impidió que a ese amor se le hiciera justicia.

Me hallaba tan feliz que intenté convencerme que el periodismo estaba en un segundo plano, pero descubrí que esta profesión es como un hábito difícil de arrancar del alma y, por el contrario, cuando se saborea el placer de escribir o de transmitir noticias, se torna más necesario y dejarlo es tan duro como sacar un amor del corazón.

Del periodismo ligero y de farándula, sin darme cuenta, crucé a la difícil y peligrosa corresponsalía de guerra. Inevitable escoger otro destino en un país donde la violencia hacía parte de lo cotidiano. A partir de 1984 me dediqué casi por completo a ser un reportero de televisión. Comencé a presenciar la guerra de guerrillas en su propio terreno, como testigo ocular. Así entendí los orígenes de la violencia fratricida colombiana que estudié en mis fugas escolares. Comprobé que esa guerra civil no comenzaba, sino que proseguía.

3
REPORTERO NOVATO EN LA GUERRA REAL

Desde una planicie los soldados disparaban sin tregua. El Ejército situó los cañones a una distancia de 6.000 metros y los morteros de 120 milímetros caían contra los campamentos rebeldes intentando despedazarlos.

Estaba en *Yarumales*, en el departamento del Cauca, en el suroeste de Colombia. El lugar quedaba en una montaña selvática donde el follaje se tornaba tan denso que parecía un cuerpo unitario y donde hacía un frío penetrante, porque quedaba cerca a un páramo. Presenciaba una emboscada enorme, en la cual quedé atrapado junto al camarógrafo, el asistente y otros periodistas. Ocurrió el jueves 20 de diciembre de 1984 y Carlos Pizarro Leongómez[9], un jefe guerrillero del M–19, dirigía el combate de una manera feroz; la popularidad de ese guerrillero, especialmente entre las mujeres, le otorgaría el título de *Comandante Papito, por atractivo*, decían.

A mi equipo de televisión y a mí nos asignaron una escuadra de milicianos como protección dentro de una trinchera y Pizarro pasaba a revisar el refugio constantemente. Alcanzaba a oírlo gritar al salir: *Con el pueblo, con las armas, al poder*, uno de los estribillos del M–19. Lo hacía tal vez para ponerle sabor y ritmo al informe de televisión, como acostumbraban ellos, en su particular estilo folclórico y desabrochado.

A pesar de la confianza que brindó Pizarro y de mi certeza de que los últimos acuerdos de paz, supuestamente garantizaban la tregua militar en la región donde acontecían estos hechos, si el Ejército lograba avanzar y tomarse el terreno, yo podía caer muerto antes de vociferar: ¡Soy periodista! Lo que veía no correspondía a un *alto al fuego*, sino a una guerra total. Ese combate de gran magnitud pasaba por primera vez en la guerra de guerrillas en Colombia, porque los subversivos siempre evitaban ese tipo de enfrentamientos, frente a frente y sin moverse. Usualmente atacaban y huían.

Mi primera experiencia cubriendo la guerra de guerrillas ocurrió a principios de abril de 1984, cuando presencié bombardeos continuos

---

9 Carlos Pizarro Leongómez fue uno de los fundadores del grupo guerrillero *Movimiento 19 de Abril*, M–19.

durante días sobre un caserío rural. Aquella vez, junto a un camarógrafo, logramos esquivar los retenes militares y nos situamos estratégicamente en un cerro y desde allí grabamos los aviones de la fuerza aérea y los helicópteros cuando descargaron bombas cerca de las fincas de campesinos e indígenas. Los guerrilleros se ocultaban en las casas de los campesinos y *hasta los ponían de escudo*, decían voceros militares, pero la realidad era que algunos de esos campesinos militaban en la subversión. Uno de esos lugareños me dijo que las fuerzas rebeldes derribaron tres helicópteros y mataron a más de 30 soldados, informe desmentido por los voceros del Ejército que, en cambio, señalaron que en los combates hubo una cifra considerable de insurgentes muertos. Nunca vimos los cadáveres porque según el oficial *esos bandidos se llevan cargados a sus muertos y los entierran en la selva*. Una explicación absurda. Años después volví a ver al *lugareño,* vestido con uniforme guerrillero y riéndose admitió que él se disfrazó de paisano para *desinformar a la prensa*. Por suerte, esa vez no *comí cuento*, como decíamos coloquialmente en Colombia y desmentí la noticia. También un oficial me comentó, tiempo más tarde, que pocas veces esas grandes cifras de rebeldes muertos formaban parte de la realidad y que así el Ejército desmoralizaba al enemigo. Esas dos razones me enseñaron que tanto los guerrilleros como los militares habitualmente engañaban a los periodistas para ganar terreno sicológicamente.

Mi segunda experiencia ocurrió en agosto de 1984, cuando estuve en Corinto, en el momento en que los guerrilleros del M–19 firmaron un acuerdo con el Gobierno del presidente Belisario Betancur[10]. Desde antes de asumir el poder, Betancur se propuso negociar con los alzados en armas. Entonces, cuando lo eligieron Presidente, amnistió e indultó a determinados dirigentes del M–19, prisioneros por el robo de más de 8.000 armas, mediante un túnel debajo de una calle bogotana, las cuales sustrajeron de una armería del Ejército llamada *Cantón Norte*[11]. La única referencia que me sonaba en mi mente del M–19, fue la vez que sus fundadores se robaron la espada del Libertador Bolívar. Pero a

---

10 Belisario Betancur, Presidente de Colombia de 1982 a 1986.
11 El robo de las armas del *Cantón Norte* ocurrió en la navidad y año nuevo de 1978. A raíz de eso, el gobierno del entonces presidente Julio César Turbay Ayala, desató una persecución sangrienta que casi aniquiló al grupo rebelde y puso a una gran parte de los comandantes en la cárcel.

partir de la firma del acuerdo, mi conocimiento dejó de ser escaso. Leí que el M–19 nació a raíz del fraude electoral cuando un ex dictador de la década de 1950, un General retirado llamado Gustavo Rojas Pinilla, intentó regresar al poder por vía democrática, el 19 de abril de 1970. Por esa fecha, un grupo de estudiantes universitarios, fundó el Movimiento 19 de Abril, M–19.

En Corinto no había guerra, sino fiesta. Aquella vez, para mi neófito entender, el M–19 me pareció un grupo carismático y juzgué que dominaba las necesidades del pueblo, cansado de tanta corrupción y nepotismo. Estos hombres disfrazaron la revolución con vestido de carnaval. Eso los acercó al colombiano común que, a pesar del sufrimiento, siempre encontró la forma de divertirse con cualquier pretexto.

Ahora estaba en mi tercer encuentro con los rebeldes tratando de descifrar qué pasaba. Meses antes se firmó un acuerdo de la tregua, pero allí en Yarumales, parecía roto. Fui testigo de cómo doscientos combatientes, de los cuales a por lo menos cien acababan de reclutar, defendían las posiciones con sólo setenta fusiles, relevándose como quien cambia lugares en una competencia deportiva. En ese terreno conocí a un hombre de aspecto afable y sencillo, que aseguró estar en contra de la burguesía criolla. Los otros le decían *Lucas*.

Abajo, en la planicie, la ofensiva militar se hizo con más de dos mil soldados. En las noches los disparos de mortero y la respuesta con sus armas de los guerrilleros, no me dejaron dormir más de una hora seguida. Pero, los ataques con los cañones hacían poco daño a las trincheras subversivas, construidas en subterráneos. Esa rudimentaria ingeniería bajo tierra, la copiaron del sistema vietnamita. Se escuchaban las explosiones de los cañones y pocos segundos después, el choque hacía retumbar las paredes; al mismo tiempo, se desprendía tierra de éstas, mientras mis oídos y el estómago parecían estallar.

–*¡Fallaron otra vez los "chulos"!*–, gritaban con emoción los rebeldes, mientras mi cuerpo se paralizaba por el susto. Le pregunté a uno de ellos a quiénes les decían *chulos* y me dijo que a los soldados del Ejército porque parecían aves de rapiña. En Colombia a los buitres o aves carroñeras, se les decía *chulos*.

En medio de esos constantes cañonazos sentí una gran emoción, porque nunca antes presencié una confrontación bélica. Desde que decidí dedicarme a la corresponsalía de guerra esperaba cubrir una noticia de esa dimensión, para lograr un *bautizo profesional*. Mi única pena la sentí por *Nandita*. Antes de partir le prometí que llegaría para la nochebuena y como iban las cosas sería difícil cumplirle. Arribamos a esa zona de Yarumales 48 horas antes. Para llegar a ese lugar tuvimos que marchar varios días por la selva y regresar sería más difícil. Nos recibió un guerrillero que parecía tener 25 años:

–¿*Viene preparado para la guerra, periodista?*–. Dijo llamarse *Mario*. Estaba con sus pertrechos bien acomodados y el fusil listo apuntando al frente, esperando el combate. Quizás mi rostro desconcertado y seguro espantado, le dio motivo para seguir con otra frase con burla.

–*La cosa no está para turismo*–, agregó con el tono bromista, aunque posiblemente procuraba bajar la tensión. Segundos antes me sorprendió encontrarlo a él y a otros hombres, armados hasta los dientes, entre los matorrales. Posiblemente ellos también se asustaron. Ninguno de nosotros esperaba esa avanzada guerrillera, que vigilaba una cuchilla montañosa.

Al pasar las horas y cuando comenzaron los ataques, reflexioné sobre por qué llegué a ese sitio y momento: a mis 24 años estaba a punto de perder la vida en medio de un combate ajeno a mis ideales, sin siquiera conocer a fondo los motivos de esa guerra. Esa experiencia fue el comienzo del aprendizaje sobre por qué los colombianos se mataban entre sí. Alimentó mi deseo de revelar la verdad de cómo un sector de la sociedad, que supuestamente se sentía inconforme, decidió tomar las armas para reivindicar al pueblo y cómo otro grupo se aferró a la idea de impedir que estos autodenominados revolucionarios cumplieran su plan. Ansiaba conocer más a esa gente, para saber quién tenía la razón.

Aguanté dos días allí en Yarumales y el sábado decidí salir de la zona de guerra. Pizarro ordenó evacuar a periodistas. Me despedí de *Mario*, el joven de la broma del turismo. Más adelante me topé otra vez, frente a frente con *Lucas*, que con su uniforme guerrillero se me asemejaba más a un Sargento del Ejército que a un insurgente. Nunca sospeché que el destino de estos dos combatientes, el de *Mario* y *Lucas*, se cruzaría en el futuro, en una escalofriante historia de la cual me enteraría después y que sería parte de la respuesta sobre el trasfondo de esa guerra civil[12].

---

12 Los periodistas fuimos llevados a Yarumales en varios grupos y también fueron trasladados importantes comisionados de Paz del gobierno, porque el M–19 intentaba comprobar, con testigos oculares, que ciertos sectores militares no querían ningún acuerdo de paz.

Mientras me alejé alcancé a escuchar más disparos de mortero y las detonaciones de la respuesta de los rebeldes. Como me anunciaron, para salir de Yarumales anduvimos unos cuantos días por esos caminos selváticos, esquivando a las tropas del Ejército y como lo sospeché, no llegué a tiempo para cumplirle la promesa a su mamá de pasar la nochebuena con ella. Sería el inicio de incumplimientos que, en parte, causarían el deterioro de nuestra relación. La navidad transcurrió en un retén militar, donde los soldados me quitaron el casete con las imágenes de la guerra, censurándolas.

Días más tarde, a pesar de los ruegos de *Nandita* para que no volviera a la selva, en enero de 1985 regresé al Cauca, esta vez a una zona llamada *Los Robles*. Viajé junto a un camarógrafo llamado Efraín Restrepo, en un jeep *Willys*, que cargaba con todo. Restrepo camufló los equipos de televisión entre los racimos de plátano, los bultos de papa, las gallinas y un marrano y traté de pasar inadvertido, pero por más que intenté no lo logré: flaco larguirucho, 1,90 metros de estatura, rubio y ojos azules. Después de andar en carro, caminamos por dos días y casi dos noches hasta llegar a una casucha de campesinos que simpatizaban con los rebeldes, quienes nos dejaron quedar en una estancia, en medio de costales llenos de maíz. Nos acostamos en la tierra, sin molestia, porque lo hicimos antes en Yarumales. El cansancio ganó al miedo, pero antes de que pudiera llegar al sueño profundo, las ratas quisieron comerme vivo y en un sólo movimiento brinqué y desperté a los demás. Con esa experiencia nadie pudo cerrar los ojos después. Los enfermeros me aplicaron unas cuantas inyecciones dolorosas en el ombligo, *para evitar la peste de rabia,* dijeron. En el trasnocho, esa madrugada, surgió una conversación con uno de los rebeldes:

–¿*Usted es casado, Raúl?*–, me preguntó.

–*Sí, con una mujer hermosa y paciente*–, le dije. –Una mujer que me aguanta estas pendejadas de venir con guerrilleros, mientras ella sufre la espera en Cali–, le agregué.

–*Todos tenemos algún amor esperándonos. Son sacrificios de la revolución* – dijo con una seguridad admirable.

–*Pues hermano, no formo parte de "su" revolución. Solamente la doy a conocer. ¿Y usted, a quién dejó?*–, le indagué.

–A mi madre anciana y enferma. Ella cree que estoy loco por pelear por los pobres. Me repite que en Colombia la gente no valora a los que luchan por causas comunes. Fingen apoyarte y por detrás: ¡puñalada trapera! Dice que es mejor ser empleado oficial y robar como todos. Le digo que para eso estamos acá en el monte, para sensibilizar a la gente que si trabajamos por la causa, habrá justicia social–, aseveró.

–Puro cuento, hermano, con las armas y la violencia lo único que logran es alimentar más el odio y perdurar la guerra. ¿Usted cree que se van a tomar el poder?–, le pregunté.

–Claro, compañero, para eso luchamos. Seremos gobierno– puntualizó. Así obtuve una primera respuesta a mis interrogantes de un joven idealista que tampoco distinguía el trasfondo de la guerra.

Al reiniciar el camino al día siguiente, el camarógrafo, Efraín Restrepo sufrió un malestar digestivo accidental. A Restrepo, en el medio periodístico lo distinguían como un hombre particular. La gente se asombraba al verlo grabar con la cámara, porque le faltaba el ojo derecho, que perdió al accidentarse en una motocicleta.

A pesar de su discapacidad, hacía un excelente trabajo como fotógrafo y aunque el visor por donde los camarógrafos ven la imagen estaba del lado de su ojo perdido, él se las ingeniaba para mirar perfectamente con el izquierdo. El malestar estomacal le comenzó por una mala interpretación de un sistema de mensajes que se transmitía de persona a persona.

–Pase la voz–, le dijo un guerrillero a otro en la fila india. Marchábamos en forma intercalada: un guerrillero, un periodista, un guerrillero. Delante de mí, con un guerrillero de por medio, iba Restrepo.

–Helena tiene estreñimiento–. El recado lo pasé al guerrillero que iba adelante. A los veinte minutos regresó la respuesta del *mensaje de voz*.

–Que se tome medio frasco... repitieron, hasta Efraín. Y antes de llegar a mí, vi caer al suelo, sin contener la risa, al guerrillero que iba adelante. Efraín se tomó por equivocación el purgante de la tal Helena.

Llegamos a otra casita campesina cuyos moradores huyeron por la guerra. Los sediciosos la usaban como descansadero. Cuando amaneció nos sirvieron un delicioso desayuno. Un caldo hecho con papa, yuca y con una monumental gallina campesina. Nunca vi una tan grande.

Comimos felices, acompañando el plato con arepa. La gallina estaba un poco dura pero por el hambre la consumimos y repetimos porción. En ese viaje comimos por primera vez buitre en sancocho, es decir *chulo*, según me dijo después uno de los guerrilleros.

–*¿Cómo así?, ¿Acaso los gallinazos se comen?*–, pregunté ingenuamente, con las tripas en la boca. Soportando mi asco, disertamos un rato sobre las *bondades alimenticias del monte*, comparándolas con los banquetes de lo que ellos llamaban con desprecio *la oligarquía*. La conclusión: no importaba lo bien servidos que estuvieran los platos y el lugar donde se pusieran, tampoco importaba qué se comiera, sino qué hambre se tenía, como aquella vez.

–*Lo que se mueva es comida, compañero*–, dijo con franqueza uno de los jóvenes guerrilleros y agregó – *¿O acaso cree que la carne y el pollo lo conseguimos en el supermercado de Cali?. Todos los días se aprende más geografía* decía mi papá, analogía que usaba para enseñarme cuánto ignorábamos sobre las cosas de la vida y en este caso preciso sobre la vida guerrillera en la selva. Al principio pensé que los subversivos hicieron una broma sobre el pájaro carroñero. Después analicé y tampoco sería tan grave comerlo. Las abuelas señalaban que lo mejor para quitar el asma era el caldo de gallinazo o buitre; aunque lo pensé bien, no padecía asma, por lo tanto no me hacía falta el remedio. *Lo que no mata engorda*, así decía un dicho popular, sin embargo, reconsideré y tampoco quería ser obeso. Preocupado por los exóticos platillos que sirvieron la otra vez en Yarumales, quise saber el origen de un delicioso conejo en salsa, que comimos allá.

–*Chucha, compañero. Nuestro chef no es francés y aquí en el monte no se consigue el caviar*–. La *chucha*, una especie de comadreja o rata de gran tamaño, parecida a la *zarigüeya*, se servía como uno de los platos preferidos por los comandantes en los banquetes especiales. Pero esta experiencia sólo sería el comienzo de un largo recorrido gastronómico por las selvas colombianas. En otros viajes, en coberturas de la guerra de guerrillas, probé algunas especies de micos o chimpancés, culebras, armadillos y chigüiros. En una ocasión comimos un cerdo de monte, que para cazarlo tuvieron que emplear a 18 guerrilleros, porque esos animalitos son salvajes y el cazador, usualmente salía lastimado. Cierta vez, también me quisieron sorprender con ancas de rana, pero no es lo mismo verlas servidas en un restaurante francés, que en un plato de campaña, acompañadas de arroz, yuca y papa. En otra ocasión un subversivo desenterró la carne de una res, adobada con mucha sal para conservarla, la cual dejaron, días antes, en un lugar boscoso, debajo de la raíz de un tronco de un árbol, marcado con la propia cabeza de la vaca, que se asomaba en forma lastimera por el agujero. Esa noche llegué tan hambriento que comí con mis manos, mientras mi cuerpo me picaba desesperadamente. Al día siguiente comprobé que sazoné mi comida con centenares de garrapatas que se aburrieron de chupar la sangre de la mula que monté en el día. Cuando terminé el cubrimiento noticioso, pasé toda una noche en la tina de un hotel, tratando de sacarme uno a uno esos arácnidos, pero no lo logré. Por semanas vivieron en mi cuerpo.

Finalmente llegamos a Los Robles. Allí volví a ver a *Mario*, el mismo que me recibió en Yarumales. Cerca, sospechosamente vigilante, camuflado como otro más, estaba otra vez *Lucas*, a quien realmente no conocía bien. Poco después escuché la que sería la sentencia a muerte de la tregua con el gobierno:

–*Se está violando lo pactado, el Ejército sigue combatiendo y la zona que debían respetar ha sido invadida. Esta región de paz, todavía está convertida en una zona de guerra, cuando lo firmado por el gobierno en el nuevo acuerdo del 7 de enero pasado, en Corinto, decía lo contrario. Si sigue esto tendremos que retirarnos del proceso de paz.* – me dijo Carlos Pizarro el domingo 20 de enero de 1985, advertencia que transmití en el *Noticiero Promec*[13], en donde trabajaba como corresponsal de guerra. Cinco meses después, el 20 de junio, Pizarro cumplió su promesa:

–*Volveremos a las armas, volveremos a los combates*–, dijo en una nueva entrevista. Regresé con Restrepo a cubrir esa mala noticia para Colombia. A él lo obligaron a quedarse en la montaña por razones que no explicaron los rebeldes.

¿Quién estaba detrás de esta prolongación de la guerra? ¿Por qué no dejaban avanzar los acuerdos? Algo sucio ocurría.

Mi retorno a la ciudad se prolongó por 18 horas, marchando a pie, por veredas y montañas a mucha velocidad y sin descansar. Pizarro me

13 *Noticiero Promec*, pertenecía a la *Promotora de Medios de Comunicación Social –Promec–*, que era propiedad de un grupo de empresarios miembros del *Opus Dei*.

regaló unas botas, que trajo de Cuba, con protectores metálicos en las suelas para evitar lastimarse los pies con chuzos o puntillas, pero por mi inexperiencia las usé sin medias. Nos alcanzó la noche caminando y a mí me comenzó a preocupar que no encontrábamos la carretera. Llegamos a un río caudaloso; en la montaña llovió y el torrente bajaba con troncos y ramas arrastradas con fuerza desde lo alto. Esperamos un rato a que redujera la corriente, pero disminuyó poco. El agua helaba y me aterroricé cuando me amarraron a la cintura un lazo e hicieron lo mismo los acompañantes. Me metieron al río sin dejarme explicarles que no nadaba. Al dar los primeros pasos dentro del agua, la corriente nos arrastró en segundos y a duras penas alcancé a tomar una bocanada de aire. Sentí un golpe en la cadera, tal vez con una roca y me hundí con las botas cubanas porque se llenaron de agua y se convirtieron en lastres pesadísimos. Uno de los rebeldes me agarró de un brazo y me sacó de nuevo. Otro guerrillero lo golpeó un tronco que bajaba a gran velocidad y de nuevo nos arrastró. Sentí el jalón en mi cintura y el dolor en las nalgas se agudizó. Por fin volvimos a tocar fondo pero con la cabeza afuera. Al salir notamos que uno de los muchachos se rompió la nariz, sangraba abundantemente y caminaba turulato. El que me agarró del brazo para salvarme perdió la pistola 9 milímetros que cargaba en la cintura y el río se llevó pertrechos y material de guerra. El casete con la grabación de video se salvó porque lo envolví en bolsas plásticas por si acaso llovía y nunca solté mi equipaje. Por poco me ahogo por salvar la maleta donde llevaba la noticia.

Cojeando por el dolor del golpe, que resultaría ser una fisura en el fémur, seguimos el camino. Mis pies ya no resistían por el ardor. En medio de la oscuridad me senté en una piedra, me quité las botas y saqué el agua de éstas, pero a los pocos metros de recomenzar la caminata, volvieron a estar húmedas y llenas de líquido. Pensé que el sudor las empapaba.

En ese instante vimos a lo lejos que una tropa de soldados subía por la misma trocha nuestra. El jefe del grupo que me escoltaba me ordenó esconderme entre los matorrales, junto a dos jóvenes guerrilleros. El resto de insurgentes siguió caminando, simulando ser campesinos. Nosotros nos ocultamos a unos 20 metros sin hacer ruido. De un momento a otro surgieron entre los soldados uniformados, cinco hombres vestidos de civil junto a dos encapuchados.

–*Estos son*– señaló uno de los encapuchados, apuntando con su dedo acusador. Sin siquiera dejarlos hablar, los supuestos civiles dispararon contra los rebeldes desarmados y después le dieron a cada uno un tiro de gracia. Los soldados uniformados fingieron no ver nada. Me encontré, por primera vez en mi vida, frente a una ejecución sin Código Penal y no tuve pruebas visuales. A punto de gritar, uno de los rebeldes me tapó la boca y me lanzó hacia el barro. Allí quedamos un par horas más, hasta que ellos decidieron seguir el rumbo, absolutamente en silencio. De esa manera hallé otra respuesta a mi pregunta de por qué la guerra continuaba.

Horas después llegué a la estación de buses de Cali exhausto. Mientras esperé para tomar aliento e irme a casa, divisé soldados que se aproximaron y pasaron frente a mí casi sin notarme. El Ejército sospechó que salí de la ciudad para efectuar una entrevista con guerrilleros y los militares deliraban por el resultado: *¡rompimiento de la tregua!* En la ciudad realizaron operativos buscándome. Un primo de mi padre, reservista del Ejército, me reveló que la orden de los soldados consistía en entregarme a un grupo que trabajaba clandestinamente y que sería llevado a un lugar para interrogarme. El empeño era saber si realmente la guerra seguía, de lo contrario ellos se encargarían de prolongarla. En la estación de autobuses, esos militares llevaban mi fotografía. Pero mi condición, que parecía la de un desamparado, me hizo invisible. Aunque les confieso que mi intenso agotamiento y el dolor en la pierna y los pies, no me permitía resistir un arresto.

En casa descubrí que mis botas contenían agua–sangre. Los pies estaban en carne viva. Aquella noche, casi en silencio, una hermana de *Nandita* me lavó los pies y me curó las heridas, mientras ella siguió durmiendo, ignorándome. Ya para ese tiempo comenzó a molestarle mi obstinación periodística y a odiar mi profesión, generando resentimientos que serían funestos en la relación matrimonial. No me quería ver ni en pintura.

Aunque se me dificultaba caminar, al día siguiente viajé a Bogota para entrevistarme con una joven ministra llamada Noemí Sanín[14], quien

---

14 Noemí Sanín era una prominente dirigente conservadora, quien muchos años más tarde fue candidata a la Presidencia de Colombia, casi ganando las elecciones.

escuchó las palabras de Pizarro: *Volveremos a las armas, volveremos al combate*. Los ojos de ella se humedecieron, exclamando:

–*Por qué Carlos nos hace esto, por qué no piensa en el bien de la nación*–. Pizarro y Sanín estudiaron juntos en la universidad y por su amistad con el colega, que se enroló en la guerrilla posteriormente, ella promovió ese proceso.

A la reunión con la Ministra asistieron altos oficiales del Ejército, entre ellos un General de nombre Óscar Botero Restrepo[15], quien se me presentó y se mostró gentil. Sin sospecharlo, la amabilidad de ese militar tuvo un propósito estratégico a largo plazo, del cual me enteraría años más tarde.

Al poco tiempo me di cuenta que el rompimiento de la tregua lo forzaron militares, incluyendo el General Botero. Además de los operativos legales, grupos clandestinos hacían acciones ilegales para provocar a los rebeldes. Lo constaté en un lugar donde realizaba jornadas cívicas, con las cuales intenté aliviar en forma mínima las necesidades de un sector suburbano de Cali llamado Aguablanca, donde un gran porcentaje de la población vivía en forma miserable y humillante. Un día fui a entregar pupitres escolares, cajas con libros y unos cuantos tableros, que recolecté en una campaña benéfica que organizaba a través del diario donde trabajaba y la red de programas radiales juveniles que dirigía en la ciudad. En ese tiempo me colaboraba un sacerdote católico[16]. Él construía las escuelas de madera, guadua y techo de zinc y yo las dotaba. Mi idea surgió después de que cinco niños murieron calcinados en un rancho mientras sus padres iban a rebuscarse la comida. Los dejaron encerrados, sin ir a la escuela. Me enteré que esos fuegos los originaban accidentes, debido al contrabando de energía. También ocurrían por el mal uso de las estufas de petróleo o gasolina. Pero hubo otra razón perversa. Vecinos me dijeron que otros incendios no fueron accidentales sino inducidos. *Encapuchados*, como los que vi matar a guerrilleros en el monte, llegaban al sector y quemaban los ranchitos de los pobres, porque creían que allí se

15 El general Óscar Botero Restrepo se desempeñó como Inspector General de las Fuerzas Armadas, después Comandante del Ejército, mas tarde de todas las Fuerzas Militares, entre noviembre de 1988 y julio de 1989 y finalmente fue el último Ministro de Defensa militar hasta agosto de 1991.

16 Daniel Hubert Guillard, era un sacerdote Belga, de la congregación asuncionista, quien se radicó en Colombia en 1965 y trabajó en barrios populares de Medellín y Cali, donde organizó obras sociales en beneficio de las clases marginadas.

ocultaban combatientes. Casi siempre morían niños inocentes, ajenos al conflicto armado. Averigüé si realmente la guerrilla operaba en esa zona y los habitantes me dijeron que sí. En Aguablanca *los encapuchados* aplicaban esa estrategia de aniquilación contra el M–19, porque el grupo rebelde instaló allí campamentos urbanos, camuflados entre la comunidad y estaba entrenando nuevos guerrilleros, como lo comprobé en una investigación periodística.

–*Nos enseñan tácticas de rastreo, para uno cubrirse, cuando el Ejército está dando bala*– me dijo un menor de 12 años, mientras su compañero, de la misma edad, agregó que los preparaban para usar armas contra el Ejército.

Después de entregar las dotaciones escolares, el sacerdote bendijo el lugar, brindamos con un refresco y celebramos al sonido de pólvora y música, pero la fiesta la terminé, cuando llegaron milicianos del M–19 pretendiendo saber por nuestra presencia ahí.

–*Buenas tardes compañero, qué hace por aquí en nuestro territorio*–, vociferó el comandante, que dijo llamarse Eduardo Chávez[17].

–*Haciendo lo que ustedes no hacen*–, respondí. Relajado y sonriendo, se ofreció a trabajar con nosotros, pero le expliqué que sería difícil porque no quería comprometer la campaña social con *asuntos políticos* y menos con subversivos. Aproveché la oportunidad y le indagué a Chávez sobre las prácticas de rastreo militar enseñadas a niños del sector y me dijo:

–*Nosotros no estamos haciendo prácticas de rastreo con los niños. Estamos creando en el pueblo, aún en la población infantil, un espíritu nuevo, un espíritu cívico*–. Le repliqué a Chávez que vi con mis propios ojos el entrenamiento, pero lo siguió negando. De repente el grito de un joven nos interrumpió:

–*¡Comandante, el Ejército!*

–*Piérdanse*–, ordenó el guerrillero y me dijo: *Compañero, camine conmigo que en caso que me encuentren usted dice que soy uno de los suyos*–.

–Sí, claro, hermano, con vestido verde oliva y su pistola me van a creer. Me quedo aquí– le aclaré. El jefe sedicioso creyó que a mi

---

17 Eduardo Chávez, era miembro del M–19 y estaba a cargo de las milicias urbanas en Cali. Muchos años después de haberse amnistiado y entregado las armas, por esas razones de la democracia, fue asesor en la campaña del Presidente Álvaro Uribe Vélez, de línea ultraderechista.

lado se protegía, sin embargo, temí que juntos, ninguno de los dos nos salvaríamos.

–¡*Viene, o viene! Decida*–, me dijo molesto. Una *sugerencia* a la cual me estaba acostumbrando. Y partí con él. El Ejército llegó disparando. Los gritos de la gente los escuché, implorando que no los confundieran con guerrilleros. Corrimos entre las casas huyéndoles a las balas, guiados por ellos y por niños que rápidamente se transformaron en combatientes en ciernes. Los entrenamientos se aplicaban en caliente. Conocían el sector al dedillo. Los tiros de fusil los diferenciaba de los de ametralladora por el traqueteo continuo de las segundas y los muchachos explicaban que ese tipo de armas las usaban *los encapuchados.*

–*Cuídese de esos, porque los soldados piensan dos veces antes de disparar, en cambio los encapuchados tiran a matar*–, aseguró Chávez. Cruzamos las habitaciones, las salas, las cocinas y los comedores de casas con pasadizos ocultos e interconectados, ayudados por los habitantes cómplices. En uno de esos escondrijos terminé, sin darme cuenta, en un caño de aguas negras putrefactas. Con el agua podrida a la cintura me moví más de cien metros espantando las ratas, alimañas y *suculentas chuchas*. Entre los matorrales, aguantando la picazón del cuerpo, esperé hasta la media noche cuando retiraron las tropas del barrio.

En los siguientes días, miembros de la inteligencia del Ejército hicieron preguntas, no sólo a nosotros, sino al curita que nos asistía en esa zona. Poco tiempo después, los mismos *encapuchados* que incendiaban ranchitos, balearon al sacerdote, allí mismo en Aguablanca[18]. Regresé una vez más para terminar de entregar otros pupitres, pero fui amenazado y nunca más volví a socorrer a los pobres en esa zona.

---

18 El cura Daniel Guillard fue baleado el 10 de abril de 1985. Quedó en coma hasta el 12 de octubre, cuando murió.

CAPÍTULO II
LA MATANZA DE TACUEYÓ

Aunque les parezca increíble o se asemeje a un relato de ficción, la evidencia de cada hecho que les narraré existe, como uno de los episodios vergonzosos que ocurrieron en nuestra nación. Los actores cambiaron, pero el libreto y los escenarios los heredamos. Para leerlo les recomiendo tener vacío el estómago y la mente dispuesta a resistirlo.

1
MISIÓN CUMPLIDA

En esos absurdos del periodismo me convertí sin querer en un buscador de tumbas. Tendría que cavar yo mismo. Un doctor, experto en esas cuestiones, a quien visité antes de subir a la montaña, me explicó en una rápida clase de medicina forense, cómo hurgar la tierra con cuidado para no dañar los cuerpos de los muertos sepultados. Corría el mes de diciembre de 1985, era viernes, y en la mañana contraté a un baquiano que nos cobró 50 pesos por acompañarnos, quien nos ayudaría a identificar los lugares.

El hombre de gran estatura, corpulento, de piel trigueña y andar sospechoso, miraba con frecuencia sobre sus hombros como esperando una sorpresa. El individuo al principio regodeó el precio del trabajo, pero finalmente aceptó. Consiguió a dos asistentes, campesinos de la zona, también conocedores del terreno, prácticos en eso de hallar tierras removidas, aunque hubiese llovido y pasado el tiempo; los baquianos veían las pisadas aunque estuvieran viejas; dominaban lo del monte, desde cuando un animal rompía una rama o cuando lo hacía un humano;

predecían la lluvia en forma casi exacta; escuchaban los pasos con oído animal y hasta olían a los muertos a mucha distancia.

Recogimos también al inspector de policía, quien nos dijo que oyó el rumor de los cadáveres, pero que no pudo ir al bosque porque la inspección no poseía un carro para transportarse y tampoco policías uniformados para acompañarlo. La guerrilla amenazó al pueblo y a los agentes, que tuvieron que ser retirados de allí. Ahora el inspector sentía inmunidad porque iba con la prensa. Él nos recomendó hablar con el párroco de la Iglesia Católica, un padrecito buena gente que reemplazó a un cura indígena llamado Álvaro Ulcué Chocué. El Sacerdote me habló de Ulcué y lo difícil de suplirlo en ese territorio donde se conjugaban tantas injusticias. Ulcué Chocué, un indígena que peleó para que se respetaran los resguardos y las costumbres de sus antepasados, ejerció como párroco de dos iglesias, pero especialmente de la capilla de la población de Toribío, donde vivía con su familia. Apreciado como un apóstol que se entregó a sus coterráneos paeces, escribió una gramática y un manual de primeros auxilios en lengua indígena y además pronunciaba el evangelio en dialecto paez.

Al cura nunca lo conocí en persona, pero alguna vez entrevisté a su papá, José Domingo Ulcué, quien a sus 72 años me contó lo que sufrieron para recuperar unas tierras que ancestralmente les pertenecían y que, según ellos, las repartieron arbitrariamente entre los más ricos y poderosos de la región. Domingo me relató que un pelotón de 200 policías arrasó con los pocos *cambuches* que lograron levantar los indígenas, mataron a varias personas, entre quienes se encontraba la hermana del sacerdote llamada Gloria, e hirieron a centenares más, incluyendo a la mamá, Soledad Chocué, de 60 años y al mismo Domingo que recibió varios balazos[19]. Casi tres años después, un comando de hombres *encapuchados* asesinó al cura. Él lo anunció la misma semana que murió en una misa de su parroquia cuando dijo que lo iba a matar el Ejército[20]. A mí me correspondió cubrir esa noticia, pero cuando lo hice, ignoraba los antecedentes del sacerdote que defendía a su pueblo y de los intereses codiciosos y torcidos de las *autoridades*, amparadas

19 Los hechos ocurrieron el viernes 22 de enero de 1982, como quedó registrado en los medios de prensa.
20 El sacerdote Álvaro Ulcué Chocué fue asesinado el sábado 10 de noviembre de 1984.

dizque por la ley y la justicia. Eso lo aprendí con el tiempo y con la experiencia periodística.

El nuevo cura nos prestó unas palas y unas picas, con la condición de dejar un diezmo en la iglesia, no sin antes darnos su bendición. Al partir hacia el monte, pasamos por un restaurante y le pedimos a la dueña que nos guardara seis almuerzos y ella incrédula nos reclamó que pagáramos primero porque después no íbamos a querer comer. Un frasco de *Agua de Florida*, una tradicional loción que nos regaló el barbero del pueblo, que usaba para refrescar a sus clientes después de afeitarlos, nos serviría para untar un trapo y taparnos la nariz, porque nos advirtieron que el olor iba a ser insoportable y fétido. En la región se enteraron desde noviembre de 1985, que algo raro estaba ocurriendo en las montañas de Tacueyó. El barbero me lo comentó antes de emprender la subida:

–Yo vi pasar a los guerrilleros. Eran 10 ó 12 muchachos y llevaban amarrados a más de 30. Parecían de ellos mismos. Mi hijo escuchó gritos y lamentos por semanas y los buitres han regresado a la región en manadas, como en las peores épocas de la violencia política... pero aquí nadie sabe nada, señor periodista–, concluyó con ironía. Partimos y comprobamos la versión del barbero. Nunca antes vi tantos gallinazos juntos. Llegamos a una vereda cerca de Tacueyó, un pequeño pueblo indígena del departamento del Cauca, en Colombia, enclavado en la Cordillera Central, lugar frío y triste abandonado por el Estado. Sus habitantes, mayormente indígenas, vivían pobremente de la agricultura. Quedaba en una región selvática difícil por su topografía andina, como esos pueblo de por ahí, incluyendo a Toribío, donde fue párroco el Padre Ulcué.

El rumor sobre una masacre lo escuché primero en Cali, a comienzos de diciembre de 1985, en *la escuelita*, el lugar donde nos reuníamos colegas a conversar. Un amigo periodista recibió el dato de un informante y así se propagó la noticia en las salas de redacción. Supuestamente un nativo de la región llegó corriendo a una inspección de Corinto, otro pueblito cerca de Tacueyó y Toribío, para avisar que vio salir muertos de la tierra y que lo persiguieron pidiéndole ayuda, *extendiendo su mano, encorvados como sintiendo dolor y cubiertos con barro y sangre.* La historia del campesino la consideraron sus paisanos, irreal y se burlaron de él, a pesar de que mostró las heridas sufridas cuando huyó del lugar: su nariz rota y el dedo meñique partido. Siempre que se emborrachaba, contaba historias de fantasmas y de brujas que se le aparecían por las trochas; quizá por eso nadie le creyó. Más tarde, el sacerdote de Tacueyó, programó un día de campo con feligreses para recoger musgo que pondría de adorno en el pesebre navideño de la Iglesia. Él confirmó el cuento del aldeano: se topó con la primera fosa con 33 cadáveres, pero no en el mismo lugar donde el campesino dijo que lo correteó un muerto, sino en otra zona y eso hizo temer al cura que la matanza podría ser mayor.

Días después, tropas del Ejército subieron a la región, con una comisión judicial enviada desde Popayán, la capital del departamento del Cauca, e inspeccionaron el lugar y la noticia la difundieron rápidamente en un boletín radial, el domingo 15 de diciembre. Por esa reseña confirmé los datos de *la escuelita* y ese miércoles 18 de diciembre de 1985, estaba allí buscando esos muertos y los hallé sin dificultad. Las sepulturas se veían superficiales.

Una vez el baquiano señaló el primer lugar comenzamos a cavar. A las primeras palazas, el hedor de los cadáveres me ahogó la respiración y el *Agua de Florida* se tornó inútil para opacar la fetidez. A duras penas distraje el olfato. Al camarógrafo, otra vez Restrepo, se le incomodó grabar la escena.

Hallamos una carnicería humana. En ese enterramiento múltiple descubrimos personas de todas las edades; niños y jóvenes, pero también adultos. Algunos uniformados y otros semi desnudos; indios, morenos y blancos. Ahora entendíamos a la señora del restaurante. Nadie pasaría un bocado después de oler y mirar esa escena.

Ciertos cuerpos se veían hinchados y otros reventados. Se asemejaban a bultos, putrefactos, incompletos y monstruosamente sepultados uno sobre otro. Tuvimos cuidado y los movimos con escrúpulo, porque los jueces podrían necesitar las evidencias, aunque al final nunca hubo interés de seguir la investigación, solamente el inspector que nos acompañaba hizo algunas anotaciones en un papelito. *Indagar traería más problemas*, me dijo después una fuente del Ejército. Por esa razón seguramente pusieron en duda la palabra del campesino y se demoraron en buscar.

Por un momento casi desfallecí al verme impotente ante la mortandad; advertí una gran noticia pero a la vez la peor de todas. Con Restrepo nos sentamos un momento a examinar la situación para no cometer errores. No queríamos especular y menos horrorizar a la audiencia con las imágenes dantescas que veíamos. A pesar de esas cavilaciones seguimos removiendo la tierra. Cada vez que lo hacíamos sentíamos que profanábamos las tumbas de esas personas, que con toda seguridad no recibieron una bendición cristiana. El sacerdote hizo falta y pensé bajar de nuevo hasta el pueblo y traerlo para que rezara. Supuse que esos difuntos podrían haber sido católicos, porque colgaban en su cuello escapularios, señal que irónicamente marcó la sentencia.

Al terminar de escarbar la primera tumba, el baquiano nos dijo que otras huellas conducían a una trocha recién aparecida, la cual se perdía entre el monte con múltiples pisadas. Nos movimos, caminando con paso medroso, siguiendo la ruta y el presentimiento del experto y hallamos el lugar exótico, colmado de helechos, flores, matas, arbustos primitivos y árboles nativos que, entrelazados en sus copas, casi ocultaban la luz del sol, formando rayos luminosos celestiales. Una bruma, helaba la sangre, pero a pesar de eso, en aquel lugar no parecía haber estado la muerte y el horror, por el contrario, se respiraba vida. Si no es por los objetos y documentos que hallamos, habría sido otro de esos lugares lindos de Colombia. En ese sitio descubrimos papeles y libretas de apuntes, donde confirmamos un horrendo sacrificio. Encontré dispositivos de tortura, como cadenas, esposas, cables eléctricos, palos tallados en punta untados de sangre, árboles con poleas, donde posiblemente colgaron a los detenidos. Me imaginé a esos hombres y mujeres que desenterré en la mañana, sufriendo el dolor.

Tenía la certidumbre que los muertos hacían parte de un grupo rebelde llamado *Frente Ricardo Franco*[21], porque las evidencias en el lugar así lo probaban. Allí mismo hallé una libreta que parecía un diario de guerra que, en forma raramente casual, apareció en nuestro camino en ese paraje solitario. Las anotaciones indicaban que a ciertos subversivos los enjuiciaron y los condenaron a muerte. Revelaban detalles sobre el crimen del padre Álvaro Ulcué Chocué y secuestros, actos de extorsión y acciones terroristas. Si los muertos habían sido guerrilleros, ¿por qué aparecían involucrados en crímenes supuestamente contra la insurgencia?

---

21 El *Frente Ricardo Franco*, era un grupo subversivo pequeño. Tenía más o menos 50 milicianos cuando comenzó y pudo haber reclutado no más de 300 hombres en su corta historia de 27 meses. Se formó en octubre de 1983.

Mas adentro de la selva, nos topamos con un rancho casi comido por la manigua, una vieja casa utilizada por leñadores en temporada de corte. En ese lugar hallé más evidencias del múltiple crimen y órdenes de llamar a una reunión urgente de la dirigencia urbana del *Franco*, convocada por los comandantes rebeldes. En las tablas de la pared de madera, alguien escribió con la arcilla de una piedra, una frase lacónica, como dejándola ver: *misión cumplida*.

Recostado en un viejo árbol vomité la amargura. Comprobé que la maldad de algunos seres humanos los vuelve animales.

Ese miércoles, terminamos de destapar sepulcros cuando el sol se acostó. Llevamos al baquiano y a sus ayudantes hasta el pueblo; devolvimos las palas al cura, donándole 20 pesos para la iglesia y pasamos por el restaurante para informarle a la dueña que nuestro estómago no recibiría el alimento y, por lo tanto, no comeríamos.

—*La plata no se las devuelvo... se los advertí. Pero les hice esta agüita de toronjil para que se calmen y reposen esa tembladera. Y con este incienso de yerbas pueden regresar tranquilos a donde sus familias*—, caminaba rodeándonos con un pequeño tarro de leche *Klim*, sostenido con un alambre donde quemaba herbajes y agregó:

—*Porque los muertos lo persiguen a uno toda la vida si no se les dice que ya no pertenecen a este mundo. Ellos ¡pobrecitos! No saben lo que pasó y creen que ustedes o son sus amigos o sus verdugos. Y si entienden lo último, ¡Dios no quiera! Nunca más podrán dormir en paz... con esta "limpia" que les estoy haciendo se alejan*—, decía la tendera, convencida de su superstición. Hasta se fumó un tabaco para llamar a otros espíritus que, según ella, ayudarían en el tránsito de los muertos hacia el más allá. Esos pueblos eran agoreros; su cultura poseía una mezcla mística indígena, africana y española.

Llegué a mi casa antes de la medianoche. No quise contarle a *Nandita* lo que viví. Sentí un fuerte dolor de cabeza y en mi pecho se formó un nudo inexplicable. Recordé sin cesar las imágenes de los difuntos. Me pregunté quiénes serían esas personas y quiénes sus homicidas. Pasé la noche en vela, llorando por los que no conocí. No pude sacarlos de mi mente. Me imaginé a las víctimas colgadas del cepo indígena, una tortura cruel de los antepasados. En este caso, amarraron los brazos en la espalda del castigado y colocaron el lazo en la rama de un árbol y poco a poco subieron el cuerpo mientras las extremidades se desgarraron a la altura de los hombros. También imaginé el empalamiento: estando vivas a ciertas víctimas les encajaron un palo por el ano y se lo sacaron por la boca, atravesando el cuerpo. Lo copiaron de los conquistadores españoles que castigaron así a los indígenas que no se dejaron someter o a los que cometieron alguna falta. Me acordé del cuerpo de una mujer embarazada, cuyo vientre y la placenta se reventaron y la criatura asomó su cabeza como gritando de dolor. Las torturas sobrepasaron los límites de la imaginación: a los hombres les cortaron los testículos; a ciertas mujeres les cercenaron los pezones y les mutilaron parte del órgano genital; algunos de esos cuerpos les destrozaron con ácido el rostro y las huellas digitales, y a otros, les faltaban las uñas o los dedos de las manos. Varios lucieron una abertura en el pecho justo en el lugar del corazón que dejó ver ese órgano vital. Pero allí no terminó. Días después regresé a la región y encontré más fosas comunes. Y así se repitió todo el mes de diciembre de 1985. Aparecieron regadas por todas partes.

24 meses después, a finales de 1987, entrevisté a Yamile. Ella, una joven de 21 años, ingresó a las Fuerzas Armadas Revolucionarias de Colombia –Farc–, cuando alcanzó la pubertad, porque su novio también se enroló, empujado por el hambre y por un loco sueño revolucionario. En 1981, Yamile también pasaba trabajos en su casa y entonces decidió luchar por esa revolución idealista. *Por lo menos en la guerrilla la comida no me iba a faltar,* aseguró. Estuvo cuatro años en las filas insurgentes, de los cuales trece meses militó en el *Frente Ricardo Franco,* hasta que ocurrió la masacre en 1985.

Su historia podría ser la de cualquier otro joven insurrecto que un día cambió sus cuadernos y libros por un fusil. Su primera *gran experiencia* consistió en asaltar una corporación bancaria *recuperando el dinero del proletariado para pagar la sublevación,* me explicó sin nada de orgullo. Con eso logró ganarse la confianza de los comandantes que la subieron de mando y la premiaron con su primer viaje a Cuba, donde los insurrectos más sangrientos recibían el favor del gobierno para aprender de la revolución castrista. En ese país le enseñaron otras teorías sobre la lucha contra la oligarquía y también a usar fusiles y morteros y a hacer ataques terroristas. Salió convencida que el comunismo sería la solución para su país y que los soldados representaban a sus enemigos, los capitalistas. Pero pasaron los meses y descubrió que lo aprendido no se podía aplicar. Entonces, comenzó su inconformidad en las filas de las Farc; a Yamile solamente le ordenaban labores domésticas sirviendo a sus compañeros hasta en la cama.

—*Porque a los comandantes no les interesaba la rebelión de masas para favorecer al pueblo, sino que los movía intereses personales*—, me dijo decepcionada. No demostraron ser tan socialistas como ella pensó, sino que escondían grandes ambiciones capitalistas y personales. Los jefes comían mejor, vivían mejor y elegían a sus compañeras de sexo a dedo. Un día su novio le pidió que recogiera sus cosas porque conoció a un miembro de un nuevo grupo, el *Frente Ricardo Franco*, que les garantizó a los dos hacer la guerra de verdad. Se escaparon en un descuido del jefe de escuadra de las Farc y se llevaron dos pistolas y un fusil. Cuando llegaron a las filas del nuevo grupo rebelde sus *ideales* comenzaron a cumplirse. Allí Yamilé mató, asaltó, secuestró y los dos recibieron un mejor sueldo. Admiraron al comandante de ese naciente grupo, *Javier Delgado*, porque lo vieron como un hombre a quien no le tembló la mano para dispararle al enemigo y sus acciones, sangrientas e impresionantes, lo distinguieron como un *buen revolucionario,* se comentaba entre los comunistas. Pero llegó el día de la desilusión. Ella lo presintió cuando emprendió las torturas y los fusilamientos. Conoció a los que cayeron y no pudo entender por qué admitieron su culpa y por qué su *héroe*, el comandante *Delgado*, obstinadamente empezó esa carnicería sin escuchar razones y sin verificar pruebas.

La matanza de Tacueyó se inició la noche en que, en otra región de Colombia, desapareció la ciudad de Armero, sepultada por millones de toneladas de lodo. Debajo murieron por lo menos 26.000 de sus habitantes[22].

Esa noche acompañó a *Delgado* su segundo al mando, Hernando Pizarro Leongómez[23]. Uno de los indicios que le hizo creer a *Delgado* que sus subordinados podrían ser enemigos, fue el escapulario que colgaban de su cuello como buenos cristianos.

---

22 El miércoles 13 de noviembre de 1985, a las 11:30 de la noche, un deshielo, causado por el calentamiento del *Volcán Arenas* del *Nevado del Ruiz,* provocó un aluvión de lodo y agua, arrasando con varias poblaciones, especialmente con Armero, de 30 mil habitantes, la cual quedó sepultada totalmente.

23 Hernando Pizarro Leongómez, segundo comandante del *Frente Ricardo Franco*, era hermano de Carlos Pizarro del M–19, con quien mantenía una profunda discrepancia política y militar.

Yamile ayudó a torturar y a matar, hasta que ella se volvió sospechosa, 25 días después de iniciarse la masacre.

–*Empezaron con bofetadas y después con golpes en el estómago. Me desnudaron y quedé en bragas, aguantando frío de la noche y el calor del sol en el día. Al mismo tiempo torturaban a otros "compas"* [24]–, recordó entre sollozos. Me dijo que la violaron varias veces. Después le rasgaron la piel con el borde de una hoja de papel y con una cuchilla de afeitar le cortaron levemente las partes íntimas y sensibles de su cuerpo y enseguida le echaron sal y pimienta a las heridas. Finalmente ordenaron matarla. La pusieron encima de los otros cadáveres y ella siguió en silencio haciéndose la muerta. Los hombres la cubrieron de tierra sin darse cuenta que la dejaron mal sepultada. Por un momento pensó que no estaba en este mundo, que ese sería su infierno y supuso que estaba comenzando a pagar por las maldades que cometió en vida: los secuestros, las víctimas de *su revolución* y los asesinatos. Me dijo que aguardó hasta que el silencio de sus sanguinarios jefes le hizo creer que terminaron. Empezó a revisar alrededor, con el rabillo de los ojos; su cuerpo estaba helado y húmedo y creyó estar paralizada por las contusiones, pero después se dio cuenta de que solamente sufrió adormecimiento, porque instintivamente se mantuvo quieta para no llamar la atención. En el instante en que se resignó a su suerte, una tenue luz de una linterna la hizo vislumbrar figuras caminantes. Frente a frente apareció un campesino llevando a dos mulas de carga:

–*¡Ayúdeme, señor!*–, gritó Yamile, levantando un brazo hacia el hombre, pero su figura lo aterrorizó porque parecía salida de una película de zombis, recién despertada de la tumba, semicubierta por el fango y la sangre y con su voz rasgada de gritar. El campesino, con su borrachera descomunal, abrió los ojos brotándolos casi hasta el borde de sacarlos de sus órbitas, pegó un grito ensordecedor y salió corriendo como alma que lleva el diablo. Este contaría su historia como ficción sin que nadie le creyera. Las dos mulas se quedaron esperando que su amo las halara. Yamile tomó uno de los animales y partió hacia un pueblo lejano.

---

24 La palabra *compa* o *compas*, era un diminutivo utilizado por los guerrilleros refiriéndose a *compañero.*

2
EL MONSTRUO DE LOS ANDES

El vaho dejado por los borrachitos después de las fiestas navideñas y del recibimiento del nuevo año de 1986, todavía se sentía en el ambiente de Cali.

A finales de diciembre esa ciudad celebraba una popular feria, con corridas de toros, casetas de carnaval y verbenas callejeras con las mejores orquestas de música tropical de Latinoamérica y aunque se terminaba el último día del año viejo, los caleños agrandaban el festejo hasta mediados del mes. Mi jefe en el periódico El País de Cali me asignó un reportaje, aprovechando que para esa época también ejercía como reportero del Noticiero *Promec* y corresponsal de la Agencia Colombiana de Noticias de Prensa –Colprensa–[25] .

–Matás tres pájaros de un tiro. Enviás la crónica para la agencia, nos hacés una reseña a nosotros y hacés tu reportaje para el Noticiero Promec–, me dijo con su entonación caleña, acentuando la última sílaba en los verbos.

Al diario llegó misteriosamente un sujeto que se hizo llamar *Carlos*, a quien por su color de cabello lo bauticé *Cenizo*. El individuo entró hasta la redacción con mucha confianza y sin titubeos ofreció una entrevista con *Javier Delgado*, el comandante del *Frente Ricardo Franco*.

Dos días después estábamos en el lugar, un caserío llamado Pueblo Nuevo[26], cerca de Tacueyó. Una avanzada del *Frente Ricardo Franco* nos recibió en la entrada principal. Caminamos casi 300 metros y nos encontramos con un guerrillero alto, moreno y con marcado acento caribeño.

¿–¿Cómo les fue? ¿Vinieron todos?–, le preguntó al *Cenizo*, quien le respondió con sarcasmo:

–Casi todos. Vinieron los valientes. Los que no les dio miedo–, agregó bromeando.

–Les tenemos un buen recibimiento, dijo el costeño. *Chicha* [27] *para la sed, ¿ha tomado alguna vez chicha?–*, me preguntó.

---

25 *Colprensa* era una subsidiaria de *Promec Televisión*. Algunos de mis jefes eran miembros de la Junta Directiva de las dos compañías.

26 *Pueblo Nuevo* era el nombre que los indios paeces le dieron a unas tierras que recuperaron en sus luchas

27 La *chicha* era una bebida alcohólica indígena de los Andes, semejante a la cerveza, pero dulce, elaborada con maíz fermentado. Embriaga hasta enfermar.

–*Sí, también he bebido guarapo de caña, que me gusta más*–, respondí. Caminó hacia unos arbustos, escarbó con un cuchillo y desenterró un totumo lleno de la bebida.

–*La preparamos hace semanas para celebrar este día*–, agregó pasándonos un mate a cada uno y sirviendo. Algunos tomaron con gusto y otros prefirieron rechazarla. Sorbí poco y después sólo simulé hacerlo, porque el sabor fuerte no me dejó continuar y dos tragos más me hubiesen dejado borracho.

–*Me llamo "Miguel" y estoy a cargo de ustedes. El comandante Javier Delgado, ya viene, está preparando a los prisioneros*–, informó el subversivo con una sonrisa en su boca. Se veía feliz y tranquilo. Pocos minutos después vimos llegar a *"Javier Delgado"* [28] acompañado por Hernando Pizarro y un séquito de guardaespaldas.

–*Lo que van a ver ustedes aquí no tiene precedentes en la historia revolucionaria de Colombia*–, comentó *Delgado*. Miré alrededor y vi la espesura de la selva que enmarcaba las casitas y las figuras de los indígenas, como en una obra artística, típica de un pintor colombiano. Estaba en la misma montaña donde pocos días antes, destapé fosas. En su rostro *Delgado* no manifestó vergüenza ni arrepentimiento. Fumó en forma profusa, encendiendo el siguiente con la colilla del que finalizaba. Por primera vez lo tuve frente a frente. En fotografías que vi de él, siempre vistió con uniforme impecable, como si nunca participara en la guerra. Cargaba terciado un fusil AUG austriaco. Al cinto un cuchillo, una navaja, dos granadas y un radioteléfono. Compañeros de armas, aseguraban que fue pésimo combatiente y que con frecuencia se cagaba en los pantalones. Miraba fríamente. No poseía una estatura alta y su piel se veía semi lampiña; cultivaba una tímida barba y un bigote incipiente, para ocultar su identidad. Me dijo que militó en la Juventud Comunista, desde 1967, cuando apenas alcanzaba los quince años. En 1979 se metió a la guerrilla. Escogió a las Farc de donde lo expulsaron años más tarde por ladrón[29]. Haberlo dejado ir sin enjuiciarlo y fusilarlo,

---

28 El nombre real de *Javier Delgado* era José Fedor Rey Álvarez. Nació en Cali, Colombia, en 1952 y cuando me concedió esa entrevista, el 9 de enero de 1986, tendría 34 años.

29 En marzo de 1982, en la Séptima Conferencia de las Farc, *Delgado* y algunos de sus seguidores fueron acusados de *divisionismo* y finalmente los expulsaron. Otras versiones decían que *Delgado* se robó 800 millones de pesos, producto de los secuestros. A *Delgado* lo consideraban un mago para cometer este delito. En la guerrilla comunista colombiana un militante que traicionara los lineamientos ideológicos o se comiera sin permiso un plato de lentejas, era asesinado en lo que ellos llamaban *"juicios revolucionarios"*.

resultaba ser una desusada sentencia de las Farc. Cuando analicé este precedente entendí que su historia escondía algo más misterioso.

Viéndolo allí con su arrogancia, intenté desenmascarar su intención, tratando de descubrir al combatiente con ideología revolucionaria, dispuesto a iniciar una franca y libre conversación política, rutina a la cual me acostumbré, pero él no estaba dispuesto. Inmediatamente percibí un sello esquizofrénico, aunque a veces pienso que fingió esa demencia. Manoteó en forma amenazadora y gesticuló escupiendo gotas de saliva, probablemente por un problema en los dientes que se le notaba al sonreír y que descubría una dentadura macabra. Me observó fijamente a los ojos, al punto de asustarme, pero en un momento dado, al ver mi duda, volteó la mirada en forma apresurada y con malevolencia su semblante insinuó disgusto. A pesar de las repetidas bocanadas de humo de cigarrillo, habló velozmente sin ahogarse. Poco a poco desenmascaró la macabra verdad. Mencionó la palabra *depuración*.

–*¿A cuántas personas asesinaron ustedes en esa depuración, como usted le dice*– le pregunté.

–*Nosotros hasta ahora fusilamos o ajusticiamos a 158 personas, mas los 6 prisioneros que tenemos aquí listos para pasarlos al paredón, lo que suma 164 infiltrados que mueren hasta hoy*–. Él señaló que los muertos eran infiltrados del Ejército.

–En nuestra investigación destapamos fosas comunes donde encontramos cadáveres de niños. ¿Usted cree que una fuerza militar constitucional pueda tener niños menores de 16 años prestando un servicio irregular?

–*Mire. No sé de los niños que usted dice. Aquí hay un muchacho que tiene 18 años cuyo nombre de falso combatiente es "Marcos". Él es un ejemplo que el Ejército está preparando jóvenes para la guerra sucia.* Me pregunté al verlo jubiloso: ¿Quién estaba detrás de este verdugo? ¿Por qué decidió aniquilar a su regimiento? ¿Era un sicópata, un mercenario cumpliendo órdenes, o un hombre que lo enloqueció la revolución?

Cuando terminé la entrevista con *Delgado*, él, con un gesto soberbio, le hizo una seña a uno de sus lugartenientes para que sacara de la mazmorra

---

Sin embargo, *Delgado* se salvó y solamente fue expulsado con *deshonor*. Esta fue considerada como una rara actitud que dejó muchas dudas sobre la verdadera *misión* que le había sido asignada.

a sus prisioneros. Aparecieron seis hombres, encadenados al cuello entre sí y con las piernas y las manos amarradas con cables eléctricos, parecidos a los que usaron para ahorcar a los condenados que desenterré; arrastraban lentamente sus pies, porque mantenían apretadas las ataduras. Vestían semejantes, con uniformes y chaquetas verdes, bien cerradas, abrigándolos o tapando alguna huella de la tortura. Parecía que llevaban demasiados sacos porque su pecho se les veía abultado. En las botas de caucho se alcanzaba a notar manchas de sangre. Sus rostros mostraban noches de desvelo y su pelo estaba tieso como paja, por la mugre.

–Los hemos traído a ustedes hasta Pueblo Nuevo, para que presencien el fusilamiento de estos cobardes infiltrados del Ejército. Varios de ellos son los autores materiales del asesinato del padre Álvaro Ulcué Chocué y la ejecución se hará en presencia de la familia del cura. Por eso elegimos este pueblo–, dijo *Delgado* con aire de superioridad y convicción. El papá del sacerdote no pronunció palabra. Al fin y al cabo su hijo, no permitiría hacer lo que proponía *Delgado*: fusilar sin juicio legal a los supuestos culpables de un asesinato. Privadamente le comenté a un colega la posibilidad de quedarnos y registrar el hecho noticioso. En todo caso los matarían tarde o temprano y las pruebas visuales serían contundentes en un juicio. Pero decidimos no hacerlo porque la ética periodística y la moral humana no permitían presenciar un crimen. Llegamos a un acuerdo de irnos, no sin antes entrevistarlos.

Hablé primero con un joven de acento *paisa* y, efectivamente, provenía de una región cafetera del Quindío, llamada Quimbaya.

–¿Cuál es su nombre y que rango tiene?–, pregunté.

–Ernesto Echeverry Orozco. Soy coronel de la inteligencia del Ejército de Colombia–, dijo con voz entrecortada y casi susurrando. Representaba alrededor de 22 años, con una barba y un bigote que aumentaba su edad.

–¿Usted participó en las torturas y asesinatos de los otros miembros del "Frente Ricardo Franco"?

–Sí. Yo mismo ahorqué a muchos y maté a otros con golpes de mazo. Así convencí a los mandos que los apoyaba y que no desconfiaran de mí. Al notarlo nervioso y con cara perturbada entendí que estaba siendo obligado, ciertamente con la promesa de que le perdonarían la vida si recitaba el libreto al pie de la letra.

–¿Hace cuántos años está vinculado al Ejército?

–Cinco años, de los cuales cuatro estuve infiltrado en las Farc, antes de recibir la misión de llegar al Franco. Tenía que escalar posiciones y tomarme el poder del mando–, dijo. En una rápida reflexión, supuse que sería improbable que ese joven poseyera el cargo de Coronel del Ejército, porque tendría que haber hecho un fugaz entrenamiento como cadete en la academia militar y obtener su primer rango en meses y después cursos intensivos para lograr ir escalando posiciones rápidamente y así ser oficial de la Inteligencia. Ni siquiera dudé. Años después, una sobrina de Echeverry, quien me localizó al enterarse de que cubrí esa noticia, me comentó que, aunque su familia quería enterrar y olvidar aquellos fatídicos sucesos, ella perseguía la verdad porque escuchó que su tío militó en la guerrilla y vio su rostro en un documental de la televisión de Alemania que difundió las imágenes grabadas por el camarógrafo que me acompañó. La sobrina me dijo que por lo menos un pariente del joven Echeverry perteneció al *Partido Comunista* y aunque en su casa de Quimbaya, Quindío, la familia tuvo alguna vez literatura de Carlos Marx y Lenin, él conocía poco de esa ideología. Lo evocó como un joven retraído; apenas alcanzó un bajo nivel de escolaridad.

Nadie sabe por qué decidió unirse a las Farc y después al *Frente Ricardo Franco*. Jamás perteneció al Ejército o a la Policía.

El jefe de Echeverry, un hombre de rango inferior, supuestamente Cabo del Ejército, un mulato escuálido quien estaba a su lado, revelaba menos edad que él y un semblante desnutrido. En medio de tartamudeos, admitió que asesinó al padre Álvaro Ulcué Chocué.

–Éramos 30 hombres, con pistolas, granadas y fusiles G–3. Llegamos a Santander de Quilichao, buscamos nuestros informantes, localizamos el lugar y matamos al padre Álvaro. Después nos preparamos para la reacción del pueblo–, expresó sin aspavientos.

Los otros jóvenes tendrían también entre 20 y 30 años, menos uno que aparentaba ser un niño, al cual se refirió *Delgado* como un adulto de 18 años, pero revelaba quince. Su nombre: Juan Antonio Mosquera Parra, y le decían *Marcos*. Dijo tener el rango de soldado profesional. Igual que los otros, narró que participó en crímenes. Pero no pude terminar la entrevista porque me dio lástima el pánico que reflejaba en sus ojos el jovencito. Pedí una nueva audiencia con *Delgado*, quien me atendió debajo de un gran árbol donde él reposaba.

–*Es indudable que Marcos es un menor de edad. Le pido que no lo mate, porque no representa ningún peligro para usted o para su organización. Le pido por Dios que lo deje libre*–, le solicité con el estómago revuelto mientras él me miraba. Pasaron segundos y me respondió.

–*Lléveselo, pues, lléveselo, si es capaz. Este es un asesino que merece morir. Es un malparido viejo con cara de niño*–, vociferó *Delgado*, continuando con su gesto con ojos desorbitados, e histérico. –*Además ya estoy cansado de matar a tanto hijueputa*–, terminó. *El diablo es puerco*, decía mi padre. Preferí desconocer su insinuación de llevarme a *Marcos*. Di media vuelta y terminé mi trabajo. Antes de partir, *Delgado* me entregó los documentos de identidad de los primeros 164 *sentenciados*, incluyendo a los seis que todavía seguían vivos allí. Cargué con la bolsa de los papeles, temiendo implicarme en la investigación, pero aunque corría riesgo y sería señalado, preferí aceptarlos, puesto que finalmente podrían servir como pruebas.

La rabia y el remordimiento sacudieron mi espíritu, a causa de tener que abandonar a seis personas, sin poder hacer nada. Lleno de tristeza abordé la camioneta y miré con coraje al moreno que intentó brindarme un último trago de *chicha*, el cual rechacé. *Cenizo* tomó el volante del carro y se dirigió por la misma carretera que ingresamos. Casi al salir nos topamos con una barricada que obstaculizaba el paso. *Cenizo* se detuvo con aparente miedo. Se bajó y caminó hasta donde estaba el obstáculo. Escudriñó alrededor y no observó ningún cable, ni nada parecido que le hiciera sospechar que pudiera ser una emboscada de sus propios compañeros. Retiró el muro y regresó al carro.

–¿*Le tiene miedo a Delgado?*–, le pregunté, tratando de ver si reflejaba complicidad en su rostro o ignoraba el por qué colocaron la barricada en la carretera. Guardó silencio. Antes de poner en marcha el carro, oí disparos a lo lejos. Recordé lo que *Delgado* ordenó: los seis prisioneros morirían delante del papá del sacerdote Ulcué. Al escuchar cinco tiros pensé que seguramente cumplían esa promesa. No hubo un sexto disparo.

Al llegar a Cali, después del mismo camino libre que recorrimos para alcanzar esa región, los periodistas querían copias de los documentos, a pesar que antes rechazaron transportarlos. Pactamos que sólo un medio de prensa los reprodujera y obviamente mi camarógrafo también. En la oficina grabó en video los papeles y más tarde se los llevé a un periodista del diario El Caleño, quien encargó la labor a un fotógrafo.

Esa noche, *Káiser*, un perro pastor alemán que *Nandita* recogió en la calle aún siendo cachorro, me recibió alterado, como también ocurrió en las últimas semanas, principalmente en los días que excavé las fosas comunes. En aquella ocasión hablé por primera vez con *Nandita* sobre lo sucedido. La puse al tanto de los acontecimientos que preferí callar desde que comencé el trabajo periodístico un mes antes. En medio de lo que se convirtió en un suplicio para los dos, ensimismados en los pensamientos de muerte y dolor por la masacre, le dije para calmarla:

–*Dejé las cédulas y los documentos de identidad con los periodistas de El Caleño, porque es lo más seguro, en vez de El País. Es mejor que estén en el edificio de otro medio de comunicación*–. Ella se quedó atónita y respondió con una pregunta:

–*¿Y esos documentos no te van a traer problemas?*–, me comentó furiosa. La antipatía de *Nandita* por el periodismo crecía, aunada a su individualismo que excedía mis ideales profesionales. En forma sorpresiva el sonido del timbre del teléfono interrumpió la conversación. Contesté y al otro lado del auricular me dijo una voz:

–*Raúl, buenas noches, le habla el Coronel Ricardo Cifuentes del Ejército. Me dijeron que tiene un regalito para mí*–, explicó en tono militar.

–*No señor. No sé a que se refiere. No lo conozco a usted y por favor diríjase al periódico El País mañana y hable con mi jefe*–. Pasaron pocos minutos después de la llamada del supuesto Coronel Cifuentes e intempestivamente quedamos a oscuras. El apagón afectó gran parte del barrio; me asomé por la ventana y alcancé a ver a un grupo de hombres vestidos con uniforme militar, que avanzaba sigiloso en los callejones de la cuadra. Parecían soldados. En la penumbra distinguí que se escondieron detrás de los árboles y los jardines de las casas vecinas para apuntar contra la nuestra, como francotiradores. Alguien tocó la puerta y pregunté *¿quién es?*

–Soy el coronel Cifuentes. No tema que vengo a recoger lo que usted tiene–, habló tranquilamente. Abrí la puerta y allí estaba el oficial, sonriendo.

–No tengo nada suyo–, le respondí molesto.

–Usted tiene los documentos de identidad de los muertos de Tacueyó–, dijo con tono altanero. Me intrigó cómo supo de los documentos, porque los periodistas del diario El Caleño parecían de confianza y estaba seguro de que ellos no irían a descubrir la situación, a menos que en el periódico hubiese un informante o que alguien del *Franco* pasara el dato. Entonces sospeché del propio *Cenizo*, a quien nunca identifiqué como un verdadero guerrillero.

Ante el Coronel Cifuentes experimenté mi primera confrontación con la ética periodística. Pensé que, si él representaba la ley, debía entregarle esos documentos para que se hiciera justicia. Negarme traería problemas. Rompí la reflexión al escuchar los gruñidos de *Káiser*. El perro intentó atacar al Oficial.

–No los tengo aquí– le dije –los tiene un redactor del diario El Caleño. Sin dejarme terminar la frase me obligaron a salir de la casa y me montaron en un jeep civil, sin distintivos militares, escoltado por un camión lleno de soldados. *Nandita* no quiso quedarse y casi arrastrada, prendida a los uniformes de los soldados, terminó sentada en la parte trasera del carro, sin cojines, maltratándose las nalgas por la torpeza del chofer que apresurado manejó velozmente por las calles y avenidas del norte de Cali, buscando una vía rápida para llegar al periódico. Sentí tristeza por ella porque la involucraron en hechos ajenos a su estilo de vida. Ella trabajaba como modelo de publicidad y el mundo de luces y glamour, se veía diametralmente opuesto al periodismo que yo ejercía: lleno de peligros, amenazas, armas y hasta muertos de por medio. Solamente llevábamos treinta meses de casados. *Nandita,* con 19 años, no sabía mucho del tema de la guerrilla y la política, pero la arrinconó el odio de esos hombres.

Al llegar al periódico, los militares se estacionaron a más de 100 metros de la entrada principal y enviaron a un emisario para recoger el material. Las fotos las copiaron y autoricé entregarlas al diario El Tiempo, además de El Caleño. Pero Cifuentes no se enteró de eso. Al día siguiente salieron publicadas.

Al tener el paquete, el Coronel Cifuentes le dijo al conductor: *vamos a la gerencia*[30] y la caravana se encaminó hacia una vieja casona en el barrio Versalles, en el norte de Cali, donde por años funcionó la III Brigada del Ejército. Allí estuvimos un largo rato, dando explicaciones de lo que no conocíamos. En ese momento pensé que tal vez *Delgado* pretendió utilizarme como mensajero para que los documentos de identidad llegaran a la Brigada, solamente para acreditar la *misión cumplida*. Pero también pudo haber sido que los militares intentaron comparar las fotos y nombres de verdaderos infiltrados, tratando de ocultar sus identidades.

Conocían cada detalle de mi vida, desde cuántas veces ingresé a Aguablanca a hacer obras sociales, hasta en qué ruta de buses me transportaba de la casa a mi oficina. Esa noche comprendí que mi vida formaba parte de los planes de la Inteligencia Militar y entendí a un amigo llamado Humberto Salamanca[31], cuando me dijo:

–En la Brigada tenemos ojos y oídos en todas partes y usted es uno de los protagonistas de nuestras películas–. A Salamanca lo conocí en Cali, después del rompimiento de la tregua del M–19. Él se volvió en uno de mis agentes soplones. Sería una persona clave en mis hallazgos para desenmascarar a los asesinos ocultos en las Fuerzas Armadas.

Ya libre, al día siguiente, telefoneé al General Óscar Botero, quien se me acercó en la oficina de la Ministra Sanín cuando el rompimiento de los diálogos del M–19. En aquella ocasión Botero me ofreció su apoyo en caso de una emergencia como ésta. Supuestamente él movió sus influencias e intentó detener planes que Salamanca dijo prepararon contra mí. Pero, al parecer, no lo escucharon. Pasaron varias semanas y una madrugada *Káiser* ladraba desesperadamente y subía y bajaba las escaleras de la casa. Nos despertó, nos levantamos y alcanzamos a oír el sonido de vidrios rotos. Descendí a la planta baja cuidadosamente y sentí un olor a gasolina y alcancé a ver la llama de un fósforo en la ventana y una figura afuera en el callejón que desapareció rápidamente. Un charco

---

30 Muchos años después supe a qué le llamaban los militares *la gerencia*. Sería un descubrimiento pavoroso.

31 Humberto Salamanca era un seudónimo de un alto oficial del Ejército de Colombia, quien por su posición para erradicar la corrupción en el interior de las Fuerzas Armadas, me pidió mantener su nombre real en secreto. Salamanca hacía parte de un grupo de resistencia moral, de altos oficiales y suboficiales que aspiraban a limpiar esa institución.

de gasolina estaba esparcido en la sala de la casa. Corrí desesperado, pensando en que íbamos a quedar atrapados en un incendio, buscando una toalla o sábana para mojarla, pero en segundos *Nandita* sofocó el fuego que por poco alcanza las cortinas. Salí a la calle y traté de ir tras el pirómano, pero huyó en un campero, parecido al de la otra noche, acompañado por un grupo de hombres con el típico corte de pelo militar. Al regresar hallé a *Nandita*, sentada en la sala, llorando en silencio, mirando al vacío sin entender lo que pasaba. A su lado el perro la acompañaba como si sintiera lo que sobrevenía.

–Por sapo[32] te vamos a quemar con tu linda esposa adentro de tu casa, malparido–, sentenciaron al día siguiente, en una llamada telefónica al periódico donde trabajaba.

---

32 *Sapo* era un colombianismo, para referirse a una persona que delata a otra por interés económico o personal.

3
UN ENCUENTRO REVELADOR

Acuclillados, cada uno en un morro de césped, rezamos una oración que sirvió de alivio espiritual, en lo que podía ser nuestra última noche. Por lo menos eso alucinamos después de esperar más de cuatro horas los primeros rayos del sol que terminarían el suplicio. Lo intentamos todo, hablamos de cosas buenas para ocultar el miedo y probamos echar chistes.

Para llegar a ese sitio, lo que parecía una planicie o valle con grandes pastizales pantanosos, caminamos durante un buen tiempo desde Miranda, un pueblo agrícola en el norte del departamento del Cauca. Evitamos los charcos de ese pantano pisando unos morros musgosos, acolchados, que amortiguaban nuestros brincos, pero llegó un momento en que no podíamos ver, por esa razón detuvimos la marcha que se convirtió en un andar de ciegos. Buscábamos una casa–refugio, que según los dos rebeldes que nos guiaban, estaba por ahí, en medio de la oscuridad.

–*Aguante, compañero, que cuando lleguemos se va a olvidar de esta pesadilla. En el campamento, le tenemos una sorpresa referente a Tacueyó. Usted me lo va a agradecer*–, expresó *Mario* para darme confianza y reanimarme. *Mario* era el mismo guerrillero que bromeó cuando llegué a Yarumales diciéndome: *la cosa no está para turismo* y a quien también vi en Los Robles.

Íbamos en camino a encontrarnos con un grupo de comandantes del M–19[33]. Comenzaba marzo de 1987. Pasaron catorce meses desde la entrevista con *Javier Delgado*.

–*¿Dónde estamos?*, le pregunté a Mario.

–*Posiblemente en un páramo porque hay frailejones*–, respondió y enseguida sugirió que trozáramos las hojas largas de esos frailejones y nos las metiéramos entre la ropa y el cuerpo. Siguiendo su consejo fuimos reuniendo una cantidad suficiente para cada uno. El reloj señalaba las 3 de la madrugada y el frío extremo se encajaba en los huesos sin dispensar. Al usar el frailejón, sentimos la tibieza cuando la suavidad

---

[33] Entre estos se encontraba Otty Patiño y Carlos Erazo, alias *Nicolás*, un guerrillero que tenía como su amante a una niña de doce años.

de los pelillos de las hojas, que se asemejaban a una tela de terciopelo, tocó nuestra piel. El helaje se desvaneció, por lo menos en el pecho y la espalda, aunque las manos y los pies persistían entumecidos.

–*No se quiten las medias, ni los zapatos*– dijo *Mario*, –*no van a aguantar el frío en los pies*–, añadió. Y como un augurio, poco después, intentando secar las medias en una pobre fogata, y en mi afán por hacerlo, las perdí en las llamas. Al rato *Mario* y su compañero dijeron que iban a examinar el terreno para encontrar la casa–refugio donde deberíamos haber pasado la noche, pero regresaron sin buenas noticias. Comenzó el amanecer. Poco a poco la retina del ojo se adecuó al nuevo día. Vi con la claridad de la luz del sol los rostros del camarógrafo y los guerrilleros acompañantes, que parecían salir de un congelador: pálidos, blancuzcos y tiritando. Así me verían ellos a mí. Pero esa experiencia la compensó una maravillosa escena de la naturaleza. Hacia el este se asomó un gigante sublime: el Nevado del Huila, majestuosamente blanco. Al notar esto, *Mario* dijo tener una orientación geográfica. Estábamos en una reserva natural por la cual ellos transitaban con frecuencia[34]. Así supimos que salvamos la vida y sin pensarlo decidimos proseguir. A pocos pasos de allí, para nuestro desconcierto y rabia, apareció la casa–refugio, en la cual debíamos haber dormido. Estaba cerca de donde pasamos la noche adversa y descubrimos que otros guerrilleros nos esperaron y partieron.

–*Estamos perdidos. Si no alcanzamos a los "compas", no vamos a encontrar la ruta para llegar al campamento de la cita*–, manifestó preocupado *Mario*. Por suerte, horas más tarde nos cruzamos con ellos y llegamos al campamento rebelde que estaba en una planicie de la rivera de un río. Para entrar, atravesamos un viejo puente de madera, cubierto por una capota, que servía de parador a los guerrilleros que buscaban sombra bajo el intenso sol andino. Al llegar ante los jefes subversivos, uno de ellos me repitió lo que *Mario* me prometió: *Mañana le presentamos la sorpresa sobre Tacueyó*. Reflexioné sobre cómo casi renuncié a esa investigación, que parecía envuelta en un misterio indescifrable.

---

34 El Nevado del Huila es la máxima elevación del sistema andino colombiano, con 5.750 metros sobre el nivel del mar y está en el Parque Nacional Natural Nevado del Huila, una reserva ecológica de 158.000 hectáreas, llena de rica flora, fauna y con lugares religiosos y de cultura indígena.

Dormimos en un rancho sobre una esterilla. A mí me asediaron los insectos nocturnos y en la oscuridad busqué un lugar en el bosque para orinar y otra vez para defecar. Como citadino me fastidió, porque me tocó utilizar una hoja de una mata como papel higiénico, pero esa acción frustrante se acrecentó cuando sentí que mi trasero estaba lleno de edemas producidos por el festín de los mosquitos mientras hice mis necesidades fisiológicas, lo que me causó vergüenza por días, debido a la rasquiña persistente.

Durante la noche me desvelé pensando en lo que guardaban los rebeldes. Al amanecer, el sonido de los pájaros y el agua del río golpeando las rocas talladas por el tiempo, auguraban una buena jornada. Caminé a una quebrada a lavarme los dientes y a medio bañarme, porque el frío impedía una limpieza decente del cuerpo.

–¿*Durmió bien?*–, le pregunté al camarógrafo Efraín Restrepo, quien me acompañaba por *enésima* vez a una aventura en la selva.

–*Lo que venga será mejor. Después de la noche que pasamos en el páramo, puedo soportar todo*–, me dijo, mientras se aseaba en las heladas aguas del riachuelo. Terminamos de enjuagarnos, recogimos los utensilios de aseo y caminamos de regreso al campamento de los subversivos.

Llegamos a desayunar cuando el sol asomó y empezó a calentar. Nos sentamos en un largo mesón de madera. Los guerrilleros llegaron poco a poco, acomodaron su fusil al lado de cada puesto y pusieron sobre la mesa parte de sus pertrechos, las granadas y los cargadores con la munición, que se confundieron con los panecillos y los cubiertos; otros, encargados de la cocina, sirvieron el menú, un chocolate espeso y oscuro hecho con el agua del río e ingredientes traídos de un pueblo cercano. A pesar del sabroso olor de la comida, en mi mente aparecieron los recuerdos de los viejos hábitos alimenticios de por ahí. Finalmente comimos como hambrientos por los días de abstinencia. En un momento dado, cuando iba a dirigir a mi boca un sorbo de chocolate, levanté la mirada y frente a mí encontré una cara que se me quedó grabada en mi memoria y que hacía parte de mis pesadillas.

–¿*Se acuerda de él?*, me dijo *Mario*. Lo miré de nuevo fijamente y lo reconocí: ¡el niño *Marcos*!, Juan Antonio Mosquera Parra, el mismo prisionero que estuvo en el patíbulo para ser fusilado en Tacueyó. Él también me reconoció de inmediato y de sus ojos brotaron lágrimas de emoción. Nos levantamos de la mesa, dimos la vuelta y nos abrazamos como viejos amigos. *Marcos* ya no se llamaba así, ahora le decían *Manuelito*.

Manuelito estaba cumpliendo ese mes de marzo 17 años de edad. Es decir que cuando *Delgado* lo torturó y lo condenó a muerte no alcanzaba los 16 años. Pertenecía a una familia de origen indígena de 11 hijos. Nació en Toribío y se crió en la vereda de San Francisco; desde pequeño ayudó a su papá en las labores agrícolas e iba a la escuela rural a estudiar la educación primaria. Ingresó a las filas rebeldes el 10 de octubre de 1985. Realmente no lo hizo por su propia voluntad, sino prácticamente obligado. En las pocas semanas que combatió, intentó aprender la ideología marxista, pero su impulso revolucionario le duró escasamente dos meses, hasta el 10 de diciembre, cuando *Delgado* decidió incluirlo en la lista de sospechosos, por tener colgado en su cuello el escapulario católico, y desde ese momento se convirtió en otro prisionero de su *limpieza*.

Esa mañana, después del desayuno, *Manuelito* habló por primera vez, de su triste experiencia. Precario en palabras. Las lágrimas en sus ojos parecían también nublar su mente.

–Nunca pertenecí al Ejército. Me obligaron a decirle a usted que yo era soldado profesional, como obligaron a los otros a decirle mentiras–, me dijo entre sollozos. Caminé junto a él por la rivera del río, buscando más respuestas pero no las conseguí. Solamente me agradeció la súplica que hice a *Delgado*, con la cual él logró tener otra oportunidad de vivir. Una vida que volvió a dedicar a la guerra, pero comprendí: ¡qué más podía hacer!

Manuelito parecía haber desaparecido de la faz de la tierra. Durante 15 años lo busqué para terminar de escribir esta triste historia y sólo a principios de 2002 lo localicé en una región rural del Departamento del Huila, en el sur de Colombia, donde se dedicaba, según él, a lo mismo que le enseñaron sus padres: la agricultura. Acababa de cumplir 32 años. Seguía siendo tímido, silencioso, de pocas palabras, introvertido e insociable.

Las secuelas de lo que vivió se apreciaban en su cara. Reiteró que lo que dijo aquella vez delante de *Javier Delgado* fueron frases obligadas.

No tuvo otra elección sino cumplir con el libreto porque en su pecho llevaba amarrados envoltorios con explosivos, igual que los otros cinco prisioneros; por esa razón ellos lucían los abrigos abultados. A una corta distancia, parapetado detrás de una inmensa roca, con el dedo en un botón de un control remoto listo para oprimirlo, un hombre que seguía instrucciones de *Delgado*, escuchaba las respuestas a las preguntas que les hice a cada uno de ellos, aguardando con frialdad, esperando una equivocación para explotarnos en pedazos.

–*Una cosa es oírlo y otra cosa es vivirlo. Yo lo viví en carne propia. La peor tortura de todas fue cuando, a los que iban a matar, les destaparon el corazón y se lo puyaron con alfileres a través de un pedazo de papel que le pusieron. Me dieron golpes de garrote. Eran palos que cortaron, los tallaron como un bate de béisbol y nos aporrearon el cuerpo. Nos amarraron y nos colgaron de los árboles por horas y a veces días. Muchos murieron allí comidos por las aves de rapiña*–, recordó afligido. Las cosas que les hicieron a las mujeres prefiere no recordarlas porque le da vergüenza; las violaron introduciendo los cañones de los fusiles hasta por el recto. También violaron a los hombres más jóvenes.

–*Un acto vulgar y cochino*–, dice espantado, agregando: –*El malo fue Javier Delgado, un loco e infrahumano, que trabajaba para los terratenientes de la región. Hernando Pizarro lo hizo por presión de él*–, aseguró.

Manuelito recordó cuando el 9 de enero de 1986, en el momento en que los periodistas partimos del campamento, después de hacer la entrevista a *Javier Delgado*, le perdonó la vida. Antes de anunciarle la indulgencia terminaron su orgía de sangre. Uno a uno, a los prisioneros los acuchilló el propio comandante y después los subalternos les descargaron un tiro de gracia en la cabeza. Los reporteros no andábamos lejos. En aquel momento fue cuando *Cenizo* se bajó de la camioneta para revisar la barricada sospechosa que encontramos en la carretera. En ese instante oímos los disparos. Solamente cinco. Faltó uno, el de *Manuelito*. Mientras esperábamos el sexto tiro, que nunca se escuchó, *Delgado* le dijo:

–*Si volvés a la guerrilla te buscamos y te matamos*–. Todavía amarrado con los cables eléctricos, lo llevaron a la población para que lo recibiera la gente, pero nadie quiso hacerse cargo del niño. Los pobladores tenían miedo que también los mataran por tener misericordia. Entonces *Delgado* ordenó desatarlo y le dijo que partiera. *Manuelito* sospechó que cuando arrancara a correr, le dispararían por la espalda. Él lo vio antes. A varios de sus compañeros, a pesar de tener sus cuerpos lastimados y a duras penas podían caminar, les notificaron que quedaban libres, pero cuando corrieron, como último castigo, les aplicaron la *ley de fuga*.

Sin embargo, la liberación que le ofrecían a él, pensó, en parte podría ser real porque la muerte, bajo las condiciones que estaba, le ayudaría a conseguir alivio y acabar con el suplicio. Entonces decidió aceptar el desafío. Corrió y corrió hasta donde sus pequeñas piernas le permitieron y su cuerpo débil le respondió. No supo cuánto y hacia dónde, sólo corrió, esperando el disparo por la espalda, el cual nunca llegó. Solo en la selva, aguantó más hambre y frío, se escondió de los animales salvajes a los que no les tuvo tanto miedo como a ese monstruoso asesino de los Andes, *Javier Delgado* y después de deambular sin rumbo llegó sin darse cuenta a su pueblo natal, San Francisco y buscó a su familia. Pocos días más tarde pasó una cuadrilla del M–19 y se lo llevó de nuevo a la guerra[35].

Nueve años después de que *Manuelito* lo dejara libre *Delgado*, un día de febrero de 1995, pareció surgir la verdad en una guarnición militar. Un grupo de soldados con pasamontañas sujetaba a un prisionero de sus brazos, mientras éste resistía ferozmente como un animal y pretendía ocultar su rostro. Expuesto como un trofeo ante las cámaras de televisión del Ministerio de Defensa, las únicas autorizadas para grabar la imagen completa, lo arrestaron equivocadamente como un narcotraficante.

La actitud del individuo de encarar a los soldados que lo retenían engañaba, porque su intención no se veía lógica. Tratar de salir corriendo, con grilletes y en medio de un acantonamiento del Ejército, donde lo rodeaban centenares de soldados listos para atajarlo, sería una locura. Más bien, su manera de fingir querer huir demostró tintes de un acto teatral. A ese hombre lo capturaron la noche anterior[36]. Los militares que no lo conocían se llevaron tremenda sorpresa al descubrir

---

35 A pesar de sus heridas sicológicas, José Antonio Mosquera Parra siguió combatiendo en el M–19 hasta 1991, cuando ese grupo se amnistió. Él recibió los beneficios de la Ley de Reinserción que reincorporó a cientos de rebeldes a la vida civil.

36 La captura ocurrió el miércoles 8 de febrero de 1995.

que no pertenecía a la mafia y que su nombre verdadero era José Fedor Rey Álvarez, alias *Javier Delgado*. Según se comentó en voz baja, su detención fue una estupidez de ciertos oficiales. Pero a esas alturas, no se podían echar para atrás porque decenas de periodistas nacionales y extranjeros visitaban la ciudad, cubriendo la persecución a los carteles de la droga.

18 días después de la captura de *Delgado*, sucedió un extraño incidente en un barrio al norte de Bogotá[37]. Un grupo de *encapuchados* rodeó a un hombre de aspecto macilento e intentó obligarlo a subir a un vehículo; los vecinos señalaron que gritó: *¡Soy Hernando Pizarro Leongómez! ¡Llamen a los periodistas para que vean cómo matan al pueblo! ¡Llamen a la Policía que me van a matar!* Inmediatamente se escucharon cinco disparos. El cuerpo de Pizarro lo recogió más tarde un grupo de forenses y su muerte la redujeron a pequeños informes de prensa, aunque él, junto a *Delgado*, protagonizó una de las más grandes matanzas en la historia de Colombia.

Desde su detención en febrero de 1995, me dediqué a buscar un reportaje con *Javier Delgado*. Lo intenté a través del Instituto Penitenciario, pero los funcionarios no daban una razón sensata de su reclusión. Llegué a pensar que el prisionero podría ser otro. Parecía que nadie quería que los dos nos encontráramos. Pasaron siete años[38] y a mediados de junio de 2002, en pleno proceso de investigar y escribirles estos relatos, *Delgado* aceptó concederme la entrevista, después de negociarla secretamente. Se comprometió a hacerlo entre agosto y septiembre de ese año y anunció que revelaría la verdad de su sangriento pasado.

–Estoy cansado de guardarle los secretos a los demás–, me mandó a decir. Él quería confesar que, bajo sus órdenes, los milicianos del *Frente Ricardo Franco* mataron al padre Álvaro Ulcué Chocué, *porque el padrecito se convirtió en un dolor de cabeza para los intereses de los terratenientes,* me dijo el intermediario.

Mi primera pregunta a *Delgado* sería ¿por qué lo perdonaron las Farc? La segunda, ¿por qué aparecía fotografiado junto al General Pedro

---

37 Según registros de prensa, este acto ocurrió el domingo 26 de febrero de 1995.

38 En agosto de 1995, cinco meses después de su captura, José Fedor Rey Álvarez fue condenado a 19 años de prisión, acusado de los cargos de homicidio múltiple, secuestro, extorsión y rebelión, que le fueron atribuidos hasta mayo de 1994. Saldría libre en el año 2004, debido a que su condena fue reducida *por buena conducta.* Por todos sus crímenes sólo iba a pagar nueve años.

Nel Molano?[39] El retrato me lo suministró Salamanca. *Delgado* salía y entraba a las guarniciones militares, antes y después de la matanza. De otro lado, tendría que dar una explicación sobre las edades de sus combatientes.

Asimismo, quería preguntarle: ¿Por qué, según él, el Ejército, en esa sola misión secreta, perdió a tantos soldados y en dos meses que se prolongó la carnicería los comandantes no tomaron acciones para salvarlos? Según *Delgado,* entre los primeros 164 asesinados (después de la entrevista con los prisioneros, supuestamente mató alrededor de un centenar más), 91 muertos ostentaban el rango de oficiales y suboficiales y 71 de bajo rango. Si esto ocurrió realmente, el Ejército habría sacrificado una buena parte de sus altos oficiales. La táctica y la estructura de las Fuerzas Armadas no permiten una penetración masiva de un grupo guerrillero. Ningún estratega militar estaría dispuesto a perder a tantos hombres en una sola misión.

Tenía dos cuestionamientos más para *Javier Delgado*, enloqueció o él lideraba a los verdaderos infiltrados. No es común que alguien pueda volverse loco de esa manera y asesinar una y otra vez sin remordimiento, aunque en la guerrilla hubo desequilibrados mentales; pero más improbable sería que decenas de hombres y mujeres se dejaran matar poco a poco sin rebelarse, a menos que otra comando militar apoyara a los asesinos para mantener sometidos a los prisioneros.

¿Fueron las Farc u otros grupos clandestinos desconocidos los que apoyaron a *Delgado*? Las Farc lo acusaron a él de mercenario: *Siempre fue un infiltrado del Ejército,* aseguraron. Pero, ¿los comandantes de las Farc actuaban como verdaderos enemigos de *Delgado*? Contradictoriamente ellos parecían cómplices del *Frente Ricardo Franco*, y hasta benévolos con ese grupo y con *Delgado* en especial, a quien dejaron actuar con libertad en la selva, aunque supuestamente robó dinero de ese movimiento. Sospeché que en los altos niveles jerárquicos de las Farc, también tenían infiltrados.

Humberto Salamanca me confió un murmullo que se contaba de oído a oído, entre miembros honestos de las Fuerzas Armadas: *Hubo certeza de que Delgado ejercía como mercenario y su misión de eliminar*

---

39 Pedro Nel Molano, en ese tiempo comandante de la Tercera División del Ejército, con sede en Cali. El oficial nunca pudo explicarme ese encuentro desacostumbrado y aseguró que la foto era un montaje.

guerrilleros la cumplió cabalmente. Salamanca me confirmó que su arresto fue un craso error.

Ya para ese tiempo, en los cuarteles militares se decía que *Javier Delgado* recibía salario de los ricos terratenientes del oeste de Colombia y rendía cuentas a militares corruptos. Su misión se mantuvo firme: *Un plan de los que pretendían institucionalizar a los grupos paramilitares en Colombia, el terrorismo de Estado, para prolongar la guerra.*

Cuando supe eso recordé otros misterios que rodearon esta historia: por un tiempo los casetes de los videos originales desaparecieron y simultáneamente distribuyeron copias en las brigadas militares, especialmente en las escuelas contraguerrilleras. También los hicieron llegar a los sindicatos y a organizaciones de izquierda donde publicitaron el peligro de ingresar a la guerrilla. Además, utilizaron las fotografías en afiches y volantes que fijaron en lugares públicos: *¿Quiere terminar así? ¿Torturado y fusilado?*, rezaba el texto. De otra parte, *Javier Delgado*, estando fugitivo y clandestino, publicó un libro a mediados de 1986[40], donde transcribió textualmente los reportajes. Siempre me sonó la frase: *misión cumplida,* la cual garabatearon con una piedra arcillosa en una pared de uno de los ranchos donde descubrí las fosas comunes.

Finalmente alguien impidió resolver el misterio. El sábado 29 de junio de 2002, dos semanas después de acceder a la entrevista conmigo, *Javier Delgado* apareció ahorcado en su propia celda en la cárcel de Palmira, con un cable de energía eléctrica, igual a los que usó para matar a los guerrilleros del *Frente Ricardo Franco.* Dijeron que se suicidó, pero enseguida una llamada telefónica a una emisora colombiana aseguró que las Farc lo sentenciaron a muerte. El *secretariado* de las Farc jamás lo admitió y el telefonazo parecía ser un trabajo de desinformación de la contrainteligencia militar.

Sin lugar a dudas, quienes acompañaron a José Fedor Rey en su hazaña, intentaron que nunca se supiera la verdad completa. No hubo casualidad en la aparición de ese asesino en la guerra de guerrillas. Algunos lo vieron como un héroe, otros un ser despreciable, pero alguien más juzgó que a él lo utilizaron a manera de *conejillo de indias* del primer *laboratorio militar* de los grupos mercenarios o paramilitares de Colombia.

---

40 *Javier Delgado* tituló el libro *"Tacueyó, el B–2 al desnudo"*, de 154 páginas, impreso en talleres litográficos profesionales.

CAPÍTULO III
MALAS COMPAÑÍAS

A mediados de 1986, después de la Matanza de Tacueyó, creí que los hechos que cubrí como periodista, eran lo suficientemente graves y que no podía encontrar algo peor, pero me equivoqué: estaba por conocer la verdad de una guerrilla farsante.

1
EN LA REGIÓN DE LOS QUE DECÍAN, NO TENÍAN ALMA

Un silencio sepulcral estremecía. Parecía un pueblo fantasma y la bruma de la madrugada hacía más penetrante esa sensación. Con cautela avanzamos en medio de la oscuridad y en una esquina, en forma sorpresiva, un grupo de hombres armados salió a nuestro paso amenazándonos con unas viejas carabinas M–1.

–*¡Alto ahí! ¡Identifíquense!*–, gritó uno de ellos. A lo que replicó el camarógrafo que todos éramos periodistas, mostrando la cámara de televisión.

–*Bájense del carro, despacio. Muestren las manos*–, vociferó otro individuo que lucía una camiseta negra con un símbolo que parecía una calavera. Vi atrincherados en la penumbra a media docena más de ellos, aterrorizados como yo, escondidos entre los escombros de las viviendas destruidas por las explosiones y los incendios, después de una ofensiva sediciosa. La guerrilla atacó las oficinas del gobierno municipal, la casona donde funcionaba el cuartel de la Policía y la Caja Agraria, un banco estatal al servicio de los campesinos. Mi equipo de televisión y yo, salimos de Bogotá poco después de las 2 de la tarde de un viernes y llegamos a esa población, Páez, en el departamento del Cauca, pasadas las 4 de la madrugada del sábado. Viajamos cerca de 14 horas.

Aunque a primera vista no se distinguían, poco a poco fui descubriendo que pertenecían a la Policía del pueblo.

–*Agente, venimos desde Bogotá, porque escuchamos en la radio que hay un ataque de los rebeldes*–, hablé, dirigiéndome al que aparentaba más edad.

–*Ayer sacamos a los bandoleros de aquí, pero creemos que están cerca. Es posible que ellos mismos desinformen a la prensa para que no entre el Ejército a apoyarnos*– aseguró el suboficial, comandante del cuartel, un curtido Sargento de la Policía, visiblemente agotado, a pocas semanas de jubilarse, según me enteré más tarde. El Sargento señaló que en el combate sobrevivieron 11 de los 18 policías. Los sobrevivientes repitieron con excitación que aguantaron hasta que se les acabó la munición, pero la verdad, se escondieron al rato de comenzar la refriega, porque el grupo rebelde sobrepasaba los 250 hombres.

–*¿Hay hotel o casa de viajeros?*–, pregunté, aún sabiendo la inutilidad de la consulta, porque ese pueblo apenas tenía una calle principal y no pasaba de mil habitantes.

–*Tenemos toque de queda y todo está cerrado*–, contestó uno de los policías.

–*Están las camas al lado de lo que quedó del cuartel. Si quieren les acomodamos un lugar para que puedan dormir, porque nosotros debemos seguir despiertos hasta que llegue el Ejército*–, señaló el Sargento. Aceptamos, aunque apenas faltaban 2 horas para que saliera la luz del sol. En medio de la oscuridad, una noche sin luna ni estrellas y ni siquiera una vela o un fósforo, nos acomodaron en los viejos catres, con sábanas y mantas roídas que se sentían sucias y húmedas. Cuando comenzó a salir el sol, descubrí la razón de un feo aroma, el cual hizo que mi sueño fuera intranquilo. Olía a sangre o a carne descompuesta y cada vez se hacía más fuerte, nauseabundo. Poco a poco las siluetas de mis acompañantes de noche se descubrieron, durmiendo el sueño eterno de los difuntos, los cadáveres de los siete agentes de policía muertos. Dormí casi al lado de ellos, en uno de los salones contiguos, separado por lo que quedaba de una pared con un boquete de dos metros de diámetro, ocasionado por un proyectil de gran calibre.

–*No los íbamos a dejar en el potrero o en las calles*–, dijo con naturalidad el Sargento. Una distinción que recibieron: reposar por última vez en sus camas.

A comienzos de marzo de 1986, por unas amenazas de muerte y el intento de quemarme la casa en Cali, enseguida del cubrimiento de la *matanza de Tacueyó*, mis jefes del noticiero *Promec* me ofrecieron trasladarme a Bogotá. Una oferta coyuntural, aparte de salvar el pellejo, porque el equipo de redacción necesitaba reforzarse por la ausencia de un reportero en el área política y de *orden público*, como le llamaban en Colombia a la labor de corresponsal de guerra.

Irme de Cali, donde ya comenzaba a generar envidias y enemigos, lo sentí como un alivio. Además, sufrí una decepción periodística, cuando, en mi segundo trabajo en el periódico El País, los dueños del diario me censuraron, a raíz de una investigación sobre una red de corrupción en la población de Yumbo[41]. Descubrí que un grupo de Concejales recibió prebendas a cambio de permitir la invasión de un espacio público en el llamado Parque del Amor, en los límites municipales entre Yumbo y Cali. Los Concejales aceptaron dinero para consentir que se instalaran casetas de ventas de comida, licor y refrescos. Me prohibieron publicar la crónica, con la equivocada razón de que nunca se podía hablar mal de los Concejales de Yumbo, porque las industrias de la familia propietaria del diario, recibían favores especiales en rebajas de impuestos y permisos para que no las sancionaran por contaminar el ambiente, por ejemplo. Al irme a Bogotá me libré de ese maniqueo. Me propuse que jamás volvería a ser censurado.

Una vez ubicado en la capital, la soledad me consumió de tristeza. *Nandita* se quedó en Cali, porque vivía apegada a sus padres y a sus hermanos y no quiso ir conmigo. Intenté convencerla, rogándole que me acompañara. En el fondo la entendí, porque las experiencias a mi lado no habían sido gratificantes: un periodista de guerra, con una modelo de publicidad. Pero también ella no quería salir de la ciudad porque comenzaba a despegar su carrera profesional haciendo comerciales de televisión y participando en desfiles de moda, trabajo en el cual la introduje y la apoyé.

Bueno, pero finalmente, a veces ella iba a verme y yo ingenuo, creí que la podía atraer con pequeñeces, desde un ramo de flores hasta

---

41 En el diario El País de Cali, fui coordinador de la página *Gente Joven*. En esa ocasión me dieron la oportunidad de hacer un reportaje para la página metropolitana.

comprarle un televisor. Pasaron años para que yo aprendiera que el amor encarnaba más que un regalo material. Las esporádicas visitas se volvieron deseadas y no lo niego, tan apasionadas, lo que llevó a que un día me confirmara una noticia que me hizo el hombre más feliz en aquel tiempo: estaba embarazada de ti, Carolina, nuestra primera hija; preparamos tu llegada con felicidad y naciste en Cali un 11 de diciembre, como queríamos. Lograste que finalmente nos reuniéramos. Después regresamos a Bogotá.

Antes del nacimiento tuyo, trabajé intensamente en la capital. Cubrí las elecciones de 1986, asignación importante, porque ese año los comicios estuvieron teñidos de sangre por la violencia. Precisamente al día siguiente de que se posesionó el nuevo Mandatario[42], el viernes 8 de agosto, fui asignado a cubrir la noticia del asalto guerrillero a la población de Páez, en el Departamento del Cauca. Esa región hacía parte del territorio sagrado denominado Tierradentro, un pueblo legendario que guardaba vestigios de las antiguas culturas indígenas prehispánicas, considerado un patrimonio nacional. Allí vivían pobremente sus descendientes. Si bien, esa raza tuvo su propia formación cultural, respetada por ilustrados en Colombia, sectores específicos de la sociedad, veían a sus herederos como ignorantes y seres sin alma. Llegar a esa zona me parecía mágico e interesante[43]. El departamento del Cauca lo conocía como la palma de mi mano, porque desde que estuve por primera vez en Corinto, en agosto de 1984, fui más de 15 veces, no sólo para entrevistar a los guerrilleros, sino para realizar reportajes sobre los indígenas. Las comunidades contemporáneas se dedicaban a la fabricación de objetos artesanales y a la agricultura. Obviamente también aprovechaban las propiedades de la mata de coca desde tiempos inmemoriales. La usaban para estimularse en sus labores diarias agrícolas y en asuntos médicos; crecía como maleza junto a los cultivos. Masticaban la hoja, o *mambeaban*, como ellos decían, para no agotarse físicamente, como lo hicieron sus antepasados.

---

42 Virgilio Barco, Presidente de Colombia de 1986 a 1990.

43 En Colombia, hasta el final del siglo veinte, muchos creían que los indígenas eran seres inferiores. En 1977 todavía la Corte Suprema de Justicia se dividía en 2 grupos: el que afirmaba que los indígenas sí tenían comprensión y razón y el que opinaba que su pensamiento primitivo los hacía poco inteligentes. Sólo hasta la Constitución de 1991 se reglamentó que los indígenas tenían *"el derecho a administrar justicia en su territorio y a regirse por sus propias normas y procedimientos"*.

Pero igualmente les llegó la maldad del narcotráfico. Algunos se dedicaron a comercializar la hoja de los arbustos de coca, seducidos por narcotraficantes, quienes les enseñaron, especialmente a los más jóvenes, que de esa inofensiva hoja también se podía extraer un polvo blanco que les dejaría riqueza y felicidad: la cocaína. Pero los engañaron como a todos los que conocieron ese *negocio maldito*, quienes realmente encontraron en la cocaína un infierno.

Cuando llegué a Páez, a través de los habitantes me enteré que la Policía encontró casualmente, en una requisa rutinaria, una gran cantidad de kilos de base de coca que, al parecer los producía un narcotraficante en un pequeño laboratorio al lado de un plantío en los resguardos indígenas y que la acción subversiva pretendía recuperar esos kilos de droga. Comentaban en el pueblo que los narcotraficantes les pagaron a los rebeldes para que rescataran el alcaloide decomisado.

La cocaína la escondía celosamente el comandante policial debajo de su cama, pero su intención tampoco sería hacer cumplir la ley, sino cobrar una alta recompensa para jubilarse bien. Entre tanto, los subordinados del corrupto, sólo pensaban en la llegada de los refuerzos militares. Tal vez ellos desconocían el plan del superior de restituirles la droga a los narcotraficantes.

Al concluir las entrevistas y la investigación, resolví no regresar por la misma carretera, sino que pedí seguir el camino hacia Popayán, la capital del departamento del Cauca, donde podría transmitir la noticia del asalto a Páez. Cuando cruzábamos las montañas de la cordillera, divisamos un grupo de hombres armados que marchaba en el mismo sentido que nosotros. Reconocí a uno de los hombres que entrevisté en Corinto. Sin perder tiempo le pregunté sobre la cocaína y uno de los jefes aseguró que ellos combatieron hasta agotarse y después de la rendición de los policías, partieron con el botín en sus mochilas. Pero según el subversivo, sólo se llevaron el dinero y no la coca. Mencionó que por ahí los que andaban en esos negocios eran los de las Farc, que el M–19 sólo cobraba impuestos por sembrar.

Decidí ir con los guerrilleros, caminando selva adentro y pronto llegamos a un campamento que parecía haber sido instalado pocos días antes. Allí aguardaban otros comandantes rebeldes del M–19. Preparaban una asamblea donde participarían diversas comunidades indígenas. La asamblea realmente sería un *juicio*, donde condenarían a campesinos por delitos cometidos contra la comunidad. Por primera vez presencié una guerrilla deliberante, ejerciendo su poder a manera de única ley y justicia en esa región y realmente la ejecutaba como tal y lo hicieron por años más. Los grupos guerrilleros asumieron *orientar* a los indígenas, como quien decide golpear, reprimir o educar al hijo del vecino.

Ese día realizaron lo que llamaron un *juicio del pueblo*, aunque la gente no participó en forma activa. Acusaron a un padre de familia que violó a su hija quinceañera, a un indígena que robó gallinas y a tres hombres que se negaron a pagar la tributación por sembrar coca. En un acto insólito castigaron con más severidad a los que no pagaron el impuesto de la coca.

Cuando observé eso, me di cuenta que por más que los comandantes guerrilleros me negaran que trabajaran para los traficantes de droga, indiscutiblemente, enseñados a extorsionar y a secuestrar, se aprovechaban del dinero de los narcóticos en la zona. Una oportunidad para financiar la guerra no la iban a dejar pasar fácilmente. Antes, suponía que grupos como el M–19, que esgrimía banderas sociales, no se involucraría en *el negocio maldito*. Algunas veces que fui a los campamentos guerrilleros, pasé por cultivos de hoja de coca y de hermosas flores de amapola[44], pero nunca sospeché, quizá por mi inexperiencia periodística, que los rebeldes participaban. Inclusive juzgué que el rumor sobre la cooperación con el narcotráfico hacía parte de una campaña de los servicios de inteligencia del Estado, para desprestigiar a las organizaciones subversivas.

Sentado frente a ese panorama en medio de esas selvas andinas, experimenté una doble sensación de satisfacción e impotencia. Un gusto por la belleza del lugar, pero un disgusto por la incapacidad de no tener la potestad de resolver ninguno de los factores del problema humano y social que estaba conociendo como periodista. Allí me encontraba entre los sembrados de *pan coger* y el verde claro de las hojas de coca, listas para ser acopiadas y fabricar el maligno producto que consumirían millones de drogadictos en el mundo. Posiblemente por mi rostro decepcionado, un guerrillero me preguntó:

---

44 De la amapola se deriva la heroína, un alcaloide que pertenece a las drogas denominadas *opiáceos*. La heroína es semi–sintética, producida a partir de la morfina a través de un proceso químico y es casi 3 veces más fuerte que ésta.

–*Para usted quién es más culpable del negocio de la droga, ¿los que cultivan la coca, producen la cocaína y la venden, o los que la compran?*

–*Son culpables los gobiernos que no evitan la producción y comercialización, pero más culpables me parecen los que ignoran la drogadicción. La responsabilidad la comparten muchos, inclusive ustedes que están convencidos que fomentando el narcotráfico atacan lo que llaman el imperialismo yanqui. Son culpables hasta los que decidieron envenenar su mente y su cuerpo con esa droga*–, le dije mientras seguía mirando las pequeñas parcelas de los cultivos ilegales y recordaba el arbusto de coca que conocí en mi infancia. En ese tiempo, lo veía como una planta ornamental bonita, especialmente al dar los frutos, unas pepitas rojas diminutas. En Colombia, antes de la década de 1970, cuando el negocio de la cocaína todavía lo desconocía la gente común y apenas comenzaba a prosperar, los jardines los adornaban con esa mata. Por ejemplo, en Cali la avenida de Las Américas, sembraron arbustos de coca y creo que pocos los miramos con malicia, ni codicia. Recuerdo que frente a mi casa de niño, en el barrio El Peñón, en el antiguo Colegio *Bennett*, la coca sirvió como cerca ornamental y mis hermanos y yo, comimos inofensivamente la pepita roja, dulce como una fruta tropical. Nunca sentimos más placer que únicamente el sabor dulcecito del diminuto fruto. Pero cuando llegó el crimen organizado, la coca la erradicaron, la prohibieron y dejé de verla en los jardines y parques y también se la quitaron a los consumidores antiguos: los indígenas. La mano criminal del hombre la convirtió en delito.

Otra respuesta por la cual la guerra colombiana tomó un rumbo sin fin.

Mi vida comenzó a dar un giró radical. Los acontecimientos noticiosos me arrastraban a un torbellino de emociones y peligros que no visualicé. Crecía en mí la necesidad de revelar internacionalmente lo que estaba ocurriendo en Colombia y una manera de hacerlo sería buscar trabajo en el exterior. La noticia de la matanza de Tacueyó dio la vuelta al mundo y transmití versiones a noticieros de televisión de Perú y Ecuador. Esa experiencia me abrió los ojos. El impacto que producían las noticias afuera era grande y siempre regresaban al país y la gente reaccionaba, porque los dirigentes y ciertos periodistas colombianos, vivían preocupados por lo que decían de ellos en el exterior.

En mi razonamiento primario, pensé que Colombia debía ser vista en su escenario real, para que cambiara la situación socio política. Hubo una frasecita cómplice de colegas que siempre me produjo disgusto: *Los trapitos sucios se lavan en casa*, refiriéndose a ocultar la verdad de la nación. Una frase que riñó con mi ética y moral periodística.

Desde que empecé en la televisión, a los 21 años, siempre quise ser reportero internacional de noticias. Entonces, sabiéndolo, un amigo inglés llamado Timoty Ross, corresponsal de la cadena de televisión estadounidense ABC, a comienzos de 1987, cuando yo todavía trabajaba en *Promec* Televisión, me recomendó ante la *Spanish International Network* (SIN), una cadena de televisión en español, que ya comenzaba a ser popular entre los medios norteamericanos y la cual se convertiría ese mismo año en *Univisión*.

Recuerdo una anécdota de cómo fui contactado por ellos. Un día de febrero o marzo de 1987, llegó a Bogotá un hombre llamado Luis Guillermo Calle, quien venía con la intención de hacerles pruebas a cinco periodistas colombianos, entre quienes me encontraba. Calle me citó en el Hotel Tequendama, en el centro de la ciudad. Llegué al lugar y esperé por un rato, hasta que vi en el vestíbulo a un hombre a quien le pregunté:

–*¿Usted es don Luis?*, a lo que él asintió.

Sin dirigirme una sola palabra me llevó hasta un lujoso vehículo, me abrió la puerta y me pidió que entrara. Le sugerí que podía acompañarlo adelante. Él insistió que viajara atrás. Entonces, se montó en el carro y condujo por la avenida *El Dorado*, que va hacia el aeropuerto de Bogotá, mientras contemplé las comodidades del vehículo y especulé sobre el futuro que me esperaba. El hombre me felicitó porque hablaba bien el español y en ese instante caí en cuenta de lo que estaba pasando. Le pregunté ¿Usted es Luis Guillermo Calle? Y me dijo: *No, soy Luis, el chofer*. Nos equivocamos ambos. Ese otro Luis buscaba a un ejecutivo de una empresa farmacéutica para llevarlo al aeropuerto.

Al regresar al hotel conocí al verdadero Luis Calle, que al contarle esa pifia mía, terminó riéndose a carcajadas, una de las pocas veces que lo vi hacerlo, porque Calle se concentraba tanto en su trabajo, que parecía un hombre antipático. Lo conocían como un trabajólico. Todas las madrugadas de lunes a viernes, mientras yo aún dormía, llamaba desde

Estados Unidos para darme las instrucciones del cubrimiento noticioso del día. Comenzábamos a las cinco de la mañana y terminábamos bien entrada la noche. A *Nandita* le molestó aún más esa nueva etapa de mi vida, donde intensifiqué mi dedicación al periodismo.

Empezar a trabajar en *Univisión* me hizo vivir una experiencia transformadora. No fue lo mismo ser reportero para un canal colombiano, donde apenas alcanzaba una sintonía normal, que laborar para un medio extranjero y ser reconocido por millones de personas en el mundo latino, desde Estados Unidos hasta México, Centroamérica y algunos países suramericanos. Pude seguir informando, esta vez al mundo, de lo que ocurría en Colombia, pero sin miedo a decir la verdad, sin reservas y sin censuras, porque *Univisión* me permitió manejar un estilo periodístico franco, abierto y honesto. Pero ese género, aplicado a los conceptos periodísticos de Colombia, fue mal visto por colegas de ese país, que se encargaron de hacerle creer a la gente que contar la verdad al mundo *exportaba mala imagen al exterior.* Murmuraciones que fueron el comienzo de una persecución que me expuso por años al escarnio público y que generó hostilidad contra mí, sin precedentes en la historia periodística, lo que cambió mi éxito nacional por un odio público, fundado en el argumento de que *los trapitos sucios se lavan en casa.*

2
ARMAS Y COCAÍNA, UNA MEZCLA MALDITA

Un joven reportero, a quien llamaré *José Canal*[45], me escuchó en varias ocasiones hablar sobre mi intención de investigar ese tema que me intrigó aquella vez del asalto a Páez: el cobro de impuestos de la guerrilla a los narcotraficantes. Él conocía cómo operaba esto, porque trabajaba en la oficina de prensa de la Unión Patriótica –*Up*–, el nuevo grupo político de los guerrilleros de las Fuerzas Armadas Revolucionarias de Colombia –Farc–[46], afiliado al Partido Comunista, y como no estaba de acuerdo, me ofreció una investigación periodística en una región selvática en el Guaviare, en el sureste de Colombia.

Aparentemente él confiaba en mí, aunque se enteró de la ojeriza de las Farc, por dos reportajes que se convirtieron en incidentes graves. El primero sucedió unos años antes, en una región campesina del noroeste del departamento del Cauca, sobre los métodos de ese grupo rebelde de obligar a los campesinos a votar por los candidatos de la Up[47].

–*Desaseguran las armas, las montan peligrosamente contra todos y "nos invitan" para que escuchemos a los políticos de la Unión Patriótica–,* denunció ante la cámara aquella vez, un campesino a quien me dijeron mataron después.

La guerrilla respondió en forma espantosa.

–*Todas las personas indígenas y campesinas no se puede decir que son buenas. Entre ellos hay ladrones, violadores, tramposos y traicioneros a la causa revolucionaria. Son parásitos, gusanos de una sociedad. Primero tenemos que ver si pueden cambiar y para esto se le da una tregua, pero si viola esa tregua, se purga como los parásitos. Hay que aplastarlos como gusanos–,* señaló un rebelde, que dijo ser el comandante del sexto frente de las Farc, a quien bauticé: *el aplastador de gusanos*[48].

---

45 *José Canal* es un personaje real con un nombre ficticio para proteger su vida.

46 El gobierno del presidente Belisario Betancur, había iniciado un proceso de paz con las Fuerzas Armadas Revolucionarias de Colombia –Farc–, rebeldes comunistas. A raíz de ese pacto las Farc fundaron el grupo político Unión Patriótica –Up–.

47 Ese reportaje se emitió por primera vez en el noticiero *Promec*, el 14 de octubre de 1985.

48 El subversivo no estaba autorizado para hablar sobre el tema y por esa razón la respuesta le ocasionó un juicio revolucionario y me aseguraron que fue fusilado. Nunca lo pude comprobar.

El segundo incidente que hizo que las Farc comenzaran a rotularme como su enemigo ocurrió casi a mediados de 1988, quizás un par de meses antes de que viajara al Guaviare para hacer el reportaje ofrecido por el periodista *Canal*.

Buscando noticias, fui hasta Apartadó, un pueblo en Urabá, en el noreste del departamento de Antioquia, donde las grandes plantaciones de banano y plátano se extendían en cientos de hectáreas en un apacible verde casi perfecto. Pero esa tranquilidad aparente, se borró por la realidad. La región ardía, no sólo por el calor del sol, sino por la candente situación de violencia. La autoridad del estado allí no valía y aplicaban la vieja ley del talión: *ojo por ojo, diente por diente*. Sentí escalofrío al pensar que esa misma exquisita fruta tropical, que después sería degustada por personas en otras naciones del mundo, nacía en una tierra bañada en sangre y algunos de los que la sembraron, tal vez ya estarían muertos.

Las Farc luchaban para no perder a decenas de sus militantes y dirigentes de la UP, asesinados por grupos armados de *encapuchados*, bautizados por la prensa como: *autodefensas campesinas*. Allí las Farc combatían no sólo contra el Ejército regular, sino contra esas fuerzas clandestinas y también peleaban contra otros grupos rebeldes que operaban en la región, con quienes empezaron a rivalizar militar e ideológicamente.

Mi intención en Apartadó sería hacer entrevistas con miembros de las *autodefensas*, con guerrilleros y además, con líderes de la izquierda. Una mezcla letal, sabiendo lo que pasaba allí. Por ejemplo, en el lugar donde tendría la primera cita, una *fuente de soda* al aire libre, mataron a militantes de uno y otro bando, mientras se tomaban una cerveza.

Esperando al contacto, ocurrió algo asombroso: comenzaron a llegar miles de pájaros que revoloteaban alrededor. Al principio lo sentí sobrecogedor y escalofriante, como un mal augurio, porque la presencia de esas aves oscureció la calle antes de tiempo. Pero, al pasar los minutos lo vi como una danza maravillosa, conmoviéndome no solamente los pájaros volando, sino el ruido de sus alas golpeando el aire en forma rítmica, lo que opacó la bulla callejera.

–*Estos pájaros vuelan cuando algo malo va a pasar*–, indicó *Macario* sin saludar, un contacto de la UP, quien también pertenecía a las Farc. Ese comentario de *Macario* pretendía asustar con la ficción de guerrillero, porque las aves actúan así al atardecer y en ciertas épocas del año cuando emigran. Sólo iban de paso.

–Aquí no se puede confiar en nadie. El Ejército tiene informantes en todas partes. Nosotros también y los traidores del Ejército Popular de Liberación, son los peores–, agregó, manteniendo su mano adentro de una mochila y mirando sobre sus hombros como esperando una sorpresa de los *encapuchados*. *Macario* me presentó a un líder comunista llamado Bernardo Jaramillo Ossa, quien llegó sudoroso y pidió un refresco.

–Esto que se vive en Urabá con las autodefensas es el comienzo de una larga guerra. Me dijo Jaramillo; palabras que serían premonitorias. Me despedí de él y de *Macario,* no sin antes concertar la entrevista con los guerrilleros de las Farc al día siguiente en otro pueblo llamado Turbo.

Junto al camarógrafo y al asistente, nos encaminamos al hotel donde pasamos la noche en Apartadó. A la mañana siguiente, al salir, tres jóvenes que se identificaron como miembros del sindicato de bananeros, me abordaron y me pidieron ir a una finca cercana. Al principio dudé porque podía perder la entrevista con los guerrilleros de las Farc, pero me interesaba hablar con los trabajadores bananeros que, suponía, sufrían en medio de la violencia. Los seguí al lugar. Caminé entre los cultivos con la mirada cómplice de otros obreros. Ellos seguían su trabajo cortando racimos de bananos que colgaban en una polea, deslizándolos por inercia entre el laberinto de platanales hasta la planta de procesamiento donde los lavaban y después los empacaban. Como un diestro bracero de por allí, esquivé esos racimos que parecían lanzados retándome en una competencia. Llegué al final del camino y me encontré con los hombres de la entrevista, pero comprobé que no sólo pertenecían al sindicato sino al Ejército Popular de Liberación –Epl–, grupo rebelde al cual se refería *Macario* como los enemigos de las Farc en ese tiempo.

–En Urabá, tanto las Farc como las autodefensas cambian parte de la venta de la cocaína por armas–, dijo el rebelde, simulando desilusión[49].

---

49 Por esa época el *Epl* también negociaba la firma de un acuerdo de paz con el Gobierno, el cual se logró en marzo de 1991. De allí surgió el grupo político Esperanza Paz y Libertad.

Al terminar, fui a buscar más noticias. Supe de una matanza en un barrio.

–*Por allá es mejor que no entren porque ese territorio es de las Farc y los pueden matar*–, me dijo una anciana. Vi absurdo e incomprensible que un pueblo tan pequeño estuviera dividido por áreas militares y políticas.

A pesar de la advertencia fuimos con el camarógrafo y el asistente. A los muertos los velaban en medio de la calle, cubiertos por la enramada donde habían estado celebrando una fiesta, hasta que la interrumpieron los *encapuchados,* que llegaron con lista en mano y a los escogidos los fusilaron porque los consideraron sus enemigos. Lo singular de ese contexto irónicamente se veía a simple vista, sin que nadie hiciera algo: la rutina unía a los vecinos en un ritual, de una celebración pasaban a un velorio silencioso, de la música y el baile seguían las lágrimas y el dolor. Con frecuencia en las balaceras morían familias completas.

En la tarde viajé a Turbo, de acuerdo a las instrucciones de *Macario*. En ese mismo pueblo vería a un delegado de las *autodefensas campesinas*. Ningún bando podía enterarse de mi plan.

Llegué al hotel recomendado por un contacto de las *autodefensas*. Pedí tres habitaciones. Sentado en una silla mecedora con un carriel terciado, que según él le servía de cofre de seguridad y donde guardaba un revólver calibre 38, estaba el gerente. Me saludó como si fuéramos viejos amigos.

–*Bueno, ¿qué se le ofrece Raúl?*–. Me quedé mirándolo extrañado.

–*Dejémonos de rodeos. Yo soy el hombre. Aquí los empresarios, los finqueros y los negociantes nos unimos para defendernos de los secuestros y la extorsión. ¿Eso es lo que quiere saber?*–, me dijo en tono hosco. Se levantó de su silla, agarró mi brazo y me llevó detrás de la recepción, a su oficina, refrescada por un viejo ventilador de piso el cual prendió a alta velocidad, aturdiendo el lugar y casi apagando su voz.

–*Los patrones no estarían a gusto si usted les viene a hacer propaganda a los comunistas. Y por ahí dicen que usted anduvo en Apartadó hablando con Bernardo Jaramillo, el de la UP y ese no es el trato*–, me advirtió.

–*¿Cuál trato? Esto no se refiere a pactos entre periodistas y sus fuentes. Lo que vengo a hacer aquí es un trabajo como reportero de* *televisión y para que la opinión pública conozca la verdad, tengo que escuchar a todas las partes–*, le dije molesto.

–Está bien, solamente le digo a usted para que se entere. Esta noche lo van a buscar, pero tómelo con calma y llévese una buena impresión–, agregó.

Al ocultarse el sol, salimos a comer y a conocer el ambiente. Turbo poseía un encanto provincial como muchas poblaciones colombianas. Me gustaba ver los contrastes, desde la música que se escuchaba en las cantinas, tangos, rancheras y salsa, hasta la comida casera.

La persona que nos anunció el hombre del hotel apareció sin misterios: una hermosísima y elegante mujer, de unos 20 años de edad, demasiado joven para ser encargada de las *autodefensas,* pensé.

–El señor del hotel me pidió que te hablara para presentarte a unos amigos que están dispuestos a darte un reportaje–, me dijo sin timidez.

–Ah, ¡qué bien! ¿Y cuándo puedo hacerlo?–, le pregunté.

–Mañana mismo, si las cosas están en calma. Pero tienes que estar dispuesto a viajar en barco hasta otra parte–, afirmó.

Antes de despedirnos y precisar la cita del día siguiente, escuché comentar a policías que pasaban por ahí, sobre unos cadáveres que aparecieron en el *botadero de los muertos* y me aventuré a preguntarles.

–¿Cómo así? ¿Aquí botan los muertos en un basurero?–, le dije a uno de ellos.

–Los encapuchados casi siempre los dejan en un lugar cerca de aquí–, admitió el policía. Decidí ir con mi camarógrafo y el asistente, junto a la esbelta acompañante, quien se ofreció de inmediato a transportarnos. La muchacha circuló como si nada le espantara en las oscuras callejuelas de Turbo. Recorrimos pocas millas esperando la primicia. No tardamos en encontrar el *botadero de los muertos.* Cuando llegamos, los cuerpos aún permanecían allí. Por miedo, nadie hacía el trabajo nocturno de recogerlos. El camarógrafo grabó en video los cadáveres y después la mujer nos llevó al hotel, prometiendo que al día siguiente nos recogería, después del medio día. En la mañana teníamos la cita con los guerrilleros de las Farc, pero *Macario* nunca apareció. Tampoco regresó la joven de las autodefensas. El ambiente se enrareció en el pueblo y no era para

menos: *los encapuchados* dejaron nueve cadáveres en el botadero de Turbo. Regresé con mi equipo a Apartadó, donde los *encapuchados* mataron a cinco personas más. Busqué a Bernardo Jaramillo y no apareció. Al salir de la oficina de la UP, un joven se arrimó y me dijo en forma amenazante:

—*Se metió en problemas. Mataron a Macario y a los tres camaradas que los iban a llevar donde el comandante. Esas amistades suyas le van a costar caro. Piérdase de aquí*–, dijo poniéndose la mano al cinto, pretendiendo agarrar la cacha de un arma. *El diablo es puerco*, decía mi padre. Al ver la actitud, sin entender de qué me acusaban, resolvimos ir al aeropuerto para volver a Bogotá, pero cuando llegamos recibí la mala noticia que el vuelo despegó minutos antes. Un piloto me ofreció llevarme gratis. Inicialmente dudé, pero el impecable uniforme de pantalón negro y camisa blanca, adornada con las hombreras doradas de aviador, me hicieron confiar. Me monté en la aeronave pensando en lo que ocurrió en tan sólo tres días. Cuando tomamos la pista alcancé a observar a decenas de hombres camuflados entre los platanales, apuntando sus fusiles hacia nosotros y advertí que el piloto también los vio porque alzó vuelo en forma inesperada y viró hacia el lado contrario bruscamente.

—*Estos "comemierda" comunistas. Si no fuera por El Patrón hubieran disparado*–, dijo el capitán. Entendí que al famoso *patrón* lo respetaban y le temían en esa provincia. Cuando aterrizamos en Bogotá, leí el nombre de la compañía de vuelos charter pintado en el fuselaje del aparato y años después me enteré de la verdadera identidad del aclamado *Patrón*. La historia de él se las relataré más adelante.

Por esos dos incidentes, el del *aplastador de gusanos* en el Cauca y la muerte de los rebeldes que me llevarían a donde un comandante de las Farc en Urabá, me preocupaba reencontrarme con cualquier subversivo de ese grupo guerrillero. Pero la obstinación por revelar las prácticas del cobro de impuestos de la guerrilla a los narcotraficantes me llevó a aceptar el ofrecimiento de *José Canal* de darme la *chiva,* es decir, una primicia informativa[50]. Días antes él me citó en un restaurante del centro de Bogotá para decirme que en un viaje reciente al Guaviare,

---

50 En Colombia, en el medio periodístico, *Chiva* quiere decir primicia informativa. Chiviar, dar la noticia en forma exclusiva. También se le dice *chiva* al *bus escalera,* un vehículo de transporte rural y a la cabra, el mamífero y rumiante hembra.

acompañando a los candidatos de la Unión Patriótica, vio grandes cultivos de coca y cantidades de laboratorios de base de cocaína.

–*Le advierto Raúl: no le conté esto. Van a creer que usted va a llegar a San José del Guaviare para hacer un reportaje sobre la Up*–, advirtió *Canal*. Al escucharlo temí por su enorme y espontánea buena voluntad, pero después descubrí que su interés fue solamente obtener dinero. Al llegar a San José del Guaviare me recibió un hombre de confianza de *Canal* con el acostumbrado sigilo de los comunistas. Entrar a ese territorio lo sentí como una *prueba de fuego*, debido a los dos antecedentes que les relaté.

Al día siguiente partimos en una chalupa por el río Guayabero, ancho, caudaloso y el único medio en esa época para llegar a esos pueblos perdidos en el borde de la selva amazónica. En ese majestuoso paraíso vi por primera vez una fantasía de la naturaleza colombiana: los *delfines rosados*, peces de agua dulce, amigos del hombre como los delfines grises del mar y que, según los campesinos, salvaban sus vidas cuando corrían peligro en las traicioneras aguas de ese. Estos *delfines* vivían en lagunas y caños de la cuenca hidrográfica del Orinoco y del Amazonas. Decían que en las noches de luna llena embarazaba a toda mujer que se metiera al río estando en los días fértiles. También aseguraban que en esas noches, cuando había fiesta, el delfín se transformaba en hombre y seducía a las mujeres. Se creía que cualquier mujer que anduviera por el río en una canoa estando con la menstruación, recibiría después la visita del delfín y la embarazaría. En estos pueblos amazónicos a los niños sin padre, se les acreditaba el *delfín rosado* como tal y en ciertos casos registraban a los recién nacidos en la notaría, como hijos del delfín.

Para llegar a nuestro destino pasamos por El Raudal, considerada la madre de todas las corrientes fuertes del río Guayabero. Decenas de *chaluperos* murieron en esas aguas, pero otros se salvaron, porque, según ellos, los *delfines rosados* les avisaron si corrían peligro y si venía bajando o subiendo otra chalupa, saltando alrededor para prevenir. Al cruzar El Raudal, nos detuvimos en fincas cacaoteras y en algunas evidencié que el narcotráfico hacía parte del entorno. Al lado del cacao y cultivos diversos, vi pequeñas parcelas de coca y atrás semi–camuflados conocí rudimentarios laboratorios.

Los campesinos, que al principio se comportaron con timidez, poco a poco tomaron familiaridad.

El olor a químicos lo sentí penetrante y me causó mareo. Una extraña euforia me invadió por momentos. Los niños andaban por ahí, respirando lo mismo como un aroma habitual y participando en la producción, envenenando sus cuerpecitos, pero sin manifestar malestar o enfermedad a simple vista.

Esos campesinos fabricaban coca sin problemas. Aquel día vi su tarea.

Delante de mí, en un gran camastro de madera, esparcieron en forma de alfombra las hojas de coca que antes recolectaron en costales[51]. Las mezclaron con agua y un componente, cuyo nombre no alcancé a escribir en mi libreta de periodista. Unos trabajadores le echaron gasolina al lecho, revolviendo las hojas con palos parecidos a remos, mientras otro hombre trituró la mezcla, pisándola con sus botas durante un buen tiempo, absorto en un ritual particular, masticando hojas de coca para ganar energía. Allí mismo ya habían vertido, sobre una tela blanca, la mezcla machacada de una faena anterior; el líquido se traspasó a un tanque de metal y desecharon las hojas de coca. A la mixtura resultante le agregaron agua y ácido sulfúrico, la filtraron de nuevo y complementaron con cal, convirtiéndola en *pasta de coca*. Adicionaron acetona, en otro de los pasos que me mostraron. Pudieron haberle echado éter, pero me dijeron que por esos días fue difícil conseguirlo. Después, dejaron reposar esa mezcla, volvieron a filtrar y añadieron amoniaco. Otra vez filtraron y enjuagaron con agua. Para secarla utilizaron hornos microondas. Al terminar obtuvieron *base de cocaína*.

Esa *base de cocaína* casi siempre se vendía a intermediarios que la llevaban a laboratorios más completos. En esos lugares la disolvían en éter y filtraban, le echaban acetona y ácido clorhídrico y volvían a colar, la secaban y obtenían *clorhidrato de cocaína*. Cuando salía a los mercados del mundo, para aumentarla y ganar más dinero, los expendedores le agregaban *Alka Zeltzer, Mejoral*, talco o lactosa, hasta la incrementaban con limadura de metales, caliza blanca o bórax. Esta adulteración solía ser más nociva que la propia droga.

---

51 Por cada 120 gramos de hoja de coca obtenían un kilo de base de coca.

A la cocaína la llamaban *polvo de ángel*, pero realmente significaba el *polvo del demonio*.

–Esto es lo que realmente nos ayuda a resistir–, dijo uno de los dueños del rudimentario laboratorio, mostrando una panela blanca, que camuflaría entre sus pertenencias para vender en San José del Guaviare[52]. A pesar de sus misteriosos movimientos para ocultar la droga, la clandestinidad no siempre fue necesaria porque la red de complicidades estaba extendida en esos territorios. Obviamente, para que funcionara el tráfico, no sólo participaba la guerrilla sino las autoridades locales. El procesamiento de la droga, aunque lo hicieran en pequeña cuantía, como lo vi, requería grandes cantidades de insumos, que se movilizaban por el río o por aire.

Me interné más en los territorios de la coca y en un pueblo me topé con los guerrilleros de las Farc. Nunca supe si esos subversivos sabían o no sobre mi trabajo del *aplastador de gusanos* y del incidente de Urabá o si evadieron hablar del tema. El comandante se veía como un lugareño.

–Las Farc están con los campesinos y para nadie es un secreto que dentro de la región, ellos cultivan coca, porque no hay garantías económicas, para que puedan sembrar y comercializar otros productos de consumo de primera necesidad. Nosotros los protegemos y les ayudamos a que puedan sacar su producto, pero no recibimos nada a cambio–, dijo el rebelde en la cámara de televisión y así salió al aire. Pero no expuso la verdad. Los campesinos se quejaron que los insurgentes recibían la mayor parte de las ganancias, haciendo nada, sólo cobrando el famoso *impuesto de guerra*.

–El campesino de la región no es que esté haciendo esto porque quiera, lo que pasa es que, desde la colonización de la región del Guaviare, ha estado totalmente desamparado–, reclamó un ganadero que igualmente entregaba a la guerrilla parte de las ganancias, aunque su negocio, legal, consistía en vender carne de las reses que pastaban en sus tierras[53].

---

52 En esa región del Guayabero, los campesinos participaron en un proyecto de sustitución de cultivos pero fracasaron, porque cultivar el arbusto de coca y vender la base de coca era más rentable que mover el cacao o el plátano para venderlo en los centros urbanos.

53 Los narcotraficantes llegaron a esa región en 1977, después de invitar a colonos profesionales para que ocuparan esas tierras inhóspitas. A estos nuevos pobladores, entre citadinos y campesinos, les regalaron las primeras semillas de mata de coca. Les dijeron que la planta podía ser productiva hasta 30 o 40 años y que lograrían recoger 4 o 5 cosechas al año.

Conocer e informar sobre esa realidad del narcotráfico y la lucha armada, cambió mi idea sobre la gente que supuestamente combatía para ayudar al pueblo.

Comprobé que la guerra se definía con armas y cocaína, una mezcla maldita.

CAPÍTULO IV
CONDENA A MUERTE SIN CÓDIGO PENAL

Para esa época ya poseía evidencia de que la guerrilla narcotraficaba y sospechaba que las temidas "autodefensas campesinas", también lo hacían. Pero al seguir investigando descubriría que ese escenario, apenas mostraba parcialmente la punta del iceberg. Lo que encontraría sería más grave. Hubo intereses de personajes, encubiertos en las mismas entrañas del Estado, de promover una conspiración que empujó a Colombia a sufrir una guerra sin fin.

1
LAS ESCUELAS DEL TERROR

Hacer política y sobrevivir en El Castillo, un pueblito del departamento del Meta, en los Llanos Orientales colombianos, se volvió incompatible. Podría decirse que lograrlo constituía un milagro. Contrario a su nombre, ese municipio no se veía como un palacio, sino como un polvoriento caserío abandonado por el Estado. Sus calles estaban llenas de problemas y de pobreza, como otros de esa comarca. En ese pueblo encontré la disolución de la comunidad, como si hubiese hallado un ejemplo claro de esa violencia fratricida que padecía Colombia desde décadas atrás, pero dando un giro insospechado hacia la mercenarización.

–*Comenzamos a ser amenazados de muerte. El delito de nosotros fue haber penetrado a este territorio, tradicionalmente Conservador y Liberal, y poner en conocimiento la plataforma de lucha de la Unión Patriótica*–, se quejó un candidato del grupo político de la guerrilla, mientras los otros respondían:

–Los comunistas lo único que quieren es mandar. Lo que hacen es provocar y matar–, dijo un habitante.

A finales de 1987 esa región vivía una guerra civil no declarada o por lo menos ignorada por el gobierno central. A una mujer la encargaron de la alcaldía de El Castillo, porque sus dos predecesores, militantes de la Unión Patriótica *–Up–*, desertaron aterrorizados por las amenazas. Pareció ser la única que desafió esa hostilidad.

–Realmente siento miedo de ejercer este cargo, porque se escuchan rumores entre la comunidad de que han visto personas desconocidas, de civil y con armas–, me habló con voz temblorosa. Poco tiempo después perdió la batalla y también murió baleada. Igualmente mataron a concejales de la Up, grupo que comenzó a sufrir una fase de capitulación, porque quienes ostentaban el poder les preocupó el doble filo: armas y política. Precisamente una mañana fui testigo ocular de un hecho que me comprobó esa sentencia. Desayunaba en una cafetería cerca de un hotel en Villavicencio, cuando un grupo de *encapuchados* disparó contra los comensales de otra mesa desde una motocicleta. El suceso me recordó a los que fusilaron a los guerrilleros en la selva mientras lo vi ocultándome en un matorral. Al oír el sonido de las balas no alcancé a reaccionar y mientras presencié cómo asesinaban a un hombre me atraganté con la almojábana que comía. Ese señor ni siquiera se quejó. Apenas levantó la mirada y movió pocos centímetros su cuerpo a la manera de quien esquiva un objeto que le lanza alguien. A los escasos segundos cayó al piso botando tanta sangre como si le hubieran tasajeado el pecho y la cabeza. Seguí ahogado con la almojábana y ni siquiera el café con leche pudo quitar la obstrucción de mi garganta. Casi me muero en medio de la balacera, pero por falta de aire; sin embargo, por la conmoción nadie se percató de mi accidente.

–Mataron al concejal–, gritó histérica una mesera, mientras uno de sus compañeros yacía al borde de otra mesa sobre los pies de una señora paralizada por el miedo y tres clientes más gritaban de dolor por las heridas de bala. El concejal pertenecía a la Up.

–Esos son los de El Dorado, que están cazando a los comunistas adonde sea–, dijo el administrador de la cafetería después del atentado. Por segunda vez escuché el nombre del pueblo. Antes lo mencionó

un dirigente de la Up que me dijo que allí entrenaban grupos de autodefensa.

–*¿Y cómo puedo ir a El Dorado?*–, le indagué.

–*No es posible. Esa gente odia a los periodistas y al pueblo sólo entran los que ellos autorizan*–, me advirtió. Estaba dispuesto a romper esa regla, por mi deber de informar al mundo sobre lo que ocurría en la región. Solamente una persona me podía ayudar: el General Óscar Botero. Este oficial me prometió en el pasado conseguir una entrevista con las autodefensas y esta sería una buena oportunidad para que cumpliera el ofrecimiento. Si realmente estos campesinos represaban tanto peligro como decían en el pueblo, correría un alto riesgo, pero con su apoyo podría salir bien, presumiendo que los militares estuvieran involucrados en la creación y entrenamiento de las milicias anticomunistas que, comentaban, operaban en El Dorado.

Desde que conocí a Botero, en junio de 1985, nos reunimos numerosas veces, encontrándonos en un restaurante francés, en el norte de Bogotá, llamado *Le Chalet* y en el Club Militar. Esas reuniones se volvieron importantes para mí, porque determinados militares colombianos pensaban que yo escondía ideas de izquierda (aunque los comunistas creían lo contrario, que militaba en la derecha) de esta manera, especulé, se limaban asperezas. En las reuniones conversábamos sobre temas políticos y militares. Botero, próximo a la oligarquía criolla, jugaba golf y asistía a grandes fiestas, como ciertos militares y policías colombianos que creían así acercarse a los poderosos para ganar estatus social y dominarlos, pero ocurría lo contrario, a ellos los utilizaban para lograr los fines de codicia y poder. Botero me salvó la vida en diversas ocasiones. Una vez me llamó para recomendarme que no saliera a la calle por lo menos 3 o 4 días. Así lo hice. Después me enteré, por boca de Salamanca, que él interceptó una orden de matarme, en relación con la matanza de Tacueyó. Otra vez, en uno de esos encuentros, en el Club Militar, me presentó a un Coronel llamado Álvaro Hernán Velandia, quien protagonizó un escándalo nacional.

–*Te presento al creador del Mas*–, me dijo Botero, señalando al Coronel Velandia, quien se sonrojó con semejante despropósito frente a un periodista. Pensé que el aguardiente se le subió a la cabeza, porque yo conocía que *Muerte a Secuestradores –Mas–*, lo crearon los narcotraficantes, pero el General sabía lo que decía. Ironizaba sobre una acusación en contra de Velandia y otros oficiales y soldados del Ejército de Colombia[54].

–*Álvaro* (dirigiéndose a Velandia), *Raúl es mi amigo. Recuerde lo que le voy a decir: Raúl es mas útil vivo que muerto. Al flaco hay que cuidarlo. No se olvide de eso*–, afirmó entre maliciosas sonrisas, en ese almuerzo en el Club Militar. Estábamos en un comedor privado, reservado por él. Los demás invitados, que no pasaban de cinco hombres, laboraban o trabajaron en el Batallón de Inteligencia y Contrainteligencia Charry Solano –Binci–[55], situado en el sur de Bogotá, del cual conocería años más tarde un macabro misterio.

–*Hay que armar al pueblo para que se defienda de los bandoleros*–, decía con frialdad Botero. Ese tema se venía cocinando en los batallones del Ejército, desde tiempo atrás.

En la llamada telefónica que le hice desde Villavicencio a Botero, sin disimulo me dio la indicación para llegar a El Dorado, pero me dijo que antes buscara al comandante de la VII Brigada del Ejército, un Coronel de nombre Harold Bedoya Pizarro[56], a quien conocí en la inteligencia militar. Fui al batallón y Bedoya tardó en atenderme un par de horas. Finalmente apareció caminando con un gesto propio de él, con un típico tono castrense y con aire de grandeza, marcando la distancia frente a los civiles.

–*Hola Raúl, ahora ganando dólares se le olvidaron sus ideas de izquierda, ¿no?*– me dijo ironizando sobre mis reportajes con la guerrilla, pero también sobre mi nuevo empleo como corresponsal de noticias de *Univisión*.

---

54 El Procurador General de Colombia, Carlos Jiménez Gómez, el 15 de febrero de 1983, hizo pública una investigación solicitada por el Presidente Belisario Betancur. La procuraduría halló que grupos paramilitares eran dirigidos por oficiales de las Fuerzas Armadas del Estado, los cuales operaban con el nombre de *Muerte a Secuestradores* –Mas. La denuncia fue mostrada al Ministro de la Defensa de la época, el General Fernando Landazábal, quien desestimó la investigación. A esa fecha el Mas había desaparecido a por lo menos 170 personas. 59 miembros de las Fuerzas Armadas habrían participado directamente o indirectamente en las ejecuciones clandestinas. Sin embargo, la *Justicia Penal Militar* juzgó a sus hombres y los absolvió.

55 El Batallón lleva el nombre del Brigadier General Ricardo Charry Solano. El Ejército otorgaba una medalla al *Merito de Inteligencia Militar Brigadier General Ricardo Charry*, a quienes se *destaquen en labores de inteligencia y contrainteligencia*.

56 Harold Bedoya Pizarro, nació el 30 de diciembre de 1938. En 1955 fue aceptado como becario en la Escuela Militar José María Córdoba y más tarde logró pasar para hacer curso de subteniente. Entre 1960 y 1964 participó en las acciones militares en la naciente guerra contra guerrillas. En diciembre de 1987 fue nombrado comandante de la VII Brigada del Ejército, de Villavicencio. Bedoya fue uno de los primeros militares que mencionó públicamente con conocimiento enorme, la alianza del narcotráfico con la guerrilla.

–*¿Le parece Coronel? Algunos piensan que las personas que dicen la verdad y denunciamos las injusticias, sirven al comunismo*–, le respondí. A pesar de mi sátira reímos y seguimos la charla. Él pocas veces callaba lo que pensaba, pero evadía dificultades.

–*Espero que esta vez nos ayude a nosotros y no les haga propaganda a los bandoleros comunistas*– volvió a embestir. Le expliqué mi propósito de ingresar a la zona de El Dorado. Él me dijo que allí no operaba el Ejército y que cualquier decisión que tomara sería bajo mi propio riesgo. Sabiendo la verdad de fondo y haciendo caso omiso a la advertencia decidí ir porque Botero estaba de por medio. Una hora más tarde llegué a El Dorado, para verificar si las autodefensas campesinas operaban como amos y señores de esa zona. Me esperaban.

–*¡Alto ahí, no avancen o disparamos!*–, oí desde los matorrales una voz belicosa. Nos detuvimos, sin otra alternativa, porque en la carretera pusieron una barricada para atajar a los vehículos en esa entrada al pueblo. Repetí el ritual verbal de siempre, ¡soy periodista!, y todas las palabrerías que se acostumbraban en esos casos, pero ellos me identificaron. Entré con el camarógrafo y un asistente, escoltado por un grupo de jóvenes que viajaba en una vieja camioneta Ford modelo 1950. Fui descubriendo que no sólo custodiaban las entradas, sino que habitantes del caserío llevaban armas.

–*Aquí a los comunistas no los queremos y podemos decirle, dando la cara, que estamos dispuestos a morir por esta causa. No vamos a permitir que nos quiten lo que trabajamos*–, dijo ante la cámara, uno de los comerciantes del pueblo.

La gente de El Dorado empuñó razones válidas. Los finqueros y campesinos eran víctimas de la guerra. A varios hacendados de ese pueblo los secuestraron; dos murieron en cautiverio y cinco más sufrieron el daño emocional y físico de permanecer durante meses y años, detenidos en la selva esperando que su familia pagase el rescate. Otros sobrevivieron a las masacres de los comunistas o perdieron sus propiedades, porque quien no pagara el *impuesto de guerra*, corría el riesgo de morir y si se salvase, le sacrificaban o robaban el ganado de las haciendas y destruían las propiedades y la maquinaria agrícola. Estos abusos agotaron la paciencia de los pobladores que decidieron armarse y defenderse, es decir, hacer justicia y ley con sus propias manos.

En ese lugar estaba siendo testigo del nacimiento de uno de los focos de esa terrorífica historia que estaba por escribirse. El viejo de la tienda alegaba que él vivió la violencia política de la década de 1950 y conoció las atrocidades de la lucha entre liberales y conservadores y temió que con el avance comunista regresaran esas épocas aciagas.

–No quiero que mis hijos vean lo que yo vi. A mi abuelo le hicieron el "corte de franela" delante de nosotros. Estos comunistas nos harán lo mismo si los dejamos apoderarse de Colombia–, dijo el tendero. Pero ese hombre no midió la letalidad de lo que formó y además no distinguió el daño que hizo a sus hijos y nietos. Entendí cómo el fanatismo violento se enquistó en las familias y en las comunidades y se transmitió de generación en generación, como una enfermedad hereditaria sin remedio y tampoco médicos para curarla.

–Estoy armado y mi pistola está amparada por el Ejército. No quiero que los guerrilleros de las Farc me sorprendan dormido–, me dijo otro campesino. Llegó a El Dorado, de una zona rural, huyendo de la persecución de los rebeldes comunistas. Inicialmente esas autodefensas asumieron la misión de proteger al pueblo, informar sobre movimientos extraños y denunciar a subversivos, pero sufrieron una metamorfosis: a determinados hombres, los más aguerridos, los llevaron a campamentos profesionales, donde los entrenaron en tácticas militares y después les asignaron tareas específicas, que llamaban *operaciones especiales*, como la de la cafetería donde mataron al concejal de la Up.

Desde una pequeña falda montañosa observé por última vez a El Dorado, cuyas imágenes guardé en mi memoria. También grabé en mi mente sus calles sin pavimentar y su pobreza manifiesta. Me impresionó ver a esa comunidad sumida en el odio, mientras los más pequeños y adolescentes jugaban a la guerra. Todos se despidieron con una sonrisa en sus labios, sin intuir el dolor que ellos harían vivir a otros en el futuro.

¿Quiénes los entrenaron y financiaron? Lo conocería después. Los que promovían tras las sombras esa generación de violencia, lo hicieron sin medir las consecuencias y con propósitos específicos: la ambición por el poder, la codicia por dinero y en ciertos casos solamente por *el servicio a la patria*. Se repetía ese sino trágico una y otra vez.

A pocos kilómetros de El Dorado, los comunistas no se quedaban atrás. Aunque parecían diferentes, también se preparaban para una gran guerra contra los del otro pueblo. A ellos, tal vez parientes o primos, los separaba el rencor engendrado por seres ambiciosos, pero también los unía la sangre común. Matarse entre ellos profundizaría el odio generacional.

Pocos meses más tarde, decidí buscar la forma de llegar a ellos y lo logré. Entrevisté a un niño de sólo 11 años. En la conversación, me recitó con propiedad fragmentos de *El manifiesto comunista*.

–*Obra conjunta de Engels y Carlos Marx*–, me explicó como un adulto. Por igual enunció frasecitas poco entendibles de *El capital*. – *También de Marx*–, aclaró. Se veía como el alumno más aventajado de ese lugar, un caserío en el Alto Ariari, en el departamento del Meta. El jovencito se llamaba Mario Alberto y sus padres ni siquiera se enteraban de la educación que recibía su hijo en la escuela, en ese tiempo de febrero de 1988. La ignorancia no los dejaba advertir el perjuicio.

A Mario Alberto lo acompañaban cuatro muchachitos más, que también creían conocer la problemática social colombiana. Sus francas sonrisas no revelaban que supieran que en las escuelas donde aprendían a leer y a escribir les enseñaban la guerra. Seguramente por su inocencia pueril no lo notaban. Al verlos parecían niños comunes del campo que los divertían los juegos y las rondas infantiles, pero como en una escena absurda e irracional, los obligaban a instruirse en temáticas que ni los mayores aguantaban.

Los pequeños me llevaron a un campamento que quedaba a pocas millas del plantel escolar. Caminamos por un bosque, pasamos un riachuelo y en una planicie, me mostraron un campo de entrenamiento militar camuflado de los rebeldes. Parecía abandonado, pero ellos dijeron que una semana antes los guerrilleros de las Farc, estuvieron instruyéndolos sobre tácticas de guerra. El aprendizaje comenzó desde lo más práctico, conociendo las armas. El experto en comunismo no tuvo titubeos ni equivocaciones en lo que habló.

–*El AK–47 es un fusil de asalto, diseñado en la Unión Soviética por "Micail" (Mikhail) "Timofellеví" (Timofeyevich), quien solo alcanzó el grado de bachiller. Después lo copiaron países como Polonia, Egipto y China Popular*–, expuso, como pronunciando un texto sacado de un manual. La curiosidad acercó a otros niños hacia mí y cada uno quería detallar su experiencia. Cuando empecé en el periodismo aprendí que la fuente informativa más veraz y de primera instancia era hablar con niños.

En ese campamento me explicaron lo que aprendieron. Relatos que parecían sacados de una película de ficción. Allí no sólo se ejercitaban en formas de rastreo y soportaban torturas fingidas para cuando llegara el momento de enfrentarlas, sino que también los preparaban para ver la muerte, para no llorar, no sufrir y entregar su vida por la causa comunista. Les hacían conocer su propia sangre y saborear la de los animales, simbolizando la de sus enemigos; incluso a los niños de menos de 7 años los dejaban observar las prácticas de los mayorcitos, para que *se acostumbraran*. Los rebeldes hacían esas visitas cada cierto tiempo y los evaluaban en las destrezas de la guerra, escogiendo así a los *afortunados* que irían al combate.

–*Eso es lo que quiero, matar soldados y policías, porque ellos son los malos*–, afirmó seguro de su adiestramiento, Mario Alberto. Él y sus compañeros no se aleccionaron sobre Marx en el campamento de entrenamiento guerrillero. Allí solamente se educaron sobre la muerte o cómo sobrevivir a ella. Las lecturas de *El capital* y *El manifiesto comunista*, formaban parte de una clase semanal que recibían en la escuela de la vereda donde vivían.

–*El profesor nos explicó que el comunismo es la única manera de que podamos tener una tierra propia*–, dijo el niño.

–*Es que a los ricos hay que quitarles lo que les robaron a los abuelos*–, habló otro jovencito como si conociera a fondo el pasado de la violencia criminal de Colombia. Hice una reflexión: una de las utopías de la humanidad del siglo veinte fue el comunismo como medio eficaz de justicia social. Pocas veces los pobres aprovecharon lo que los líderes revolucionarios les arrebataron a los oligarcas. Aunque el sistema como forma de organización colectiva ya se veía arcaico para finales de ese siglo, su idea básica no encarnó maldad. Inclusive, algunas comunidades primitivas lo utilizaron eficazmente, hasta que llegó la propiedad privada. En nuestro tiempo, personajes perversos de la historia, emplearon el comunismo para llenar su ego y sus bolsillos. Se volvieron capitalistas totalitarios y criminales.

En el Alto Ariari no estaba teniendo un casual encuentro con sediciosos en embrión, sino un trabajo concienzudo a largo plazo, que comenzaba en las bases poblacionales, especialmente estudiantiles y campesinas, el cual transitaba hacia niveles urbanos. El problema no radicó en que se ilustrara sobre comunismo, sino que se politizó las escuelas, abusando de la inocencia infantil. Consternado les pregunté a los niños:

–¿*Quién es el presidente de Colombia?*

–*Manuel Marulanda Vélez*–, gritó uno. Marulanda, comandante guerrillero, conocido como *Tirofijo*, ya en ese tiempo lo consideraban una leyenda, porque no sólo personificaba la lucha rebelde colombiana, sino que múltiples veces lo dieron por muerto. Mas tarde encontré a uno de los profesores. Llevaba consigo una mochila, que se advertía pesada y no por los libros. Venía caminando por un sendero de la vereda, con cuatro jóvenes de aspecto sospechoso, quienes alcanzaron a guardar entre los arbustos sus implementos. El maestro platicó conmigo, mirando de reojo a sus vigilantes. Él disculpó su desafuero de educar a los niños para la guerra:

–*Es sólo una clase a la semana, que le llamamos cívica e historia y no afecta el resto del aprendizaje de los niños*–, dijo, ocultando su rostro para la cámara. Su recelo tuvo razones válidas porque en Colombia a decenas de maestros los asesinaron por simpatizar con uno u otro bando. Seguramente él escogió el suyo[57]. Más tarde logramos con el camarógrafo grabar una clase de cívica. Las frases quedaron grabadas para la historia:

–¿*Y ustedes están contentos con la Unión Patriótica?*–, preguntó el maestro a sus alumnos.

– *Sí*–, respondieron en coro.

–¡*La Unión Patriótica es la solución!*–, siguieron vociferando los alumnos en el pobre salón de clase de esa escuela, cuyas paredes vi adornadas con un mapa de Colombia y una fotografía del Ché Guevara.

–¿*Y quiénes son los de la Unión Patriótica?*–, indagó el maestro.

–¡*Son los que van a salvar a Colombia y si ellos no pueden nosotros lo haremos con las armas!*–, terminaron. Le recriminé al profesor por

---

57 Antes de 1990, la Federación Colombiana de Educadores –Fecode–, registró por lo menos 300 educadores torturados y asesinados. En los siguientes 6 años (De 1991 a 1996) se conocieron 200 casos más y hasta 2004, otros 300 muertos, sobrepasando la cifra de 850 maestros asesinados en menos de tres décadas.

qué no esperaba a que esos niños y jóvenes crecieran y cuando tuvieran una edad adulta y conciencia, disfrutaran la oportunidad de escoger qué corriente política seguir.

–¿*Oportunidad de escoger?*–, me expresó enfurecido.

–¿*Quién le dio la oportunidad de escoger a usted, o a mí o al vecino? Los capitalistas han destruido nuestro futuro y nos impusieron su política de sumisión*–, vociferó agresivo. Algunas de sus ideas presentaron razones válidas, pero no en obligar a un niño o a un joven a elegir el camino de la muerte, como argumento de justicia social. Nada justificaba involucrar en la guerra a los menores de edad.

–*Un niño no puede tener otra opción diferente a la de recibir protección, amor, educación básica primaria y un futuro estable. ¿Qué estabilidad puede darle la guerra a un ser humano?*–, insistí en mí teoría.

–¿*Acaso con amor y educación primaria, les va a llenar la barriga de alimentos? ¿O no sabe cuantos niños mueren de hambre al día en Colombia por esa injusticia?*–, refutó. Su forma de tratar de catequizarme no me impresionó porque vi con mis propios ojos ese drama en otras regiones del país y no sólo por estadísticas.

Salí del pueblo con una prueba incuestionable de la sagacidad de los rebeldes, de cómo desarrollaban el trabajo de masas. Comprobé que las Farc jugaban bien su papel, porque preparaban a los insurgentes del futuro. Y qué mejor lugar que esos pueblos donde la pobreza únicamente aparentaba ser mejorada cuando los políticos tradicionales se aparecían en época de elecciones. La miseria y el abandono sazonaron el caldo de cultivo para que esos guerrilleros comunistas se vigorizaran.

2
DESAPARECIDO

La motocicleta nos seguía entre el difícil tráfico del barrio Quirigua en el oeste de Bogotá. Los hombres serpenteaban la máquina tratando de pasar inadvertidos, esquivando nuestra mirada, huyéndole al reflejo del retrovisor de mi primer automóvil, un viejo Renault 18 gris, que manejaba con precaución, como niño con juguete nuevo.

Los motociclistas, por pura suerte, se escapaban de quedar debajo de las ruedas de los destartalados autobuses que ocupaban las vías como apostando carreras entre sí. Los chóferes de esos buses hacían esto para ganar un pasajero más, en lo que llamaban en Colombia *la guerra del centavo;* no respetaban ni siquiera a los niños, ni a los ancianos. En el carro íbamos mamá y tú Carolina, con 17 meses de nacida. *Nandita* estaba asustada. A sus 21 años, este episodio le recordaba peligros del pasado reciente.

Salíamos del barrio Tibabuyes, un modesto sector del municipio de Suba, que hacía parte de la zona metropolitana de la capital, donde buscaba contactar a *Mario*, el guerrillero del M–19. Me citó en ese lugar para concretar otro reportaje con el comandante Carlos Pizarro. El reloj había cruzado el meridiano de las doce del domingo 29 de mayo de 1988. Bogotá parecía un hervidero, lo cual no era habitual en esa ciudad usualmente fría y gris. Por varias horas esperé a *Mario*, hablando con otros rebeldes urbanos, pero él falló a la cita y no recibí explicación alguna de sus compañeros de la insurgencia.

–*Dígale a Mario que necesito la entrevista que me prometió con Pizarro, lo más pronto posible. Estoy preparando un reportaje para Univisión*–, le indiqué a los jóvenes.

–*A nosotros no nos avisaron que usted iba a venir y por lo tanto no podemos ayudarle, pero cuando lo vea a él le digo que vino*–, contestó apáticamente uno de ellos.

Mario suspendió los contactos conmigo. Pensé que le asignaron tareas subversivas, pero después me enteré que los rebeldes urbanos recibieron la orden de ocultarse por lo que estaba ocurriendo ese día. Habitualmente a *Mario* le comisionaban subir a periodista a los campamentos del M–19. Lo conocí en Bogotá cuando alguna vez participó en una toma a la sede de Naciones Unidas. Con frecuencia, estudiantes hacían estas ocupaciones ilegales para reclamar desde justicia social para el pueblo, pasando por peticiones ridículas como una rebaja en el precio del alimento del comedor universitario, que ya de por sí lo regalaban, hasta por la intervención de Estados Unidos a Grenada o Panamá. Siempre hubo un motivo. Aquella vez en la oficina de Naciones Unidas supe que *Mario*, además de guerrillero, estudiaba en la Universidad Nacional, donde presidía una federación estudiantil.

Cuando *Mario* no apareció y sospeché que no iba a lograr la entrevista con Pizarro, decidí salir del sector. Entonces tomé la calle donde quedé atrapado por la congestión de tráfico y noté que me seguían los hombres de la motocicleta, que ágilmente se escondían entre la congestión de tráfico. En medio de la parálisis de los vehículos, una moto con dos policías uniformados se estacionó a mi costado y opté por pedirles ayuda, confiado en que no formaban parte del acecho.

–*Agentes, soy periodista de televisión, me llamo Raúl Benoit. Yo tengo escoltas, pero hoy no están conmigo y vienen unos señores atrás de mí, que me están siguiendo sospechosamente, ayúdenme a salir de aquí*–, les dije. Los policías aparentaron no entender mi pedido de auxilio, al menos eso creí; quizá el ruido de los carros y del sector comercial no los dejó escuchar bien. Tampoco vieron entre mis piernas el revólver Mágnum 357, que usaba para mi protección, porque ni siquiera indagaron por éste y uno de ellos dijo:

–*Ah, usted va por la noticia de Álvaro*–. Sin pensarlo dos veces le respondí que sí y los policías comenzaron a abrirnos paso. Pensé en lo que dijeron.

–¡*Mataron a Álvaro!*–, conjeturé, diciéndole a *Nandita*. En Colombia a la mayor parte de los dirigentes conservadores se les llamaba por su nombre de pila. Me refería a Álvaro Gómez Hurtado[58]. Encendí la radio, creyendo que la noticia del momento sería su muerte.

–*Álvaro Gómez Hurtado fue secuestrado a las 11:50 de esta mañana frente a la capilla de la iglesia parroquial La Inmaculada Concepción en*

---

58 Álvaro Gómez Hurtado, dirigente Conservador, periodista y director del diario *El Siglo*. Hasta ese tiempo había sido dos veces candidato a la presidencia, en 1974 y 1986. En 1982 el Congreso lo eligió para ocupar temporalmente la presidencia como *Designado*, un excepcional título de la vieja Constitución de 1886. Hijo del controvertido presidente Laureano Gómez, (acusado por años como uno de los gestores y promotores de la violencia política de las décadas de 1940 y 1950).

el barrió El chicó, después de que asistió a misa–, vociferaba el locutor de noticias en una emisora local. No lo asesinaron, pero lamentablemente, una retención de un dirigente político de la importancia de Gómez Hurtado sellaba una sentencia a muerte.

Inicialmente se sospechó que el narcotráfico ejecutó la operación. Días después se supo que los autores pertenecían al M–19, porque enviaron una fotografía del dirigente fingiendo leer una edición del diario El Espectador. A Gómez de 69 años, en ese 1988, lo tomaron como rehén para presionar al gobierno a dialogar de nuevo sobre la pacificación nacional.

Los policías uniformados me sirvieron en la huida en los momentos en que me seguían, pero lo que no malicié fue que el operativo de seguimiento se planeó más grande de lo que se vio y con otro objetivo.

No transmití el reportaje en *Univisión* hasta el lunes porque, una directiva periodística que siempre tuvimos que cumplir, establecía presentar las noticias balanceadas, con datos, cifras confirmadas y verificación de los hechos y ese domingo no conseguí la información completa. Nunca me salí de la regla porque la orden fue siempre estricta. Un par de horas después, almorzamos en un restaurante campestre y al caer el sol regresamos a nuestro pequeño apartamento en un barrio al norte de Bogotá.

En la madrugada del lunes nos despertamos sobresaltados. Pasábamos una buena noche y dormíamos plácidamente cuando nuestro sueño lo interrumpieron en forma salvaje. Las paredes comenzaron a vibrar y un ruido indefinible retumbó en el edificio. Aunque inicialmente pensamos que ocurría un temblor de tierra, a los pocos segundos nos dimos cuenta que se trataba de un operativo militar. Al fondo escuchamos susurros de voces masculinas y pisadas fuertes subiendo las escaleras. Discretamente observé por la ventana del apartamento y en un potrero alcancé a divisar figuras humanas camuflándose entre los arbustos, lo cual me trajo malísimos recuerdos del pasado, cuando intentaron quemar mi casa con nosotros adentro en Cali. El reloj marcaba las 4:55 de la madrugada, una hora efectiva para ese tipo de operaciones, porque el objetivo, o la persona contra la cual hacen la misión pasa por un estado de sueño profundo, un factor importante para la sorpresa.

Golpearon con la culata de los fusiles la débil puerta de madera. Casi destrozaron la parte externa. Amenazaron con tumbarla.

–*Abra la puerta o se la tumbamos a patadas, hijueputa. Somos de la Brigada XIII y venimos a hacerle un allanamiento*–, gritaba un hombre que aseguró ser Capitán del Ejército.

–*Tengo en mis manos un revólver y estoy dispuesto a defenderme si se atreven a cruzar la puerta*–, respondí, escondiéndome en el sanitario, buscando protegerme en caso que dispararan desde afuera. El arma con balas blindadas Dumdum y la autorización de portarla, me la facilitó el propio General Óscar Botero, quien autorizó el permiso.

–*¿Cómo sé que ustedes son de la brigada militar?*, les indagué.

–*Señor, nosotros no vamos a explicarle nada. Abra la puerta que tenemos una orden legal*–, repetía el Oficial. La negociación la prolongué varios minutos para ganar tiempo y logré que el Capitán me siguiera el juego.

–*Voy a introducir mi identificación por debajo de la puerta y usted la ve y me abre, para que nadie salga lastimado*–, agregó el hombre.

Asustado, intenté hacer llamadas telefónicas y en medio de la oscuridad, probé número por número para no equivocarme. La energía la suspendieron antes de que despertáramos. A pesar del esfuerzo por telefonear, ninguno de los dígitos para llamadas locales o nacionales servía, porque bloquearon casi todas las series telefónicas, menos la que empezaba por seis. El teléfono de un conocido principiaba por ese número. Me lo presentó el propio General Botero: el Sargento Bernardo Alfonso Garzón, del Batallón Charry Solano, quien además eventualmente me protegía por orden del mismo alto oficial. Entonces lo llamé. En el primer timbrazo respondió. Le avisé del operativo y me advirtió:

–*Tenga cuidado con esa gente porque andan "cazando brujas", por el secuestro de Álvaro Gómez Hurtado. No abra la puerta hasta que lleguemos nosotros y ahora mismo le aviso al General Botero para que localice a la patrulla que hace el allanamiento y lo haga abortar*–, me dijo Garzón. Esa respuesta me preocupó más, porque si un miembro del Ejército, aseguraba que corría peligro, el riesgo tenía que ser real. En medio de la crisis, una vecina golpeó el vidrio de nuestra ventana que lindaba con el apartamento de ella.

–Pásenme a la niña por la ventana, pásenme a Carolina, para salvarla–, gritaba histérica, presintiendo un desenlace fatal. No lo hicimos porque temíamos un accidente. Estábamos en el piso 5 y se corría un gran riesgo en el traspaso, podías caer al vacío; mientras tú, asustadita, llorabas sin consuelo y tu mamá te abrigó entre su pecho y se acurrucaron en un rincón, mientras yo, sin dejar de avistar la puerta con el Mágnum 357 listo para disparar, las cubría con el colchón, las cobijas y las almohadas, tratando de amortiguar una explosión o un tiroteo. Pasaron los minutos que se hicieron eternos. Finalmente accedí. Aseguré el revólver y lo dejé sobre la mesa, abrí la puerta y mientras subía mis brazos para colocar mis manos en la nuca, de un empujón entraron los soldados.

–Soy corresponsal de la cadena Univisión de Estados Unidos y lo que están haciendo es un abuso y un atropello y lo vamos denunciar al mundo y va a perjudicar, no sólo al gobierno, sino a las Fuerzas Armadas de este país–, le anuncié en el instante en que me ponían contra la pared y me requisaban.

Entraron en turba, arrasando con todo, buscando lo que no había, esculcando en los armarios; debajo de la cama; revolvieron tu cuna y tus juguetes, Carolina; registraron varias cajas de cartón donde guardaba un material confidencial y robaron documentos valiosos, los cuales eché de menos días después. Lo más importante, la foto donde aparecía el General Pedro Nel Molano junto a *Javier Delgado*. Al poco rato llegaron dos soldados de civil, con el Sargento Garzón. Estacionaron a media cuadra un Suzuki SJ 410, el mismo que usaba con frecuencia ese Suboficial; se identificaron con sus credenciales del Ejército, pero los soldados que acordonaban el sector les impidieron la entrada inicialmente, quizás como táctica para seguir la operación. Pero al rato les permitieron ingresar y Garzón le pasó el radioteléfono al Capitán del operativo para que hablara con el General Óscar Botero.

–Esto es una orden. Salga de allí, Capitán. ¿Usted no sabe quien es el señor?. Es un periodista internacional y su error nos va a costar caro–, alzó la voz a través del radio y lo escuché perfectamente. Sin lugar a dudas deseaba que me enterara del mandato.

Finalmente aparentaron admitir su error y el Capitán me dio a firmar un papel mal escrito, donde se indicaba que los soldados no me lastimaron ni a mí, ni a ustedes, mi familia y que no decomisaron ningún objeto y tampoco documentos. El oficial hizo una señal con su mano, indicándole a un Teniente que retirara la tropa del edificio y de nuevo se estremecieron las paredes con el trote de los soldados con sus botas militares. A partir de ese día en el vecindario empezaron a mirarme mal, como un *mamerto*[59].

–*Quien lo manda a ser hospitalario con los guerrilleros* –, afirmó burlonamente Garzón.

–*¿Y por qué comenta eso?*–, le reclamé.

–*Ellos dicen que recibieron un dato de un vecino suyo que vio una bandera del M–19 en la pared, hace semanas*–, aclaró. Se refería a una entrevista con Afranio Parra, otro guerrillero del M–19 que conocí en Cali y los campamentos de Los Robles y Yarumales, con quien *Mario* me consiguió un reportaje exclusivo. Recordé esa noticia. La reunión se llevó a cabo un sábado en la tarde en un centro comercial del barrio donde vivíamos. A Parra lo traían escondido otros milicianos, entre ellos *Mario*, en un viejo carro. El hombre, por su pequeño tamaño, cabía en el baúl. Consideré práctico llevarlo a mi apartamento que quedaba a pocas cuadras del lugar, porque sería imposible hacer la entrevista en la calle debido a que vivía en la ilegalidad. Así lo hicimos, fuimos a la casa, con el sigilo que recomiendan esas entrevistas periodísticas con lo prohibido. Cuando *Nandita* abrió la puerta, quedó paralizada. No esperaba eso de mí: *una visita insurrecta*, como dijo Parra en broma, pero para ella no tuvo ninguna gracia. Me lo reclamó por semanas. Ellos, sin pedir permiso, como fondo del reportaje, instalaron una bandera con el logotipo del M–19, y la frase *Con el pueblo, con las armas, al poder*, encima del único cuadro de la diminuta sala. Cuando el camarógrafo y el asistente iluminaron el lugar, desde el otro bloque del edificio se divisaba el ventanal como pantalla gigante de televisión.

Esa desatinada entrevista en mi propio hogar con Parra[60], no sólo la vieron los televidentes de *Univisión* de costa a costa en los Estados Unidos, sino que la vio un vecino a través del ventanal. El Sargento

---

59 *Mamerto* se le decía en Colombia a los comunistas obsesivos y verbosos.
60 Casi un año después, el jueves 6 de abril de 1989, Afranio Parra fue detenido por varios Policías y soldados. Lo torturaron en un potrero y lo mataron.

Garzón se refería precisamente a ese vecino, que fisgoneó desde su apartamento y me marcó como un periodista de izquierda, aunque jamás vio el reportaje donde mostré en forma imparcial e independiente la guerra de guerrillas. El vecino se encargó de informar a la XIII Brigada del Ejército y cuando ocurrió el secuestro de Álvaro Gómez Hurtado, allanaron mi residencia porque figuraba en la lista negra de *casas sospechosas*, dizque por albergar subversivos, armas y panfletos de la guerrilla.

24 días más tarde del secuestro de Gómez leí una noticia en un diario, perdida en la página de cines[61], el único artículo de esa sección. Se relacionaba con otro secuestro, el de un dirigente estudiantil. Apareció en el borde inferior izquierdo de la página, acompañado por los anuncios de las películas de la temporada: *Infierno ardiente y La mano de la ley*. Parecían títulos escritos para lo que se vivía en Colombia. A la noticia del hombre desaparecido le dieron poca importancia. Tal vez fui uno de los pocos que la leyó: *Un dirigente estudiantil fue secuestrado el pasado sábado a las 5:30 de la tarde, cuando transitaba por la calle 53 con la carrera 82 de Bogotá[62]. Testigos presentes en el sitio de los hechos, dijeron que varios desconocidos lo obligaron a subir a un automóvil Renault rojo*, comenzaba la nota periodística.

El desaparecido se llamaba José del Carmen Cuesta Novoa, de 28 años, quien además de ser dirigente juvenil, estudiaba en la facultad de filosofía de la *Universidad Nacional* de Colombia. Desapariciones como esa comenzaban a conocerse por aquella época y siempre las víctimas se evaporaban de la faz de la tierra: sindicalistas, líderes populares, guerrilleros y hasta periodistas. Cuesta iba a ser una estadística más. Su nombre no significó nada para mí y como no apareció foto en el periódico, le presté poca atención y así olvidé la noticia.

Pasaron los días y una tarde recibí una llamada telefónica.

–*Esta noche le vamos a entregar un paquete sustancioso. Prepare a su camarógrafo y espere nuestra llamada en la madrugada*–, concluyó.

Contacté a un camarógrafo independiente llamado Rafael Ríos que en ocasiones trabajaba para *Univisión*[63]. Esa noche la pasé en vela, y

---

61 Periódico *El Tiempo*, miércoles 22 de junio de 1988.
62 El secuestro ocurrió el sábado 18 de junio de 1988, en el barrio Villa Luz de Bogotá.
63 Rafael Ríos, por cuestiones distintas a este caso, tuvo que viajar a los Estados Unidos, donde pidió asilo político. Años más tarde trabajó con *Univisión*, como editor del departamento de noticias.

sólo pensaba que el M–19 me iba a entregar a Álvaro Gómez Hurtado. Se rumoraba que lo iban a liberar y por mis contactos con *Mario* deduje que yo sería el escogido para tener la primicia. A la madrugada sonó el teléfono y el portavoz me dictó una dirección específica en el sur de Bogotá para *la entrega del paquete sustancioso.* Recogí a Ríos y partimos en medio de la penumbra nocturna hasta llegar al sitio. Lo encontramos fácil, pero cuando alcanzamos la puerta con el número preciso, me entró un escalofrío en mi cuerpo y le dije a mi amigo:

–*¿No le parece extraño que la dirección sea exacta?*

–*Seguramente dejaron a Don Álvaro en la casa de un miembro del partido conservador–*, dijo, buscando una explicación.

Le propuse marcharnos de allí, pero cuando íbamos a arrancar, dos camiones se estacionaron uno en cada esquina, iguales a los del registro de mi casa y de estos comenzaron a bajarse hombres de negro, *encapuchados.* Lucían los mismos fusiles que *Javier Delgado* usaba. Me bajé del automóvil dejando encendido el motor, toqué desesperado la puerta de la casa y escuché al otro lado una voz temblorosa que me preguntó mi identidad.

–*Soy Raúl Benoit, periodista de Univisión y me indicaron que aquí me van a entregar un paquete–*, hablé mientras insistí golpeando. En ese instante se abrió la puerta y para mi sorpresa y perplejidad no estaba Álvaro Gómez frente a mis ojos, sino *Mario*, el del M–19. A *Mario* se le doblaron las piernas y sus rodillas golpearon el piso, se abrazó a mí, como si hubiera vuelto a nacer y lloró.

–*¿Que pasó José?–*, alcancé a escuchar arriba de las escaleras de su modesta vivienda. Me quedé mirándole a los ojos y él aclaró el asunto.

–*Soy el mismo estudiante de la Universidad Nacional, desaparecido desde el sábado 18 de junio. Mi nombre real es José del Carmen Cuesta Novoa y esta es la casa de mi mamá. Como combatiente uso el nombre de Mario–*, dijo con su voz entrecortada. Pálido, casi en sus huesos por lo flacuchento, me reveló una tragedia personal. Jamás sospeché que *Mario* se llamaba José Cuesta. En ese instante vimos que los camiones con los encapuchados de las esquinas arrancaron y se perdieron en la noche. Entramos a la casa y entrevisté a este joven cuya transformación me confundió. Cuesta solamente dijo que el grupo *muerte a secuestradores*

–Mas– lo raptó con la intención de desaparecerlo, pero que cambiaron de idea y lo liberaron.

–No me torturaron, no me trataron mal y nunca supe quiénes eran los hombres que me obligaron a montarme en el carro y después me llevaron a una zona rural, donde estuve estos días–, terminó. Obviamente hubo amenazas y al entregarlo en la propia casa de la mamá, lo obligaban a guardar silencio.

Los hombres lo interrogaron sobre el secuestro de Álvaro Gómez. Se proponían averiguar el paradero del líder Conservador y su final iba a ser la muerte. ¿Por qué lo perdonaron? Años más tarde conocí la respuesta, lo mismo el por qué me escogieron para entregármelo. *Los encapuchados* conocían perfectamente que a *Mario*, los comandantes guerrilleros le asignaron ser mi contacto.

3
EL SUBMARINO

A *Mario* lo arrastraron entre las piedras, la maleza y sobre cualquier obstáculo desde una cabaña hasta un riachuelo, lacerando y haciendo sangrar su cuerpo. Esa noche helada la recuerda con resignación. Gimió de dolor. Sospechó lo que le iban a hacer: la tortura conocida como *el submarino*. Él conocía ese martirio porque sus compañeros del M–19 le contaron lo que vivieron, después de ser detenidos por el robo de las armas del *Cantón Norte* en 1979. Ellos dijeron que los llevaron a las caballerizas de la escuela del Ejército en Usaquén, al norte de Bogotá y allí los torturaron hasta casi matarlos, ahogándolos en los abrevaderos de los caballos, embutiéndoles en su boca estiércol y orines de los animales, poniéndoles cables eléctricos en sus genitales y golpeándolos a puño limpio para que confesaran adónde ocultaron el armamento que se robaron y dónde se escondían los otros comandantes guerrilleros.

Aunque numerosas veces se preparó para resistir un momento así, vivirlo en carne propia no se comparaba con lo temido. Cada noche lo arrodillaban sin piedad encima de las piedras y la tierra, mientras le sumergían con fuerza la cabeza en el agua que parecía hielo; le aplicaban presión contra su nuca y la parte posterior de su cráneo y hundían su cabeza hasta casi hacerle comer el barro del fondo.

Esto me lo reveló José Cuesta, a sus 42 años, en marzo de 2002. Estábamos sentados en una mesa de un bar en la Plaza Garibaldi en Ciudad de México, donde lo invité para que finalmente me diera su testimonio. Horas antes Cuesta llegó en un vuelo comercial desde Bogotá. Con su inevitable pinta de intelectual de izquierda salió por una de las puertas internacionales del aeropuerto Benito Juárez, donde lo esperaba. Cargaba una pequeña maleta con dos mudas de ropa. Lo conocí como un hombre práctico. Aunque no sabía cuántos días pasaría en México, ya estaba listo para irse. Examiné visualmente a los pasajeros. Verifiqué que no vinieran siguiéndolo. Su rostro estaba sudoroso, tal vez por los nervios de una cita casi a ciegas, porque nos vimos por última vez catorce años atrás. Lo reconocí por su cojera, causada por una herida cuando huía después de intentar robar unas armas[64]. La Policía le dio un tiro que le atravesó la cabeza del fémur, que le dejó el hueso cinco centímetros más corto, lo que le causó después escoliosis, que es la curvatura o la desviación de la columna vertebral. Aquella vez también le perforaron un pulmón.

A Cuesta le perdí el rastro desde cuando me concedió la entrevista minutos después de que lo liberaran, hasta que se amnistió cuando el M–19 firmó el acuerdo de paz en 1990[65]. Supe que vivía en Colombia. Investigué y por accidente lo encontré. Él dirigía una fundación cultural[66]. Durante meses intenté entrevistarlo. Finalmente lo conseguí en México.

En la Plaza Garibaldi, Mario seguía su relato. Todo comenzó veinte días después del secuestro de Álvaro Gómez, al salir de una reunión clandestina del M–19, donde *Mario* preparaba acciones militares. Ese día, como siempre, caminaba con su cojera mirando maniáticamente hacia atrás, listo para salir corriendo. Otras veces lo hizo perdiéndose entre la multitud. Pero en esa ocasión no tuvo tiempo ni de respirar.

–*Buenas tardes Mario*–, le dijo uno de los hombres, sonriendo. Por su mente pasó un recuerdo de ese rostro, a quien creía haber visto en alguna parte, pero por el nerviosismo no logró ubicar ni el lugar, ni la época y ni el nombre de la persona, que en ese momento, se disponía a obligarlo a subir a un carro. Uno de los miembros del escuadrón que lo rodeó, le apuntaló una pistola en la sien y en segundos lo subieron a un Renault 4, escoltado por un campero Suzuki SJ 410. Rápidamente lo colocaron en el piso del carro, le pusieron una capucha y le apretaron las esposas con las manos atrás, mientras uno de los hombres que lo acompañaba en la parte trasera, le plantó un pie sobre su cabeza y otro

---

64 El 9 de julio de 1983 era el segundo al mando de un comando guerrillero urbano del M–19, cuya misión fue robar armas del *Instituto Nacional de Educación Media* –Inem– del barrio Kennedy, al suroeste de Bogotá. Fue capturado y fue juzgado por rebelión y asalto. Un año después lo liberaron, cuando el presidente Betancur amnistió a los guerrilleros del M–19, para iniciar los diálogos de paz, que después fracasaron.

65 El M–19 finalmente firmó un acuerdo de paz al finalizar el gobierno del Presidente Virgilio Barco en 1990. Toda la organización entregó las armas. Los desmovilizados constituyeron la *Alianza Democrática M–19* –AD–, cuyo primer candidato a la Presidencia fue Carlos Pizarro Leongómez.

66 José del Carmen Cuesta Novoa se graduó como filósofo en la Universidad Nacional de Colombia y obtuvo una maestría en ciencias políticas. Desde 1994 fue profesor de la *Universidad Javeriana* de Bogotá y también en la Escuela Superior de Administración Pública –Esap–; fue asesor de programas presidenciales en Derechos Humanos y experto de la Comisión Europea sobre el mismo tema. Escribió 4 ensayos y 2 libros *"Corinto un diálogo de sordos"* y *"La vergüenza de la historia"*, donde analizó la matanza de Tacueyó. Fue asesor del congreso de la república y de la Asamblea Nacional Constituyente, concilio temporal que en 1991 escribió una nueva Constitución para Colombia.

en los riñones, presionando con firmeza para causarle dolor. Por los radioteléfonos indicaron que la situación la controlaban y que *llevaban el marrano para la fiesta, preparen el fogón*, se referían a la sala de torturas.

A *Mario* todavía le daba vueltas en su cerebro, el rostro de la persona que lo llamó por su nombre.

El recuerdo de esa tarde de sábado cuando lo subieron obligado al carro, se borró en medio de la tortura. En un momento sintió cómo el agua entraba a borbotones por su boca y sus fosas nasales, asfixiándolo, pero la sensación de terror y angustia la suplió por pasajes de su vida a los 10 años, cuando caminaba por las calles bogotanas, en medio de la lluvia pertinaz, cubierto con periódicos viejos que le servían no sólo de sombrilla, sino como único abrigo a su pobreza. De una familia elementalmente católica y conservadora, vivió la exclusión económica y social que en Colombia se acentuó en las últimas siete décadas. Decía que esa injusticia lo forzó, a los 15 años, a vincularse a las Juventud Comunista –Juco–. Su trabajo se enfocó en lo político, repartiendo documentos, pero como no vio eficacia en su labor y se dio cuenta que las transformaciones del país con la democracia, parecían lejanas, entonces, decidió tomar las armas a los 17 años. Lo deslumbró el sistema de operación militar del M–19, que en esa época repartía comida gratuita para los pobres, después de robársela a las empresas que ellos creían de los ricos.

Mario me contó que, después del *submarino*, lo arrastraron casi inconsciente hasta la casa donde permaneció esos días y noches. Sus manos se inflamaron por las esposas y de sus puños supuró pus a causa de las heridas infectadas. Pero para él ese fue el menor de los suplicios. El golpe y la aplicación de pinchazos y corriente eléctrica en los testículos le asustaron más. El ritual parecía hecho con libreto. En el día surgió un personaje bueno, que le ofreció la salvación a cambio de que substituyera sus ideas políticas y entrara a formar parte de los delatores.

–*No podía aceptar cambiar los códigos y contenidos de mí vida y pasar a hacer parte de la extrema derecha, porque sería traicionar mi conciencia*–, me aseguró. En las noches aparecía el personaje malo. Varias veces lo sacaron de la casa, lo montaron en un vehículo y lo llevaron a un paraje solitario para simular un fusilamiento. El quinto día cumplieron con el rito. Cuando lo bajaron, le pusieron una bolsa de polietileno en la cabeza, lo hicieron arrodillar y dispararon el fusil cerca de su oído. En ese instante recordó la historia de un hombre llamado Guillermo Marín, compañero de su guerra y que decía haber sufrido el mismo tormento (el caso de Marín, lo conocería tiempo después y más adelante se los revelaré).

Exhausto y rendido le suplicó a uno de sus verdugos:

–*Yo sé que me van a matar. Deberíamos armar un juego más sutil y es por lo menos, recuperar la esencia del romanticismo de la guerra, en donde se le da al condenado a muerte el último deseo*–, le dijo.

–*¿Y cuál es su último deseo?*–, dijo el torturador. Sintió su primera victoria. Consideró que lo cautivó en un terreno que parecía perdido: los sentimientos.

–*Estoy profundamente enamorado de una mujer. (*Y se la describí, poniéndola en riesgo, porque ella era cómplice de mis actividades político–militares y violé su seguridad*). Simplemente quiero que usted sea el mensajero del amor y de la vida. Le va a decir a ella, que en el último segundo, antes de que me propinasen el tiro final, ese fue un segundo ocupado por ella*–, concluyó *Mario* y no paró de llorar por un rato.

La sexta noche abrigó que otras personas estaban presentes en el salón y sin explicación le quitaron la capucha y vio por primera vez el lugar. Frente a él pusieron una cámara profesional de televisión, con equipo de iluminación y un hombre con pasamontañas y gafas que, mientras le iba afeitando la barba, le indicaba qué debía decir en la grabación. También lo maquillaron para ocultar las heridas y los golpes de la tortura y por un momento, Mario contempló las cuatro paredes de la habitación y en una de ellas, como testigo o tutoría moral del acto más degradante de la guerra sucia, la tortura y la desaparición forzada, apareció un inmenso cuadro del Sagrado Corazón de Jesús. Esa es una regla inmoral de la humanidad, matar por amor a Dios.

–*Soy Mario, miembro de la dirección nacional del M–19 y confieso que he secuestrado, he asesinado y he robado, haciéndole daño al pueblo en vez de ayudarlo*–, cumplió con la orden. También le habrían obligado a hacer otra grabación donde criticó al M–19 y explicó que trabajaba para la inteligencia militar. Dos días más tarde, la noche del domingo 26 de junio de 1988, le anunciaron que iba a ser liberado, pero él estaba seguro que sería el epílogo de esa semana de miedo y horror. Lo montaron en un carro y le advirtieron que no dijera mentiras, *porque los comunistas siempre las decían.*

–Nadie le hizo daño, lo tratamos bien. Eso es lo que les va a decir a los periodistas que van a llegar a su casa. Recuerde que sabemos dónde trabajan sus hermanos y conocemos cada detalle de su vida–, le advirtieron sus enemigos. Cuando llegaron al barrio donde vivía su mamá, frenaron inesperadamente cerca de la puerta de su casa, abrieron la puerta del carro y lo empujaron al andén. Él se levantó y comenzó a caminar, sospechando lo que creyó inevitable, se tocó la espalda, esperando sentir el calor de la sangre porque creía que le dispararon, aplicándole *la ley de fuga.*

Su familia dormía y durante minutos, los más largos de su vida, esperó a que los asesinos regresaran pero, por ahora, le perdonaron la vida. Al poco tiempo llegué con mi camarógrafo. Al terminar la entrevista quedé con desconfianza de su versión. No parecía decir toda la verdad.

Desde entonces, comencé a seguir una vieja pista: la Compañía de *operaciones especiales* del Batallón Charry Solano. Un nombre que escuché en el pueblo El Dorado. Sospeché que había una relación con el caso de José Cuesta y que al liberarlo, los individuos que cumplían la misión de desaparecerlo, dejaron cabos sueltos. Rastros que pocas veces se permitían.

4
LUCAS, EL FANTASMA DE LOS MIL ROSTROS

En aquel junio de 1988, mientras *Mario* todavía sufría la tortura, antes de ser liberado, *Lucas* sintió un castigo interior que no lo dejó estar tranquilo. Aunque él sólo cumplió órdenes, a veces sin pensar en las consecuencias, desarrollándolas con responsabilidad y convicción, algo no se podía quitar de encima: por siempre sus manos estarían manchadas de sangre y en su mente se repetirían con fastidio, nombres y rostros de la gente que persiguió. Se volvió un reto que tuvo que vencer día tras día porque batallaba entre vivir o morir, perdonar o ser perdonado, seguir mintiendo o decir la verdad para liberarse. Mientras *Lucas* sufrió su calvario, los superiores ni siquiera percibieron la amargura, ni la de él, ni la de nadie. Esto se sumó a las dificultades para cumplir su trabajo, sin dinero, porque el presupuesto no alcanzaba ni siquiera para tomarse un café mientras vigilaba a sus enemigos y sin apoyo, porque la asignación se asemejaba a la orden impartida por el jefe misterioso de la vieja serie de televisión *Misión imposible*: *Si es descubierto negaremos haber impartido estas órdenes.*

Lo aliviaba volver a casa a ver a sus hijos y a su esposa, que no sospechaban la audacia de sus acciones y lo que su aparente simple decisión podía representar para otras decenas de familias, que como ellos, también esperaban el regreso de su padre o hermano, a tiempo y a salvo.

Lucas llevaba varios años en esa labor. Logró el objetivo más importante de su carrera: se ganó la confianza de guerrilleros urbanos y entró a hacer parte de organizaciones subversivas.

En ese 1988 rondaba los 37 años. En su rostro se tallaba el trajín de un hombre veterano. De mediana estatura y musculoso, poseía en los ojos una mirada curiosa, con características singulares: los párpados se notaban caídos, lo que le permitía manejar varias expresiones, desde la bondad hasta el miedo; cuando quería demostrar su autoridad, utilizaba una inflexión marcial, pero cuando se proponía convencer, la calidez de su tono de voz hacía que la gente hablara sin tropiezos y a veces sin límites.

Muchos lo consideraban *el fantasma de los mil rostros*, por su capacidad de disfrazarse, mimetizarse entre la multitud, aparecer y desaparecer sin dejar rastro.

Durante los años que trabajó en el M–19[67], se codeó con comandantes y con guerrilleros importantes. Conocía cabalmente cómo pensaban y el objetivo de los camaradas. Supo de sus debilidades, sus vicios y sus ambiciones. En diciembre de 1984, establecido en una columna del grupo rebelde, lo asignaron a luchar en los frentes del Cauca y estuvo peleando en Yarumales al lado de *Mario* y por poco muere cuando un cañonazo explotó cerca de su trinchera. Después hizo parte de las avanzadas y sirvió como estafeta en Los Robles, en enero de 1985.

Su veredicto era diametralmente opuesto a lo que aparentaba.

–*La guerrilla es una gran mentira*–, expresaba secretamente.

Un día de 1986, *Lucas* desapareció porque sospechó que la revelación de su identidad estaba a punto de ocurrir por un error de sus compañeros al secuestrar al guerrillero Guillermo Marín, el mismo que recordó *Mario* en la tortura. Por ese caso los subversivos se dieron cuenta que *Lucas* no hacía parte de la revolución sino que pertenecía al Ejército y estaba infiltrado en sus filas. La misión: desenmascarar a los verdaderos enemigos en su propia trinchera. Al huir del M–19, se llevó en su mente los rostros y los nombres de sus camaradas y una que otra foto que logró tomar furtivamente en ese tiempo, incluyendo la de periodistas. Allí me retrató con mi camarógrafo, junto a los comandantes rebeldes.

Fue reportado en el grupo subversivo como un desertor y comenzaron a buscarlo para juzgarlo en un *juicio revolucionario* y matarlo. Pero a pesar de eso, él siguió trabajando encubierto para desenmascarar a los rebeldes urbanos.

En ese junio de 1988, yendo a casa, afianzó el timón del campero Suzuki SJ 410 con sus macanudos brazos, agachó la cabeza contra éste y por momentos su dolor y angustia se disipó, riendo a carcajadas.

–¡*Tan pendejos estos hijueputas guerrilleros!*–, se dijo asimismo, recordando sus años como infiltrado. Pero su nueva tarea no le permitió seguir riendo y la distracción que su mente se dio en ese instante, rápidamente la reemplazó por el presente. Ese día, su verdadero jefe, un Coronel llamado Gonzalo Gil Rojas, Comandante de la Brigada XX de inteligencia militar, le ordenó liberar a un detenido. A *Lucas*,

---

67 A comienzos de la década de 1980, *Lucas* logró entrar al M–19. Después se vinculó a las filas de las Farc, pero no le fue bien y prefirió volver a aceptar una nueva comisión en el M–19, porque ingresar a esas tropas insurgentes era mucho más fácil y allí recibían a viejos y nuevos, sin hacer muchas preguntas.

le preocupó que el prisionero supiera su ident. [...]
cuando lo capturó, lo reconoció y segundo porque [...]
capucha para persuadirlo.

–*Le conviene trabajar para nosotros. Esa guerra [...]
es inútil y siempre van a perder*–, le dijo con un tono p[...]

–*Admiro a ese hijueputa porque es un berraco que* [...]
una semana de interrogatorios y no acepta la propuesta [...] *arse*
de bando–, le comentó *Lucas* a uno de sus hombres. *Lucas* estaba
convencido de que el rehén, José Cuesta o *Mario*, no saldría con vida
de la tortura.

En su camino a casa, buscaba explicaciones de por qué los altos
mandos militares decidieron liberar a Cuesta y eso lo hizo sentir una
doble sensación de alivio y de miedo. Alivio porque a través del tiempo
le tomó aprecio a ese combatiente, a quien persiguió secretamente y
conocía casi toda su vida, sus debilidades y sus amores. Miedo, porque
al salir libre Cuesta podía denunciarlo.

Años más tarde, a finales de 1990, Bernardo Alfonso Garzón, apareció
sudoroso y turbado en la oficina de *Univisión* en Bogotá. Me explicó que
unos casos judiciales lo *empapelaron con la ley* [68] y al parecer sus jefes
no lo respaldaron. Aplicaron la regla de *misión imposible*, desconocer
la operación. Garzón siempre temió llegar a ese punto y a través de los
años guardó material de investigación que pudiera servirle de prueba en
una defensa en el futuro.

Garzón trabajaba como Sargento Viceprimero del arma de Caballería
del Ejército colombiano, donde prestó servicio durante 20 años, 13 de
los cuales en la inteligencia militar[69]. Como ya les relaté, el General
Óscar Botero me lo presentó años atrás, con el rango de Cabo y en
ocasiones se encargó de vigilarme y me salvó la noche cuando el Ejército
allanó mi apartamento en Bogotá. Pocas veces se dirigió a mí con mi
nombre de pila y sólo me decía *amigo*. Él asignó a un hombre llamado
Gustavo Gerena como camarógrafo encubierto[70] y a otros agentes de

---

68 *Empapelado con la ley* es un giro colombiano para indicar que estaba siendo investigado por la justicia.

69 Como agente encubierto de la inteligencia y contrainteligencia del Ejército, el Sargento Garzón trabajó de 1978 a 1991.

70 Gustavo Gerena, era agente civil del Batallón de Inteligencia y Contrainteligencia Charry Solano –Binci–. Frecuentemente estuvo en vigilancia encubierta, pasándose por camarógrafo.

...eligencia militar a quienes también les comisionaron la vigilancia de mis movimientos. Años más tarde me arrepentiría de ignorar esa invasión en la vida privada, que quizás trajo consecuencias fatales.

Esa tarde de su inesperada visita me dijo que en adelante sabrían su verdadera identidad. Me confesó que el remoquete de *Lucas,* también lo empleó cuando se infiltró en el M–19. Allí entendí la relación que jugaba en mi mente desde tiempo atrás. Lo recordé en medio del monte, con uniforme guerrillero.

Asimismo, me reveló que la Compañía de *operaciones especiales* del Batallón de Inteligencia y Contrainteligencia Charry Solano –*Binci*–, después Brigada XX[71], la llamaban *la gerencia.* El comandante o *gerente* en esa época fue el Coronel Álvaro Hernán Velandia Hurtado, *don Álvaro*, el mismo que me presentó el General Botero como *creador* del *Mas*, en el almuerzo del Club Militar.

Garzón agregó que por el *empapelamiento con la ley,* los superiores lo obligaron a reintegrarse a su trabajo habitual con uniforme y eso fue fatal para él, porque anduvo exponiéndose con una identidad a la cual ya no estaba acostumbrado. Además le quitaron los sueldos y las prestaciones sociales y su esposa e hijos quedaron íntegramente desamparados. Después de pelear y negarse a usar el uniforme, los altos mandos militares decidieron enviarlo a Medellín y que se presentara ante el comandante Harold Bedoya Pizarro, de la Cuarta Brigada, dizque para *bajar las tensiones*. Intentaban *desaparecerlo* por un tiempo. Entonces, se le ordenó infiltrarse en la organización de un hombre llamado Pablo Escobar, despiadado narcotraficante de quien les hablaré más adelante. Pero amigos de Garzón creyeron que en vez de *bajar tensiones,* le pusieron una trampa para que cayera bajo las balas asesinas del *Cartel de Medellín* y así eliminaban *la piedra en el zapato*, sin que nadie se ensuciara las manos.

–Era un hombre peligroso para los altos mandos militares y en el viaje a Medellín iba a ser fácil "descartarlo". Deseaban que Garzón muriera en la guerra contra el cartel–, me aseguró, tiempo después, Humberto Salamanca.

En sus actividades clandestinas, Garzón, en vez de fracasar y morir, dio resultados positivos como siempre. Al mando del oficial Harold

---

71 Después de 1990 se denominó Brigada XX, pero seguía siendo el centro de *operaciones especiales* del servicio de inteligencia y contrainteligencia del Ejército de Colombia.

Bedoya, en ese entonces comandante de la IV Brigada del Ejército de Medellín, capturó a narcotraficantes del *Cartel* y a familiares. Uno de estos parientes de narcos, Édgar Escobar, lo identificaron como primo de Pablo Escobar. A Édgar lo conocí en el pasado (relato que haré más adelante). A ese joven, Garzón lo descubrió en un estudio clandestino de cine pornográfico[72] y una vez lo identificó me telefoneó:

–Este tipo que tengo prisionero tiene los datos de mucha gente importante y encontré que en la lista de personas, que están preparando asesinar, está usted. Tienen todas sus referencias, su familia, los lugares que frecuenta. ¿Qué quiere que haga con él, amigo?–, me inquirió como si se tratara de una decisión mía.

–¿Usted por qué me pregunta eso? Proceda con la ley y entréguelo a la justicia. Esas son cosas en que la prensa no debe y no tiene por qué intervenir–, le respondí aquella vez.

Ese día que Garzón se apareció en mi oficina, llevaba consigo una cantidad de papeles secretos que esgrimía como las pruebas que le garantizarían su seguridad personal y la de su familia. Abrazaba los documentos como si su vida dependiera de ello y estaba en lo cierto.

–Esta foto le va a interesar. Es de un conocido suyo–, me dijo con un tono de voz como si se estuviera quitando de encima un gran peso. En la fotografía aparecía José Cuesta sentado, con el rostro falsamente saludable y custodiado por dos encapuchados.

–¿Usted es uno de estos encapuchados?–, le pregunté.

–Adivine–, me respondió sonriendo *–Esta es una de las pruebas que poseo, pero tengo más fotos y documentos que demuestran que en la Brigada de Inteligencia hicimos trabajos "especiales" y se lo cuento a usted para tener garantía de vivir–*, afirmó. En un momento en que entró al sanitario Garzón, el productor de noticias, le tomó una foto al retrato.

El Sargento me confesó que tuvo la tarea de seguir a Cuesta desde 1986, por orden del entonces jefe de la Brigada XX, un Coronel llamado Iván Ramírez Quintero, conocido como *Don Iván*. Su misión: capturarlo, interrogarlo y desaparecerlo. Me contó Garzón que era escurridizo, hasta ese 18 de junio que pudieron secuestrarlo. Horas antes de tomar la foto y grabar en video la declaración forzada de Cuesta, el propio General Óscar

---

72 La empresa de cine se llamaba *Trópico Producciones*.

Botero, en ese entonces Comandante del Ejército y el Coronel Ramírez, ya en 1988 en el cargo de director de inteligencia nacional, decidieron correr el riesgo de liberar al prisionero, ante las implicaciones políticas y para, virtualmente, salvar la vida de Álvaro Gómez Hurtado[73]. Entonces le dieron la orden al Coronel Gonzalo Gil, jefe de la Brigada XX en 1988, quien a su vez mandó a Garzón a cumplirla. Garzón temió que esa decisión lo metiera en problemas y por eso ese día de junio, iba a su casa apesadumbrado, temiendo por su futuro.

Lo que más le molestó al Sargento fue que no importó los años de servicio y su hoja de vida *con excelentes resultados en la lucha anti insurgente*, sino que simplemente lo excluyeron a raíz del *empapelamiento con la ley*, lo mandaron a Medellín y después prácticamente lo dejaron solo. No había vuelta atrás. Los inminentes escándalos que estaban a punto de estallar, en los cuales él protagonizó varias acciones, cambiaron su destino. No lo identificarían por el caso de José Cuesta, porque entre ambos hubo un pacto sin firma. Se selló con el silencio, el cual ninguno de los dos incumplió por años[74]. Lo identificarían por otros dos casos del pasado, que yo conocería por boca del mismo Sargento Garzón, que llevaron a la Procuraduría a interrogarlo, a abrirle una investigación y a *empapelarlo*[75]. La pista principal, según me dijo él, la hallaron cuando una patrulla de la Policía lo detuvo en una requisa rutinaria, ignorando su rango militar. El carro en que se movilizaba, un Renault 4, lo utilizaron para secuestrar a otras personas. Irónicamente el vehículo lo robaron policías.

–*El Renault 4 nos lo consiguió el comandante del F–2* [76] *de Bogotá. Le dimos 50.000 pesos por hacernos "el cruce". Dos agentes se lo robaron a una persona en una calle y nos lo vendieron. Ese carro lo utilizamos en varias "vueltas", hasta que cayó en el retén y me acusan por "jalador de carros"–*, me confesó Garzón en su visita.

---

73 Álvaro Gómez Hurtado fue liberado el 21 de julio de 1988, tras 53 días de cautiverio. Al salir ayudó a que se reanudaran las conversaciones de paz entre el gobierno y los rebeldes del M–19.
74 Este silencio hizo creer a algunos de los compañeros milicianos de José Cuesta, que realmente había aceptado la propuesta de voltearse de trinchera y allí surgió que lo creyeran *sapo*, porque los agentes de inteligencia, infiltrados entre los estudiantes de la Universidad Nacional, sembraron una semilla de duda diciendo que *Mario era una boleta de captura andante* y lo bautizaron con el remoquete de *Mario Boleta*.
75 El 22 y el 23 de enero de 1991, el Sargento Bernardo Alfonso Garzón, rindió declaración juramentada ante la Procuraduría General de la Nación de Colombia.
76 El F–2 era la unidad de inteligencia de la Policía. Después se llamaría Dijin.

Los responsables se asustaban porque al descubrir a Garzón, se ponía en riesgo toda la operación que por años se realizó en la Brigada de Inteligencia y Contrainteligencia. Al sentirse atrapado y abandonado por sus jefes, Garzón resolvió relatar su participación en ciertos crímenes y denunciar a los que dieron la orden.

Hasta allí supe de él.

Pasaron meses y un día regresó de nuevo.

–*Raúl, las cosas se complicaron. Tengo que hablar con usted urgente. Esta gente de la Procuraduría me salió faltona, se "patrasiaron"*[77]–. Aquella vez me reveló otras evidencias de los crímenes de la Compañía de *operaciones especiales*, con fotografías y documentos confidenciales que identifiqué más tarde.

–*Entregué la información y las pruebas a los investigadores de la Procuraduría y mi declaración salió publicada en los periódicos*[78]. *Me ofrecieron protección para mí y mi familia en el exterior, pero no cumplieron. Hay alguien sucio allí*–, insistió. Al parecer hizo un trato con la Procuraduría, acusando a otros, para que lo dejaran libre y le ayudasen a salir de Colombia.

–*Quiero que me cumplan o sino me retracto. Porque ahora únicamente no corro peligro yo, sino toda mi familia*–, agregó molesto. Garzón me pidió que guardara los documentos y las fotos originales, mientras él tomaba una decisión. Le recomendé presentarse de nuevo al procurador[79], o directamente a la Sección de Derechos Humanos[80]. Al día siguiente logré hablar con un funcionario y enviaron a un grupo de la Policía Judicial para recogerlo. El Sargento Garzón se escondió en el sanitario, pero una vez confirmé la identidad de los agentes, salimos. Estaba a punto de presenciar un acto histórico en donde un agente de inteligencia del Ejército iba a destapar la peor olla podrida de las Fuerzas Armadas. Media hora más tarde llegamos a un viejo edificio del centro de Bogotá donde entró escoltado y durante más de tres horas

---

77 *Patrasear*, término coloquial usado en algunas regiones de Colombia para referirse a una persona que se echa para atrás, se retracta o se desdice.

78 En abril de 1991, fueron publicados artículos en el diario El Espectador de Bogotá y el periódico comunista Voz Proletaria, donde se descubrió su caso.

79 El Procurador era Alfonso Gómez Méndez.

80 Jaime Córdoba Triviño, fue en ese tiempo Procurador Delegado para los Derechos Humanos. Luego ocupó la Defensoría del Pueblo.

rindió indagatoria. Esperé afuera durante ese tiempo. Al salir no quiso hablarme. Le ofrecí llevarlo a un lugar seguro.

–*Olvídese "amigo". Yo me defiendo solo. Esto está perdido, prefiero retractarme*–, expresó como sus últimas palabras aquella noche. La Procuraduría no le sostuvo la oferta de sacarlo del país. Caminó solitario por las estrepitosas callejuelas del centro de Bogotá y desapareció como él solía hacerlo profesionalmente, mimetizándose entre la multitud. Busqué a Garzón durante meses, pero el único informe que encontré en la sección de personal del Ejército decía que lo dieron de baja del servicio activo por inasistencia, en marzo de 1991[81], después de haber pedido un permiso de vacaciones y no regresar a su puesto de trabajo. Se esfumaron los registros, los antecedentes, las reseñas familiares y su pasado. Nadie explicó si se reintegró a la compañía de *operaciones especiales* con otra identidad o simplemente asumió su rol de *fantasma de los mil rostros*, como civil.

Entre tanto, en el Ejército no creían que yo ignoraba el paradero de Garzón. A mediados de 1991, fui amenazado por cuatro sujetos que me abordaron en un sanitario del Hotel Tequendama[82] de Bogotá y me advirtieron, con pistolas en mi cabeza, que mi época de inmunidad acabó. Me pareció asombroso que me pasara eso en un edificio, propiedad de la Caja de Retiros de las Fuerzas Militares, donde algunos de sus meseros y botones trabajaban para el Ejército.

Días después, frente al General Botero, en su despacho como Ministro de Defensa, él negó que esa amenaza en el hotel la hubieran hecho sus hombres. Sin embargo, yo estaba seguro que alguien mandó a hacerme la advertencia desde los cuarteles y posiblemente correspondió a un trabajo de la Compañía de *operaciones especiales*. Gustavo Gerena, quien en ese tiempo ocasionalmente seguía como camarógrafo encubierto en la oficina de *Univisión*, me indicó que escuchó una discusión entre altos oficiales en donde, divididos, unos pocos me defendieron y votaron por *no tocarme* y una mayoría eligió *eliminarme*, lo que confirmó que la inmunidad sí la perdí.

Botero no sólo me protegió, sino que me apoyó en forma invaluable para hacer mi trabajo periodístico. Alguna vez estuve en el frente de

81 Otra información asegura que el Sargento Garzón, figuró en la nómina del Ejército hasta el 29 de noviembre de 1991.
82 El Hotel Tequendama era empresa comercial del Estado, dependiente del Ministerio de Defensa.

batalla del Ejército, en medio de combates y bombardeos, privilegio que pocos tuvieron y lo cual siempre lo prohibieron para ocultar los errores militares y las atrocidades contra la población civil. Convencí a Botero que mostrar a sus soldados en faena y revelar la atrocidad de las minas *quiebra patas*, que dejaba inválidos a decenas de soldados y civiles, conmovería al mundo[83] y quizás dejaría ver ese rostro de héroes de los soldados colombianos. Por orden del General dos helicópteros de la Fuerza Aérea estuvieron a mi disposición y pude llegar a lugares donde la contraguerrilla operaba y allí presencié una confrontación singular y desigual[84].

En otra ocasión, en junio de 1987, en Florencia, capital del departamento de Caquetá, en el sur de Colombia, alojado en un viejo hospedaje en el centro de la ciudad, temía no poder cumplir con la tarea periodística: llegar a una zona donde la guerrilla emboscó y asesinó a 27 soldados, dejando heridos a otros 42, cuando los militares viajaban en dos furgones civiles. El Ejército impedía el ingreso de reporteros a la región. Una llamada al General Botero cambió las órdenes. De un momento a otro apareció un convoy del Ejército con un coronel al mando, asignado a mi disposición y horas más tarde estaba cubriendo la noticia.

Botero, quien estaba a punto de jubilarse como militar[85], me citó en su despacho, para saber dónde estaba el Sargento Viceprimero Bernardo Alfonso Garzón. Se veía furioso, porque advertía que el escándalo iba a seguir y a expandirse.

–*No lo sé general. Para mí es imposible localizarlo porque siempre ha sido un hombre misterioso y clandestino. Si su aparato de inteligencia no lo encuentra, menos mi olfato periodístico–*, le dije con sarcasmo. Humberto Salamanca me aseguró que en ese tiempo, ordenaron capturar vivo o muerto, al Sargento Garzón. Entonces, cuando me encontré frente a Botero, conocía qué órdenes se dieron.

–*General, Garzón no me habló de las denuncias, solamente me dijo que estaba dispuesto a hacerlas, como bien sabe usted, lo hizo–*, le mentí.

---

83 Colombia es el segundo país del mundo con mayor número de víctimas por minas *antipersonales* o *quiebra patas*.

84 Por el informe periodístico *La Guerra en el Cauca, un conflicto sinfin*, gané en 1987 el *Premio de Periodismo Simón Bolívar* uno de los más importantes de Colombia. Ese año decidí nunca más participar en concursos o premios periodísticos en mi país, por cuenta propia.

85 Justamente ocurrió su retiro en agosto de 1991.

En las interrupciones que hacía Botero para atender otros asuntos y a oficiales que llegaban para hacerle firmar documentos de su ministerio, rememoré otra vez las revelaciones de Garzón sobre esa apocalíptica matanza que ocurrió entre finales de la década de 1970 hasta comienzos de la de 1990, realizada por la compañía de *operaciones especiales* de la Brigada XX.

El Sargento me dijo que a ciertas personas que detenían las llevaban a una casa de seguridad (la llamaban *la casita roja*, parodiando una propaganda de una corporación de ahorro y vivienda), donde las torturaban hasta la muerte. Después de recibir la orden de sus superiores, las arrojaban a un precipicio en la carretera que de Bogotá conduce hacia Villavicencio, cerca de un pueblo llamado Guayabetal. Garzón me dijo que sería fácil encontrar los cuerpos o los esqueletos.

–Si quiere un día nos vamos con escaladores de montañas, con la Cruz Roja y allí va a encontrar muchos desaparecidos de Colombia–, me afirmó con frialdad y dispuesto a decir la verdad. Nunca fuimos al lugar.

También recordé decenas de fotografías que grabé en video, cuando él me las dejó en mi oficina como garantía de que se supiera la verdad. Una de estas fotos pertenecía a Bernardo Jaramillo Ossa, a quien conocí en la región bananera de Urabá y se convirtió en candidato presidencial de la Unión Patriótica, el partido político de las Farc. Desde los tiempos en que ejerció como líder de esos pueblos de Urabá, a Jaramillo lo declararon objetivo militar. Finalmente lo asesinaron el 22 de marzo de 1990, en una de las salas de espera del aeropuerto El Dorado de Bogotá.

Varias de las víctimas, de esos retratos, las entrevisté previamente a su muerte, incluyendo a Jaramillo. Siempre quedé con la duda, si al brindarme protección, el Ejército buscaba infiltrarse y así llegar a esos personajes o por lo menos saber sus movimientos, los lugares que frecuentaban y su vulnerabilidad[86].

---

86 Entre muchos más, estaban las fotos de: Laura Restrepo, escritora; Carlos Toledo Plata, dirigente asesinado del M–19; Monseñor Darío Castrillón, Cardenal de Colombia y candidato a Papa; Juan Guillermo Ríos, periodista; Patricia Lara, periodista; María Mercedes Carranza, poetisa; Antonio Suárez, presidente del sindicato de jueces; Manuel Cepeda, director del periódico comunista Voz Proletaria, asesinado en agosto de 1994; Eduardo Umaña Mendoza, abogado defensor de los Derechos Humanos; Óscar William Calvo, guerrillero amnistiado del Epl; Pedro Nel Jiménez, senador, asesinado en Villavicencio el 1 de septiembre de 1986; Teofilo Forero, asesinado el 27 de febrero de 1989; José Antequera, militante de la Unión Patriótica, baleado el 3 de marzo de 1989; Jaime Pardo Leal, acribillado a balazos el 11 de octubre de 1987 y Carlos Pizarro Leongómez, asesinado en abril de 1990.

Allí vi la foto mía junto a comandantes del M–19. En la parte trasera anotaron mis *señales particulares* y mi identificación: *NN, alias Raúl*. Aquella vez esto me causó más risa que miedo. Asimismo distinguí las fotografías de colegas, entre ellos Enrique Santos Calderón, Antonio Caballero, Daniel Samper Pizano y Gabriel García Márquez, que en la década de los años setenta, fundaron una revista de izquierda llamada Alternativa. Según esta evidencia, siempre habrían estado en la mira de *operaciones especiales*, pero después yo entendería la razón: más que por su posición de izquierda, los vigilaron por las críticas al narcotráfico que hicieron en sus columnas de prensa, a finales de la década de los ochenta, las cuales irritaban a los nuevos patrocinadores de las autodefensas, los patrones de los carteles de la droga. Esa alianza apenas la comenzaba a entender, pero tiempo después alguien me abrió los ojos.

Igualmente guardaba la foto de una amiga periodista llamada Olga Behar[87], quien también trabajaría como corresponsal de *Univisión*. Ver el retrato de ella, años antes, en un campamento guerrillero, cubriendo una noticia, rotulada para el patíbulo, confirmó su versión de una persecución que sucedió en el pasado, hecho que los militares señalaron como una farsa de la comunicadora, porque la juzgaron de ideas comunistas. El caso ocurrió a finales de 1985, cuando un comando de la Policía militar allanó la casa de Behar.

–*Hablar de Derechos Humanos cuando algunos comandantes de las Fuerzas Armadas aparecían vinculados en actos de violación de los mismos, era una especie de sacrilegio para muchos*–, me contaría años más tarde. Esta periodista escribió varios libros. El más polémico: *Las Guerras de la Paz*, un crudo análisis sobre la violencia colombiana.

–*Fue un libro duro. Tan duro como la realidad. Aparentemente eso derramó la copa*–, me aseguró Behar. Desde que el libro estaba en su etapa final el Ministro de Defensa, un General llamado Miguel Vega Uribe, ordenó vigilar a la corresponsal de noticias.

---

87 Olga Behar en 1980 se inició en la radio, como una de las primeras mujeres reporteras deportivas y después como periodista de Todelar, cadena de radio de Colombia. En 1979 pasó a la televisión como corresponsal política y de temas internacionales del noticiero *Cantaclaro* y *Contrapunto*, en donde ella fue jefe de redacción. Más tarde ganó gran popularidad como investigadora periodística del noticiero *24 Horas* de Colombia.

—A Vega Uribe le dediqué más de 35 páginas de mi libro, transcribiendo una condena que le impuso, por esos días, el Consejo de Estado, por violación de los Derechos Humanos—, me dijo.

Sin lugar a dudas, el allanamiento lo hicieron por las denuncias que la reportera hizo. Sucedió meses después que se encontró, como periodista, con el guerrillero Antonio Navarro Wolf, del M–19. Curiosamente en ese tiempo, el entonces Cabo Garzón, accedía a información de los rebeldes que negociaban la paz con el Gobierno de Betancur. Aquella vez Navarro dejó olvidada en la casa de Behar, una agenda que contenía información de los contactos del grupo con personajes públicos, solamente útiles para ese proceso de paz. Aunque la libreta no contenía revelaciones importantes, en una eventual investigación, ese hallazgo en la casa de Behar, pudiera haber originado sospechas. Sin embargo, ella no temió que la involucraran porque sólo participó periodísticamente en los eventos, tanto es así, que por meses ese cuadernillo se traspapeló en su casa sin que supiera de la importancia y del peligro que corría su libertad. Navarro nunca reclamó esa agenda porque huyó del país después de un atentado que le hicieron con una granada, hombres de la unidad de *operaciones especiales*, en mayo de 1985. Pero lo irónico de la historia es que cuando llegaron los militares, no encontraron la libreta, pero sí se llevaron, considerándolos subversivos, los libros de Gabriel García Márquez, además de un documento *valiosísimo* que parecía estar en clave, *simulando una receta de cocina* que resultó ser una verdadera fórmula de *postre de natas* de leche. Este error garrafal de los militares lo satirizó Daniel Samper Pizano, en su columna del diario *El Tiempo*, titulándola *Postre de Natas Subversivo*.

Behar viajó a México, pero hasta allá, al parecer, llegaron quienes la perseguían. Un día, un funcionario de la Embajada de Colombia en Ciudad de México le confió que en la oficina del agregado militar de la sede diplomática, unos soldados fingían estudiar computación, pero en realidad preparaban una misión: hacer *un trabajo de operaciones especiales*, posiblemente un atentado a alguno de los colombianos refugiados políticos en ese país. En ese tiempo, además de la Behar[88],

---

88 Behar regresó a Colombia en julio de 1990 y vivió allí 9 años más, hasta que otros indicios contra ella, su familia y el exasperante clímax de violencia, la llevaron a un exilio voluntario a Costa Rica, en julio de 1999, desde donde reportaba para el Canal RCN de Colombia y la cadena *Univisión* de Estados Unidos. Se casó con Gerardo Ardila, quien había sido uno de los fundadores y comandantes guerrillero del M–19 y al cual conoció en uno de sus cubrimientos periodísticos.

en México vivía Gabriel García Márquez[89] y Antonio Navarro. Nunca se estableció cuál de ellos fue el objetivo de los falsos estudiantes. García Márquez intervino ante las autoridades mexicanas y a los sospechosos alumnos de la sede diplomática, los expulsaron del país.

Al percibir que yo no revelaría el paradero del Sargento Garzón, el General Botero siguió atendiendo los asuntos de su ministerio, tal vez procurando que reconsiderara pero no podía hacerlo, conociendo esa verdad tan atroz.

–*¿Por qué General, por qué es necesario matar a la gente, sin darle oportunidad de defenderse, por qué esta guerra entre nosotros?*

–*Estamos defendiéndonos. Defendiéndolo a usted y a su familia. Es un derecho constitucional de los colombianos. Si no lo hacemos, ellos nos matan, nos secuestran, nos roban, nos arrinconan y cierran las posibilidades de un futuro para los hijos y nietos*–, me señaló Botero.

La conversación con el general Óscar Botero se hizo tirante y al notar que no escuchaba sino lo que quería oír, me levanté del elegante sofá de cuero de la inmensa oficina del despacho ministerial y me despedí con una lacónica frase, de la cual estaba seguro también haría oídos sordos:

–*Dios le ilumine, General*–. Caminé hacia la puerta, volteé para ver su reacción y vi que él comprimió sus ojos achinados e hizo una mueca con su boca apretando los dientes. Ésta sería la última vez que vería a Botero en privado y también con vida. Murió pocos años después de una extraña enfermedad.

A partir de ese tiempo me tocó mirar sobre mis hombros con más frecuencia. Resultó verdad lo que me dijeron los hombres del Hotel Tequendama: perdí mi inmunidad.

---

89 Gabriel García Márquez se exilió en México en el gobierno del presidente Julio César Turbay Ayala (1978–1982). Hombres del Batallón Charry Solano supuestamente tenían la misión de asesinarlo. García Márquez había estado exiliado antes en el gobierno dictatorial del General Gustavo Rojas.

5
LUCAS, SU VERDADERO ROSTRO

Tres años después de mi último encuentro con el General Botero, una tarde a finales del segundo semestre de 1994, timbró el teléfono en mi oficina en Bogotá y una voz femenina, afirmando ser funcionaria de la oficina de Derechos Humanos de la Fiscalía General de la Nación[90], me dijo.

–*Señor Benoit. Tenemos detenido a un hombre que dice que no habla hasta que usted llegue y le solicitamos que se haga presente en este despacho–.* Al individuo lo detuvieron como a un narcotraficante importante. Por lo menos 60 hombres prepararon la celada para capturarlo en una plaza de mercado en Cali, donde él trabajaba como un próspero negociante de importación de frutas. Lo transportaron a Bogotá en un avión privado, fuertemente custodiado. Ya en la capital, una caravana de carros blindados lo condujo hasta un lugar oculto. Cuando estaba frente a los supuestos empleados judiciales se negó a hablar sin mi presencia. Temiendo que fuera un engaño, rechacé la noticia. Volví a recibir otra llamada casi a las 8 de la noche.

–*Él dice que es su compadre y amigo, y que solamente ante su presencia toma decisiones. Se llama Bernardo Alfonso Garzón, Sargento del Ejército–,* agregó la funcionaria. Al escuchar ese nombre recordé mis citas después de su *desaparición.* Ocurrió en el segundo semestre de 1992, ya en la clandestinidad. Aquella vez me pidió gestionar una reunión con la recién creada Fiscalía General de la Nación, en cuya cabeza estaba un prominente jurista colombiano llamado Gustavo de Greiff[91], con quien establecí una buena amistad. Frecuentemente hablábamos por teléfono o nos reuníamos en su despacho o en su casa. De Greiff se propuso como meta develar una serie de crímenes de defensores de los Derechos Humanos, especialmente el de un abogado de nombre Alirio de Jesús Pedraza[92] y el de un personaje llamado Antonio Hernández

---

90 Su nombre era Amelia Pérez Parra.
91 Gustavo De Greiff, fue el primer Fiscal General de la Nación, después de que este cargo fuera establecido por la Constitución Política de 1991. Asumió en julio de 1992.
92 La fiscalía andaba tras la pista de los que desaparecieron a Alirio de Jesús Pedraza, el 4 de julio de 1990. Pedraza, de 40 años, era miembro del *Comité de Solidaridad con los Presos Políticos.*

Niño, director de la revista cristiana *Solidaridad*[93]. El fiscal De Greiff, sospechó que todo estaba relacionado y por eso se interesó en el caso de Garzón. Por lo menos una vez logró hablarle.

Después de esa fugaz reunión, Garzón desapareció otra vez y presumí que fracasó la gestión.

Otro encuentro sucedió quizás un año más tarde y en esa oportunidad me indicó que no quería saber nada de su pasado. También me explicó que comenzó una nueva vida al lado de una buena mujer con quien tuvo una hija. Me pidió que aceptara la responsabilidad de ser padrino de la niña. A pesar de conocer sus viejas actividades, consentí el compromiso de tener una ahijada, porque él varias veces me salvó la vida, sin pedir nada a cambio. Entonces, un día viajé a Cali donde él vivía clandestino. Cuando llegué al aeropuerto, dos carros y un grupo de seguridad personal me esperaban. Garzón ya no aparentaba ser un sencillo y pobre Sargento que ganaba un sueldo incipiente, sino un próspero empresario de importación de frutas. Preferí no saber demasiado de su nueva vida y solamente asistí a la iglesia y la fiesta en un popular restaurante llamado *El Rancho de Jonás*, en el sur de Cali.

–*¡Qué compadre que se manda usted!, ¿no?*–, me dijo la fiscala al llegar al lugar indicado, donde ocultaron a Garzón. Fui acompañado por un camarógrafo, el productor de noticias y un cuñado mío, esposo de una de mis hermanas, que ejercía como abogado. Ellos serían testigos de esta extraña reunión, que rayaba entre la clandestinidad y la legalidad.

Ante el comentario sarcástico de la fiscala, guardé silencio por respeto y la seguí escuchando.

–*Voy a ser franca y a revelarle confidencias de la investigación, confiando en su responsabilidad de mantener la reserva. Al señor Garzón lo detuvimos por porte ilegal de armas, pero realmente lo buscábamos por su pasado y le hemos propuesto que confiese, garantizándole archivar los delitos actuales. Él no quiere hablar. Desea consultarle*–, concluyó. Le recomendé a Garzón contratar a un jurista especializado en Derechos Humanos. Garzón pensó en un destacado abogado, a quien él mismo persiguió y vigiló cuando perteneció a la unidad de *operaciones especiales*. El letrado se llamaba Eduardo Umaña Mendoza, que irónicamente se dedicaba a investigar los casos de desapariciones

---

93 Antonio Hernández Niño, fue secuestrado por miembros de la Brigada XX el 8 de abril de 1988.

forzadas y a defender a gente de izquierda en Colombia y su fotografía también formó parte del fólder que tuve en mi poder, donde lo señalaron para cumplir la orden de matarlo. Finalmente Umaña asumió su caso, aunque no sé cuánto tiempo y hasta dónde llegó[94].

Traté de convencer a Garzón que llegó la hora de sellar ese pasado y aclararle a la nación la responsabilidad por las matanzas. Él tenía una deuda con las familias de los desaparecidos. Me escuchó y aceptó confesar. Después de tomar esa medida, por ninguna razón podía dejarlo solo. Me preocupó la disposición de la fiscala de confinarlo en una cárcel común, porque allí podrían hacerle daño. Pero no hubo forma de hacerla cambiar de parecer. Quizás utilizó eso como una manera de presionar a Garzón.

Al día siguiente, lo escolté desde el misterioso edificio en el que lo detuvieron, hasta la cárcel La Modelo de Bogotá, donde lo encerraron.

Pero, ¿qué más reveló Garzón en 1991, además de lo que yo ya sabía, que indujera a un operativo de esa magnitud para capturarlo? Al ser sorprendido manejando el Renault 4, los investigadores de Derechos Humanos hicieron la conexión con los casos de desaparecidos. *Lucas* lo dominaba casi todo. Si no lo ejecutaba él, lo hacían otros miembros de esa Compañía de *operaciones especiales*.

Supo y participó en el crimen de Óscar William Calvo, del *Epl*[95] y la detención, tortura y desaparición de una activista del M–19 llamada Nidia Erika Bautista[96]. Como les dije antes, me asustaba sospechar que ciertos crímenes se relacionaron en forma intrínseca con los guardaespaldas que me protegieron a mí durante años. A Nidia Erika la conocí días antes de que la desaparecieran. Me la presentó José Cuesta. Sobre este caso, Garzón señaló que las órdenes provenían del Coronel

94 Eduardo Umaña Mendoza, uno de los abogados que conoció el caso del Sargento Bernardo Alfonso Garzón, finalmente fue asesinado el 18 de abril de 1998, mientras trabajaba en su propio apartamento. Una mujer y 2 hombres jóvenes, que se hicieron pasar por periodistas de un noticiero de televisión, con cámara profesional, cometieron el crimen. ¿La Brigada XX y sus camarógrafos encubiertos?

95 Lucas nombró en la investigación al Teniente Armando Mejía Lobo, quien habría ejecutado el operativo del guerrillero Calvo, que estaba en proceso de entregar las armas. El crimen ocurrió el 24 de noviembre de 1984.

96 Nidia Erika Bautista, de 32 años, guerrillera del M–19, fue secuestrada el domingo 30 de agosto de 1987, el día de la primera comunión de su hijo Erick de 13 años. La hallaron con los ojos vendados, las manos atadas, la cara mutilada y con un disparo en la cabeza, el 12 de septiembre de 1987. Al no identificarla la sepultaron en una fosa común en el cementerio de un pueblo llamado Guayabetal. Solamente hasta septiembre de 1990, pudo ser identificada por la Procuraduría cuando destaparon la fosa común.

Álvaro Hernán Velandia Hurtado[97], en ese entonces Comandante de la Brigada XX. A Velandia no sólo lo vi aquella vez que el General Botero me lo presentó como fundador del *Mas*, sino en dos ocasiones en que buscaba mi apoyo para convencer a Garzón de retractarse. Se expresaba como un hombre perspicaz, distinguido, culto y no parecía ser culpable de las imputaciones y tampoco el asesino intelectual que denunciaban las organizaciones de defensa de Derechos Humanos y los grupos guerrilleros[98].

Atrapado por los investigadores, Garzón también decidió destapar cómo detuvieron y torturaron a Guillermo Marín[99], el mismo individuo que recordó José Cuesta cuando lo mantuvieron prisionero. Marín tuvo que ver con el pasado de Garzón. Cuando se llamaba *Lucas*, trabajó a su mando en el M–19 y por eso podía reconocerlo. Por él abandonó la misión en el grupo rebelde en 1986.

Según Garzón, la orden de matar al guerrillero la dio el Coronel Iván Ramírez Quintero[100]. A Marín lo halló una patrulla de la Policía, el 10 de abril de 1989, en el parque La Florida, en el oeste de Bogotá. Lo arrojaron allí, envuelto en un costal, amarrado de pies y manos, torturado y con dos disparos de pistola, pero por suerte sobrevivió, porque los soldados fallaron la puntería. Él narró a una revista colombiana su desventura[101].

---

97 Álvaro Hernán Velandia Hurtado fue destituido del Ejército el 11 de septiembre de 1995, cuando era Brigadier General y comandante de la Brigada III, en Cali, aunque un mes antes había recibido una condecoración del gobierno nacional. Un tribunal condenó a la nación a indemnizar a la familia Bautista, por considerar probado que Nydia Erika había sido desaparecida y asesinada por agentes del Estado, pero en julio de 2002, 7 años después, el General Velandia ganó la batalla por un tecnicismo jurídico: la Procuraduría, supuestamente, no pudo encontrarlo en 1995 para notificarle la destitución y el caso prescribió. El Estado también asumió la indemnización de él, por los 84 meses que estuvo afuera del Ejército.

98 En su carrera militar, Álvaro Velandia recibió 17 condecoraciones y únicamente una sanción disciplinaria.

99 Guillermo Marín, de 25 años, era miembro activo del M–19, graduado como ingeniero químico de la Universidad Nacional. Desapareció el martes 8 de abril de 1986, cuando salía de una reunión de la Juventud Trabajadora Colombiana (JTC), en la calle 13 número 4–50, en el centro de Bogotá.

100 Según Garzón, la orden la ejecutaron el Capitán Camilo Pulecio y el Teniente Carlos Armando Mejía Lobo.

101 La revista Cromos, publicó el relato de Guillermo Marín en una edición de abril de 1986, bajo el título *"El extraño caso de un desaparecido"*. *"Ese carro parece un microbús"* (Marín se refería al vehículo en el cual fue secuestrado), *"había una separación de la cabina de conducción por una puerta corrediza. Estaba con tapetes de color rojo y con varillas adaptadas en forma de cepos para amarrar las esposas, a los pies y las manos"*, describió Marín. Le hicieron la tortura del *submarino*, choques eléctricos en sus genitales, tormento sicológico y simulacros de fusilamiento. *"Creo que fui llevado al Batallón Charry Solano. Yo he ido al barrio La Gran Colombia y conozco de cerca los linderos de ese sitio. Se ve un bosque de eucaliptos, una loma y un tanque de agua de dos mil galones"* agregó.

Días después se asiló en la Embajada de Francia. Esa misma semana, en la antigua carretera que conduce hacia el norte de Bogotá, encontraron a Antonio Hernández Niño, uno de los casos que le interesaría resolver al Fiscal De Greiff. Su cuerpo, sin vida, lo hallaron en un costal y con un tiro en la cabeza. A Hernández lo secuestraron junto a Marín, el 8 de abril.

Para Garzón esto fue el comienzo ineludible de su destino, quien reveló más crímenes. Por ejemplo, el de una mujer llamada Amparo Tordecillas Trujillo, acción que hicieron la mañana del martes 25 de abril de 1989. La información para capturarla la obtuvieron por otras torturas. A Tordecillas, compañera de un comandante rebelde de nombre Bernardo Gutiérrez, del Ejército Popular de Liberación –Epl–[102], posteriormente la asesinaron y su cuerpo lo arrojaron al *Río Negro* cerca de los túneles de Guayabetal, junto a otras personas. Garzón involucró al Coronel Gonzalo Gil Rojas, *Don Gonzalo*. La Procuraduría lo investigó. Gil admitió, en una declaración oficial, que un grupo de sus hombres se encontraba en misión, seguramente en *operaciones especiales*, en el mismo lugar donde obligaron a Tordecillas a subirse en un taxi. Ella entraba a un hotel del norte de Bogotá[103], donde, coincidencialmente, yo estaba hospedado esperando un contacto del M–19. Sin embargo, Gil declaró que la mujer que detuvieron no era Tordecillas, sino otra persona quien, según su versión, la liberaron después de un interrogatorio rutinario. Para hacer valer su argucia, pusieron a una impostora, quien resultó ser una agente civil de inteligencia militar[104]. Presionada, ella confesó después a la Fiscalía que anteriormente mintió a la Procuraduría, porque su jefe se lo pidió.

Dos días después de desaparecer a Tordecillas, como resultado de las torturas a ella, detuvieron a Carlos Uribe, otro guerrillero del Ejército Popular de Liberación –Epl–[105].

---

102 Bernardo Gutiérrez, esposo de Amparo Tordecillas, después de amnistiarse como guerrillero del EPL (antes había sido militante de las Farc) fue Senador de la República en 1991, más tarde fue Secretario ante la FAO en Roma Italia, durante 4 años; en 2003 hizo parte de la toma de la Embajada en Roma de Colombia, enseguida se refugió en Jamaica y después volvió a Italia donde vivió con su familia y se dedicó a sus negocios e hizo parte de una organización de defensa de los Derechos Humanos.

103 Hotel ABC el cual quedaba en la carrera 7 con calle 65 de Bogotá.

104 María Nelly Parra Bueno, conocida como *Marcela* dijo, en un falso testimonio, que ella era la que obligaron a subir al automóvil, en vez de Tordecillas. La Procuraduría descubrió la trama y ordenó el aseguramiento del Coronel Gil Rojas. Parra, por un corto tiempo, también había sido escolta encubierta en la oficina de *Univisión*. Antes tuvo la misión de infiltrarse en el EPL y el M–19, fingiendo ser estudiante de terapia ocupacional en la Universidad Nacional.

105 La desaparición de Carlos Uribe ocurrió el 27 de abril de 1989. Uribe, además de militar en la guerrilla, también era miembro de una de las comisiones de la Central Unitaria de Trabajadores –Cut–.

Por este caso comenzó la sospecha contra Garzón, porque una noche el rebelde logró evadir la custodia de dos soldados que se quedaron dormidos. Semidesnudo salió corriendo y consiguió ponerse a salvo. Inmediatamente se presentó en una inspección de Policía de la población de Soacha, en el sur oeste de Bogotá, donde pidió ayuda y reveló lo del Renault 4 y dónde lo escondieron. La casa estaba situada en una zona rural de ese municipio. Posteriormente Uribe salió del país y pidió refugio político en una nación de Europa, denunciando su caso internacionalmente, pero en Colombia, como se acostumbraba, poco se habló de aquello.

Cuando supe que Garzón confesó lo de Uribe, del Epl, se me vino a la cabeza un episodio que sucedió a principios de mayo de 1989. El General Óscar Botero me telefoneó pidiéndome atender a un conocido a quien le decían solamente *Don Gonzalo*, pero realmente se refería al Coronel Gonzalo Gil, quien me citó en un teatro militar, frente a la Escuela de Caballería, a un costado de la Brigada XIII. Con él, una cuñada mía, que hacía las veces de secretaria en la oficina de *Univisión* y Gustavo Gerena, el camarógrafo encubierto, partimos para la zona rural de Soacha, en el sur de la Sabana de Bogotá, el mismo sector donde Uribe habría estado prisionero. El propósito de acompañarlos fue, supuestamente, para buscar un predio donde sucedió un hecho relacionado con soldados del Ejército. Cuando estuvimos en el terreno parecía una finca abandonada. Alcancé a ver dos construcciones pintadas de blanco y rojo, típico del campo colombiano. *Don Gonzalo* revisó la casa con sigilo y lo acompañé. Observé que la abandonaron en forma rápida. Vi por una rendija, un cuadro del Sagrado Corazón.

Yo esperaba el cumplimiento de la promesa de una gran *chiva* informativa, pero *Don Gonzalo* intentaba ocultar su identidad, haciéndose pasar por periodista, utilizándome como escudo para llegar hasta allí y poder constatar, con sus propios ojos, el error que cometieron los subalternos. Pero esto yo no lo sabría inmediatamente. Pasarían años para que relacionara esa casa con la desaparición y posterior aparición asombrosa de Carlos Uribe. Y transcurrirían años más para entender que esa era la *casita roja*, que utilizaba la Compañía de *operaciones especiales*, para interrogar y torturar, incluyendo a José Cuesta y a decenas de detenidos políticos que sí desaparecieron. La casa pertenecía a un pariente de Garzón[106].

Los superiores le pidieron al Sargento que asumiera toda la responsabilidad, con la promesa de cubrir su rastro y el de su familia, pero no le cumplieron.

Otra revelación valiosa del Sargento Garzón, tuvo que ver con un misterio que no había podido ser resuelto: ¿qué pasó con las personas desaparecidas, cuando el M–19 asaltó el Palacio Nacional de Justicia en Bogotá?[107] Allí se encontró él, quien por su experiencia como infiltrado en el M–19, pudo identificar a los rebeldes. Cuando se perdió el control de la situación, ciertos subversivos salieron del edificio, camuflados entre los civiles, pero el Ejército los condujo a la histórica Casa del Florero[108]. En un vehículo, adaptado para tal fin, los militares interrogaron a los primeros detenidos, entre quienes se contó la guerrillera llamada Irma Franco, una joven idealista de 27 años, de bajo rango en el M–19. Ella salió levemente herida en una pierna, lesión causada por una de las explosiones. A Franco la juzgaron, la sentenciaron y la asesinaron sin juicio legal, junto a otros detenidos, entre ellos un grupo de inocentes empleados de la cafetería del edificio gubernamental. Franco reveló el lugar donde se planeó la toma del Palacio.

Conocí otra versión. Supe que la inteligencia militar, semanas antes, halló evidencias del ataque y recibió una carta anónima donde se denunciaba que esa acción rebelde se iba a ejecutar. Además, los infiltrados del Ejército en las filas subversivas, lograron saber que en ese ataque intentarían juzgar al Presidente Betancur ante las cortes de justicia y exigirían derogar el tratado de extradición, favoreciendo a los narcotraficantes. La contrainteligencia capturó a subversivos con los planos del edificio. A raíz de esa captura, los rebeldes del M–19

---

106 Los investigadores de la época, abrieron un proceso en el Juzgado 22 de Instrucción Criminal de Bogotá.

107 El 6 de noviembre de 1985, el M–19 asaltó a sangre y fuego el Palacio de Justicia en Bogotá. Pretendía someter a Belisario Betancur a un juicio público, por el fracaso del proceso de paz. Iba a obligar a los magistrados de la corte a presidir el juicio. El Ejército no permitió que se realizara ningún contacto y arrasó con el edificio con tanques y cañonazos, causando un horroroso incendio y la muerte de 100 personas, entre quienes se contaron 11 Magistrados de la Corte Suprema de Justicia de Colombia.

108 Museo Casa del Florero, que guardaba los recuerdos del levantamiento popular del 20 de julio de 1810, cuando comenzó la emancipación criolla colombiana contra los españoles. Queda a un costado de la Plaza de Bolívar.

estuvieron a punto de abortar la acción militar. Pasaron los días y los agentes de contrainteligencia reunieron suficientes pruebas para atrapar a los que planeaban la toma, pero en una dudosa decisión, los altos mandos militares no hicieron nada para detenerlos, aunque informaron al propio Ministro de Defensa, el General Miguel Vega Uribe[109], el mismo que ordenó vigilar a la periodista Olga Behar. Fue más sospechoso, que días antes de la toma, alguien ordenó retirar la seguridad de la sede judicial y aunque Vega Uribe, poco después dijo que la misma Presidencia de la Corte solicitó el retiro de los policías y soldados que custodiaban el edificio, los funcionarios sobrevivientes enseguida lo negaron[110].

Un Oficial del Ejército colombiano me reveló que altos mandos militares prácticamente le quitaron el mando al Presidente Belisario Betancur, para que no interviniera en la operación.

–El Presidente Betancur estaba entre la espada y la pared, porque si negociaba con el M–19, como pretendió en algún momento, le dábamos golpe de Estado y lo juzgábamos o lo matábamos por traición a la patria. Los altos mandos, solamente dejaron salir al Presidente para figurar ante los medios de comunicación, pero dejó de ser Presidente por horas–, agregó el militar[111]. A su lado, impotente ante el golpe de estado virtual que supuestamente dieron los militares, encabezado por el General Miguel Vega Uribe, se halló un político llamado Jaime Castro, Ministro de Gobierno. Castro le habría sugerido a Betancur exigirles a los Generales, comandantes de la operación, que se dirigieran hasta el Palacio de Nariño para maniobrarla desde allí, pero al decirle esto a Vega Uribe, hizo oídos sordos y los militares prosiguieron la masacre.

109 Según el libro *Los Jinetes de la Cocaína* del periodista colombiano Fabio Castillo, el General Miguel Vega Uribe se casó con la hija de un controvertido personaje llamado Samuel Alberto Escrucería Delgado, conocido como *Beto Escrucería*, un político del puerto de Tumaco, en el sur de Colombia, donde junto a su hijo, Samuel Alberto Escrucería Manzzi, abusaron del poder como Parlamentarios. *Beto Escrucería* fue condenado por narcotráfico a 240 años de prisión, en Carolina del Norte, Estados Unidos, donde murió.
110 La declaración del General Vega la hizo ante el Congreso de la República, en diciembre de 1985.
111 La verdad sobre la acción la saben pocos. Algunos aseguran que los guerrilleros tenían la misión de destruir documentos importantes de la justicia colombiana, que involucraban a narcotraficantes con políticos. Sin embargo, los militares también tenían mucho que esconder por sus alianzas con los carteles de la droga, para crear grupos de autodefensas o paramilitares. La Procuraduría General de la Nación, encontró méritos probatorios para sancionar a un general llamado Jesús Armando Arias Cabrales (Comandante de la Brigada XIII) y a un coronel de nombre Edilberto Sánchez (Jefe de Inteligencia), como responsables de haber antepuesto el afán de sometimiento del grupo guerrillero, a la protección de los rehenes y civiles indefensos y por la responsabilidad en la desaparición de Irma Franco. El General Miguel Vega Uribe no fue implicado en esa recomendación de la Procuraduría.

Al comenzar 1995, a Garzón lo trasladaron a una cárcel de alta seguridad de Palmira, la misma donde estaba prisionero *Javier Delgado*. Ayudé a gestionar su traslado, a través de la fiscalía, porque parte de su familia vivía en Cali. A partir de esa época preferí olvidarme del caso, pero meses después, la fiscala que me buscó antes, volvió a comunicarse conmigo pidiéndome ayuda.

–El señor Garzón decidió retractarse y necesitamos que usted hable con él, nuevamente. Le hemos separado un avión para que viaje a Cali y tiene un permiso especial para ingresar a la prisión. Nosotros corremos con su seguridad personal. No podemos dejar que esto quede en la impunidad–, me dijo la fiscala. Por recomendación de *Univisión*, me alejé del caso. Esa amenaza de retractación de Garzón se originó por serios antecedentes. Pocas semanas antes Gustavo Gerena, el camarógrafo–escolta, se presentó en mi oficina indagando por el paradero de Garzón y por un lapso mental, le revelé que estaba en la cárcel de Palmira. Después de eso, un alto oficial de la Brigada XX lo visitó y es posible que llegaran a un acuerdo para sepultar el tema. La fiscala[112] le falló en sus promesas de sacarlo de Colombia. En septiembre de 1996 declaró ante un juez penal militar de Cali, que los primeros testimonios que originaron el escándalo los memorizó de un libreto de la Procuraduría, a cambio de una oferta de ubicarlo en otro país con otra identidad.

En los siguientes años temí que a Garzón lo hubieran matado, hasta que una mañana del mes de enero de 2003, cuando llegué a la oficina de *Univisión* en Estados Unidos, escuché un mensaje grabado en el contestador telefónico de mi escritorio en el programa *Aquí y Ahora*, donde trabajaba como corresponsal investigador:

–Hola amigo, habla Julio, su compadre. Estamos viviendo en Europa y queremos decirle que lo apreciamos y que no lo hemos olvidado. Le dejo mi número telefónico para que me llame–, enseguida colgó. Su voz jamás la olvidé. Él utilizó Julio como uno de sus nombres. Le marqué a ese número, pero estaba equivocado.

---

112 En ese tiempo, la fiscala Amelia Pérez Parra, investigaba la desaparición de Guillermo Marín, pero especialmente el caso de Alirio de Jesús Pedraza y de Nidia Erika Bautista. Años más tarde investigó la matanza de Mapiripán, Meta, ocurrida en julio de 1997, donde murieron más de 30 campesinos. También aclaró la matanza de *El Aro*, en jurisdicción del municipio de Ituango, en Antioquia, ocurrida en octubre de 1997, donde murieron por los menos 15 campesinos, a manos de paramilitares. Pérez Parra huyó de Colombia en 2002. Los grupos paramilitares la iban a matar, porque se atrevió a llamar a juicio a varios oficiales del Ejército.

Dos años después, en mayo de 2005, cuando me animé a publicar estos relatos, extrañamente Garzón apareció otra vez:

–*Compadre, algo me dijo que lo localizara. Tengo un presentimiento*–, comenzó a explicarme. Sin siquiera dejarlo terminar, le conté que escribí parte de su vida y que a pesar de que él me confió ser el padrino de su hija, sería imposible seguir aplazando revelar ese período histórico de Colombia. Al oírme, él dijo que ahora comprendía su premonición. Me pidió que sepultara ese pasado. Me dijo que, a sus 54 años, él vivía en un paraíso, igual que yo y que abrir esa olla podrida traería dolor. Me advirtió que si publicaba toda esa verdad, podrían morir más personas.

–*Ellos todavía siguen en el poder. No tienen fronteras para cumplir su cometido*–, agregó.

–*Usted se va morir por un tropezón en unas escaleras y yo me moriré de un infarto*–, le comenté.

–*Compadre, ni yo me moriré cayéndome por unas escaleras, ni usted se va a morir del corazón. De eso estoy seguro*–, me respondió. Traté de inspirar su espíritu:

–*Tenemos un deber patriótico. Usted más, por haber sido soldado de Colombia*–, y me respondió.

–¿*Cuál deber patriótico? Eso se trataba de dinero y poder. Ningún soldado lo hizo por patriotismo, jamás*–. Me prometió una entrevista, pero desapareció. Volvió a surgir en 2007. Intentamos vernos en Honduras, pero funcionarios del Gobierno de Estados Unidos me sugirieron no volver a contactarlo. Me enteré que vivía en Canadá. Siempre quise sentarlo frente a José Cuesta, para demostrarle al mundo que tarde o temprano los colombianos tendrían que perdonarse unos a otros para acabar la guerra fratricida.

¿Cuándo comenzó esta ola de crímenes políticos? ¿Por qué utilizaron a soldados de las fuerzas armadas, quienes posiblemente sí ostentaban el título de hombres de honor, que juraron servir a su país para el bien, convirtiéndolos en asesinos del mal? Quizás esto comenzó a principios de la década de 1960, como me reveló Humberto Salamanca en un encuentro que tuvimos en Tegucigalpa, Honduras, a mediados de agosto de 2000. A raíz de esa entrevista, retomé la historia del paramilitarismo en Colombia.

Salamanca me explicó que la mercenarización se inició cuando se implementó en Colombia el Plan Laso –*Latin American Security*

Operation–, una estrategia concebida por Estados Unidos para combatir el comunismo en América Latina, a raíz de la llegada al poder de Fidel Castro en Cuba y a los evidentes intereses de la antigua Unión Soviética de esparcir el comunismo mundialmente[113].

–El objetivo fue que comandos especiales de Estados Unidos capacitaran a los oficiales de los ejércitos de América Latina, en contrainsurgencia y guerra fría–, me explicó Salamanca.

Para entender un poco más esa estrategia leí documentos oficiales, de aquella época, que él llevaba como prueba. Hallé datos de lo que pudo haber sido el comienzo del paramilitarismo en nuestro país: *Se debe seleccionar personal civil y militar para entrenarlo clandestinamente en operaciones de resistencia en caso de que se necesite para el futuro.* Los documentos recomendaban que ese *personal seleccionado se utilizara para funciones de contrainteligencia y contra propaganda y, si fuera necesario, para ejecutar actividades de sabotaje o actos violentos contra conocidos defensores del comunismo.* Desde entonces se distribuyeron en *privilegiados* niveles jerárquicos de las Fuerzas Armadas de Colombia, instrucciones para que se hicieran misiones clandestinas, llamadas *operaciones especiales,* me confesó Salamanca[114].

Pasaron los años y en 1977 el *Plan Laso* comenzó a emplearse como había sido concebido. Una organización clandestina denominada *Alianza Anticomunista Americana –AAA–* o *Triple A,* colocó bombas en la revista Alternativa y en el periódico Voz Proletaria, medios que publicaban noticias que ellos consideraron de ideas izquierdistas. Las operaciones *exitosas* de la *Triple A* se afianzaron en el gobierno del Presidente Julio César Turbay Ayala, cuando asumió el poder en 1978. Desaparecieron a líderes de izquierda, sindicalistas y guerrilleros comunistas. Pocos se percataron de que la *Triple A* la integraron *hombres de honor,* es decir, soldados del Ejército y que funcionó en el Batallón de Inteligencia y

---

113 A partir del 1 de julio de 1962, el Plan Laso comenzó a ser empleado en Colombia como una estrategia contra comunista. El General Alberto Ruiz Novoa, Ministro de Guerra en el gobierno del presidente Guillermo León Valencia (1962–1966), fue el encargado de comenzar a aplicar la estrategia.

114 Al parecer, detrás de un objetivo noble llamado El Cuerpo de Paz, promovido por el presidente John F. Kennedy, y que hacía parte de su plan *Alianza para el Progreso,* se camufló la estrategia contrainsurgente. La dirección de esa tarea estuvo a cargo de un General estadounidense de nombre William P. Yarborough. (Información obtenida en: *Biblioteca Kennedy, sección 319, archivos de seguridad nacional de los Estados Unidos: Cuartel General, Escuela de Guerra Especial del Ejército de Estados Unidos. Objeto: Visita a Colombia, Suramérica, de un equipo del Centro de Guerra Especial, Fort Bragg, Carolina del Norte, 26 de febrero de 1962).*

Contra–inteligencia Charry Solano en el sur de Bogotá. El comandante de la unidad, entre 1978 y 1979 fue el Teniente Coronel Harold Bedoya Pizarro, quien estudió Inteligencia Militar en la Escuela de Las Americas en 1965 y después, por los extraordinarios resultados, lo invitaron como profesor en 1979. A través de la Escuela de Las Américas, instalada en Panamá, se instruyó a sus alumnos en cómo emplear el Plan Laso, adiestrando a oficiales *privilegiados* de los ejércitos de América Latina en *operaciones especiales* con el fin de que cooperaran en la lucha anticomunista y neutralizaran la influencia de movimientos sociales de corte izquierdista[115]. En ciertos casos sólo inventaron enemigos imaginarios para cumplir su tarea, pero en la mayoría dieron en el blanco de su objetivo. Tuvieron un poder sin límites[116].

Sus promotores no previeron que esa estrategia desencadenaría una serie de alianzas letales y se transformaría en una de las peores máquinas de muerte en Colombia.

El primer indicio de una de esas alianzas letales, ocurrió el 2 de diciembre de 1982, cuando desde una avioneta se lanzaron miles de volantes en el estadio de fútbol Pascual Guerrero de Cali, en un clásico deportivo. Aquella vez se escuchó un nombre que sería catastrófico en la historia de Colombia: Muerte a Secuestradores –*Mas*–. En esos volantes, el *Mas* amenazó a los criminales que se atrevieran a secuestrar[117]. Aunque parecía una sutil intención para defender a los ciudadanos amenazados por criminales, después se convertiría en un arma clandestina de la extrema derecha y militares, asociados con narcotraficantes para capturar, torturar y desaparecer a los enemigos del régimen de turno. Ciertos industriales, empresarios y hacendados colombianos, cómplices por necesidad, acorralados por los secuestros

---

115 Esta academia funcionó desde la década de los cincuenta como "United States Army Caribbean School" (*"Escuela del Caribe del Ejército de los Estados Unidos"*). En julio de 1963 se constituyó como *"Escuela de Las Américas"*. En enero de 2001 cambió a *"Instituto de Cooperación para la Seguridad Hemisférica"* (*Western Hemisphere Institute for Security Cooperation*), situada en Fort Benning (Columbus, Georgia).
116 El 20 de julio de 1980, el diario mexicano "El Día" publicó la confesión de cinco miembros del Batallón "Charry Solano", donde acusaron a varios oficiales del Ejército. El Presidente Julio César Turbay Ayala (1978 a 1982) fue informado de esto, lo mismo que el Procurador y el Congreso. Nada se hizo. Todos quedaron impunes.
117 Ese fue un mensaje a los guerrilleros del M–19, que el 13 de noviembre del mismo año, plagiaron a Martha Nieves Ochoa, una joven universitaria de Medellín, cuyos hermanos eran conocidos como *El clan Ochoa*, narcotraficantes. La sentencia fue cumplida: decenas de rebeldes y sus familiares murieron asesinados por el Mas, hasta que tuvieron que liberar a la joven universitaria.

y la extorsión, ayudaron a financiar esa idea. Ese mismo año de 1982, otra conjura se puso en marcha, a través de una asociación campesina de ganaderos y agricultores[118], cuyo gestor fue uno de los cabecillas del *negocio maldito*, citado como *El Patrón*, el mismo de quien hablaban en Urabá. Lo primero que hizo fue aplicar el plan Laso, proveyendo a la población civil armamento para que se organizara como una autodefensa campesina, en Puerto Boyacá, un candente pueblo a orillas del río Magdalena, donde la guerrilla comunista asolaba sin piedad. Creó escuelas de entrenamiento militar, asistidas por miembros del Ejército y mercenarios internacionales[119]. En campamentos de instrucción, montados en sus haciendas, a jóvenes y niños les enseñaron a matar. De esos lugares salió otro miedoso aparato de asesinos en la historia colombiana: los sicarios en motocicleta. Algunos pertenecían al Ejército. También utilizaron el nombre de *Mas*.

Recuerdo una vez que entrevisté a un joven sicario de Medellín, que me reveló que él aprendió a matar, haciendo *prácticas en caliente*. Me describió cómo disparó contra un ciudadano común y corriente en una calle. Me dijo que él se dirigió hacia un carro que escogió al azar. El primer tiro se alojó en el brazo del chofer y el segundo dio en el blanco: el cuello.

–*Conociendo los órganos vitales el disparo es certero*[120]. Ellos recibían información médica precisa, para saber a dónde poner la bala.

En ese tiempo hubo un aumento de los grupos de *limpieza social* urbanos, que asesinaron a centenares de homosexuales, prostitutas y *desechables* (vergonzoso término usado por la prensa colombiana para referirse a las personas que vivían en la calle como pordioseros) [121].

–*Eran prácticas en caliente de los alumnos del sicariato, o las redes urbanas de esas organizaciones paramilitares. Tenían que cumplir la tarea para mejorar su destreza*–, me contó Salamanca.

118 Acdegam, grupo aparentemente progresista, que ayudaba a construir carreteras, escuelas y centros de salud, ocultaba tras de su nombre el primer Ejército mercenario o paramilitar.

119 Los expertos mercenarios eran Isaac Guttman Esternbergef y Yair Kleim, que los emplearon varios gobiernos del mundo para sus trabajos clandestinos y por empresas privadas que requerían servicios especiales, como entrenamiento de personal de seguridad, defensa y espionaje. Guttman fue asesinado el 9 de agosto de 1986, por algunos de los mismos sicarios que él entrenó.

120 El joven se llamaba Fabian Alexander y pertenecía a la banda de *Los Quesitos*, una pandilla de asesinos que estaba al servicio del *Cartel de Medellín*.

121 Estos grupos que perversamente se llamaron de *limpieza social*, utilizaron nombres como *Muerte a Secuestradores* –Mas–, *La Mano Negra, Justiciero Implacable, Los Magníficos, Comandos Verdes* o *Kankil* – marca de un popular fumigante para cucarachas de la década de 1970–. Algunas organizaciones de Derechos Humanos acusaron a Policías y militares de hacer parte de esas pandillas.

Sin lugar a dudas, esa política contrainsurgente del *Plan Laso*, que debió ser una estrategia militar valiosa, la convirtieron, colombianos antipatriotas, en un arma cruel y despiadada, que propagó resentimientos y odios desmedidos.

Algunos de los militares del Ejército que apoyaron las autodefensas, quizás honestamente, creyeron que haciéndolo salvaban la patria de la amenaza comunista. Pero a otros se les *abrió las agallas*. Decidieron hacerse los de la vista gorda, porque conocían que las autodefensas las financiaban los carteles de la droga. Eso les llenó los bolsillos de dinero ilegal. Más adelante descubrí que entre los patrocinadores de esas alianzas y de la prolongación de la guerra, se ocultaron personas de las esferas del poder que manipularon a los militares y promovieron la corrupción. Comencé a llamar a ese grupo la *oligarquía criminal* o *la auténtica mafia*. Ellos sí supieron qué engendraron.

Ahora me entenderán un poco más.

Lo elemental lo descubrí frente a mis ojos. Enfrenté dos opciones: seguir publicando esa realidad o encerrarme en la cueva del miedo y convertirme en otro idiota útil o cómplice. Opté por la primera opción, lo que causó un gran daño a ustedes, mis hijos, y a su propia madre, *Nandita*. Quedamos atrapados en un torbellino de odios, envidias y perversidades.

Por saber secretos de Estado y estar dispuesto a denunciarlos, comenzamos la etapa más difícil de nuestras vidas. Soportamos infames persecuciones, lo que nos colocó en una posición de peligro inminente.

CAPÍTULO V
ENTRE PLATA O PLOMO

*Un poderoso cartel de las drogas cambió el destino de Colombia,
dirigido por un hombre a quien la gente llamaba "El Patrón".
Este individuo se encargó de financiar gran parte del ejército
mercenario paramilitar, creyéndose más poderoso que los poderosos,
pero después de sacarle suficiente dinero, ellos le demostraron lo
contrario.*

1
LA TRAMPA

Cuando la señal del satélite dejó de emitir y nuestra imagen no apareció más en la pantalla, abracé con fuerza a María Elena Salinas[122], una experimentada periodista de *Univisión*, con quien trabajaba por primera vez en una transmisión en vivo desde Bogotá, en el noticiero internacional de la cadena *Univisión*.

Nandita aguardaba detrás de las cámaras en silencio, sin llamar la atención, con una mirada de alivio y una sonrisa tímida. Con el tiempo, el sufrimiento desvaneció ese gesto de su rostro. Se acercó a mí, aferró mi mano y me dio un cálido beso en la boca expresando su amor.

La noticia que concluíamos María Elena y yo, la vi como la mejor en mucho tiempo aunque, paradójicamente, se trataba de la muerte de una persona.

Millones de colombianos terminaban así una de las peores pesadillas de su historia. Pero en el caso nuestro se volvió una zozobra particular,

---

122 María Elena Salinas, desde enero de 1987 fue una de las presentadoras nacionales de *Noticiero Univisión*. Antes ella había sido reportera y presentadora del canal 34, (estación local en Los Ángeles). María Elena es de origen mexicano, nacida en Los Ángeles, California.

porque fuimos víctimas y casi protagonistas de la violencia generada, en los últimos nueve años, por el hombre que murió. Durante ese tiempo, hubo momentos de miedo, pero mientras regresaba a casa, después de dar la noticia al mundo, rememoré especialmente una noche la cual pasamos en vela escuchando explosiones de bombas mandadas a colocar por ese individuo. Acostados en la cama con ustedes, Carolina y Felipe, abrazados entre sí, oímos esos estruendos que hicieron vibrar las paredes. Miles de personas como nosotros indudablemente no durmieron esa noche en Bogotá, preocupadas porque la muerte podía llegar a su puerta.

Al saber que el hombre que causó ese terror colectivo sucumbió, pensé que llegaría la calma y eso me esperanzó porque creí poder reconquistar la libertad y la felicidad de mi familia.

Antes de esa transmisión, al comenzar la tarde del jueves 2 de diciembre de 1993, un funcionario de la Embajada de los Estados Unidos me llamó advirtiéndome que los intereses de esa nación podrían ser atacados por los terroristas del narcotráfico y los mafiosos distinguían que, aunque trasmitíamos en español, éramos una cadena de televisión estadounidense. Algo estaba pasando, pero pocos lo supieron hasta después de la media tarde. Conocí la noticia diez minutos después de ocurrida, por otra llamada que recibí de Cali de unos *narcos*, ex compañeros de estudio y de quienes les hablaré más adelante. Enseguida informé a la oficina central de *Univisión*. Por rutina cubrimos los vidrios con cinta adhesiva para evitar que nos hirieran las esquirlas de una explosión de un carro bomba, en caso de venganza por la muerte del individuo. Mientras lo hacíamos, les relaté a mis compañeros de trabajo la primera y única vez que estuve frente a este hombre. Lo conocí siete años y cinco meses atrás.

Todo comenzó el sábado 26 julio de 1986, en la zona del Magdalena Medio, donde viajé, acompañado por un camarógrafo y un asistente, a realizar la que sería mi primera entrevista con las autodefensas en Puerto Boyacá. Un sujeto me buscó en el noticiero *Promec* y me ofreció el encuentro. Pero nunca llegué a los campamentos de entrenamiento de los mercenarios. Caí en una trampa. Engañado, fui transportado a una hacienda que quedaba cerca de una población llamada Puerto Triunfo. Encima del pórtico de esa propiedad, había una pequeña avioneta, que asomaba sus alas por lado y lado y difícilmente ocupaba el techo[123]. No se me dificultó reconocer el lugar. Los turistas estacionaban sus carros allí y se tomaban fotos con el fondo del portal para mostrarlas con orgullo, porque lo veían pintoresco y conocían su historia[124]. En la pared del frente del marco donde reposaba la avioneta se leía un aviso, pintado con letras de molde, que decía: Hacienda Nápoles. Ingresamos por una carretera privada de varios kilómetros, llena de árboles, lagos y praderas verdes. Llegamos a un cruce de caminos donde leí otro mensaje: *Bienvenidos, Parque Zoológico Natural Nápoles.*

–*Esa es una historia buena para ustedes*–, dijo el *contacto*, al verme mirar con curiosidad.

–*Esta finca tiene 3.500 hectáreas y hay un lugar paradisíaco, donde grabaron el comercial de Postobón*– agregó con gran entusiasmo. Se refería a la propaganda de televisión de un refresco colombiano popular. El *contacto* se estacionó en la entrada de una caseta donde vi hombres con fusiles y pistolas. Uno de ellos abrió apresuradamente una barrera. Seguimos hasta otro portal más elegante. Al lado derecho vi un cobertizo cubierto con paja. Me llamó la atención un viejo automóvil similar al del mafioso ítaloamericano *Al Capone*, con orificios de bala incluidos, que simulaba la última refriega del famoso capo. Decían que el carro parecía original, pero otros comentaban que en una borrachera de licor y marihuana, el propio dueño de la finca, aplicó dos o tres ráfagas de ametralladora sobre la carrocería, para darle el *toquecito* que lo identificaba con su profesión.

Nos recibió un hombre que se hizo llamar Héctor Barrientos, quien dijo ser el administrador. A mí me alojaron en uno de los cuartos independientes, con lujos, pero no en las suites, porque esas correspondían a gente especial y por suerte no alcanzaba a ocupar las preferencias del dueño.

–*El Patrón dijo que los atendiéramos como reyes. Ahora llega un helicóptero de Medellín, con "nenitas"... sardinas"*[125] *para que se*

---

123 Aquel pequeño avión fue con el que logró el primer *corone* el dueño de la hacienda. *Coronar*, en términos de narcotraficantes, era lograr entregar con éxito un cargamento de droga o de contrabando.

124 La finca formaba parte de *La Ruta Dorada*, un plan de la oficina de *Fomento Turístico* del gobierno, que pretendía promover los lugares más exóticos de Colombia.

125 *Nenitas, Sardinas* eran términos que se usaban en Colombia para referirse a jovencitas menores de edad.

diviertan–, dijo Barrientos. En Colombia, por una cuestión de sumisión, a quien poseyera dinero y poder se le decía *Patrón*. Tal vez por esa generalidad no alcancé a comprender la dimensión del problema en que nos estábamos metiendo. Antes del anochecer, el sonido de las aspas de un helicóptero interrumpió la apacible tranquilidad de la finca, pero en mi aislamiento no pude saber quién llegaba. Una vez instalado, sintiéndome como *un invitado especial*, salí a recorrer la propiedad. Caminé hacia un bar parecido a los que se ven en las películas del viejo oeste americano. Se llamaba *El Tablazo*, el nombre del pueblo donde nació *El Patrón* un primero de diciembre de 1949[126]. Allí encontré a las *sardinas*, dispuestas a hacer su trabajo. Las ignoré y regresé a la habitación.

Esa noche pasaron por mi cabeza pensamientos de mi vida, la cual cambió desde que me percaté que *Nandita* estaba embarazada; en esos días, con sólo cuatro meses de gestación de ti, Carolina, no quería tomar tantos riesgos profesionales para hacer una noticia. Recapacité sobre los peligros de ejercer la profesión. La probabilidad de dejar viuda a tu mamá me estremecía, pero a pesar de mi gran responsabilidad paternal y como esposo, las ansias de tener la noticia en mis manos siempre me llevaron de nuevo al peligro. Y ahora estaba allí en esa elegante Hacienda Nápoles, persistiendo en la búsqueda de la verdad.

Al día siguiente, en el desayuno, apareció un primo del dueño de la finca, que dijo llamarse Edgar Escobar, el mismo que el Sargento Garzón arrestaría en el futuro, relato que les hice anteriormente. Edgar, sin piedad y obligando a la indigestión, nos habló de las razones de la *invitación:* una amenaza a mi director de noticias.

–Mi primo cree que su jefe ha estado diciendo cosas que no son verdad–, dijo el joven con gestos amanerados, tal vez con tendencia homosexual. Comentó que se dedicaba a la producción cinematográfica de películas de sexo. Ciertamente con las mismas jovencitas que correteaban por allí. Este hombre fue el mismo que detuvo en el pasado el Sargento Garzón, "Lucas", el de la Brigada XX.

Pero esta conversación sólo sería el preámbulo de lo que venía. Ya entrada la noche me hicieron regresar al salón donde desayunamos en

126 El Tablazo era una pequeña comunidad campesina, del municipio de Rionegro en el departamento de Antioquia, en Colombia.

la mañana y ahí estaba él, de mediano cuerpo, regordete, ocupando toda una poltrona, desde donde se dirigió a mí con aire de grandeza. Exhibía en su rostro un bigote al estilo mexicano y su cabello negro aplastado por una grasa lo hacía lucir sucio.

–*Ustedes los periodistas se creen los intocables y eso no es así. Pero hay un dicho popular que dice que cuando no reciben plata, reciben plomo. ¡Que escoja!–*, señaló con tono amenazante. Su voz y sus palabras me erizaron la piel. Se comportó como un témpano de hielo, vulgar en su andar y hablar. Guardé silencio, igual que lo hice con su primo. El monólogo duró menos de 10 minutos. Inesperadamente Barrientos[127] apareció diciéndole que ya estaba todo listo. Sin haber terminado una frase, se levantó, me dio la espalda y caminó apresurado. Supuse que iba hacia la pista aérea. Por primera y única vez conocí con vida a ese macabro personaje. En mi confusión tardé minutos en digerir que el tal *Patrón* se llamaba Pablo Escobar y recordé unos letreros que marcaban las puertas de dos de las habitaciones de esa hacienda que vi cuando llegué; uno decía Virginia y el otro Pablo. Me pregunté si el nombre de la mujer correspondía a Virginia Vallejo, una famosa modelo y presentadora de televisión, con quien trabajé en el pasado en un programa de televisión llamado *Hoy por Hoy*. Y sí, después comprobé que ese nombre correspondía a Vallejo, de quien se rumoraba en Colombia era una de sus amantes preferidas. Vallejo confesó que sí fue su amante, en un libro que publicó en 2007. Ella se refugió en Estados Unidos y entregó pruebas contra dirigentes colombianos, que recibían beneficios de Escobar y fueron sus amigos. La *gran prensa* de ese país la vilipendió y la acusó de mentirosa para encubrir las verdades que la diva reveló.

Cuando llegué a Bogotá, después de un difícil viaje, y con tan sólo las imágenes de los animales del zoológico, notifiqué a mis jefes inmediatos sobre la amenaza contra el director de noticias. Sin embargo, pasaron semanas y el jefe siguió emitiendo los editoriales contra el narcotráfico y la corrupción, lo que despertó la ira de Escobar y lo mandó a matar, pero no logró su propósito. Milagrosamente él se salvó[128].

127 Héctor Barrientos murió varios años después en una vendetta de las mafias.
128 El director de noticias Humberto Arbeláez Ramos, fue presidente corporativo de Promec Televisión, intelectual, catedrático universitario y empresario de la televisión colombiana. La mañana del jueves 17 de septiembre de 1986, saliendo de su casa en el norte de Bogotá se salvó de ser asesinado cuando un grupo

¿Quién era Pablo Escobar? A comienzos de la década de 1980 apareció en la política, costeando las campañas de dirigentes colombianos[129], lo que le permitió ser suplente en la Cámara de Representantes. Astutamente se infiltró en el Movimiento Nuevo Liberalismo de Luis Carlos Galán[130], uno de los enemigos del narcotráfico. Escobar a veces se presentó en el Congreso. Adrede se hizo tomar fotos con futuros presidentes o dirigentes destacados, a quienes les cobró con sudor y lágrimas su ingenuidad o su descuido[131]. Ayudado por su dinero y los cómplices logró que sus archivos judiciales desaparecieran. Tuvo una extensa hoja criminal, la cual comenzó a llenar desde joven. Decían que irradiaba una capacidad que la envidiaban grandes empresarios de Colombia y del mundo: la sangre fría, la sagacidad e inteligencia organizativa; la habilidad política y su manera de ganarse a la gente. Todas esas cualidades Escobar las empleó para colocarse al frente de un imperio de drogas en donde él mismo produjo, comercializó, distribuyó cocaína y legalizó el dinero de los ingresos. Las autoridades estadounidenses llamaron a su organización: *El Cartel de Medellín.*

Escobar halló cómplices estratégicos, desde políticos, periodistas, militares y policías, hasta gobernantes como el Presidente de Panamá, el General Manuel Antonio Noriega[132], y Raúl y Fidel Castro, en Cuba.

Se volvió una figura casi mítica, lo idolatraban, al punto de defenderlo a muerte. Lo buscaban ricos y famosos para que los ayudara a mejorar sus negocios y artistas del mundo le cantaron o lo visitaron en privado, cobrándole el doble y más de sus tarifas.

---

de sicarios lo esperaba afuera de su casa. Él presintió el peligro y no salió a trabajar. Días después renunció a su cargo y tuvo que esconderse por largo tiempo. Años después logré relatarle mi desagradable encuentro con Escobar.

129 Apoyó a un coterráneo suyo llamado Jairo Ortega Ramírez, político Liberal, renombrado penalista, ex decano de la Facultad de Derecho de la Universidad de Medellín, gestor de grandes cambios en las leyes jurídicas colombianas.

130 Luis Carlos Galán Sarmiento, periodista y político. Fundó en 1979 el Movimiento Nuevo Liberalismo, argumentando que: *La sociedad colombiana está dominada en este momento crucial por una verdadera oligarquía política que controla las corporaciones públicas y ha convertido la administración del Estado en un botín que se reparte a pedazos después de cada* elección. En 1982 se candidatizó por primera vez a la presidencia, siendo derrotado por Belisario Betancur.

131 En octubre de 1982, logró ser invitado a la ceremonia de posesión del jefe de gobierno español Felipe González, del Partido Socialista Obrero Español (Psoe), en Madrid, como delegado del Congreso colombiano y apareció en fotos al lado de dignatarios y miembros de la monarquía española.

132 El General Manuel Antonio Noriega gobernó a Panamá hasta el 20 de diciembre de 1989, cuando fue capturado por el Ejército de Estados Unidos en la invasión a dicho país. Noriega construyó parte de su régimen con dinero ilegal de los carteles de la droga de Colombia. Fue condenado por esos delitos.

Muchos se hicieron los de la vista gorda hasta que un día apareció un valiente dirigente político llamado Rodrigo Lara Bonilla, Ministro de Justicia[133]. En ese tiempo, la mayor parte de la opinión pública supo que el Escobar del Congreso concordaba con el mismo perfil del delincuente que apareció años atrás en los periódicos, pero a nadie le importó. En acalorados debates en el Parlamento, en 1984, Lara Bonilla, descubrió la relación licenciosa y letal entre los políticos y los narcotraficantes y lo denunció. A raíz del escándalo, a Escobar lo expulsaron del grupo de Galán, pero en forma inmediata lo recibió otro partido que orientaba un Senador de nombre Alberto Santofimio Botero[134]. Utilizando a los aliados sin escrúpulos, Escobar intentó deshonrar a Lara Bonilla a través de un debate en la Cámara de Representantes, acusándolo de recibir un cheque por un millón de pesos para su campaña, de parte de otro narcotraficante[135]. A pesar de esto, la estrategia fracasó y la opinión pública se encargó de juzgarlos a ellos y absolver a Lara. Sin embargo, cuando Lara Bonilla lo acusó, sucedió lo mismo que acontece cuando un rejoneador le da la picada al toro y lo pone más rabioso. Un grupo de alumnos de las escuelas de sicarios mató al ministro por orden de Escobar[136]. Desenmascararlo fue como quitarle la piel de oveja al lobo.

¿Cómo Pablo Escobar logró llegar a ser tan poderoso y temido? Aplicó el mandato de Plata o Plomo[137]. El aparato mercenario que financió e hizo entrenar en el Magdalena Medio, el cual les mencioné

---

133 Rodrigo Lara Bonilla, asumió como Ministro de Justicia del gobierno del Presidente Belisario Betancur, el 30 de agosto de 1981.

134 El senador Alberto Santofimio Botero, fue convicto por un delito administrativo (pagaba honorarios con dinero de la Cámara de Representantes a empleados ficticios). Aunque los electores sabían de su alianza con el crimen, lo eligieron de nuevo.

135 El cheque lo habría firmado un tal Evaristo Porras Ardila, reconocido narcotraficante.

136 El crimen ocurrió el 30 de abril de 1984. Uno de los asesinos del Ministro de Justicia Rodrigo Lara Bonilla, tenía 13 años y se llamaba Byron de Jesús Velásquez. Velásquez fue liberado cuando cumplió su condena. A principios de 2000, conducía un taxi en Bogotá.

137 Pablo Escobar mandó a matar el miércoles 17 de septiembre de 1986 a Raúl Echavarría Barrientos, subdirector del diario Occidente de Cali. El lunes 17 de noviembre de 1986, asesinó al Coronel Jaime Ramírez Gómez, jefe de la Policía antinarcóticos, que había sido la mano derecha del Ministro Lara y quien desmanteló un laboratorio de cocaína, considerado el más grande de la historia en esa época, que llamaban *Tranquilandia*. Además asesinó a por lo menos 50 jueces, entre ellos al Magistrado de la Corte Suprema de Justicia, Hernando Baquero Borda, quien fue Procurador General de la Nación y uno de los redactores del Código Penal de 1980. El crimen ocurrió el 31 de julio de 1986. El 13 de enero de 1987, fue baleado en Budapest, Hungría, el Embajador de Colombia Enrique Parejo González, quien había ocupado el cargo de Ministro de Justicia, después del asesinato de Rodrigo Lara Bonilla. Parejo sobrevivió.

antes, comenzó a operar contra el Estado, con la tutela cómplice de militares corruptos. Bajo el slogan: *preferimos una tumba en Colombia que una cárcel en Estados Unidos,* creó *Los Extraditables*[138], un ejército paralelo de asesinos y terroristas. Ciertos militares se arrepentirían en el futuro de haberlo apoyado.

Con ese ejército ilegal, mandó a poner bombas, mató periodistas, jueces y candidatos presidenciales, como Luis Carlos Galán Sarmiento[139]. Tomó la decisión instigado, según se supo después, por políticos colombianos, entre ellos Alberto Santofimio[140], señalado también como cómplice de la celada política contra el Ministro Lara Bonilla. *Los Extraditables* también pusieron una bomba contra el diario El Espectador[141]. En sus páginas se publicó una crítica contra el Congreso, porque algunos de sus miembros favorecieron las negociaciones con los narcotraficantes y rechazaron la extradición de éstos a Estados Unidos. Aquella vez ese periódico calificó como *una bolsa de cobardes* a los Parlamentarios. El periódico tenía razón en parte, actuaron vergonzosamente cobardes, pero otros ejercieron descaradamente como corruptos, porque, a pesar de los muertos y los atentados con bombas, tomaron el dinero de Escobar y se opusieron a la extradición[142].

Después de ese ataque contra la prensa y a raíz del asesinato de Galán, *Univisión* me ordenó viajar a Medellín, pero no acepté, porque sabía bien que, como decían en Colombia en forma indiferente y a veces cómplice: yo *olía a formol*, en referencia a la sustancia que se usa para embalsamar cadáveres. La razón: nunca dudé en llamar a Pablo

---

138 Los Ex*traditables* exigían ser juzgados en Colombia y no en el extranjero.

139 Luis Carlos Galán murió baleado el viernes 18 de agosto de 1989, cuando asistía a una manifestación pública en la población de Soacha, cerca de Bogotá. El dirigente moribundo fue rematado dentro del carro blindado por uno de los agentes que simulaba protegerlo. Ese mismo día asesinaron en Medellín al Coronel Valdemar Franklin Quintero, Comandante de la Policía de Antioquia y casi un mes y medio antes, el 4 de julio de 1989 mataron al Gobernador de Antioquia, Antonio Roldán Betancur.

140 Alberto Santofimio Botero fue acusado por el propio jefe de sicarios de Pablo Escobar, John Jairo Velásquez, alias *Popeye*, en mayo de 2005, en un *arrebato de arrepentimiento* desde la cárcel. Se le olvidó mencionar a muchos más, incluyendo a los militares que lo ayudaron a emboscar y matar a los enemigos de Escobar. También fue señalado por Virginia Vallejo en 2006.

141 El atentado contra El Espectador fue el sábado 2 de septiembre de 1989. La bomba dejó por lo menos un muerto y 73 heridos.

142 Escobar ordenó la muerte del director de El Espectador, Guillermo Cano Isaza, el miércoles 17 de diciembre de 1986. También mandó a bloquear la circulación del diario en Medellín y los ejemplares se entregaban con protección policial. En esa misma ciudad, fueron asesinados, el gerente, el jefe de publicidad y el jefe de circulación; amenazaron a los suscriptores, agentes y voceadores y mataron a siete reporteros.

Escobar *narcoterrorista*. Pocos lo hacían porque les asustaba o recibían plata de su organización criminal.

Al negarme ir a Medellín, mis jefes enviaron a la corresponsal Bernadette Pardo y al camarógrafo Carlos Corrales, del Canal 23, la estación local en Miami.

Corrales difícilmente se levantó. Para hacerlo se quitó de encima de su cuerpo un peso enorme. Estaba aturdido, casi ciego por el polvo y el humo que dejó la detonación. Escuchaba los quejidos ahogados de sus acompañantes con quienes minutos antes comía en el restaurante *Bella Época* de Medellín. En su primer vistazo sólo vio sombras en la oscuridad. En ese momento no se dio cuenta que su cuerpo estaba a más de 20 pies de la mesa donde cenaba con la reportera Pardo. Junto a ellos estaba un chofer y la esposa de éste.

Desde la silla Corrales salió lanzado por los aires, en segundos, como si una energía sobrehumana lo empujara hacia atrás, pero él ni siquiera supo cómo ni cuándo. A simple vista no distinguía dónde se hallaba.

Bernadette yacía a una distancia similar en otro lugar del salón. Encima también soportó un peso descomunal. Cuando estalló la bomba, escuchó un ruido espantoso, voló por los aires y su visión se tornó oscura. Trozos de los muros y del techo cayeron encima de ella, dejándola mal herida. No entendió qué pasó. Trató de levantarse apoyándose en su mano derecha, pero no pudo porque ésta perdió movilidad y un dolor intenso le hizo pensar que se rompió; vio una cortadura profunda en el antebrazo, saliendo de la muñeca de su mano. Su rostro presentó laceraciones por fragmentos de vidrios y una incisión en su quijada. A Corrales, la onda explosiva lo golpeó en diagonal y al chofer y a su esposa los sorprendió de lado, pero el cuerpo de Bernadette, que recibió la mayor fuerza del impacto, disminuyó la potencia de la explosión hacia sus acompañantes. A ella le pegó por la espalda, le lesionó dos vértebras de la espina dorsal y el omoplato.

Veinte minutos antes, de ese martes 5 de septiembre de 1989, los corresponsales de *Univisión* llegaron al restaurante *Bella Época*, evitando una reunión de seguridad de la Policía en el Hotel Intercontinental, donde se hospedaban. Escobar mantenía bajo la mira a la Policía y por eso decidieron ir a cenar a otro lugar.

Eran los únicos comensales, hasta que, a los pocos minutos de sentarse, llegó una pareja. La mujer cargaba un maletín, similar al que usan las madres para acarrear los aprestos de un bebé y el hombre simulaba ser su marido. Ambos se sentaron a espaldas de los periodistas y durante quince minutos pudieron escuchar la conversación.

Cuando explotó la bomba a Corrales se le vino a la memoria la cámara de televisión, que por cosas del destino se separó de ésta por primera y única vez en su vida. El chofer le aconsejó guardarla en el baúl del carro para evitar ser identificados como periodistas. Corrales aceptó a regañadientes, pero tener la cámara oculta la salvó de ser destruida por la explosión y gracias a eso, minutos después, él estaba registrando la noticia de la cual hacía parte. El chofer levantó a Bernadette de entre los escombros y la ayudó a caminar, poniendo su brazo en la cintura de la corresponsal. La sangre de ella escurría por su cuerpo y a duras penas pudo dar un paso tras de otro, pero finalmente salieron de entre los escombros. El polvo de las ruinas le cubría su cuerpo y debajo de esa suciedad, su altiva figura fugazmente se borró por un gesto de dolor y rabia. Minutos después un buen samaritano la recogió y la trasladó a una clínica.

La fachada del restaurante prácticamente desapareció. La mesa donde se sentaban los periodistas quedó aprisionada por un gran muro, a ras de tierra. Corrales ni siquiera sintió dolor en su cuerpo. Únicamente en el momento en que una de las paramédicas de la ambulancia le ordenó suspender su labor periodística, entendió que también era víctima del atentado terrorista. Su afán por registrar la noticia ni siquiera le dejó analizar si por su cara corría sudor o sangre. Pero sí, sangraba profusamente. En ese momento se dio cuenta de una herida en la frente. También cojeaba, porque otro pedazo de la pared le cayó sobre la pierna derecha, lo que le destrozó los tendones y los ligamentos del pie. La pareja de terroristas huyó minutos antes de activar la bomba a escasos tres metros de los periodistas de *Univisión*.

Por sus heridas graves, a Bernadette la internaron en una clínica de Medellín, mientras venía un avión ambulancia desde los Estados Unidos contratado por *Univisión*, que nunca llegó porque el gobierno cubano no permitió el paso de la aeronave sobre su territorio. Su padre, un ex combatiente de la revolución castrista llamado José Pardo Llada[143], salió de Cuba porque no estaba de acuerdo con el viraje hacia el comunismo de esa nación. Quizá por esa razón prohibieron el paso del avión por Cuba. Entonces, tuvimos que transportarla a ella y al camarógrafo en una aeronave comercial. Llevamos a Bernadette y a Corrales a Bogotá y después volaron a Miami.

Lo que ocurrió con mis compañeros lo sentí como un ataque contra *Univisión*. Empecé a notar que mi trabajo en Colombia estaba molestando a los narcotraficantes, desde que ocurrió un incidente en Medellín. Un taxista que nos transportaba del aeropuerto hasta la ciudad me preguntó: *"¿Usted no es el periodista Raúl Benoit?"*. Le respondí amablemente que sí, creyendo que su actitud iba a ser igual de amable. Pensé que me iba a pedir un autógrafo, pero, sin dejarme asimilarlo, me agregó: *Usted es un hijueputa y malparido, que habla mal de Colombia. Aquí al patrón no le gustan sus reportajes... coma mierda caleño gonorrea... ¡y se me baja del taxi ya!*, frenó inesperadamente, descendió amenazante, lanzó al suelo los equipos y las maletas, mientras yo y mi camarógrafo, enmudecidos, lo vimos partir, dejándonos abandonados en esa carretera solitaria. Allí descubrí que a *El Patrón* lo querían más que a mí.

Otra vez, en enero de 1988, viajé a cubrir una explosión de una bomba en un edificio del barrio El Poblado [144] y posteriormente el desquite de Escobar contra unas farmacias y emisoras propiedad de quienes él acusaba de ser responsables de esa explosión. Cuando llegamos al lugar, le pedí al chofer esperar a una distancia de 40 metros, en caso de que sucediera algo. El camarógrafo y el productor, se bajaron del vehículo y comenzaron a grabar el edificio, ignorando que allí vivía Escobar con su familia. Cuando ellos llegaron frente a la portería, un escuadrón de matones salió y los rodeó, apuntándolos con sus armas a la sien y haciéndolos arrodillar.

–*¡Hijueputas!, ¿Quién los mandó? ¡Son de la DEA!, ¡Maricones! Lo que quieren es delatarnos*–, gritaba uno de los hombres a quien le decían *Popeye*, guardaespaldas de confianza de Escobar, cuyo nombre

---

143 José Pardo Llada se radicó en Cali, Colombia, se convirtió en un periodista famoso, fundó el Movimiento Cívico, con el cual llegó al Parlamento. En 1983 fue uno de los padrinos de mi boda.

144 La bomba explotó a comienzo de enero de 1988, en el Edificio Mónaco, en el barrio Santa María de los Ángeles de Medellín, de El Poblado. Dos guardaespaldas de Pablo Escobar murieron. Una pequeña hija perdió parcialmente la capacidad auditiva y varios familiares quedaron heridos, entre ellos el hijo varón.

de pila lo supe después: John Jairo Velásquez. El productor y el camarógrafo se quedaron quietos y yo, paralizado adentro del carro, casi escondiéndome, no me decidía si salir y enfrentar la situación o ir a pedir ayuda. Finalmente me armé de valor, me bajé del carro, caminé hacia donde los colegas y en ese instante a ellos les permitieron levantarse del piso y les grité como algo normal:

–¿Ya grabaron la iglesia?–. Esta mala idea se me ocurrió cuando vi una capilla cercana.

–Sí– confirmó el productor de noticias, agregando con voz temblorosa y mirando a los sicarios: *Es que estamos haciendo un especial sobre iglesias.* Obviamente ellos no creyeron la ingenua mentira. Quizás no se atrevieron a hacernos daño porque en ese tiempo retuvieron a un grupo de reporteros extranjeros y hubo una protesta de organismos internacionales por esa acción.

Cuando sucedió lo de Bernadette Pardo y Carlos Corrales, comprendí que los periodistas no podíamos detener esa violencia. Entonces, después de dos años como jefe de oficina y corresponsal en Colombia de *Univisión*, comencé a sentir agotamiento profesional. Por primera vez disminuyó mi entusiasmo por practicar el oficio de periodismo. Por esos días padecí una crisis de insomnio crónico que solamente me permitía dormir de dos a tres horas diarias en ciertas épocas, lo cual persistió durante años. Me sentí prisionero de mi propio trabajo y decidí renunciar a *Univisión. El riesgo es alto y no justifica seguir adelante*, me reclamó mi padre, el abuelo Henri Joseph, quien me sugirió irme del país, pero *Nandita* se negaba porque no quería alejarse de su familia, aunque el trabajo estaba arruinando nuestro hogar. Compartir los momentos juntos se convirtió en un riesgo significativo y mi deseo de protegerte a ti, Carolina, ya de casi tres años, y a ella, irónicamente me alejó de las dos. Por eso resolví renunciar.

Pero, días más tarde, un hecho que podría haber apresurado la decisión de irme, hizo que cambiara de parecer. Almorzando en una fonda paisa cerca a la oficina, el productor de noticias y yo, notamos a cuatro sujetos a quienes se les veían las cachas de las pistolas asomándose por la pretina del pantalón. Miraron con mala cara, vigilando nuestros movimientos. Al sospechar que nos rondaban, comimos aprisa, atragantándonos, para salir primero que ellos. Dejamos el plato sin terminar y nos levantamos, mientras alisté mi arma. Cuando nos dirigíamos hacia la salida, me acerqué a los sospechosos, diciéndoles:

–*Señores, si lo van a hacer, háganlo ya. Su presencia no nos da miedo*–. Ellos guardaron silencio y se quedaron quietos en sus asientos y salimos despacio esperando su reacción, vigilando la retaguardia. Pero no hubo resistencia inmediata, aunque horas más tarde recibí una llamada:

–*Haciéndose el machito, ¿no? La próxima vez no va a tener huevas suficientes y ni se le va a notar cuando le "quebremos el culo*[145] *delante de sus escoltas... mas bien váyase del país a donde sus amigos gringos*–, sentenciaron telefónicamente. Entonces, esa llamada, en vez de asustarme, me hizo cambiar de opinión y decidí no renunciar a *Univisión*. En ese entonces, ejercía como director de noticias Guillermo Martínez, un cubano–americano visionario del periodismo televisivo en español y el presidente de la cadena, Joaquín Blaya, un chileno, uno de los genios de la conquista del mercado hispano de la televisión. Ellos me ofrecieron salir del país temporalmente para aliviar la tensa situación, pero me negué no sólo por el obsesivo apego de *Nandita* a su familia, sino porque no podía huir cobardemente de mi patria. Por esos días, Martínez me propuso fortalecer la corresponsalía de *Univisión* y bajo su dirección y la de Luis Calle, establecí el primer buró formal de una cadena de televisión extranjera en Bogotá, después de dos años de operar como corresponsal en Colombia.

Pocos meses más tarde entendí que la bravura que demostré ante los sicarios aquella vez en el restaurante de Bogotá fue el acto más idiota que un amenazado de muerte podía hacer. A raíz de eso, entré en un estado paranoico indescriptible. Cada acto criminal lo sentía como propio y más si le ocurría algo a un colega. Recuerdo que una tarde *Nandita* entró nerviosa a la habitación, interrumpiendo una siesta, ya profanada por la ansiedad. La noche anterior dormí mal por mi insomnio recurrente y durante el día traté de recuperar el sueño:

–*¡Mataron a Pulido!*–, me dijo. El impacto de la triste noticia me dejó sentado de un brinco. Se refería a un periodista llamado Jorge Enrique Pulido[146], a quien lo emboscaron al salir de transmitir su noticiero de

---

145 En Colombia los asesinos a sueldo usan la frase *quebrar el culo*, cuando se refieren a matar a una persona.
146 Jorge Enrique Pulido, fue asesinado el 28 de octubre de 1989. Dirigía y presentaba su propio noticiero, Mundo Visión, en uno de los canales del Estado.

televisión. Días antes, lo golpearon brutalmente, amenazándolo para que se silenciara. Él se escapó de morir aquella vez y salió ante la cámara de televisión exhibiendo los porrazos. Recuerdo las burlas de colegas que calificaron a Pulido como servidor de los *gringos* por el hecho de atacar al narcotráfico y agregaron: *Ese marica huele a formol,* la irónica *sentencia a muerte virtual* que se hizo común entre los colombianos. Durante días los noticieros de televisión repitieron la escena del crimen, junto a la de la moto abandonada por los asesinos a las afueras de Bogotá. Para sorpresa nuestra, se parecía a una motocicleta que nos siguió antes, según me dijeron los guardaespaldas. Humberto Salamanca me confirmó, aquella vez que asesinaron a Pulido, que los sicarios iban a matar a otros periodistas. Tal vez mi estado paranoico me salvó.

Al mes siguiente, camino a la oficina, otra aterradora noticia me sorprendió. Un avión voló en pedazos, en pleno vuelo, con 106 pasajeros a bordo. Cuando llegué a la zona del siniestro, en el municipio de Soacha, al sur de Bogotá, vi con horror los cuerpos chamuscados, trozos de cuero cabelludo y sesos colgados de los arbustos de esa pradera, que parecía un campo de guerra. Frente a frente, sobre un árbol, apareció el rostro de alguien a quien creí reconocer. Horas después, cuando se confirmó la lista de pasajeros, supe que la visión era una cruel realidad. Un amigo estaba entre las víctimas[147]. También murieron dos parientes de *Nandita* y más de una docena de conocidos.

Me asustaba el grado de inmunidad de Escobar, el cual dependía de tres motivaciones: miedo, agradecimiento y complicidad. Miedo de ser asesinados por él; agradecimiento por su filantropía (apologizada por determinados sectores de la prensa); y complicidad de algunas autoridades y funcionarios inmorales que vendían hasta su propia madre para ganar dinero.

---

147 El amigo muerto era Gerardo Arellano, de 43 años, músico, cantante y artista, graduado en la *Scala de Milán* de Italia. Hacía parte de una ejemplar familia de Buga, Colombia. A Gerardo lo conocí años atrás, cuando yo ejercía el periodismo de farándula, en el concurso de música vernácula *El Festival Mono Núñez*, en la pequeña ciudad de Ginebra, Valle, Colombia.

2
REPORTERO INVISIBLE

Cuando escuché la detonación de mi propio revólver distinguí que no podía echarme para atrás. Logré dar el primer golpe y eso me concedió ventaja. En pocos segundos varias personas huyeron despavoridas y otras se arrojaron al piso, con la certeza de que tendiéndose ahí, las balas no las rozarían. Los carros se cruzaron entre sí y algunos escaparon subiéndose a los andenes. No alucinaba, pero no podía creer que vivía un suceso real. El hombre que provocó este caos corrió, disparando como loco. En medio del desorden y la tensión, sentí un intenso calor que me quemó al agarrar entre mis manos el revólver; ¡claro!, las balas se acabaron y el cañón se calentó como un horno, aunque lo fabricaron reforzado, como todos los Mágnum 357. Quizá se calentó tanto porque cargaba balas Dumdum.

Los transeúntes me gritaron de terror y suplicaron ¡*Mátelo!*, pero no comprendí por qué lo decían. El susto, tal vez los obligó a expresarse así. Los colombianos sufrían una curiosa simbiosis, cuando presenciaban un acto criminal, asumiendo una posición directa, sin mirar razones y sin prever consecuencias.

Acababa de cruzar frente a la misma fonda paisa donde meses antes desafié a los hombres que creí hacían parte de los sicarios del Cartel de Medellín. El reloj marcaba las 6:30 de la mañana del viernes 18 de mayo de 1990. Me dirigía a la oficina de *Univisión* que estaba situada en un vetusto edificio, frente a la Biblioteca Nacional, en el centro de Bogotá. Todas las mañanas, para llegar al estacionamiento, daba la vuelta a la manzana por el mismo lugar, pero siempre lo hacía en horarios diferentes; sin embargo, esa semana no sólo repetí la ruta desde la casa, sino el horario, porque estaba afanado. Ese día llegaría de los Estados Unidos otro grupo de colegas de *Univisión*.

Cuando pasé frente al restaurante paisa, frené porque vi dos carros, un campero y un taxi, que parecían varados. Inesperadamente, un hombre salió de la penumbra del portal de un edificio de apartamentos. Alcancé a observar que sacaba un arma de su chaqueta y al verlo reaccioné. Desenfundé la mía y comencé a disparar. Desde mi asiento del carro hice un tiro inicial al aire. Siempre cargaba el Mágnum entre mis piernas y llevaba puesto mi chaleco antibalas.

Una hora antes, a sólo 80 metros de allí, dos jóvenes despacharon a tres prostitutas contratadas en una cantina cercana, se fumaron un cigarrillo de marihuana y rezaron ante las estampitas religiosas que no desamparaban nunca, para desvanecer su adeudo con el siguiente muerto. A ellos les confiaron una tarea fácil, según me relató un ex sicario del Cartel de Medellín, quien, años más tarde, se convirtió en un pastor evangélico de una iglesia en el sur de la Florida, en los Estados Unidos. La tarea fácil sería asesinarme a mí. El pastor me dijo que conoció a uno de esos hombres, cuando se preparaba para cumplir el trabajo y que éste temió que iba a fracasar. Si erraba, no se lo perdonarían, aunque su trabajo lo percibieron como de poca importancia.

Quizás aturdido por mi primer disparo que retumbó como un mortero y la *traba* con marihuana del individuo, éste corrió como alma que lleva el diablo. Como un autómata, rompiendo la regla de no exponerme, me bajé del auto, corrí tras él e hice el segundo disparo al aire. No descuidé a los del carro varado, a quienes no pude verles su rostro. Disparé el tercer tiro hacia ese costado, escondiéndome entre los portales de las casas y almacenes. Eché el cuarto tiro, después el quinto y la sexta descarga y me quedé sin balas y ahí, reaccioné y sentí el calor del cañón en la piel, quemándome las manos. Saqué de mi bolsillo el tambor que usaba para cargar rápido el revólver y lo recargué; guardé las vainillas quemadas y verifiqué que las balas nuevas quedaran bien ajustadas al tambor y lo cerré automáticamente. En ese momento el sicario desapareció entre la multitud.

Las personas se levantaron del suelo sacudiéndose el polvo de la ropa y apretando el paso siguieron su camino, como si nada ocurrió. Los testigos se esfumaron o se escondieron en sus casas, cerrando las ventanas a mi paso, mirándome con desconfianza, porque nadie distinguía quién personificaba al verdugo y quién a la víctima. De milagro ninguno resultó herido.

Al terminar el tiroteo, quería convencerme de estar dominando mis nervios pero mi cuerpo se doblegó por segundos y casi pierdo el control. Las manos me comenzaron a temblar sin que mi cerebro pudiera evitarlo. Quedé desconcertado conmigo mismo porque fue la primera vez que experimenté un ataque directo de un sicario. No estaba nada orgulloso de mi aventura. Temía que la próxima vez no iba tener

PARAMILITARISMO Y MUERTE

En 1989, el General Óscar Botero Restrepo, antes de que asumiera como Ministro de Defensa. Esta foto fue tomada en el Restaurante Le Chalet de Bogotá donde nos reuníamos con frecuencia para hablar sobre temas relacionados con las autodefensas.

AL PATÍBULO

Los últimos sobrevivientes del Frente Ricardo Franco, en el momento en que los presentaron ante mi, acusados de ser infiltrados del Ejército. Al final de la fila aparecen Manuelito y Ernesto Echeverry, dos protagonistas de estos relatos. Esta foto fue tomada en enero de 1986.

EL PRIMER PARAMILITAR QUE DECÍA SER GUERRILLERO

En la entrevista que le hice, en enero de 1986, al falso jefe guerrillero Javier Delgado, comandante del Frente Ricardo Franco, admite que torturó y asesinó a decenas de subversivos que estaban a su mando.

EL NIÑO DE LA GUERRA

Juan Antonio Mosquera Parra, Manuelito, cuando lo entrevisté en enero de 1986. Quince años después de la matanza, en 2001, en una región campesina en el sur de Colombia, me ratificó que Delgado trabajaba para los terratenientes de la región.

JOSÉ CUESTA EN LOS DÍAS DE LA TORTURA

Esta es la fotografía que me mostró el Sargento Garzón, la cual fue tomada unos días después del sábado 18 de junio de 1988. Corresponde al momento en que a José Cuesta, después de ser arrestado ilegalmente y torturado, lo obligaron a grabar una confesión.

CATORCE AÑOS MÁS TARDE

En marzo de 2002, José Cuesta revivió en Ciudad de México los días que fue torturado por soldados del ejército colombiano. A la derecha está el Licenciado Porfirio Patiño, jefe de la oficina de Univisión en México, testigo excepcional de la entrevista con Cuesta.

LA HUMILDE PRISIÓN DE PABLO ESCOBAR
Esta foto, en la cocina privada de la celda, en la prisión donde supuestamente pagaba la condena Pablo Escobar, fue tomada en 1992, recién se fugó él de esa cárcel. Se alcanza a distinguir, a la derecha, el cartel de *Se Busca* con su foto, que colgaba en la pared con orgullo, ridiculizando a las autoridades.

CUIDÁNDONOS DE LAS AMENAZAS
Esta fotos fue tomada el 30 de mayo de 1994, al día siguiente de la elección presidencial. Como consecuencia de las amenazas, Jorge Ramos y yo, algunas veces tuvimos que transmitir desde la terraza de las oficinas de *Univisión* en Bogotá, para cuidarnos de los sicarios.

LAS CONFESIONES
DE SAMPER

Después de 11 años del "Narco-escándalo", en forma exclusiva Ernesto Samper decidió contarme los secretos que guardó sobre la financiación del narcotráfico a su campaña que lo llevó a la Presidencia. En esta entrevista en Panamá hizo sorprendentes revelaciones.

PRUEBAS DE INOCENCIA

Fernando Botero Zea me revela documentos donde asegura están las pruebas del dinero que dicen él se robó de la campaña. Lo único que acepta el ex ministro de Defensa es que, tanto él como Samper, y otros funcionarios de la campaña, sabían la procedencia del dinero: fue un aporte arreglado con los Rodríguez Orejuela, jefes del Cartel de Cali.

EL DINERO FÁCIL

Muchos jóvenes de mi generación se vincularon al narcotráfico para ganar dinero fácil. En esta foto de abril de 1979, aparezco junto a Carlos Maya (él a la izquierda), quien después sería socio de Víctor Patiño Fómeque, alias El Químico. A Maya lo asesinaron en forma cruel.

PERIODISMO ARMADO

En la peor época del narcoterrorismo, cuando Pablo Escobar hacia explotar carros bombas y asesinaba jueces, policías, políticos y periodistas, yo portaba un chaleco antibalas e iba armado con un revólver Mágnum 357.

¿EL EJÉRCITO DEL PUEBLO?

Jorge Briceño o *El Mono Jojoy,* comandaba militarmente a las autodenominadas Fuerzas Armadas Revolucionarias de Colombia –Farc-. En la entrevista que le hice en febrero de 2001, admitió que ellos sólo cobraban impuestos a los narcotraficantes, pero la verdad es que ya en esa época ejercían como un Cartel de la droga, el del *ejército del pueblo.*

LAS NIÑAS DE LA GUERRA

Estas siete niñas guerrilleras a duras penas podían hablar sobre temas importantes. Ninguna conocía el mundo exterior, solamente su entorno campesino y su misión, además de matar a su propia gente, era servir sexualmente a los comandantes rebeldes y a sus visitantes. Milicianas de un guerra vergonzosa y farsante.

UNO DE LOS QUE NOS VENDIÓ

El detective Carlos Ballesteros, del *Departamento Administrativo de Seguridad* –DAS–(agencia del gobierno), quien fue uno de mis guardaespaldas durante un tiempo. Supuestamente él se negó a vender mi vida y por eso lo habrían asesinado, saliendo de mi casa. Dejó huérfanos a dos niños que aparecen con él en un momento de sosiego.

ATENTADO DE LOS PARAMILITARES

Esta foto corresponde al lugar del atentado en Cali, Colombia, ocurrido el 15 de febrero de 2001. Un policía, trabajando para grupos paramilitares me disparó sin lograr su objetivo, pero hirió a uno de mis guardaespaldas. Después, otro de los escoltas atropelló al sicario para poder detenerlo.

una oportunidad igual. Nunca imaginé que ese sería el comienzo de uno de los períodos más difíciles que viví, e hice vivir a ustedes, mi familia, inocentes de la maldad contra mí.

Regresé a mi camioneta y descubrí que los de los automóviles supuestamente varados se esfumaron. Si me hubiese encontrado con ellos en ese momento, habría sido el fin, porque en ese instante entré en conciencia de la locura de enfrentarme a los asesinos y ya no podía ser capaz de responderles. Me subí a mi carro de nuevo, tomé el volante y aceleré a gran velocidad bajando por la misma calle para terminar de dar la vuelta a la manzana. A esa hora estaban congestionadas esas vías céntricas de Bogotá y entonces, con la sirena y las luces azules destellantes en el techo, me abrí paso rápidamente. Cuando llegué a la entrada del edificio estacioné frente a la puerta y vi a mi hermano a quien, por esos días traje a Bogotá para sacarlo de una nueva mala racha personal.

–*¿Qué pasó? Escuché disparos*–, me dijo él, quien estaba parado frente a la puerta esperando mi llegada. Le entregué el Mágnum 357, con seis balas y le pedí que estuviera listo, por si acaso nos sorprendían los sicarios mientras abrí la puerta.

–*Unos tipos me tendieron una emboscada y respondí*–, le expliqué mientras torpemente intentaba abrir la puerta, pero las manos temblorosas me lo impedían.

–*¡Señora, ábrame la puerta que la llave no me funciona!*–, grité desesperado a la cuidandera del edificio. Mientras aguardaba, una estudiante se arrimó y con lágrimas en los ojos por los nervios que le causó ver el ataque, me dijo que el hombre que me disparó se subió a una moto, que manejada otro individuo, frente a la puerta de un hotel a una cuadra de allí, donde después averigüe, ellos estuvieron hospedados durante tres días.

Una vez en mi escritorio llamé a la estación policial para reclamar por qué los policías asignados para mi seguridad no se presentaron en mi casa y el comandante me dijo que ese día tuvieron que hacer formación rutinaria en el cuartel. Sospeché que la coincidencia no formaba parte de los sucesos[148].

---

148 La Policía encontró 13 vainillas de pistola 9 milímetros y algunos plomos incrustados en las paredes de las edificaciones.

Ese preciso día del ataque contra mí, llegaba el equipo periodístico que cubriría las elecciones presidenciales. Lo encabezaba Jorge Ramos, presentador del Noticiero *Univisión*[149], e iba acompañado por el corresponsal de noticias Ricardo Brown y el productor Rafael Tejero. A Ramos lo conocí en ese viaje y entablamos una buena amistad. Al finalizar el cubrimiento de las elecciones presidenciales[150], los colegas regresaron a los Estados Unidos.

Durante un par de semanas la situación pareció normal. Pero pronto me di cuenta que terminarían *el trabajo fácil*. Poco después volvieron a intentarlo. A veces *Nandita* iba a buscarme a la oficina como ocurrió un día de junio de 1990. Mientras ella me esperó en el estacionamiento, atendí los últimos detalles de las historias de fin de semana que enviaríamos a los Estados Unidos. Le indiqué al productor de noticias que llevara el video casete a la compañía de transporte aéreo y que se mantuviera hasta el final, al lado del paquete, inclusive cuando la aduana revisara su contenido. Temíamos que el narcotráfico nos introdujera droga para involucrarnos. Al terminar de darle su tarea, ajusté en mi pecho el pesado chaleco antibalas, revisé la munición y salí, con el arma en la mano, hacia el vehículo donde esperaba *Nandita*. Yo cambiaba de ruta diariamente. Escogí ir por la avenida *Circunvalar*, una vía rápida pegada a los cerros que rodean el este de Bogotá.

Ya para ese tiempo *Nandita* se había vuelto una experimentada chofer que me sacaba de los aprietos más difíciles. Mejor que cualquier guardaespaldas. Mientras ella conducía el automóvil, me encargaba de la vigilancia y de las armas, en el asiento del acompañante. Mi costumbre de mirar hacia atrás y por el rabillo del ojo, la adquirí desde que comenzaron las amenazas. Ese día no tuve escolta. La propia la despaché temprano y la del gobierno la suspendieron porque en esos días hubo mucha demanda del servicio. Los que corríamos menos riesgo, según su análisis de seguridad, le retiraban los guardaespaldas, aunque me trataron de matar unas semanas antes.

Sorpresivamente, vi que nos seguía un carro con las luces apagadas, ocultándose detrás de otro automóvil. Desde tiempo atrás, tú, Carolina

---

149 Jorge Ramos, desde 1987, ha sido presentador nacional del noticiero *Univisión*, alcanzando a ocupar un alto prestigio como entrevistador y corresponsal en América Latina.
150 El 27 de mayo de 1990 fue elegido Presidente de Colombia, el liberal César Gaviria Trujillo.

con 4 años, aprendiste que de vez en cuando te debías ocultar en el piso del vehículo, como parte de una maniobra de seguridad. Bajo la orden de mi voz: *¡Al suelo, Carolina!*, obedecías sin reclamos y así lo hiciste en esa ocasión cuando te grité porque vi que dentro del vehículo que nos seguía, los pasajeros iban armados. Sin poder siquiera reflexionar, en segundos, escuché detonaciones y a través de los vidrios vislumbré el fogonazo de los disparos. Responder con el carro en movimiento sería peligroso porque podía herir a alguien. Exhibí mi arma, creyendo que así iba a asustar a los sicarios. En la persecución tú, Carolina, guardabas silencio. Calladita escuchabas los gritos de mamá y papá, fríos intercambios de instrucciones: *¡Pásatelo... adelanta ese carro!*, gritaba en medio del pánico que parecíamos no sentir. En zigzag sobrepasábamos los otros carros que a esa hora iban raudos por esa carretera. En una acción veloz, sin pensarlo dos veces, le dije a *Nandita* que cruzara por una calle para dirigirnos a un cuartel de Policía que quedaba en la ruta. Vimos cómo los individuos siguieron por la vía sin hacer el mismo cruce nuestro. Posiblemente previeron una respuesta de la Policía. Detuvimos a dos agentes motorizados que salían casualmente del cuartel, a quienes les informamos lo sucedido y enseguida patrullas salieron a perseguir a los sospechosos, pero nunca los alcanzaron; sólo detuvieron un campero, conducido por un anciano, al cual tuvimos que ayudar a liberar.

Nandita tenía tres meses de embarazo, de ti Felipe. Por poco te perdemos, cuando sufrió dolores abortivos durante días hasta que se recuperó del susto.

Una semana más tarde, mis jefes de *Univisión* decidieron que saliéramos de Colombia. Primero viajamos de vacaciones a Miami y después fui invitado a Laguna Niguel, una pequeña y apacible ciudad californiana, a una hora de Los Ángeles, donde en ese tiempo quedaban los estudios y las oficinas principales de la cadena de televisión. Mamá y tú, Carolina, se quedaron en Miami. En ese viaje recuerdo con gran cariño a dos productoras de noticias. Una de ellas, Patsy Loris, talentosa periodista chilena, quien me recibió en los estudios de televisión con letreros hechos en computador que decían: *Bienvenido el héroe de Colombia*, título inmerecido, porque apenas fui un periodista haciendo mi trabajo. También volví a ver a Marilyn Strauss, a quien conocí como asistente de Luis Calle, un par de años antes. Poco tiempo después de que volviera a ver a Strauss, esta joven cubano–americana, me resguardó en un cubrimiento noticioso en Caracas, Venezuela, cuando ocurrió el intento de golpe de estado del Teniente Coronel Hugo Chávez[151] contra el Presidente democrático Carlos Andrés Pérez. Había *toque de queda,* pero los periodistas andábamos con libertad por las calles. En la puerta de un edificio entrevistamos a un grupo de inconformes venezolanos a favor del golpe. Cuando terminamos, caminamos pocos pasos, y casi de inmediato vimos camionetas de la PTJ[152] que iban andando, mientras, subidos en los platones de éstas, agentes dispararon balas de goma e hirieron a las personas del reportaje. Seguidamente nos atacaron a nosotros, entonces, Marilyn se abalanzó sobre mí, echándome al suelo y con su cuerpo me cubrió. Le dije que la protegería y me gritó que no, que ella me defendería. Siempre me impresionó su valentía y coraje al producir noticias. Por fortuna, ninguno de nosotros salió herido. Los policías desaparecieron en la soledad de la noche, mientras los caraqueños seguían haciendo ruido con sus ollas desde las ventanas, en lo que llamaron *el cacerolazo.*

En Laguna Niguel también conocí a María Elena Salinas, quien me expresó sus primeros temores de viajar a Colombia. Un amigo de ella le advirtió sobre los riesgos que corrían los periodistas. Según su versión, las noticias que emitíamos en el noticiero sobre narcotráfico, corrupción y violencia las veían los mafiosos y a ella la reconocerían fácilmente. María Elena quedó nerviosa por semanas y una vez salió huyendo de una estación de gasolina, sin terminar de llenar el tanque de su carro, cuando sintió que un hombre la miró obstinadamente, quizá más por su popularidad en la televisión, que por otra cosa. Ella creyó que los sicarios la sentenciaron.

Cuando regresé de Los Ángeles me reencontré en Miami con ustedes: Carolina, tu mamá y Felipe en su vientre. Llevaba la buena nueva de una propuesta que me hizo el director de noticias de ser corresponsal en Centroamérica. La oportunidad la vi cautivadora, porque en esa época numerosos hechos importantes se desarrollaban en esa parte del mundo y eso, para cualquier periodista que llevara

---

151 Hugo Chávez se volvería un virtual dictador, años después.
152 Policía Técnica Judicial –PTJ–

vivo el espíritu de reportero, se volvía una fascinación. Pero esta vez volvió a ganar el apego a nuestro país, antes que el éxito. A mediados de agosto de 1990, volvimos a Colombia y pronto supe que esto desafió a los enemigos. Entonces, resolví convertirme en un reportero invisible, que equivalía a simular que no regresé de Estados Unidos. Con estas nuevas condiciones, rara vez fui a un cine o a un teatro. Eventualmente cuando me tocó romper la regla para asistir a un lugar público, como un restaurante, nunca di la espalda a la puerta y siempre, por lo menos una de las mesas la ocupaban los escoltas encubiertos como comensales y ni siquiera quienes me acompañaban los conocieron o se enteraron de su presencia. No permanecía en el lugar por más tiempo del necesario. Apliqué precauciones que a simple vista parecían ridículas, por ejemplo, en los ascensores no oprimía el botón del piso donde iba a bajarme, sino el de un piso diferente. En otras ocasiones utilizaba las escaleras. Algunas veces no viajaba en el vuelo reservado o descendía del avión antes de despegar. En los hoteles, frecuentemente, empleaba otro nombre y colocaba una dirección inexistente.

Llevando el armamento entre mis piernas, la ruta mañanera a mi trabajo y el regreso a casa en la tarde me parecía segura. Sin embargo, diariamente ingería una combinación de Mylanta y Ranitidina, para aliviar la tensión, somatizada en el estómago.

Pero llegó un día, que para mantenerme realmente invisible, suspendí las salidas públicas. No volví a las ruedas de prensa y las fuentes de información las manejé a través de mi productor de noticias y de estudiantes de periodismo. Ciertas noches acomodé un colchón debajo del escritorio, le puse un par de sábanas, dos almohadas y me acosté ahí, intentando dormir, pero en esas condiciones se tornó imposible. Mi insomnio se volvió crónico.

Esto comenzó a deteriorar más la relación familiar. De manera dramática parecía estarlos perdiendo a ustedes. Temí que algún día explotara esa mezcla de presiones emocionales, especialmente porque *Nandita* empezó a mostrarme una cara que quise ignorar, el ya arraigado odio visceral por el periodismo y todo lo que concernía a mi profesión. Ella poseía una visión materialista de la vida, mientras yo guardaba el romanticismo por ayudar al país.

–Raúl. No soporto más esta situación, quiero ver gente, quiero salir, quiero ser normal, como todas las parejas que disfrutan una película, se reúnen con sus amigos, van a restaurantes y discotecas–, me reclamó.

Entre tanto, tú Carolina, aunque estabas pequeña, ya te dabas cuenta de que a tus amigos no los cuidaban guardaespaldas y tampoco tomaban las precauciones que requeríamos nosotros. Una vez me preguntaste que si hicimos algo malo. No lo pude responder en ese tiempo. Estaba convencido que decir la verdad sobre lo que ocurría en Colombia se obligaba, para que en el mundo entendieran que detrás de las cosas malas causadas por unos pocos, había mucha gente buena y honesta.

Hubo otra razón para que *Nandita* estuviera molesta conmigo: los escoltas. Le enfurecía tener que compartir cada momento privado o personal con ellos. Nunca me gustó herir la sensibilidad de esos hombres y mujeres que arriesgaron su propia vida para defender la mía y la de ustedes. Los senté a la mesa donde comí y los traté como a mis mejores amigos. *Nandita* decía que, en algunos casos, esa indulgencia podía ser peligrosa, porque se enteraban de las intimidades personales y familiares. Y tuvo razón.

En una ocasión ocurrió algo que cambió mi modo de ver y apreciar la seguridad que me rodeaba. Advertí lo débil y frágil que una persona, protegida por guardaespaldas, estaba en Colombia. Uno de los agentes de Policía, asignados a mi seguridad, me dijo en mi propia cara que por mil dólares él estaría dispuesto a venderme y darle la dirección de mi casa y los datos de mi familia a los narcotraficantes que querían matarme. Inclusive estaría dispuesto a hacer el trabajo, por un poquito menos, aunque podía cambiar de parecer si le daba el doble.

–Por la plata baila el perro–, dijo el policía. En ese instante se me heló la sangre. Los siguientes minutos no me atreví a entrar ni al sanitario. Le comenté al productor de noticias y optamos por avisarle a su superior.

–¿Y usted por qué eligió ser policía con esos pensamientos deshonestos?–, le preguntó por su cuenta el productor.

–Porque en mi barrio tenemos sólo dos opciones: o ser policía o ser delincuente–, explicó el cínico agente, quien al parecer fusionó las dos actividades a la perfección o simplemente no quiso diferenciar una de

la otra. Pocos días más tarde lo reasignaron a otra dependencia diferente a la de cuidar personajes.

Decidí invertir más dinero en seguridad, creyendo que los guardaespaldas tendrían menos tentación. Pero, poco a poco, alimenté la idea de que yo mismo me tendría que proteger, porque temía que otro agente ambicioso, por unos cuántos céntimos, cambiaría su lealtad por traición. Mis armas y mi chaleco antibalas se convirtieron en mis inseparables compañeros y así, siendo un periodista invisible, seguí como corresponsal de noticias de *Univisión*.

Con las noticias me ocurrió lo que le pasa a un jugador compulsivo cuando en el casino cruza frente a la ruleta y aunque sabe que volver a jugar arruinará su vida, continúa. El oficio de periodismo se me volvió vicio.

Entre tanto, Pablo Escobar persistió en su plan de acorralar a los colombianos para que no lo extraditaran a los Estados Unidos. Entonces, decidió convertir a la nación en rehén, bajo la amenaza del terrorismo. Pero también logró manipular a la sociedad colombiana, secuestrando a periodistas y personas apreciadas por los altos círculos del poder[153]. Se propuso obligar a cambiar la Constitución Política. En su maquiavélica intención se confabuló temporalmente con sus enemigos de Cali.

Esta estrategia comenzó a principios de 1990. Utilizó los *ríos subterráneos* de intereses particulares, sabiendo que, en esos bajos círculos, el dinero encauza las corrientes. Se propusieron vencer el obstáculo: un Artículo Constitucional que prohibía cambiar la Carta Magna, a menos que el propio Congreso lo hiciera en dos vueltas[154]. Sus cómplices en el Congreso, sabiendo que ciertos parlamentarios no tendrían la disposición de ceder su puesto fácilmente, propusieron un mecanismo extra constitucional, visto por críticos como fraudulento, con el cual los votantes podían pedir clausurar el Congreso y después elegir por voto popular una Asamblea Constituyente que escribiera una nueva Constitución. Es decir, la fórmula fue convocar al *soberano pueblo*

---

153 El 3 de octubre de 1990, *Los Extraditables* se adjudicaron los secuestros de Diana Turbay Quintero, directora del noticiero *Criptón* y de la revista *Hoy por Hoy*, hija del ex presidente Julio César Turbay Ayala, los periodistas Hero Buss, Azucena Liévano y Juan Vitta, el camarógrafo Richard Becerra y Orlando Acevedo. Después secuestraron a Francisco Santos, entonces jefe redacción del diario *El Tiempo*, quien sería vicepresidente de Colombia en 2002.
154 Artículo 218 de la Constitución de 1886.

o *constituyente primario*, siempre apático en asuntos electorales. Un concepto abstracto que para volverlo tangible sería un asunto de magos, pero en Colombia surrealista ocurrían cosas tan increíbles como las que hacían los magos. Apareció un movimiento ciudadano *(el soberano pueblo)*, integrado por jóvenes entusiastas, ajenos al narcotráfico (y seguramente desconociendo las intenciones de los congresistas pagados por los carteles), quienes ingenuamente propusieron incluir una papeleta adicional en las elecciones de 1990, en la cual, el también incauto elector, asustadísimo por los asesinatos y el terrorismo, votó por lo que le dijeron que votara: cerrar el congreso, convocar a otras elecciones y escoger una Asamblea Nacional Constituyente que reformaría la vieja Constitución[155]. La cadena de tretas funcionó y el Presidente César Gaviria, cumpliendo el deseo del *soberano pueblo*, cerró el Congreso cuando asumió el poder[156].

Los indicios sobre un acuerdo secreto se volvieron evidentes en el momento en que se conoció que el gobierno construía una prisión especial para el *narcoterrorista*. Entonces viajé a Medellín y comprobé que la cárcel estaba siendo levantada en un terreno que el Instituto Penitenciario alquiló a un testaferro del mafioso[157]. El mundo conocería ese lugar como La Catedral[158].

Traté de subir a la prisión, pero por las extremas medidas de seguridad sólo me dejaron llegar hasta Envigado, el fortín de Escobar. En el parque principal me detuve para hacer la presentación del informe periodístico. Cuando empecé a describir la noticia, aparecieron dos motocicletas que se subieron al andén. Aceleraron velozmente, dirigiéndose hacia mí y pasaron rampantes. Uno de los pasajeros intentó golpearme levantando

---

155 Ese movimiento ciudadano llamado La Séptima Papeleta, hizo manifestaciones, sobredimensionadas por los medios de comunicación, promoviendo una campaña alterna que engañosamente dio resultados. En la votación del domingo 11 de marzo de 1990, la *Séptima Papeleta*, según ciertos periodistas, ganó *por abrumadora mayoría*. La verdad fue que ni siquiera se pudieron escrutar todos los votos.

156 El 7 de agosto de 1990, amparado en un decreto de estado de sitio, el Presidente César Gaviria, revocó el Congreso y convocó a las elecciones para diciembre de 1990. Los representantes de la constituyente fueron elegidos por sólo el 35 por ciento del potencial electoral. Hubo una de las más grandes abstenciones de la historia colombiana. La Asamblea Constituyente se instaló el 5 de febrero de 1991.

157 Era una finca llamada La Catedral del Valle, donde estaba un centro para drogadictos de nombre El Claret, a sólo 12 kilómetros del parque principal de Envigado.

158 El diseño y la construcción de la cárcel La Catedral, fue planeado por el propio Escobar. El Ministerio de Justicia contactó a la compañía *General Security*, de un hombre de origen israelí de nombre Eitan Koren, quien hacía parte del mismo grupo de Yair Kleim, el mercenario que entrenó a los paramilitares de Escobar.

su pierna, pero el grito del camarógrafo hizo que los pistoleros desistieran, porque en segundos los detectives alistaron sus armas. Los hombres se perdieron entre el tráfico que lo bloquearon en forma sospechosa varios taxis los cuales circulaban por el lugar. Terminé de hacer la presentación y enseguida entramos a un restaurante. Pedí una mesa en el balcón, haciéndome el audaz y bebí una copa de aguardiente. Me quité el chaleco antibalas para poder digerir la comida sin ahogos. En medio del almuerzo, con sigilo, un mesero se acercó y me dijo:

–*Este papelito se lo dejaron los muchachos de las motocicletas y le ruego el favor que se vaya pronto de aquí*–. Leí el escrito con mala ortografía y decía algo así: *"Por aí emos hoído* (sic) *por radio que usté* (sic) *habla mal de Medallo* (se referían a Medellín). *Aquí no lo queremos y si no se va... ¡lo vamos!*–. Poco después apareció una jovencita que dijo llamarse María del Mar. Trabajaba como mesera del lugar.

–*Espero que no vengan a hablar mal del patrón, porque aquí lo queremos*– dijo sin aspavientos, añadiendo que me invitaba a su casa para que conociera lo que Escobar hizo por su familia. Siempre me pregunté cómo un hombre sanguinario y sin aparente corazón, mantenía tanta popularidad y esta podía ser la oportunidad de conocer la respuesta. En la tarde salimos para el barrio de María del Mar, el cual quedaba cerca del Parque de Envigado. Sin indagar tanto, rápidamente distinguí que *El Patrón* era un mal necesario. Irónicamente lo idolatraban como a un dios. ¡Claro!, se agradece a quien nos tiende la mano en tiempos difíciles, cuando hay hambre y no hay un techo para dormir. Eso le pasó a María del Mar y a su familia.

–*Nunca ha habido un hombre más bueno que él*–, me dijo la mamá, barriendo el andén de su casa, junto a su hija. Para estas mujeres Escobar representaba el heroísmo y no hubo manera de sacarles eso de la cabeza. En una de las repisas de su residencia cuidaban un pequeño altar para pedir a los santos que lo protegieran. Ellas salieron de un barrio de invasión, cuyas casas fueron construidas con madera y cartón y ahora poseían una vivienda decente. Escobar les regaló esa casa y la llenó de muebles y por esa razón lo creían un santo. Promovió un programa de vivienda social llamado *Medellín Sin Tugurios,* apoyado por políticos como Álvaro Uribe Vélez, quien años después sería Presidente de Colombia y la diva Virginia Vallejo, evocara su relación oculta con el capo.

Esa tarde intenté, nuevamente, subir a La Catedral para terminar el reportaje sobre los negociados alrededor de la construcción de la supuesta cárcel, pero rápidamente me desanimaron. El Ejército impedía el ingreso de la prensa a esa zona. En una curva hallamos a los periodistas que buscaban la misma noticia sobre la edificación del presidio y la supuesta *entrega inminente* de Escobar. Esa vez sentí, por primera vez en carne propia, el reproche de colegas por mi trabajo periodístico.

–*Mirá a Benoit con carro blindado. A ese hachepé[159] le va bien por hablar mal del país. Antipatriota, malparido–,* alcanzó a escuchar un guardaespaldas. Nadie se atrevió a decírmelo de frente ese día, excepto el comandante militar en el lugar, en cuyo gafete decía Pardo[160]. Sin mediar saludo me recriminó:

–*Usted es un periodista apátrida,* (tal vez queriendo decir antipatriota) *que no hace sino exportar mala imagen al exterior–,* dijo el oficial ironizando y logrando la burla de los otros reporteros. Ese rumor estaba creciendo en forma peligrosa, como una *bola de nieve* que iba robusteciéndose, la cual lanzaron mis enemigos, desde lo alto de la montaña de la infamia. Irónicamente el calificativo de *antipatriota* se popularizó en esos días porque Escobar lo utilizó para señalar a las personas que hablaban en contra del narcotráfico y respaldaban la extradición de colombianos al exterior[161]. Prefería asumir el costo de ser acusado injustamente de *exportar mala imagen de Colombia al exterior* y no guardar silencio, porque si me callaba me convertía en cómplice de los corruptos y los narcotraficantes.

Más tarde llegamos al hotel donde nos hospedábamos. Los escoltas venían nerviosos por el incidente del parque y por las críticas del General y los periodistas. Me bajé del carro y caminé apresurado atravesando la entrada principal del lugar; para mi sorpresa allí estaba María del Mar con dos amigas de su barrio, igualmente atractivas.

–*Vinimos a tomarnos una foto con ustedes y a invitarlos a una fiesta–,* me dijo al saludar efusivamente. Le respondí que no podía porque

---

159 Hachepé quiere decir hijo de puta.
160 General Gustavo Pardo Ariza, que en ese tiempo comandaba la Brigada IV del Ejército con sede en Medellín.
161 Antipat*riota* fue una palabra que se usó contra ciertos periodistas, políticos, jueces, el ministro Rodrigo Lara y el candidato presidencial Luis Carlos Galán. Todos denunciaron al narcotráfico y a sus aliados en la política.

regresaba a Bogotá. Las invité a beber un refresco y conversamos un rato sobre cosas superfluas. Durante toda la conversación la jovencita insistió en mostrar sus macizas piernas, exhibidas morbosamente por una minúscula minifalda. En ese trabajo de reportero, en ese país, en esa ciudad y especialmente en ese tiempo, existían reglas que no se podían romper porque sería jugar con la vida. Los detectives de la policía secreta vigilaron toda la conversación y finalmente las muchachas se marcharon. Ya al anochecer los guardaespaldas también se fueron porque no prestaban servicio nocturno. Me acosté a dormir inquieto por la sorpresiva visita de las jóvenes. Pasadas las 12 de la noche, el teléfono sonó ruidosamente acabando con el poco sueño que alcancé.

–*En Medellín no te queremos y El Patrón te quiere afuera de aquí*–, me dijo una voz amenazante. Me comuniqué con el gerente de turno y ordenó cambiarme de habitación, pero la llamada se repitió.

–*¡Gran hijueputa! ¿Creés que te vas a librar de nosotros cambiando de habitación, "mamándonos gallo"? Esta noche no vas a dormir pensando en cómo va a ser tu velorio, ¡marica!*–, dijeron en la nueva amenaza. Un camarógrafo me sugirió irnos del hotel, pero eso implicaba movernos sin escolta por la ciudad a medianoche. En definitiva, el gerente decidió trasladarme a una suite cuyos ventanales estarían más protegidos. El asistente de cámara vigiló toda la noche la puerta de mi habitación mientras yo intentaba dormir.

A las pocas semanas, cuando los legisladores de la Asamblea Constituyente aprobaron eliminar la extradición[162] en la Constitución, Escobar aceptó repentinamente someterse a la ley.

A su llegada a la prisión, delante de los presentes, él mismo dio la orden de bajar las armas, en el instante en que la guardia penitenciaria rutinariamente le apuntó, a sabiendas que sería el reo más peligroso que pisó cárcel alguna de ese país, lo que presagió quién iba a mandar.

---

162 El miércoles 19 de junio de 1991, la Asamblea Nacional Constituyente aprobó la no extradición de colombiano*s*, con 51 votos a favor, 13 en contra y 5 abstenciones. Finalmente la asamblea terminó de escribir la nueva Constitución el 4 de julio.

3
DEL TÚNEL A LA TUMBA

Un año después, en junio de 1992, tuve los primeros indicios sobre la mentira que rodeó La Catedral. Humberto Salamanca, me telefoneó para darme una noticia que no me sorprendió. Comenzó diciéndome:

–*De lo que le voy a hablar, la Procuraduría tiene pruebas desde comienzos del año, pero no las ha querido revelar para no perjudicar el sometimiento a la justicia de Escobar*– Me citó en un cafetín del centro de Bogotá, para destaparme que en La Catedral, se creó una red de *servicios especiales*, que llamaron *el túnel*, lo cual indicaba que funcionó la corrupción. La cárcel de *alta seguridad*, se convirtió en sinónimo de un burdo juego, pero los colombianos, agotados por el *narcoterrorismo* y el gobierno para quitarse un peso de encima, lo consintieron.

Escobar transformó la prisión en un centro de operaciones para seguir narcotraficando y donde cobró con crueldad la traición. En ese lugar hizo torturas y ejecuciones. Por ejemplo, mató a los que se negaron a seguir financiando a *Los Extraditables*[163]. Pero, convencido de su poder, no se dio cuenta que con eso firmó su propia sentencia de muerte. Sus acérrimos enemigos de Cali, reaparecieron como sus peores rivales, sepultando para siempre la alianza que tuvieron para financiar la nueva Constitución.

Pocos días más tarde del encuentro con Salamanca, el escándalo estalló y el propio Presidente César Gaviria se mostró furioso y ordenó trasladar a Escobar a una cárcel más estricta. Al frente estaba el General que me trató de *antipatriota*. Pero Escobar se escapó por *el túnel*. Es decir, apoyado por la corrupción.

Días más tarde me dejaron entrar a La Catedral. Las fotografías de Salamanca no mostraron la verdadera dimensión del problema. Escobar vivía en un hotel campestre de cinco estrellas. Cuatro cosas me llamaron la atención: la primera, una virgen María Auxiliadora empotrada en la pared, en la cabecera de la cama; la segunda, un cuarto oculto en el guardarropa, que se abría con una manija oculta, donde

---

163 El 4 de julio de 1992, torturó y asesinó, adentro de la prisión, con sus propias manos, a 2 hombres del *Cartel de Medellín*, llamados Fernando Galeano y Gerardo Moncada, quienes fueron citados por él para que rindieran cuentas sobre la pérdida de 20 millones de dólares. Pocos días después fueron asesinados sus familiares, Mario Galeano y William Moncada.

almacenaba parte del armamento y las radiocomunicaciones; la tercera, la colección de zapatillas deportivas color blanco marca *Nike*, uno de sus hábitos, además de la marihuana. Y la cuarta, el afiche de *Se Busca*, que distribuyó el gobierno cuando lo perseguía.

Era inexplicable por qué Escobar huyó de ese lugar, donde no sólo pudo readaptarse a la sociedad, sino recuperar a su familia. Averiguando ese por qué, en agosto de 1992, busqué a Fabio Ochoa Restrepo o El Patriarca, como le llamaban periodistas adulándolo. Al conocerlo, a sus 68 años, comprobé la buena impresión que siempre suscitó entre la gente: bonachón, locuaz y hablaba con franqueza. Se creía que su fortuna la hizo con el ganado vacuno, pero especialmente con el equino: los caballos de paso fino[164] y en una feria equina lo encontré, rodeado de sus guardaespaldas. Le pregunté por sus hijos Fabio, Jorge Luis y Juan David Ochoa Vásquez, socios y amigos de Escobar y quienes seguían presos en la Cárcel de *alta seguridad* en Itagüí, una pequeña ciudad anexa a la zona metropolitana de Medellín. Un año antes, ejerciendo su influencia *patriarcal* en la familia, les dio la orden categórica a ellos: *Ahora entréguense y respondan por sus errores* y lo hicieron sin chistar.

–*Mis hijos ya no están en ese negocio*–, me comentó con plena seguridad.

Cuando le indagué por la fuga masiva de La Catedral, demostró que estaba molesto con Escobar, pero insinuó que al capo lo acorralaron. De cierta manera Ochoa también se sintió decepcionado, porque él ayudó a que se rindiera. Estaba preocupado por la sangre inocente derramada por Escobar. Le envió un mensaje claro y preciso: *No cometa más errores y entréguese de nuevo.* Ingresar al misterioso círculo del Patriarca no fue lo difícil, sino salir del lugar. Ese día lo pude hacer, porque Ochoa ejerció su influencia, ante la mirada de sus esbirros, que quizás se saboreaban por hacer un trabajo más.

–*De mis muchachos no saldrán rencores contra usted*–, me comentó, refiriéndose a sus hijos. Con esa frase se despidió, dándome una mirada benévola y haciendo una venia a sus guardianes, como aprobando el indulto[165].

---

164 Los caballos colombianos, de paso fino, tenían fama internacional, especialmente los criados en las caballerizas de Medellín y los de Fabio Ochoa. Jeques árabes y millonarios estadounidenses le compraban los ejemplares.

165 La entrevista con Fabio Ochoa fue el domingo 9 de agosto de 1992.

Alrededor de dos meses más tarde de la entrevista con El Patriarca, el gobierno invitó a periodistas para que comprobáramos que los Ochoa no vivían en un palacio[166], como lo hizo Escobar. En la cárcel de *alta seguridad* de Itagüí confinaron a los lugartenientes de Escobar vueltos a capturar o que se rindieron, después de la fuga de La Catedral, incluyendo su hermano Roberto, alias *El Osito*[167].

–*Tienen pocos segundos para "filmar" porque a los presos no les gusta que interrumpan su intimidad*– dijo un guardia a la entrada del lugar y nos agregó que no le estaba permitido acompañarnos. Entré a un corredor amplio de unos 10 metros de largo, con habitaciones a lado y lado. Fui con un interés especial, toparme con los hermanos Ochoa, más aún con *la bendición* de El Patriarca, pero a mi grupo no le dieron ese *privilegio* de transitar por el pabellón donde permanecían ellos, porque otros prepararon una celada. Cuando entramos con el camarógrafo escuché gritos desde las celdas.

–*Mentiroso. Entre y vea que aquí no hay nada lujoso. Muéstrele a los gringos que aquí estamos como perros para que duerman tranquilos*–, decían con rabia. Tuve la impresión de que las puertas estaban abiertas y para mi sorpresa, intempestivamente las abrieron de un golpe y salieron los sicarios de Escobar. El camarógrafo, asustado, corrió sin siquiera prender la cámara y me dejó solo en medio de los criminales que me recordaban por mi retención en la Hacienda Nápoles:

–*Te conozco hijueputa. Si no fuera por El Patrón hace rato hubiera sido comida del zoológico, caleño gonorrea*–, vociferó uno de ellos.

Ante la peligrosa sorpresa me apresuré para continuar el recorrido, fingiendo no sentir miedo. En la confusión no encontré la salida que quedaba al otro extremo de donde entramos. Me persiguieron, mientras me señalaban letreros pegados a las paredes, escritos con marcador: *Fuera Raúl Benoit de Itagüí*. Me abrí paso a la fuerza, mientras hundían sus dedos contra mi cuerpo, tratando de imitar una pistola con la forma de la mano y me daban palmadas en la cabeza. Me burlé para disipar los nervios y mientras esquivé a esos hombres, que me cerraban el paso tenazmente cada vez que cambiaba de dirección, un individuo parecido a *Popeye*, John Jairo Velásquez[168], sin dejarme reaccionar, se abalanzó

166 La visita a la cárcel fue el domingo 18 de octubre de 1992.
167 Roberto Escobar y John Jairo Velásquez, *Popeye*, se rindieron de nuevo el 8 de octubre de 1992.
168 Al terminar estos relatos, John Jairo Velásquez, *Popeye*, seguía preso. Quiso aclarar, en un reportaje,

174

sobre mí, me agarró de los hombros e intentó darme un cabezazo en la nariz. Me eché hacia atrás y lo evadí. Escuché que gritaban ¡*Antipatriota!* Alcancé a observar a otro hombre, tal vez uno a quien le decían *El Mugre*, que me amenazó con un punzón para acuchillarme. Logré salir de la emboscada, buscando a mi camarógrafo pero él huyó despavorido. Finalmente encontré la salida que conducía hacia una pequeña escalera en forma de caracol y cuando llegué abajo me encontré con un tipo pausado y decente, diferente a los de arriba:

–¡*Para que cuentes la verdad, Benoit!*–, y me entregó una fotocopia de una carta donde reclamaba el derecho a un proceso justo. El individuo era el hermano de Escobar, Roberto[169]. Pero le pregunté: ¿A qué verdad se refiere? ¿La de los narcotraficantes? ¿O la verdad de la ley y la justicia?

Afuera me di cuenta de que determinados colegas conocieron la trampa y no me advirtieron. Ese día de nuevo salí ileso, pero sacudido física y emocionalmente. En un taxi huimos de Itagüi, pero desde que salimos del barrio donde estaba la prisión, notamos que hombres en motocicletas nos seguían. Esperando en un semáforo a que cambiara a luz verde, pasadas las 11 de la mañana, el carro en el cual viajábamos comenzó a moverse frenéticamente. Temí que sicarios nos sitiaban y le pedí al chofer arrancar para escabullirse del lugar, pero él, con voz nerviosa, me dijo:

–*Está temblando, don Raúl. Creo que es un terremoto*–, vociferó.

–¡*Qué terremoto y que nada! ¡Arranque y vámonos!*–, le grité perdiendo los estribos. Cuando aceleró vimos cómo los postes de la luz se movían en forma frenética y la gente salía de sus casas y edificios, chillando histéricamente. Temblaba de verdad[170]. Los que nos seguían desaparecieron.

A través del teléfono celular, pedí protección a la Policía. El comando envió a dos agentes en motocicleta, con los que nos encontramos en

---

que él no era tan malo porque no fue narcotraficante, sino coordinador de sicarios, es decir, el sólo mataba gente. Su esposa concedió otra entrevista al programa *Primer Impacto* de *Univisión*, a finales de 2002, donde relató las atrocidades de su marido.

169 Poco tiempo después, Roberto Escobar Gaviria, alias El Osito, sufriría un atentado con una carta bomba que recibió en la cárcel de Alta Seguridad de Itagüi. A raíz de ese atentado, quedó ciego.

170 El domingo 18 de octubre de 1992, ocurrió un sismo en Murindó y parte de Bajirá, dos pequeños poblados situados en una zona selvática del departamento del Chocó en el oeste de Colombia. El temblor se sintió con fuerza en Medellín.

el hotel donde nos hospedamos. Al verlos me dio lástima. Solamente cargaban viejas armas y sin chalecos antibalas. Pensé que no sería justo que nos acompañaran hasta el aeropuerto que quedaba en la población de Rionegro, a 45 minutos de Medellín. Ellos podrían ser el objetivo primario de los matones. Ante la premura de tener que partir acepté a regañadientes y salimos raudos al aeropuerto. Cuando llegamos descubrimos a cuatro sujetos que nos tomaban fotografías a una distancia de cincuenta metros. Uno de los patrulleros se dirigió en su moto a pedirles una identificación. No supe qué le dijeron al policía, pero regresó pálido y tembloroso y me pidió marcharme de Medellín. Más tarde me enteré que los hombres le advirtieron al agente que conocían a sus familias y que por proteger al periodista *extranjero*, pagarían caro.

Tenía en ese momento una doble preocupación. La primera, huirle a los sicarios y la segunda atender otra noticia de última hora, la del terremoto. Consulté a la oficina central de *Univisión* en los Estados Unidos y al relatar la situación, me autorizaron viajar a cubrir el desastre natural. Dos días después llegué a Bogotá. Cuando ingresé a mi oficina sonó el teléfono y una voz me hizo recordar mi mayor penitencia: *Dígale a su familia que prepare su funeral. Sus días están contados, hijueputa antipatriota.*

Esa semana me enteré de una conversación entre colegas, donde algunos le reclamaron a otros por la falta de solidaridad en la cárcel de Itagüi. En el ostracismo en el que me hallaba y en mi afán por informar al mundo sobre la crueldad de la guerra *narcoterrorista* colombiana, todavía no reaccionaba, pero la antipatía de ciertos de ellos me estaba perjudicando. Un amigo escuchó un comentario que hicieron en privado, parecido al que oyó uno de los escoltas de Medellín: *Ese ya huele a formol... Ojalá que quiebren al hijueputa, por exportar mala imagen de Colombia al exterior.*

Comprendí cuán difícil iba a ser mi lucha, pero nunca sospeché la soledad de ésta. Los colegas que criticaban mi trabajo veían más tolerable un criminal ataque con bomba contra pobladores inocentes, o un asesinato, que informar al mundo la verdad.

En el transcurso de ese año, las bombas terroristas siguieron siendo el arma de Escobar contra el Estado.

Un día de abril de 1993 estaba casualmente mirando por la ventana de la nueva oficina de *Univisión*, en la Avenida Chile de Bogotá y vi un hongo inmenso de humo que se levantó a unas 20 cuadras de distancia hacia el norte de la ciudad. Segundos después de ver esa imagen catastrófica, un sonido seco me hizo sacudir de miedo y en ese instante me di cuenta que estaba sucediendo otro atentado *narcoterrorista*[171].

A mi mente se vino tu rostro, Felipe y el de tu mamá, porque sabía que andaban por esa zona. Poco antes, por una extraña premonición de ella, a escasos 30 metros de la explosión, el guardaespaldas–chofer de la familia desvió la ruta del automóvil.

La explosión levantó el carro del piso y lo colocó en una posición diferente cuando cayó en el asfalto. Los vidrios de los otros coches volaron en trozos y decenas de automóviles se desintegraron. Los cristales de los edificios próximos cayeron en una lluvia inesperada de pequeñas cuchillas que cortaron a transeúntes, quienes, con sus rostros ensangrentados, huyeron del lugar despavoridos. La calle estaba atestada de gente. Segundos después de escuchar el sonido seco del bombazo, un silencio absoluto, tal vez ocasionado por la sordera que dejó la fuerte explosión, imprimió un sello funesto, pero no era para menos si lo que se estaba viviendo incumbía a la muerte misma.

Por segundos, el chofer se quedó paralizado, frenó, abrió la puerta del carro y en medio del humo y el sofocante calor de los incendios, corrió hacia el punto de la explosión, tropezando con los que se escabullían del lugar y con un camarógrafo que grabó las primeras escenas que paradójicamente compraríamos en forma exclusiva más tarde, para emitirlo de costa a costa en los Estados Unidos, en el noticiero de las 6:30 de la tarde. El chofer, horrorizado, colocó sus manos en la cabeza y en segundos quiso ayudar a un herido, pero recordó que su deber estaba atrás y regresó corriendo para socorrer a sus pasajeros.

–Doña Nanda, *parece que explotó un cilindro de gas en una cafetería*– dijo con la voz entrecortada. Ni él mismo se lo creyó. El oportuno presentimiento de tu mamá, posiblemente salvó la vida tuya, Felipe, la del chofer y la de ella misma.

---

171 El jueves 15 de abril de 1993 estalló un carro–bomba en el Centro Comercial 93, al norte de Bogotá. Dejó 11 muertos y 200 heridos.

Nandita planeaba entrar a un almacén de zapatos en el mismo andén donde los terroristas pusieron el carro–bomba, pero se arrepintió.

Pasaron minutos y llegué al sitio de la explosión. Poco a poco conocí historias, pero me impresionó una en especial, la de un abuelo que dejó a su nieta en el automóvil, al lado del carro–bomba. El anciano sobrevivió adentro de un sanitario, al cual entró minutos antes. Cuando escuchó la descarga quedó atolondrado, salió y se topó con la destrucción. Afanosamente el abuelo comenzó a buscar a su nieta, de tan sólo cuatro años. Halló el automóvil en pedazos y a su nieta no la encontró a simple vista. Solamente por un trozo de su pelo descubrió la triste realidad.

Cuando conocí esa historia, recordé otro atentado al comenzar ese año[172]. Al llegar a cubrir la noticia, las llamas aún ardían y en el suelo tropecé con el cuerpo de una niña de seis años. Trozos de su organismo, despedazado por la onda explosiva, los profané sin querer. Estaban sobre el andén. Se me vino a mi mente tu rostro, Carolina, que por ese tiempo ya tenías la misma edad de la chiquilla y el tuyo, Felipe, que con sólo dos años ni siquiera percibías el dolor que vivía tu país.

Para nosotros sobrevivir formó parte de la rutina diaria. Salvarse de morir en esa explosión fue milagroso. Si ustedes hubiesen sido heridos o muerto, Pablo Escobar habría tenido otro motivo de complacencia.

La desesperación por *no poder hallarlo* hizo que las autoridades se plantearan hacer *un pacto hasta con el mismo demonio*. Se aliaron con los enemigos del capo, incluyendo los de Cali. Esgrimieron el lema: *perseguidos por Pablo Escobar* y de allí surgió su nombre: *Pepes. Si están con él, no están con nosotros*, una consigna letal de ese grupo de resistencia[173]. Encabezó la organización un personaje cuya identidad se mantuvo en secreto, al cual frecuenté tiempo atrás, pero sólo conocí su nombre un año más tarde. Se bautizó con el alias de *Colibrí* y dirigió una red clandestina de soplones que se llamó *Los Canarios*. Gracias a las viejas amistades de *Colibrí, Los Pepes* rápidamente se convirtieron en los mejores aliados de las autoridades[174].

---

172 El sábado 30 de enero de 1993, un carro bomba explotó frente a un comercio cerca del Palacio de Gobierno, donde centenares de personas modestas compraban útiles escolares, para ingresar a la escuela. 21 personas murieron y 70 quedaron heridas.

173 En parte, quienes costearon los gastos de *Los Pepes*, fueron las esposas de los hermanos Moncada y Galeano, los que Escobar mató y torturó en La Catedral.

174 La información llegaba sin disimulos a la propia Embajada de los Estados Unidos en Bogotá, cuyos agentes de la CIA y la DEA, incluyendo el jefe en Colombia en ese tiempo, de esta última agencia, Joe Toft, tenían que fingir no conocer el origen. Sin embargo, Toft pronosticó que esa alianza de las autoridades con

Combatieron a Escobar con los mismos métodos de terror y crimen. Para empezar contrataron a los corruptos del Ejército y miembros de las autodefensas del Magdalena Medio, que vivían dispuestos a traicionar a *El Patrón*. En el pasado le sirvieron lealmente y por lo tanto conocían a la perfección sus intimidades, escondites, amistades y propiedades[175].

Esta persecución lo hizo temblar por primera vez.

Cierta vez un periodista de Medellín me telefoneó para solicitar una cita, ofreciéndome *una información confidencial de suma importancia*. Llegó junto a un hombre de mediana estatura, con maletín de abogado y vestido de traje. El periodista me indicó que su acompañante traía un mensaje *de la gente de Medellín*, para divulgarlo a través de la prensa extranjera. Me mostró supuestas pruebas de los beneficios y la protección que recibían los jefes del *Cartel de Cali* por ayudar a perseguir a Pablo Escobar, calificándolos de *verdaderos terroristas*. Asimismo pidió ayuda para sacar a la familia de Escobar al exterior. Insinuó que a través mío, la Embajada de los Estados Unidos, le expidiera una visa humanitaria, intermediación a la cual me negué, no sólo porque ni siquiera me relacionaba con el embajador, sino porque moralmente no me sentí capaz de hacerlo. También ofreció la rendición de Escobar, pagando una pequeña condena, casi risible, confesando delitos y revelando nombres de quienes le ayudaron a matar, incluyendo autoridades y políticos, que según él, conocieron y participaron en crímenes de jueces, periodistas y dirigentes nacionales. Asimismo Escobar exigió una depuración de la Policía. Pensé que su confesión asustaría a ciertos funcionarios del gobierno y del Congreso. El ultimátum empujaría su muerte, porque determinadas personas pretendían guardar el secreto de las viejas alianzas.

Los Pepes, fortalecería el vínculo entre los narcotraficantes y las instituciones colombianas, lo cual sería como *venderle el alma al diablo*.

175 Los Pepes incendiaron la finca La Cristalina, propiedad de la madre de Escobar. Detonaron una bomba en otra finca donde se escondía ella y una tía, resultando heridas. Explotaron dos carros bombas en *El Poblado*, en Medellín, donde se refugiaban otros familiares. Casi todas sus casas de campo fueron destruidas. También obras de arte, cuadros de Picasso y Dalí. Le quemaron parte de la colección de carros antiguos. Mataron a por lo menos 300 de sus secuaces, con un aviso que decía: *por trabajar con el narcoterrorista y asesino de niños Pablo Escobar*. En la lista de asesinados figuraron un arquitecto y cuatro abogados, algunos de ellos importantes dentro de la estructura de su organización, como un jurista llamado Guido Parra, quien fue vocero en su rendición. Parra fue torturado y asesinado junto a su hijo adolescente. Los cuerpos los abandonaron en el baúl de su propio carro el 16 de abril de 1993, al día siguiente de la bomba en el Centro 93.

Nunca alcancé a utilizar esa información. Pablo Escobar finalmente cayó. En una balacera en Medellín lo hirieron policías y agentes del Gobierno de los Estados Unidos. Uno de los oficiales extranjeros le hizo un disparo a quemarropa, el cual le entró por la parte posterior del oído. Terminó su vida a los 44 años. Faltaban solamente minutos para las 3 de la tarde del jueves 2 de diciembre de 1993.

Cuando conoció el hecho después de mi aviso, el director de noticias de *Univisión*, Guillermo Martínez, telefoneó a María Elena Salinas.

–*¿Estarías dispuesta a ir a Colombia? Mataron a Pablo Escobar*–, le dijo. María Elena quedó paralizada en el asiento. No entendía qué le pasaba. Se preguntó:

–*¿Qué es lo que siento?* Y se respondió ella misma: *Me da miedo ir a Colombia. ¿Y por qué me da miedo ir a Colombia? Porque Pablo Escobar ha matado periodistas y ha puesto bombas. Pero Escobar ya está muerto*–, reflexionó. Suspendió todas sus actividades y aceptó. Alrededor de las 10 de la noche de ese jueves María Elena llegó al aeropuerto El Dorado al suroeste de Bogotá, faltando pocos minutos para salir al aire. En la transmisión en directo desde Bogotá anunciamos que Colombia cerraba uno de los períodos más sangrientos de su historia reciente.

Al día siguiente, el viernes 3 de diciembre, llegué a Medellín. Rápidamente observé el rostro del cadáver para corroborar que era él. Hasta ese momento nadie se preocupó de que uno de los incontables reporteros que más odiaba Pablo Escobar estuviera allí, en el cementerio *Monte sacro* donde lo sepultarían. Entré a la mismísima caldera del diablo.

Grabé en mi memoria lo que pude ver de su cara, porque sospeché que a los pocos meses iban a decir que Escobar no murió y que vivía como cualquier parroquiano en el parque de Envigado, con su rostro cambiado, disfrutando de los miles de millones de dólares que acumuló vendiendo cocaína y heroína. Los mitos nacen así y esa muerte no podía convertirse en otra fantasía popular.

Centenares de personas, apretujadas, se movían como un sólo cuerpo y el recorrido se hizo miedoso y expectante. Mis compañeros me pidieron que no me acercara a la capilla donde estaba el féretro para evitar riesgos innecesarios, pero la misma tentación periodística de siempre, superó al miedo y fui hasta allá. Alcancé a ver a la madre del difunto, quien recibía el pésame y la veneración que su hijo le prodigaba, porque él mató, destruyó y arrinconó a Colombia *por defender a la familia*. Ella nunca creyó que su hijo causó el *narcoterror*.

Finalmente salí de allí expulsado por la multitud y quedé en medio del cementerio, cuyas sepulturas las pisotearon sin respeto los curiosos, los admiradores y los sicarios que vigilaban como si *El Patrón* estuviera vivo todavía. Los secuaces barriobajeros, pandilleros, ladrones y delincuentes, mostraban sus armas sin vergüenza y hasta las lucían orgullosamente. La Policía vigiló con prevención, aguardando desde lejos sin ningún interés de responder, porque allí estaba el difunto con su batallón de la muerte. También hubo mujeres ignoradas y desconocidas, quienes lloraron a moco tendido como viudas. Alcancé a distinguir a la muchachita María del Mar y a su mamá, vestidas de estricto luto.

Hubo aguardiente, marihuana y cocaína, porque determinados dolientes creían que así se le brindaba un honor a uno de los más grandes narcotraficantes de la humanidad. Hasta llevaron mariachis, cantándole *El Rey*, como acostumbraban en Colombia a enterrar a ciertos muertos. Algunos llegaron allí porque admiraban al hombre que logró retar a los poderosos, pero nunca lo vieron en persona y esa sería la única oportunidad de conocer a su ídolo: en la mortaja.

Quizás porque vieron el emblema de *Univisión* en el micrófono, la gente comenzó a susurrar y en pocos minutos una horda de por lo menos 30 truhanes nos encerró. Alcancé a escuchar el sonido de las navajas saliendo de sus vainas y vi la actitud de individuos, que comenzaron a reclamarnos por el supuesto daño que le hicimos a *El Patrón*. Les pedimos que expresaran sus molestias ante la cámara, pero no escucharon. Sin importar quiénes éramos y lo que ocasionarían matándonos en pleno sepelio de Escobar, siendo periodistas de un medio extranjero, siguieron avanzando con la clara intención de acuchillarnos, hasta que apareció un grupo de policías, avisado por alguien, el cual se abrió paso entre los bandidos y nos rescató escoltándonos hasta la salida

Velozmente nos perdimos entre el tráfico intenso de Medellín, conduciendo directo al aeropuerto. En el primer vuelo que conseguimos lugar, partimos hacia Bogotá.

Pasaron los años y la tumba de Escobar en el cementerio *Monte Sacro* de Medellín, siguió siendo visitada de día y de noche. Hubo quien le llevó música, otros flores y güisqui, terceros escupieron su lápida y la ensuciaron con mierda, para indicar que ahora ellos mandaban. Me contó un cuidandero que cierta noche un par de sicarios hizo el amor encima del sepulcro con la intención demencial y pagana de *engendrar un Pablito*. Otras personas aseguraron que recibieron un milagro o consiguieron saldar una cuenta con la muerte repentina del prestamista.

Pocos midieron las consecuencias del fatal legado que dejó Pablo Escobar a Colombia y a personas de otros países. Su figura representó un falso héroe, cuyo mal ejemplo influyó para que una generación creyera que la vida de los demás valía poco. Un modelo de vida escabroso que indicó que a costa de la salud de millones de personas drogadictas del mundo, se podían hacer ricos y que la codicia y la ambición estaban por encima de los valores morales y éticos.

A partir de ese tiempo Colombia comenzó a ser un país diferente.

El *negocio maldito* del narcotráfico sufrió una metástasis catastrófica, como cuando los médicos extirpan un tumor canceroso de un cuerpo enfermo. Quienes ayudaron a cazarlo se adueñarían de parte del negocio y cientos de nuevos narcotraficantes retomaron el legado de Escobar y se convirtieron en crueles individuos que tampoco respetaron la ley, ni el orden. Los cultivos aumentaron y el consumo también, especialmente en Europa y Estados Unidos.

En el mundo entero se supo de la existencia de este individuo. Un corrido mexicano lo escribieron en su honor: *"En una tumba cualquiera, de un tranquilo camposanto / duerme su sueño profundo / el más duro de los capos. / Por su cabeza ofrecían / muchos miles de millones / hasta que la cacería / logró pisar sus talones. / Como una frase rezaba / una tumba prefirió / en su patria colombiana / a un penal del exterior".*

CAPÍTULO VI
JUGADAS DE AJEDREZ

En enero de 1994, los colombianos todavía seguían "embriagados" por la tranquilidad de haber sepultado a uno de los más crueles criminales de la nación. Ese mismo año serían los comicios para elegir un nuevo Congreso y un nuevo Presidente. Pero sin sospecharlo, la gente estaba por enterarse que las oscuras alianzas seguían en pie, paradójicamente vigorizadas por la persecución a Pablo Escobar, a través de "Los Pepes".
Este capítulo tiene que ver con la ambición de poder, la complicidad, la corrupción, la desvergüenza de unos y la vergüenza de otros.

1
COLIBRÍ Y EL AJEDRECISTA

Entre los atributos de *Colibrí* y los de su hermano *El Ajedrecista* se destacaban las relaciones públicas y los negocios, algunos engañosamente legales y otros claramente ilegales. Lo hicieron bien, como si hubiesen aprendido la estrategia en las mejores universidades del mundo, pero su escuela lindaba entre el bajo círculo de la mafia, las aguas pantanosas de la corrupción y la elitista vida de la alta sociedad colombiana. Lo cultivado lo aplicaron con inteligencia desde Colombia, pasando por México y Cuba, hasta los Estados Unidos.

La hipocresía y la doble moral hicieron que a ellos se les viera públicamente como poca cosa, mientras en privado creció sin límite la convivencia.

Aquella vez de esta reunión que les voy a relatar, la cual ocurrió en Cali a mediados de febrero de 1994, *Colibrí* quería convencerme que las habilidades de él y su hermano las emplearon para cautivar a sus más grandes enemigos: *los gringos,* como me señaló con arrogancia. Se refería a la *colaboración* para capturar a Pablo Escobar, utilizando al grupo mercenario *Los Pepes.* Antes de eso se llamó *Los Canarios,* aunque alguien me dijo que a *Colibrí* a veces le decían *El Canario.* La decisión de *ayudar* no sólo se pactó porque Escobar mataba inocentes, sino que al hacerlo, generó un daño enorme al negocio común. *Colibrí* y *El Ajedrecista* nunca estuvieron de acuerdo con librar la guerra contra el Estado que armó Escobar sin cuartel, pero principalmente creían que al delatar al *narcoterrorista* les favorecía, por ejemplo, para recibir beneficios jurídicos y hasta el perdón. A ellos les aterraba ir a una cárcel en los Estados Unidos. Aunque la extradición la prohibía la Constitución, los norteamericanos no se rendirían tan fácilmente y presionarían a los políticos colombianos, para que volvieran a reactivarla, inclusive amenazando al Gobierno con eliminar la asistencia antidroga, es decir quitándole la ayuda económica.

A pesar de esos temores, ellos creían haber dado el primer paso para cautivar a los estadounidenses, porque escucharon que los agentes de la Agencia Antidrogas de Estados Unidos –DEA–, ubicados en Bogotá, se mantenían complacidos y decían que sus delaciones parecían *caídas del cielo,* una manera de ironizar, porque lo que quisieron expresar fue que venían del mismísimo infierno[176]. Los estadounidenses, con su pragmatismo, finalmente no darían ninguna ventaja. Planearon una siguiente guerra contra *Colibrí y El Ajedrecista.* Quizás por eso, en ciertos sectores colombianos, ocultaron la verdad sobre estos soplones, especialmente los Generales y Coroneles que recibieron aplausos por los éxitos de los operativos antiterroristas.

–Antes de "Los Pepes", utilizando el nombre de "Colibrí", hablé con el General Miguel Maza Márquez varias veces y le pasé información–, me dijo en esa reunión en Cali. Maza Márquez, un General de la Policía de Colombia, jefe del Departamento Administrativo de Seguridad –DAS–, combatió el secuestro y enfrentó a Pablo Escobar, logrando descubrir

---

176 Gracias a *Colibrí*, las autoridades lograron acorralar a Pablo Escobar, matando o capturando a sus secuaces y hostigando a su familia. En diciembre de 1990 ayudó a localizar a Gonzalo Rodríguez Gacha, alias *El Mexicano*, en el puerto de Tolú, Departamento de Sucre, en el noroeste de Colombia. En el operativo también murió su hijo, Freddy Rodríguez.

intrínsecos planes terroristas del capo. Por eso, el propio narcotraficante pidió su renuncia secretamente, como una de las condiciones para rendirse en el gobierno del Presidente César Gaviria[177].

Los implicados negaban los rumores sobre su alianza, inclusive Maza, aunque en privado, algunos admitían que los datos de *Colibrí* salvaron vidas en la época del *narcoterrorismo* porque así hallaron carros bombas, listos para ser explotados en diferentes ciudades del país.

—Las autoridades supieron siempre que nosotros proporcionamos esa información. Desde los Presidentes Virgilio Barco y César Gaviria hasta los comandantes del Ejército y la Policía, utilizaron los datos de los informantes nuestros–, me dijo *Colibrí* sin reparos. No me sorprendió esa revelación, porque conocía la volubilidad y permeabilidad de la sociedad y las instituciones colombianas. También lo frecuenté a él desde tiempo atrás y tuve un concepto claro sobre su maestría en comprar conciencias. Varias veces intentó comprar la mía.

Me reiteró que lo menos que podían hacer las autoridades a las cuales ayudaron, sería que no los encausaran penalmente por su negocio ilegal.

—Es un trato justo. Salvamos vidas–, me dijo hablando en plural, tal vez refiriéndose a toda su organización y quizás a los pequeños carteles de la droga del suroeste colombiano.

Colibrí también usó los alias de *El Doctor Manuel, El Señor* y para firmar cheques *Fernando Gutiérrez*, según los intereses o el negocio. Esto formó un juego sutil entre los corruptos. Por ejemplo, cuando *Colibrí* telefoneaba, lo atendían con recelo y a veces desinteresados, porque ese seudónimo fue empleado para delatar y entonces, los secretos que podría revelar quizás perjudicarían a sus otros *contribuyentes* de Medellín. Pero si en vez de *Colibrí* llamaba *El Doctor Manuel* o *El Señor*, corrían a tomar el mensaje porque se trataba de recibir dinero.

El nombre de pila de *Colibrí* era Miguel Ángel Rodríguez Orejuela y el de su hermano *El Ajedrecista*, Gilberto Rodríguez Orejuela, quien

---

177 Pablo Escobar, sospechando que Maza Márquez recibía información del Cartel de Cali, exigió que para entregarse, el General fuera relevado de su cargo de director del DAS, lo cual ocurrió en junio de 1991, en el Gobierno de César Gaviria. Después, en 1994, Maza Márquez fue candidato a la presidencia, pero obtuvo pocos votos. En 1998 se presentó al Senado y tampoco logró su objetivo. Después se dedicó a asesorar a familias de secuestrados.

también usó el alias de Fernando Gutiérrez. A ellos los exaltaron como los narcotraficantes más poderosos del mundo, después de Pablo Escobar, con la diferencia que conformaron una estructura financiera sólida, distinguiéndose como empresarios versátiles y creativos, mejor que *El Patrón* y convirtiendo a su familia en una de las más ricas de América Latina.

Junto a ellos, decenas de hombres y mujeres, algunos de ellos incógnitos y millonarios, formaron la asociación para delinquir que se rotuló como: *El Cartel de Cali.*

Parecía extraño que de la noche a la mañana los Rodríguez decidieran revelar su participación en la creación de *Los Pepes* y los antecedentes de chivatazos del pasado. Pero ellos no hacían nada sin planearlo. Jugaban como en el ajedrez: movidas bien pensadas.

Pero antes de contarles esa razón, los pondré al tanto de lo que hacían estos señores que la gente veía como mágicos y encantadores. Ciertas personas les temieron, los respetaron y hasta les guardaron fidelidad, como perritos falderos, pero hubo un grupo que los utilizó para su beneficio: la *auténtica mafia.*

Entre sus íntimos amigos mafiosos, Gilberto repetía que cuando entró a la adolescencia comenzó en *ese asunto de las drogas*, una manera de satirizar sobre su actividad, porque trabajó como mensajero en una farmacia de su pueblo natal[178]. A mediados de la década de 1950 la familia se radicó en Cali. Nunca terminó sus estudios secundarios debido a su penuria económica, que lo obligó a seguir en *ese asunto de las drogas*. Contaba él, con suficiencia, que de tanto ahorrar logró montar su primera botica[179].

Gilberto actuaba sigiloso, moderado y discreto, a veces simpático y diplomático. Tuvo varias esposas[180] y una amante llamada Aura Rocío Restrepo Franco, a quien conoció cuando ella le vendió seguros de vida.

Me relacioné con esta joven en la época en que trabajé en el periódico El País de Cali. Me visitaba con frecuencia en la redacción del diario llevándome poemas y versos, los cuales le publiqué cierta vez. Jamás

178 Gilberto Rodríguez Orejuela nació en Mariquita, Tolima, el 30 de enero de 1939. A los 13 o 14 años trabajó llevando medicamentos a clientes de una farmacia llamada *La Perla*. Después de cumplir los 22 años, en junio de 1961, le fue expedido un documento de identidad ciudadana en Cali.
179 Repetidamente Gilberto Rodríguez le decía a sus amigos cercanos y a ciertos periodistas que su fortuna comenzó como propietario de la Droguería Monserrate, en Cali.
180 En la década de 1960 Gilberto se casó y tuvo dos hijos.

pensé que Aura Rocío, una muchacha de buena familia, tierna y quizá frágil, pudiera enredarse con narcotraficantes[181]. Pero un día no la volví a ver. En cierta ocasión una tía de ustedes, mi hermana mayor, quien se dedicaba a estudiar las estrellas y realizaba cartas astrales, recibió su visita y se hicieron amigas. Aura Rocío, tiempo más tarde, le presentó a un hombre afable y gentil que resultó ser ni más ni menos que Gilberto Rodríguez. Pero mi hermana tardó en relacionar a ese señor como jefe de un cartel de las drogas. Jamás ella mencionó su nombre, hasta que el jueves 21 de julio de 1994, cuando murió mi padre, el abuelo Henri Joseph, Aura Rocío se apareció en el velorio, no sin antes enviar una pomposa corona de flores, a nombre de ella y de su amante. Cuando leí la nota fúnebre, firmada por Gilberto Rodríguez y ella, pedí que retiraran la corona con prudencia. Allí supo mi hermana la identidad de su cliente.

A Miguel Rodríguez[182], cuatro años menor que Gilberto, le pagó la educación su hermano mayor. Sus empleados los veían como *uña y mugre*, tanto en sus asuntos familiares como en los negocios. Aunque decían que el genio de la organización era Gilberto, con mente brillante como la de un ganador permanente de ajedrez, en el fondo Miguel ejerció como su principal alfil, su mejor torre, su hábil caballo y su leal peón.

Comentaban que Miguel poseía un carácter explosivo, pero delante de mí pocas veces se portó agresivo. Demostró lo contrario. Repetía sin cesar que la violencia no hacía parte de las tácticas y estrategias de su familia. Más bien siempre se mostró afable, culto y tranquilo. Conocía cada situación del país y los intríngulis del derecho penal y civil. Las veces que estuve frente a frente percibí en él inteligencia y sagacidad. Se refería con respeto a los políticos y dirigentes, sus amigos en mejores épocas, a los cuales ayudó con dinero en nombre de su familia para que llegaran al poder.

Miguel tuvo cuatro mujeres oficiales. Una de ellas fue Martha Lucía Echeverry, Reina Nacional de la Belleza de Colombia en 1974, quien

181 Mucho tiempo después, que yo conocí a Aura Rocío Restrepo Franco, ella fue candidata a un reinado de belleza. Por su relación con Gilberto Rodríguez estuvo en la cárcel acusada de enriquecimiento ilícito y servir de testaferro.
182 Miguel Ángel Rodríguez Orejuela, nació el 15 de agosto de 1943. Estudió bachillerato en el Colegio Santa Librada y Abogacía en la Universidad Santiago de Cali, pero no se graduó.

no hizo parte del negocio de las drogas ilegales, aunque se benefició.

Los Rodríguez empezaron a narcotraficar en la década de 1970, pero sólo hasta septiembre de 1975 se reveló oficialmente. Ese año habrían amasado su primera *pequeña gran fortuna*, un millón de dólares, producto de la venta de la cocaína en las calles de Nueva York y Miami[183].

A Miguel y Gilberto Rodríguez Orejuela los distinguí por primera vez a comienzos de la década de 1980, cuando comenzaron a codearse con la sociedad caleña. Iban a los salones de fiesta de hoteles prestigiosos como el Intercontinental de Cali, donde los vi caminar por los pasillos con libertad y distinción, gastando más dinero que los ricos de allí. Andaban como príncipes, rodeados de bellas mujeres y se sentaron en las mesas de los refinados banquetes acompañados de políticos importantes, personalidades del país, dirigentes deportivos y los que les correspondía llevarlos a la cárcel o al confesionario de la parroquia. Yo ejercía como empresario de artistas, como una segunda ocupación, además del periodismo. En ese hotel presenté espectáculos y ellos ocupaban los puestos más costosos de los eventos.

Los Rodríguez vivían en un entorno sofisticado que copiaron de las entrañas de la aristocracia criolla a la cual siempre aspiraron pertenecer, con la que finalmente hicieron negocios debajo de la mesa. Poco a poco lograron limpiar el origen ilícito del dinero y su imagen social. Obtuvieron permisos y negociaron con entidades del propio Estado. Lograron consolidar la cadena de farmacias, conocida como Drogas La Rebaja[184] y empresas e industrias médicas[185]. Tuvieron compañías inmobiliarias y de inversión, convirtiéndose en dueños de por lo menos 1.500 propiedades desde casas, edificios, apartamentos, hasta haciendas, bodegas y lotes, que pusieron a nombre de familiares y decenas de testaferros. Conformaron el Grupo Radial Colombiano –GRC–, de 45

183 En febrero de 1981, Gilberto Rodríguez fue capturado por un cargamento de droga procedente del Perú. Tres años después, el 15 de noviembre de 1984, volvió a ser detenido en Madrid, España. Aquella vez lo arrestaron junto a Jorge Luis Ochoa (del Cartel de Medellín), quien en esa época fue su socio y aliado. Según las investigaciones, ellos pretendían iniciar una gran red de narcotráfico en Europa. Esa fue la primera vez que se supo que la justicia de Estados Unidos solicitaba en extradición por narcotráfico a *El Ajedrecista*, pero a pesar de las pruebas, los fiscales norteamericanos perdieron la batalla jurídica y ganó un pedido de extradición de Colombia.

184 Drogas La Rebaja tenía alrededor de 450 sucursales en toda Colombia y le dio empleo a más de 4.100 personas.

185 Una de estas industrias fue Laboratorio Kressfor, que después se convirtió en Farmacoop.

emisoras, con el permiso del Ministerio de Comunicaciones, obviamente en complicidad con políticos que no preguntaron mucho. En 1982, sin conocer a los verdaderos propietarios, colaboré en una de las emisoras del GRC, durante tres semanas, en forma gratuita, como invitado, en un programa de farándula llamado *La Rosca*.

Corrompieron desde jueces y policías, hasta presidentes. Nunca necesitaron amenazar con plata o con plomo, como lo hizo Pablo Escobar.

Ya sabiendo que ellos narcotraficaban, mi primer encuentro periodístico con Miguel Rodríguez Orejuela ocurrió en 1986 en una de sus mansiones en el barrio Ciudad Jardín al sur de Cali. En aquel tiempo se creía que ese *negocio maldito* no representaba peligro. El mafioso pretendía negar el pasado delictivo de su hermano Gilberto y reiterar sobre su propia inocencia. Manifestó que las acusaciones las inventaron las autoridades estadounidenses, para sustentar la guerra antidroga.

El segundo encuentro, dos años después, ocurrió tal vez a principios de 1988. Regresé para obtener su testimonio respecto a la guerra entre los carteles, que se hizo evidente a raíz de la bomba en el Edificio Mónaco en Medellín, donde ellos quisieron matar a Pablo Escobar y por los ataques terroristas a las droguerías La Rebaja, como respuesta a esa tentativa de asesinato.

Miguel Rodríguez me recibió en la misma casa de Ciudad Jardín. Al ingresar a la antesala de su oficina encontré una larga fila de personas que esperaban a ser atendidas por él y aunque parecía ocupado, su asistente personal y socio, que se llamaba Julián Murcillo Posada[186], me llevó directamente con su jefe. Murcillo, un hombre medianamente obeso, de ojos zarcos y de cabello entrecano, esgrimía modales gentiles y siempre se ocupaba de los invitados. Sin embargo, se portaba particularmente extraño. Cierta vez me encontró, cuando yo salía escoltado de un almuerzo en el Hotel Americana de Cali, y me sorprendió con su voz desde la otra acera de la calle:

–¡Raúl!, ¿Qué pasa?–. Murcillo presumió que los agentes que me protegían me detuvieron y se ofreció a mediar. Ellos compraban a policías rasos y a varios de sus jefes y, según entendí, liberarme hubiese

---

186 Julián Murcillo Posada, fue señalado por las autoridades como uno de los principales testaferros del *Cartel de Cali*.

sido fácil. En otra ocasión, años después, lo vi como portero en una prisión donde él purgaba una condena por narcotráfico. Controlaba la entrada y salida de los visitantes. Llegué ahí buscando al director del Grupo Niche, Jairo Varela, quien se presentó con su orquesta en las fiestas de la mafia y a raíz de eso lo encausaron por enriquecimiento ilícito. Murcillo me dijo que el artista permanecía en la vieja cárcel de mujeres El Buen Pastor, situada en el sur de Cali, acondicionada para recibir a *presidiarios ilustres.*

En la sala de espera de la lujosa casa del barrio Ciudad Jardín, recuerdo haber visto a jugadores del equipo de fútbol América de Cali[187]. Por esos días se comentaba que deportistas recogían en la vivienda de los Rodríguez premios especiales en dinero o artículos, incluyendo automóviles de lujo, por ganar o perder un partido de fútbol. Con frecuencia arreglaban esos eventos deportivos, inclusive haciéndolos perder para beneficiarse de las grandes apuestas internacionales que se jugaban en Argentina, Colombia y Europa.

En la fila de vividores o sanguijuelas no sólo hubo futbolistas, técnicos y directivos del equipo América, sino periodistas, políticos, policías y militares. Allí vi a un Parlamentario llamado Eduardo Mestre y el cual sería clave en un escándalo que reventaría en 1994.

Como les dije antes, en esa segunda entrevista busqué la reacción de los mafiosos caleños, sobre la que se llamaba *guerra de los carteles,* pero Rodríguez evadió el tema con suspicacia, aligeró la conversación disculpándose por la larga fila de visitantes que le hacían antesala y prometió reunirse conmigo más tarde. Convenimos encontrarnos de nuevo en la noche. Necesitaba un largo tiempo para conversar con él. Esperé durante cinco horas para la confirmación de la entrevista pero no hubo ninguna llamada y no podía quedarme un día más. Me fui de Cali sin saber la versión de los Rodríguez sobre la pelea contra Pablo Escobar. Intenté regresar semanas más tarde, pero en ese período de tiempo surgió un rumor. Un día en Bogotá me sorprendió una llamada telefónica de mi suegra. La noté asustada porque un periodista[188], llegó a su casa para

---

187 Ese día estaba presente el jugador de fútbol Anthony De Ávila, conocido como *El Pitufo*, quien se hizo popular, cuando en un partido de la selección Colombia, le dedicó un gol a los hermanos Rodríguez Orejuela.

188 Nelson Valencia redactor deportivo de El País, *s*e fue a vivir a Nueva York, donde le diagnosticaron cáncer. Pidió morir en su tierra y regresó a Cali donde pasó sus últimos días.

advertirle que a mí me iban a matar los Rodríguez. Me indigné y le pedí a la secretaria localizar a Miguel, a través de otro periodista, uno de sus contactos. A la media hora Rodríguez llamó al teléfono de la oficina y pidió hablar conmigo. De inmediato le reclamé por el incidente:

–Señor Rodríguez, me informaron que ustedes tienen un plan para matarme y quiero saber por qué han tomado esa decisión– lo enfrenté sin tapujos.

–No, mijo (así acostumbraba a tratar a toda la gente para darle confianza y tranquilidad)*, nosotros no actuamos así, nosotros respetamos la vida y a periodistas como usted que dicen las cosas como son. ¿Quién le dijo a usted eso?*

–Un conocido escuchó esa conversación y le advierto que voy a denunciar el hecho públicamente– agregué.

–Déjeme hago las averiguaciones–, concluyó la conversación. Cuarenta minutos después, sonó el teléfono de nuevo. Otra vez él.

–Señor Periodista. Ya supimos lo que pasó. Lucho[189], el hermano de "Chepe" Santacruz[190], se molestó por los informes suyos en donde nos relacionaba con esa supuesta guerra con la gente de Medellín, pero eso no es cierto. Ni lo primero, ni lo segundo. Es decir, nadie dio órdenes de hacerle daño a usted y nadie en Cali está peleando con gente de Medellín–, comentó.

A pesar de negarlo, el mensaje que me enviaron lo entendí: ellos se enteraban de mis reportajes en Univisión sobre el narcotráfico y la guerra contra los de Medellín y así me advertían que intimidarme sería sencillo.

Pasaron meses después de este incidente y nuevamente fui contactado por otro periodista que trabajaba como enlace de los narcotraficantes. Los Rodríguez me mandaron a buscar porque en ese momento querían hablar de la guerra antes negada. Continué la serie de informes sobre esos hechos en Univisión, aunque la compañía, para protegerme, resolvió eliminar mi nombre de una promoción donde a los corresponsales se les destacaba por uno de sus cubrimientos más importantes. En referencia a

---

189 Lucho Santacruz había estado preso por narcotráfico en los Estados Unidos. En el círculo mafioso fue considerado un hombre problemático.

190 José Santacruz Londoño, conocido como Chepe o El Estudiante, lo consideraban el tercero del Cartel de Cali. También comenzó a narcotraficar en 1970. Según las autoridades estadounidenses mandó a matar al periodista cubano Manuel de Dios Unanue, jefe de Redacción del diario *La Prensa* de Nueva York. El asesinato ocurrió en un barrio de *Queens*, en 1992. El periodista investigaba las actividades del narcotráfico colombiano.

mi trabajo el comercial decía: *En la guerra entre los carteles de la droga en Colombia, Raúl Benoit, estuvo allí*. Prefería mantenerme anónimo en ese tipo de publicidad y la decisión fue un alivio para mí.

A pesar del temor que implicaba enfrentar cara a cara, a Miguel, el periodista me garantizó que ellos respetarían mi vida. Ustedes dirán, ¡qué pendejo!, pero el desafío me excitaba. Además, a los Rodríguez no les convendría asesinar a un reportero de la prensa extranjera, aunque hubiera sido fácil hacerlo.

Viajé de nuevo a Cali. Un automóvil me recogió en un hotel al oeste de la ciudad y después de dar cantidad de vueltas, entramos a un garaje subterráneo, donde vi vehículos lujosos. Esperé por más de seis horas a que apareciera Miguel Rodríguez, pero antes fui atendido por Julián Murcillo, siempre atento y diligente, lo que ayudaba a mantener la serenidad.

Al oscurecer, Miguel Rodríguez se presentó elegantemente vestido, como siempre, y recién duchado. Decían que él llevaba una vida nocturna. Sin cruzar más que un saludo formal, planteó su versión sobre la guerra de los carteles, olvidando por completo que antes lo rechazó.

Dijo que el conflicto surgió años atrás, según él, por la forma cruel y despiadada en que Pablo Escobar manejó los negocios y los desacuerdos. Aunque también señaló que Escobar los atacó porque ellos no quisieron matar a políticos, periodistas y jueces. Pero, de otro lado, explicó que posiblemente, parte de la cólera del mafioso, se desató a causa de un romance entre un guardaespaldas de un narcotraficante llamado Hélmer Herrera Buitrago[191] y la mujer de uno de los hombres de confianza de Escobar. Hubo otra historia que se contó en voz baja en Cali. Decían que la causa fue la homosexualidad de Herrera, a quien aparentemente le gustaban los muchachitos. Les regalaba lujosos automóviles y comodidades por sólo verlos desnudos. Comentaban que por un joven se inició la disputa. Pero, según agentes de la DEA, *la Guerra de los Carteles* se generó porque Escobar quiso recuperar el mercado de la cocaína en Estados Unidos, especialmente el de Nueva

---

191 Hélmer Herrera Buitrago, conocido como Pacho Herrera, La Niña, El Lavacarros o El Muelón, fue uno de los encargados de limpiar el dinero sucio de los narcóticos y convertirlo en plata limpia que utilizaron sus socios y él mismo, para invertir en negocios legales. Sería señalado como el quinto hombre del Cartel de Cali.

York, uno de los más importantes del mundo. El Cartel de Medellín, desde que el Ministro Rodrigo Lara Bonilla desenmascaró a su *patrón,* se desgastó en la guerra contra el Estado colombiano, debilitando sus redes de distribución en el exterior, lo que aprovechó el Cartel de Cali. Esto no le gustó a Escobar y la emprendió contra los Rodríguez.

Los encuentros con estos mafiosos se repitieron tal vez dos o tres veces más, hasta que comprendí que seguir su juego no sería útil para mantener informada a mi audiencia y por el contrario sólo se beneficiaban ellos y su *negocio maldito*. En 1989 me distancié del contacto. Otras veces intentaron acercarse, incluyendo en una ocasión que sufrí un accidente de carretera en donde quedé mal herido junto a una cuñada. Ellos me localizaron para ofrecerme los mejores médicos de Houston, Texas, con el fin de que me reconstruyeran parte de mi rostro con una cirugía estética. Me negué a aceptar ese tipo de compromiso y así ellos comprendieron que no me vendía.

Sin embargo, las circunstancias periodísticas me llevaron a reencontrarme otra vez con esos mafiosos, en febrero de 1994, como ya les narré, cuando Miguel Rodríguez me confió el *secreto* sobre su participación en el grupo *Los Canarios* y en *Los Pepes* y conocí una de sus caretas: *Colibrí*. Aquella vez lo noté cambiado. Ya no se portaba amablemente como en 1989, sino que se veía soberbio, quizás porque ahora no andaba con tanta libertad y temía que sus épocas de gloria estuvieran a punto de acabar.

Volví en marzo. En esa segunda entrevista me citaron en la librería Nacional, a tres cuadras del Museo de Arte Moderno La Tertulia, en el oeste de la ciudad. Mientras esperaba, evoqué los años de mi infancia cuando decidí lanzar a las aguas del río Cali la media llena de cigarrillos de marihuana de *Timoteo*, a pocas cuadras de ese lugar. Reflexioné que la marihuana hacía parte del pasado. En ese tiempo la cocaína y la heroína dominaban el mercado y la nocividad de su comercio no respetaba a nadie. Los *mágicos* no solucionaban sus problemas peleándose a trompadas como lo hizo *Timoteo* buscando a los culpables de la pérdida de la droga, sino que sentenciaban a muerte como pedir un refresco en una tienda. El laberinto del cerro de las Tres Cruces, donde jugaba al escondite con mis hermanos y amigos, se convirtió en un lugar de tortura y muerte. Allí ejecutaban a los traidores y a sus enemigos.

Casi al ocultarse el sol apareció un vehículo Mazda 626, con cristales oscuros que impedía ver a los pasajeros. Desde el asiento del chofer, después de bajar el vidrio, un hombre hizo señas con sus manos para que me acercara y lo alcancé a reconocer: el mismo que en febrero me recogió. Mi contacto me anunció que así sería el encuentro, por lo tanto caminé sin cuidado. Cuando llegué al carro, el chofer me indicó que me subiera en la parte de atrás, mientras simultáneamente se abría la puerta. Al subirme me topé frente a frente con el misterioso y escurridizo Miguel Rodríguez. Llegó como un hombre común. La conversación en el vehículo estuvo variada. Le pregunté cómo hacía para moverse por la ciudad sin ser detectado y sonrió diciendo *¡tengo buenos amigos!*

Me condujo a un exclusivo lugar en un elegante edificio en el oeste de Cali, cerca del sitio donde me recogió. Nos bajamos y entramos a un lujoso apartamento. Observé a mí alrededor y abrigué una sensación que percibí como un engaño de mi mente: se asemejaba al otro que conocí en la entrevista de febrero. Me sorprendió la ubicación de los muebles, la repetición de los adornos, los ceniceros, el televisor y creo que hasta los papeles encima del escritorio. No supe si fue real o una alteración por los temores de ser sorprendido en un allanamiento en esa propiedad. Tendría que explicar a las autoridades mi presencia allí buscando noticias. Mi alegato de proteger fuentes de información y que desempeñaba la función de periodista, sería largo y me llevaría horas y hasta días aclararlo. Tiempo después me enteré que por una recomendación médica, los sitios donde trabajaban o vivían los Rodríguez se asemejaban para no causar un impacto anímico y sicológico en sus constantes y obligados movimientos cuando huían de las autoridades.

En medio de mis alucinaciones reaccioné al escucharlo decir una frase que parecía admitir que él y su hermano narcotraficaban.

–*Nosotros no somos los únicos que nos dedicamos a ese negocio aquí*–, comentó. Me aseguró que en esa zona del país operaban grupos pequeños y que no existía una gran organización criminal como indicaban las autoridades estadounidenses. Se quejó que la prensa, manipulada por la DEA, echaba el agua sucia a su familia, sin razón e injustamente.

Esos otros *cartelitos*, a quienes decía no controlar del todo, habrían aceptado una propuesta suya para acabar con el negocio y rendirse.

Antes, Miguel Rodríguez, no me hizo semejantes confesiones. Jamás dijo nada que pudiera implicarlo, pero en esas dos entrevistas de 1994, admitió cosas que lo involucraban en una organización criminal. Le pedí que me aclarara lo que me comentó.

–*Todo el mundo los ve a ustedes como delincuentes. Ya es difícil ocultar una verdad pública*–, le dije en un arranque de franqueza periodística, quizás desacertado en ese momento. Cuando me escuchó se movió de un lado a otro, no se sentó y pensé que iba a reaccionar violentamente, pero siguió hablando como si le pareciera normal mi imputación.

–*Somos delincuentes*–, dijo sin vergüenza y agregó. –*Pero llegó el momento de aceptar nuestras culpas. Queremos comenzar una vida nueva, dedicados a nuestros hijos y nietos*–. Me aseguró que, semanas antes, en ese mismo salón y en la misma silla donde me senté, se tomó un café el propio Fiscal General de la Nación, Gustavo De Greiff con quien, supuestamente, ya había iniciado conversaciones. Cuando me lo dijo me quedé mirándole a los ojos y tal vez observó mi perplejidad. Un Fiscal General de un país en guerra, en donde no se podía confiar en nadie, menos en un narcotraficante, ¿por qué iba a viajar hasta la guarida de los delincuentes, arriesgando su vida y exponiéndose a un escándalo para negociar con ellos? Improbable que eso hubiese ocurrido, más aún conociendo a De Greiff, un hombre que según mi juicio parecía incorruptible. Pero, además, un pequeño detalle, ignorado por Rodríguez, me hizo dudar de su versión: De Greiff no tomaba café porque le irritaba el estómago. Semanas más tarde, preguntado por mí, De Greiff negó el supuesto encuentro. Entonces presumí que hizo parte de una mentira para demostrar poderío y convencerme de la autenticidad de la negociación. Sin embargo, yo desconocía algo del pasado del fiscal, de lo cual me enteraría después. Se murmuraba que él tenía *rabo de paja*, porque hizo supuestos tratos comerciales con los Rodríguez. Más adelante les explicaré el resultado de esa investigación.

Los Rodríguez plantearon entregarse, delatar a socios, revelar las rutas del tráfico de drogas y dónde se ubicaban los laboratorios. También incriminarían a los proveedores de insumos, empresas europeas y estadounidenses.

La noticia me interesó porque sería un remedio para la tierra que quería con mi corazón y que había sufrido mucho por el impacto que el narcotráfico ocasionó a la economía y a la sociedad, especialmente a jóvenes, cuyas vidas vi perderse en ese *negocio maldito*. Por donde cruzó el manto negro de la cocaína y la heroína, dejó amargura y pérdida.

La propuesta al gobierno prometía la rendición de por lo menos 250 narcotraficantes. Algunos de ellos formaban parte de las bases de lo que se llamó el *Cartel de Cali*, es decir, *los antiguos*. Pero *los otros* representaban la nueva generación del narcotráfico. Según los Rodríguez, estos aceptaron ir a una prisión obteniendo algún beneficio al legalizar parte del dinero de la venta de cocaína y heroína. Reflexioné sobre cómo hicieron para convencer a esos nuevos narcotraficantes. Debió ser una tarea difícil porque ellos empezaban a amasar su fortuna y su poder. ¿Por qué aceptarían dejarlo todo de la noche a la mañana? Una historia con matices de *cuento chino*. *Cuento chino*, es decir, bien enredado porque pocos estarían dispuestos a renunciar a un negocio tan bueno, perdiendo el control de las rutas, los contactos y una infraestructura que después iba a ser difícil de reconstruir. Sin lugar a dudas, la rapiña se tornaría en hechos sangrientos.

Los Rodríguez confiaron que antes de que entregara el poder el Presidente César Gaviria, (para lo cual faltaban cinco meses), lograrían el acuerdo. Pretendían que a través de un informe periodístico, divulgara esa propuesta. Me intrigó por qué el interés de contarle a un periodista de la prensa extranjera, primero su ayuda para aniquilar a Pablo Escobar y ahora una promesa de rendición.

En el vuelo de regreso a Bogotá, decidí averiguar si existían esos *otros cartelitos* y hasta qué punto los Rodríguez los dominaban. También tendría que investigar si realmente querían rendirse y entregar los laboratorios y la infraestructura de las pequeñas organizaciones.

Casi un mes más tarde, en abril de 1994, regresé a Cali para buscar a la nueva generación de narcotraficantes. Traté de no llamar la atención, aunque sospeché que sería imposible porque en esa ciudad la mafia se enteraba de todo. Tuve como primer objetivo hallar pruebas y testigos de cuántos gozaban de la venia de los Rodríguez. Me hospedé en un hotel barato. No entré en contacto con nadie de mi familia para no implicarlos y solamente supo de mi presencia una persona, a quien mencionaré con el nombre de Gustavo Caicedo, para no perturbar a sus padres y hermanos, a quienes él los hacía sufrir suficiente, por ser la oveja negra de la familia. Caicedo, un antiguo amigo de estudio, pocos años después de que salió del colegio manejó una red de distribución de drogas en Holanda y alguna vez lo mantuvieron preso dos años en Alemania por ir de acólito de una *mula* del narcotráfico, que llevaba cocaína en su maleta. Nunca más pudo volver a viajar por el mundo y menos a Estados Unidos. En este encuentro me relató con presunción que cuando comenzaba, en Miami, Florida, arrojó por el sanitario de la habitación de un hotel dos kilos de cocaína, al verse casi atrapado por un comando antidroga. Según él, esto lo endeudó para siempre con sus jefes narcos. Me sonaba como a un episodio de la película *Cara Cortada*.

Caicedo perteneció a una familia rica de Cali y de la oligarquía. Cada vez que lo veía, surgía en mi mente esa triste realidad: la penetración de *los mágicos* en la sociedad colombiana. Su caso reflejó la verdad oculta: una buena parte de los colombianos tenían entre sus amigos, familiares o parientes, a una o varias personas relacionadas directa o indirectamente con el narcotráfico.

En Cali, como en muchas ciudades colombianas, quince o veinte años atrás, al comenzar la década de los 80, mi generación se formó cultural y socialmente alrededor de un símbolo catastrófico: *el dinero fácil*.

Fueron jóvenes de familias acomodadas y respetadas, de clase media y alta, cuyos valores morales y éticos no consentían violar la ley, pero terminaron quebrantándola, quizás debido a que crecieron escuchando, viendo y compartiendo experiencias con esa naciente clase social a la cual se referían con desprecio en público, pero en privado con beneplácito: *los mágicos o los nuevos ricos*, quienes consiguieron dinero traficando con drogas ilegales. Con la plata llegó el derroche, ambiciosas mujeres, finos y costosos automóviles y colosales fiestas. Esa ficticia gran vida hipnotizó y cautivó sobremanera a los jóvenes, quienes supieron que podían hacerse millonarios sin necesidad de quemarse las pestañas en una universidad y matarse trabajando. Se llamó en Colombia *el sueño del Rey Midas*. Lo que tocaron *los mágicos*, se transformó en oro. Pero ese oro se convirtió después en lava ardiente.

Pasaron los años y para mi desilusión, me enteré que a ciertos amigos de los que traté en mi juventud, los atrapó la red de los *mágicos*, como a Caicedo. Conocí a sus familias, asistí a las mismas reuniones sociales y hasta nos iniciamos juntos en los asuntos de hombres. Ahora narcotraficaban.

Fue una generación que se dejó encadenar por el *negocio maldito*.

Una de mis hermanas me repetía con frecuencia que ella agradecía a Dios que nunca seguí los pasos de mis amigos. Afirmaba que, indudablemente, los valores morales y éticos de nuestro padre Henri Joseph, sirvieron para no hacerlo. A pesar de la cercanía social, mis amigos y yo fuimos el agua y el aceite.

Esta nueva prole de mafiositos se volvió un dolor de cabeza para los fundadores del *Cartel de Cali*. Los Rodríguez y sus socios, fomentándolos, no calcularon que esos muchachos, al sentirse poderosos, no respetarían el honor y la palabra que para la mafia hacía parte de su código. Ellos se tornaron más asesinos, más derrochadores que los primeros, altaneros, roba mujeres y la *lacra del crimen*. En conversaciones que sostuve con Caicedo, me reveló las salvajadas de ese mundillo.

–*Convertimos a Cali en una ciudad de miedo, donde ir a un sitio público, como una discoteca o un restaurante, representó exponerse a perder su pareja y morir en el estacionamiento o en el sanitario, si se negaba a ceder la mujer*– me confesó.

Para los Rodríguez promover la rendición de los otros *cartelitos*, en parte aliviaría el problema que ellos originaron, el cual incluso tocó a su propia puerta. Recuerdo que en el colegio donde estudié, asistió el hijo mayor de Gilberto Rodríguez, llamado Fernando Rodríguez Mondragón, quien también terminó ensuciado por el *negocio maldito* y arrepentido de haberlo hecho.

Mi objetivo en Cali sería hablar con varios de mis amigos de juventud, o con los compartí en el colegio. Ellos podrían aclararme el asunto de la rendición. Fui popular, a raíz del periódico y las obras de teatro, por tanto, me distinguían. Me apodaban *La Pantera Rosa*, por lo flaco, y siguiendo el juego, llegué a disfrazarme en las fiestas estudiantiles. A pesar de esa particular confianza, no sería fácil entrevistarme con ellos porque se volvieron poderosos e intocables. Le dije a Caicedo que buscáramos primero a Juan Carlos Ortiz Escobar, alias *Cuchilla*[192]. Si no conseguía a *Cuchilla* le pedí buscar a Juan Carlos Ramírez Abadía, a quien le decían *Chupeta*[193], otro compañero que se convertiría en un poderoso narco.

–*Es más fácil conseguir a Ortiz por aquello de sus viejos amores*– me dijo burlándose. Caicedo se refería a cuando pretendí a la hermana de *Cuchilla*, una hermosa joven llamada Ana María, candidata al reinado de la belleza en Cali y con quien salí un par de veces. En aquella época *Cuchilla*, apenas preadolescente, supongo que no idealizaba ser *mágico*. Recordé los coscorrones que le di en la cabeza y pensé: *Ojalá no se acuerde de esos tiempos*. Decían que se volvió malo. Caicedo me explicó que además de ayudarme a reencontrar con *Cuchilla y Chupeta*, me conectaría con Carlos Maya, otro amigo de juventud, quien hizo parte del grupo periodístico que yo lideraba en Cali a finales de la década de los 70. También me ofreció que más tarde podría reunirme con Iván Urdinola Grajales[194] (no fue mi amigo jamás). A Urdinola, un tenebroso individuo a quien capturaron en 1992, lo acusaron de manejar una organización independiente de narcotráfico en la zona norte del Departamento del Valle del Cauca, en Colombia y además lo señalaron de organizar grupos mercenarios. Decían que quería reemplazar a los Rodríguez Orejuela, aunque en ese círculo mafioso, bastantes codiciaban ganarse el título de sucesión. En Cali se comentaba que Urdinola poseía mal carácter e instintos asesinos, pero mi viejo amigo opinaba que no representaba peligro, a menos que le diéramos motivo. Mis reportajes en televisión transmitían suficientes motivos, pensé.

El primer día, tarde en la noche, Caicedo me recogió en el hotel con todas las precauciones que exigía la situación.

–*El viaje va a ser largo*–, me dijo, aparentando compasión. Siempre cargaba dos teléfonos celulares y como buen colombiano fantoche, haciéndose el importante, fingía conversaciones alzando la voz, con el fin de que lo escucharan dando órdenes y tomando decisiones tajantes.

---

192 Juan Carlos Ortiz Escobar, alias *Cuchilla*, fue uno de los líderes de la segunda generación de narcotraficantes del Valle del Cauca.

193 Juan Carlos Ramírez Abadía, alias *Chupeta* comenzó en el narcotráfico en 1987.

194 Iván y su hermano Julio Fabio Urdinola Grajales, fueron poderosos narcotraficantes del llamado *Cartel del Norte del Valle*. Crearon un imperio de narcotráfico que lograron manejar con habilidad porque en poblaciones pequeñas les fue más fácil sobornar y corromper. Era la organización más violenta de esa región. Torturaban y asesinaban sin piedad a sus enemigos o simples rivales.

Con frecuencia, en esas pláticas imaginarias, agradecía a sus jefes de supuestos elogios laborales, o comentaba sobre mujeres y ardientes romances.

Conversando en el carro me relató historias espeluznantes de vendettas y crímenes. Me habló de un *escuadrón de la muerte* que se encargaba de una particular e inusual *limpieza social*, como la llamaban con orgullo determinados caleños. A los visitantes o turistas de *ocupación dudosa* los llevaban a un lugar para torturarlos y después desaparecerlos. Me indicó que quedaba en una elegante finca en la carretera al mar, una vía turística entre Cali y Buenaventura, un puerto marítimo en el Pacífico. Allí, después de torturarlos, los incineraban en un horno, dizque *fabricado especialmente para ese tipo de limpieza*. Al pasar los años supe que el lugar quedaba al lado de una propiedad de los Rodríguez y que realmente el horno lo importaron ellos de Suiza, después de que altos mandos de la Policía les rogaron *no arrojar más cadáveres en las calles*[195].

También me relató el caso de un joven, hijo de un *traqueto*[196] o *lavaperro*[197] que por enamorarse de la novia de un pandillero de Aguablanca, recibió un disparo en la sien, dejándolo ciego. Su padre, un ex sargento de la Policía de apellido Torres, que se volvió un mafioso importante y sería asesinado posteriormente, aquella vez decidió hallar al responsable de la tragedia del muchacho. Buscándolo, eliminó a numerosos adolescentes y les mandó a sacar los ojos como señal de advertencia.

Mientras andamos en el carro, Caicedo me confió los apodos de narcos, los dueños de negocios, empresas, mansiones y edificios, por donde pasábamos. Algunas de estas propiedades mostraban en la fachada el nombre de las hijas, las esposas o las amantes de los *mágicos*.

---

195 En una investigación que realicé para Univisión comprobé que el número de desaparecidos en el Valle del Cauca, entre 1989 y 1993, fue uno de los más alto del país en ese tiempo. Un documento revelado por la Personería de Cali lo certificó. Ciertos clientes de hoteles se registraban y nunca regresaban a ocupar la habitación, como si jamás hubieran existido. Los llamaban *huéspedes fantasmas*.

196 Traqueto, fue un título que inicialmente le dio la mafia a los matones del negocio. Después se convirtieron en la generación de narcotraficantes de segunda y tercera clase. Algunos decían que su nombre venía del *traqueteo* de las ametralladoras o posiblemente haya salido de la palabra del español *traquetear* (golpear, agitar, sacudir).

197 El calificativo de lavaperro se le dio a los hombres serviles de bajo nivel de los carteles de la droga. En el repertorio popular colombiano se comparaba con los términos *chupamedias*, lambón, persona aduladora.

Incontables construcciones las levantaron en terrenos con historias escalofriantes. Por ejemplo, me explicó que cuando se oponían a la venta mataban a los dueños y si lo necesitaban también a sus deudos.

Con esas historias no sería fácil el encuentro que buscaba para esa noche con *Cuchilla*, a pesar de que alguna vez soñé con su hermana. Seguimos recorriendo lugares elegantes, pero también oscuros antros, *dizque buscando los contactos apropiados*, mientras Caicedo, rememoraba con vocabulario cáustico los cuentos de esa mafia que la hacía fatídicamente trascendente. Sospeché que el recorrido pretendía distraerme. Él conocía perfectamente en dónde se escondía su patrón.

Finalmente llegamos al lugar. Estacionamos el vehículo frente a una discoteca en el norte de Cali y sin preámbulos, Caicedo le preguntó al portero:

−*¿Está el hombre?−*, refiriéndose a *Cuchilla*. Al recibir una respuesta afirmativa nos bajamos del automóvil. Este era uno de los tantos lugares que frecuentaban los mafiosos. En ocasiones cerraron las puertas para hacer sus fiestas privadas, con clientes adentro, a quienes les pagaron la cuenta. Al frente de la entrada vimos jovencitas tratando de ingresar al sitio. Me enteré que buscaban dinero fácil y tenían una motivación: en una de esas ocurrencias extravagantes de los mafiosos, promovieron concursos de *camisetas mojadas*. Esa noche, la joven que se atreviera a competir, recibiría 50 dólares y la que se desnudara completamente el torso, la premiaban con 200 dólares. La más exuberante, quien sería la ganadora, cuyo jurado lo integraban los acompañantes de la mesa de *Cuchilla,* recibiría una recompensa de mil dólares y *el privilegio* de ser una de las chicas ofrecida por el anfitrión a uno de sus amigos. La joven sería llevada a una fiesta privada, que se realizaría más tarde en una de sus lujosas casas.

Por eso la entrada de la discoteca permanecía repleta.

Juan Carlos Ortiz Escobar me recibió rodeado de hermosas muchachas, que no necesitaban participar en el concurso de *camisetas mojadas*, porque antes ganaron los eventos privados. A *Cuchilla* ciertas mujeres lo veían atractivo y como decíamos en forma machista en Colombia *le llovían hembras*. Su figura, antagónica a la del típico mafioso gordinflón y mantecoso, personificaba la de un hombre atlético. Su piel y sus uñas lucían impecables.

Las mujeres que lo acompañaban poseían características comunes entre las que frecuentaban a ese tipo de personas: ambiciosas; excesivamente afectuosas y cariñosas; casi siempre cargaban en su mano un teléfono celular y al cinto un buscapersonas *por si acaso*, comentaban; iban ataviadas de joyas de fantasía; usaban carteras falsificadas *Louis Vuitton;* se pintorreteaban como para una gran fiesta; se teñían el cabello con un típico color rubio oxigenado, con rayitos *para iluminar,* contrastando con su piel morena; lucían minifaldas o pantalones apretados, descaderados, casi mostrando el empeine. Cuando lograban conquistar a los mafiosos, ellos les regalaban ropa de marca y finas joyas y sus falsas carteras *Louis Vuitton* pasaban a ser originales, conseguidas a cambio de noches de orgía desenfrenada. Si se convertían en sus *queridas*, las privilegiaban con visitar los quirófanos de los más famosos cirujanos plásticos, que las transformaban, en forma exagerada, en voluptuosas mujeres. Las alojaban en casas o apartamentos lujosos y les regalaba regios vehículos. Con las que solamente se acostaban una o dos veces, les daban una pequeña motocicleta modelo *FZ* y así se referían a esas muchachitas: *las efes zetas*. Ellos se encargaron de descarriar a mujeres que por la pobreza o la ambición, terminaron atrapadas en esa esclavitud consentida y cruel, lo que cambió la forma de ver la vida de ciertas personas colombianas.

A *Cuchilla* nunca le vi la famosa cuchilla de oro puro colgada a su cuello, del tamaño de las viejas *Gillette* que, comentaban, él portaba como uno de sus distintivos personales porque las usaba para matar. La gente señalaba que regalaba copias más pequeñas a las mujeres que amaba para marcarlas como su propiedad. Al verlo entendí que dejó de ser el adolescente que conocí en la modesta casa del barrio *Vipasa* de Cali, donde vivió junto a su madre, una honesta modista, junto a su padre, que manejaba un camioncito con el cual repartía productos alimenticios y tampoco al lado de su hermana la reina de belleza. Ahora se mostraba como un hombre prepotente, que simulaba bravura y desconfiaba hasta de su sombra.

Comenzó el concurso de *camisetas mojadas*. Vi alrededor de veinte niñas entre los 14 y 17 años. Casi todas lucían minifaldas seductoras que con tan sólo inclinarse un poco dejaban ver sus pantaloncitos *seda dental*. Se despojaron de su blusa y sostén, y se colocaron camisetas

202

blancas casi transparentes. Un empleado de la discoteca les echó agua mientras salían del baño de damas y sus diminutos senos quedaron morbosamente a la vista, mientras los clientes les lanzaron frases obscenas. Se movieron con gracia para ganar la atención del jurado, en una competencia reñida que, a una de ellas, le dejaría una ganancia justa para comprarse maquillaje o más ropa falsificada. A *Cuchilla* parecía no impresionarle el desfile y me preguntó qué me traía por ahí. Le dije que quería saber la verdad sobre la entrega de ellos a la justicia.

–*Lo que digan los Rodríguez. Ellos mandan*–, expresó. No pareció honesto. Noté que por esos días él ya se defendía solo, con sus propias reglas.

Algunos de esos jóvenes mafiosos no creían en las bondades de someterse a la justicia porque conocían la larga fila, detrás de los jefes, esperando la oportunidad de ocupar el lugar de ellos. Aunque el poder de convocatoria y el respeto hacia los Rodríguez se suponía proverbial y aparentaron agachar la cabeza accediendo a su propuesta, algunos de ellos secretamente comenzaron a organizar otro plan. Determinados laboratorios los cedieron a frentes de las Fuerzas Armadas Revolucionarias de Colombia –Farc–, con quienes hicieron acuerdos. Los más importantes los trasladaron del Valle del Cauca y el Departamento del Cauca, a los Llanos Orientales y a las selvas del Guaviare, donde según ellos estarían más seguros y protegidos por los guerrilleros. Este plan sería mientras *bajaba la marea* de la planeada entrega. Pero ellos no midieron las consecuencias, ni sospecharon que las Farc se apoderarían de gran parte de sus cultivos, de sus laboratorios y de las bases del negocio.

–*Los Rodríguez tienen razón. Ellos no son los únicos*–, me respondió cuando le pregunté por *los otros*. Mencionó a compañeros, mutuos conocidos de juventud, *Chupeta* y Diego Varona. A Varona no lo vería en este viaje. Me agregó nombres de personas que no pertenecían a mi generación, como el de un narcotraficante en ascenso, ex agente de la Policía, llamado Víctor Patiño Fómeque, que resultaría ser socio de Carlos Maya.

Entre aplausos y frases impúdicas de los borrachos eligieron a la ganadora del concurso de *camisetas mojadas*. La muchachita se creyó la reina de la noche, mientras me sentí protagonista circunstancial de un pasaje bíblico de Sodoma y Gomorra. En los baños consumían cocaína a granel y adentro de los sanitarios escuché el golpeteo frenético de pubis contra pubis de parejas que se dejaban arrastrar por la excitación de la droga. Tiempo después, el singular *concurso*, que se llevaba a cabo al azar, atrajo a prostitutas que soñaron con ganar el dinero cómodamente. Iban por las discotecas preguntando si uno de los *mágicos* se encontraba allí. Eso alejó a las *niñas bien*. Entonces, a los mafiosos, se les perdió el encanto y renunciaron a hacerlo otra vez.

Miré a *Cuchilla* con la tristeza de ver a un ser humano demolido por los pecados, que se creía más hombre por el dinero que ganaba vendiendo el infierno por el mundo. En sus ojos vi reflejada la muerte, esperando al acecho. Me enteré que su padre se suicidó. Dicen que lo hizo agobiado porque no resistió saber que su hijo vendía drogas y se llenaba las manos de sangre.

Gustavo Caicedo y yo salimos de la discoteca con rumbo desconocido. El encuentro con Iván Urdinola sería quizás en la cárcel o afuera en un lugar clandestino. Caicedo entró a un estacionamiento de vehículos, llamado Parqueadero Aristi, en el centro de Cali y ubicó su carro en un piso solitario. Cuando se detuvo me dijo que me bajara y viajara en el baúl.

–*Ni siquiera con los Rodríguez me han pedido semejante disparate*–, le dije con disgusto. Me negué a salir así. Le propuse que inclinaría mi cabeza, sin mirar la ruta. Seguidamente él llamó por teléfono celular y pidió nuevas instrucciones. Al otro lado de la línea, al parecer, aprobaron mi sugerencia pero tapándome los ojos con una venda. Acepté y mi amigo me la puso. Pocos segundos después comenzó la marcha acelerando rápido. Por lo menos anduvimos dos horas. Creí que salimos de la ciudad. Llegamos a un garaje que parecía el de un hotel de carretera. No supe si él salió de la cárcel para verse conmigo o entré al presidio. Subimos unas estrechas escaleras hasta un diminuto cuarto, donde me recibió Urdinola. Olía a motel barato. Quiso saber por qué hacía tantas preguntas a sus *socios*. Le dije que solamente quería estar al tanto sobre la supuesta rendición de los carteles del Valle del Cauca.

Verse frente a frente con Urdinola Grajales lo sentí desagradable. Lo acusaban de ser el autor intelectual de macabros exterminios ocurridos entre 1990 y 1993 en Trujillo y Riofrío, dos pueblos en el norte del Valle del Cauca.

En salas de tortura, con motosierra, desmembraron vivos a prisioneros hasta causarles la muerte. Lanzaron los pedazos al río Cauca. Muchos cadáveres ni siquiera pudieron ser sacados de las aguas. Según un documento de la Comisión Justicia y Paz, una Organización No Gubernamental, se registraron en esa región más de 300 casos de desapariciones, torturas y asesinatos selectivos. Entre estos muertos se hallaba el sacerdote católico Tiberio Fernández[198], un líder de la comunidad que comenzó a denunciar los atropellos y abusos de esos grupos armados que operaban en la región. Estas catervas de asesinos se convirtieron en Autodefensas o Paramilitares, fenómeno que sucedió, en forma simultánea, en otras regiones de Colombia.

Además, se narraba que Urdinola mandó asesinar, en agosto de 1991, a un Teniente retirado del Ejército llamado Ricardo Andrés Peterson, que se empleó como uno de los miembros de su seguridad personal. Peterson cayó en el peor error que puede cometer un guardaespaldas de narcotraficante: enamorarse de la esposa del patrón. El ex Teniente, un hombre atractivo y atlético, atrajo la atención de la joven mujer de Urdinola, llamada Lorena Henao, con quien tuvo un tórrido romance. Cuando Urdinola se enteró lo mandó a buscar. Peterson puso pies en polvorosa y se escondió en un apartamento en Cali, que compartía con su mejor amigo, un *narcosicario* de apellido Lozano a quien le decían *El Gato*. Entre mafiosos, la amistad no significaba tanto como la lealtad al patrón. Urdinola le ordenó a *El Gato* entregarlo y así lo hizo, engañando a Peterson, invitándolo a una fiesta. A Peterson lo torturaron, lo descuartizaron y decapitaron. Las piernas, los brazos y el tronco de su cuerpo los arrojaron al río Cauca. La cabeza, a la cual Urdinola le hizo introducir en la boca el órgano sexual, la metió en una caja, la envolvió con papel regalo y se la envió a su propia mujer como un obsequio de su amante, con una nota que decía: *Para que veas lo que queda de tu mozo*. Uno de los encargados de esa misión habría sido *Cuchilla*.

Se decía que los asesinatos y las masacres de Trujillo y Riofrío, las ordenó Urdinola para escarmentar a sus conocidos y empleados que supieron del romance de su mujer y guardaron silencio. Inclusive él

---

198 Tiberio Fernández, fue asesinado el 17 de abril de 1990. En noviembre de 2003 los restos de ese sacerdote fueron puestos en el parque *Monumento de Trujillo*, junto a otras víctimas de esas masacres.

mismo mató por lo menos a treinta hombres, ametrallándolos. Sin embargo, años después sería exonerado de esos cargos.

Urdinola aprobó que sus subalternos se entregaran, pero dejó entrever que le puso condicionamientos a los Rodríguez. Me enteraría después que la propuesta decía que él y sus hombres, *Cuchilla* y *Chupeta*, seguirían manejando el mercado de la heroína. Más rentable. Por menos volumen de envío recibían más dinero. Ellos, además, controlarían las relaciones con la mafia mexicana y por lo menos *Chupeta*, se convertiría en un hábil empresario, mostrando ante los que lo conocerían, una faceta honorable y educada.

Me despedí de Urdinola a la distancia. Ni siquiera pude acercarme para darle la mano. No me atreví[199]. Me pusieron la venda, entré a la parte trasera del carro y nos fuimos al lugar donde estaría Carlos Maya.

Con Maya, como ya les dije, compartí momentos de mi juventud, porque hizo parte del grupo con el cual comencé en el periodismo. Su familia invertía legalmente en empresas, desde la lechería *Cremex* hasta el Hotel Petecuy y su hermana, una linda mujer, también se candidatizó al reinado regional de la belleza. Maya y yo nos divertíamos visitando amigas cada mañana en los paraderos de buses escolares. También lanzábamos piedritas, desde la calle, a los ventanales de las aulas de clase de los colegios y así intercambiamos números telefónicos con las jóvenes. De esta manera enamoramos a muchas de ellas. Otras veces se disfrazó de chofer con una gorra y fingió ser mi empleado. Las mujeres se entusiasmaban con él porque no les gustaban *los niños ricos* y el rico era él.

Maya guardaba un lado oscuro. Fácilmente se metía en problemas. Un día andábamos en su automóvil en el centro de Cali, dirigiéndonos al periódico *Occidente*, cuando reaccionó violentamente ante un incidente. La zona se encontraba militarizada y detectives vigilaban, porque terroristas de la guerrilla comunista hicieron estallar una bomba en el edificio de la Gobernación del Valle. Por su descuido golpeó el guarda choque trasero de un campero y en vez de pedir disculpas, se bajó y comenzó a golpear al conductor. En segundos nos rodearon los pasajeros del carro, que resultaron ser de la inteligencia militar. Se

---

199 Urdinola murió envenenado el domingo 24 de febrero de 2002, estando en la cárcel de alta seguridad. Para limpiar huellas, otros jefes del narcotráfico pagaron un supuesto estudio forense donde se determinó que la muerte había sido un ataque cardiaco. A su hermano Julio Fabio Urdinola lo asesinaron en Bogotá, junto a su esposa, Inés Guzmán Muñoz.

lo llevaron preso. Moví influencias para sacarlo de ahí y después él enfrentó sus propios problemas para reparar el carro sin que su familia se diera cuenta.

Maya viajó a Estados Unidos a estudiar Administración de Empresas y cuando regresó estableció un *negocio de ganadería.* Tal vez sucedió en 1989. Pasaron los años y dejó de ser el joven divertido, volviéndose más bravucón, por lo tanto me alejé de su amistad. El agua y el aceite que les mencioné antes. Cuando nos distanciamos me percaté que él sí se dejó cautivar por los *mágicos*. Seguí mi carrera periodística. Alguna vez, estando en un restaurante de la Avenida Sexta en Cali, vi que un individuo se bajaba apresurado de un lujoso automóvil, portando una ametralladora entre sus brazos y mirándome de reojo con burla, simuló que iba a disparar a los comensales de una mesa situada detrás de mí. Maya pretendía hacerme una broma de mal gusto, conociendo mi historial de amenazas. Los de la otra mesa los identifiqué como sus socios. Me llamó la atención uno que parecía el mandamás, jefe de Maya. Algún tiempo después conocí su nombre: Víctor Patiño Fómeque, el ex policía que mencionó *Cuchilla*. Los saludé discretamente, pagué la cuenta y me fui molesto.

Fue la última vez que vi a Carlos Maya, porque en este viaje a Cali, para confirmar lo de la rendición de *los otros,* nunca llegó a la cita.

Días más tarde, en una correría periodística que realicé junto a un ministro del gobierno, aproveché para buscar al otro ex compañero de mi colegio, Diego Varona. Figuraba como propietario de un famoso bar mexicano en el norte de Cali llamado Mi Tenampa y de compañías distribuidoras de costosos vehículos, en especial una, Autos Roosevelt. Hablamos un rato en la cantina y después me invitó a su casa. Yo iba junto a una joven llamada Claudia Arévalo, estudiante de periodismo que hacía pasantías en *Univisión* y quien después se volvería una reconocida periodista en Miami. Cuando salimos del bar nos sorprendimos al ver que fuimos rodeados por policías uniformados. Algunos agentes andaban en motocicletas y otros en una patrulla. Pero de la sorpresa pasamos a la perplejidad: los policías no llegaron para arrestar a mi amigo Varona, sino que hacían *un trabajo extra.* Formaban parte de la escolta personal del mafioso. En su camioneta blindada, Varona partió para su casa, mientras viajé en un taxi con Claudia, sintiéndonos los periodistas más incapacitados de la ciudad.

Al llegar a su residencia, una elegante propiedad rural en una región llamada Dapa, al norte de Cali, conversé sobre la viabilidad de la rendición y su respuesta me amplió lo que intentaba averiguar: *Lo que ordenen los jefes. Cuando lo manden, lo hacemos*. Varona me confirmó que hubo una cumbre de 250 mafiosos que se realizó en una hacienda cerca a Cali, donde aceptaron que los Rodríguez Orejuela lideraran un proceso de paz, pero me confesó que hacía parte de una estrategia para no perder totalmente el control del negocio y seguir manejándolo en forma discreta.

Después de verlo jugar billar con lindas jovencitas quinceañeras, le di un apretón de manos a Varona y lo miré a los ojos fijamente.

–*Que Dios te proteja*– le dije. Pensé que Varona terminaría como la mayoría de los mafiosos: o preso, o en desgracia, o muerto.

Todo parecía encajar. Ni un gramo de cocaína o de heroína se movía en esa región de Colombia, sin que los Rodríguez Orejuela se enteraran.

La maestría de los Rodríguez en distintos movimientos no mostró nunca a un grupo de perdedores. Lo idearon en el pasado: ellos tuvieron otro plan después de que sus abogados escribieron parte del capítulo referente a la prohibición de la extradición en la Constitución de 1991; se beneficiaron cuando colaboraron para perseguir a Escobar, siendo hábiles en revelarle a periodistas esas intimidades sobre su cooperación a las autoridades y presionando a sus aliados para que no los delataran. Ahora ofrecían su rendición y empujaban a *"los otros"* para que también lo hicieran.

Hablé con los abogados de los Rodríguez, quienes me dieron a conocer un borrador del acuerdo, en el cual trabajaban desde enero de 1994. En el texto del convenio se ofrecía una sentencia de 5 años de prisión, pero que serían liberados después de cumplir tres años. Les pregunté a los letrados si les parecía que esa propuesta iba a ser considerada seria o la gente se reiría de semejante condena y me indicaron que ese podría ser uno de los puntos negociables. Además, los abogados prepararon documentos financieros que certificaban que las empresas más importantes del Cartel las cimentaron con dinero legítimo. Pero la mayor parte de esos documentos los falsificaron y la opinión pública no creería semejante farsa.

Antes de verme con mis ex amigos de juventud y con esos otros mafiosos de Cali, me entrevisté con el Presidente César Gaviria, el 18 de marzo de 1994. Ese día le hice un reportaje sobre su candidatura para el cargo de Secretario General de la Organización de Estados Americanos –OEA–, título que ocupó meses después, cuando dejó la presidencia. Aproveché y le pregunté sobre la propuesta de los Rodríguez y me respondió que no aceptaba las condiciones y tampoco las iba a debatir públicamente. Esto me sorprendió. ¿Por qué no se negociaba con ellos, si ciertos aspectos del acuerdo se parecían a los ofrecidos a Escobar en el pasado? Gaviria tal vez le dio miedo de caer en otra trampa.

10 años después en México, en el otoño boreal de 2004, conversé con el propio ex Fiscal Gustavo De Greiff, quien vivía allí después de ser el Embajador de Colombia. Me dijo que después de la muerte de Pablo Escobar, él recibió mensajes donde le anunciaban que *pronto los Rodríguez comenzarían a gestionar su entrega a la justicia*. De Greiff me aseguró que en 1994 (semanas antes de mi viaje a Cali para escuchar la propuesta de los Rodríguez) ya se negociaba la rendición y el Presidente Gaviria se mantenía enterado. Comprendí que los narcotraficantes me utilizaron. Al hacerlo público, los Rodríguez intentaban presionar al gobierno y al Fiscal para conseguir el acuerdo.

Las conversaciones para que se acogieran a la justicia comenzaron en enero en el edificio de la Fiscalía en Bogotá, pero solamente asistieron los abogados de los Rodríguez y representantes del Gobierno[200].

–*Era ilógico estar frente a personas que estaban bajo investigación penal, sin detenerlas*–, me aseguró. No pudo llegarse a ningún acuerdo porque los Rodríguez pretendían que se les diera la casa por cárcel.

–*El señor Miguel Rodríguez, según los abogados, manifestó que necesitaba estar en libertad para vigilar que los que se entregaran a la justicia no continuaran delinquiendo desde la cárcel o se fueran para otros lugares a continuar con su negocio ilícito*–, me reveló De Greiff.

Algo me quedó sonando en la cabeza: ¿Por qué hablarle a la prensa de la negociación, haciendo revelaciones ladinas como que el Fiscal Gustavo De Greiff bebió café con ellos en Cali, en una de sus oficinas

---

200 Según el ex fiscal Gustavo De Greiff, en esa reunión estuvo presente el Procurador de entonces, llamado Carlos Gustavo Arrieta; el Ministro de Justicia, Andrés González y el director del DAS, Fernando Brito.

clandestinas? Sospeché que pretendían desquitarse por la eficacia del funcionario público.

Esta imputación de los Rodríguez contra De Greiff, se sumó a otro rumor. Desde tiempo atrás, en sectores, tal vez opuestos a su gestión en la fiscalía, señalaron que él tenía *rabo de paja,* como les dije antes. De Greiff siempre rechazó esa acusación, especialmente la que aseguró que en el pasado hizo tratos comerciales con los Rodríguez. Se comentó que su firma apareció junto a la de Gilberto Rodríguez en un documento relacionado con una aerolínea de la que supuestamente los dos fungían como copropietarios en 1987. Afirmaron que De Greiff poseyó una pequeña participación en esa empresa antes y después de que Rodríguez la comprara[201]. Investigué y me enteré que se llamó Aerolíneas El Dorado, un proyecto de un grupo de colombianos que intentó crear esta compañía para cubrir la ruta Bogotá–Cúcuta–Miami, pero nunca pudo iniciar operaciones porque no hubo dinero para comprar los aviones y ni siquiera se logró ponerla a funcionar en una oficina[202].

De Greiff admitió, en la entrevista que le hice en México, que él tuvo acciones de esa sociedad, pero que al ver que la compañía no inició vuelo, traspasó sus derechos a su socio, quien a su vez se la vendió a Gilberto Rodríguez Orejuela, que ejercía como un *prominente banquero* en ese entonces. ¿Esta participación circunstancial, realmente implicó a De Greiff con el narcotráfico? En Colombia la gente hizo negocios sin saber el origen del dinero de los compradores.

Pero hubo otro antecedente. Un procedimiento judicial de rutina, sembró una nueva sospecha. En enero de 1994, precisamente en los días en que los Rodríguez movían sus fichas para la supuesta rendición, De Greiff emitió certificados que protegían a cinco líderes del Cartel de Cali, entre ellos a *Chupeta.* El Fiscal afirmó aquella vez que no hubo evidencia para arrestarlos.

Según De Greiff, él comenzó a ser señalado como protector del

201 La denuncia fue publicada en el libro del periodista y escritor inglés Simon Strong *Whitewash: Pablo Escobar and The Cocaine Wars* (McMillan, Inglaterra, 1995). Un abogado, relacionado con la línea aérea, le dijo al autor del libro: *"lo que más me enfermaba no era la relación comercial con de Greiff, que podría haber sido simplemente circunstancial, sino escuchar cómo el hombre que por entonces era aclamado como el salvador moral del país mentía acerca de la conexión".*
202 Uno de los socios fue un Capitán de apellido Bernal, fue piloto de *Avianca* y voló para la RAF (Real Fuerza Aérea Inglesa) en la Segunda Guerra Mundial. Además fue Director de Aduanas Nacionales en el gobierno del Presidente Virgilio Barco. Años después falleció de muerte natural.

narcotráfico desde que se atrevió a favorecer la legalización de la droga. En un auditorio en Estados Unidos, dijo:

—Sería conveniente estudiar la posibilidad de una estrategia distinta, ya que la estrategia prohibicionista no da ningún fruto—. Después de esa reunión, realizada en Baltimore, promovida por el propio alcalde de la ciudad llamado Kurt Schmoke[203], De Greiff se dirigió al despacho de la entonces Secretaria de Justicia de los Estados Unidos, Janet Reno.

—Ella me recibió exaltada y brava, diciéndome: "¿Qué pretende con esa tesis de la legalización? ¿Intenta enviar un mensaje a los narcotraficantes de que algún día se llegaría a la legalización y que no importa que narcotrafiquen?". De Greiff quedó atónito ante semejante regaño, como si su cargo no valiera para la funcionaria estadounidense. Ella siguió increpándolo.

—Me dijo además que "si lo que pretendía era que los muchachos americanos tuvieran a su disposición drogas sin problemas". Entonces le contesté que "primero no se trataba de legalizar a los narcotraficantes, sino de legalizar y de regularizar la producción y el consumo de drogas sicotrópicas y en segundo lugar, en cuanto a los muchachos americanos, que bajo un sistema de legalización tuvieran drogas a su disposición, eso me parecía mucho mejor a que las adquirieran de manos de narcotraficantes y enriqueciendo a los narcotraficantes y a los corruptos". Le dije: "Señora Reno, si en este momento un muchacho americano quiere drogas, ¿no la encuentra aquí en el parque, frente a la Casa Blanca?". Conforme a De Greiff, ella respondió: *"No estoy de acuerdo, ni nosotros vemos con buenos ojos la teoría de la legalización"*. En ese instante se retiró y lo dejó con la palabra en la boca. Él siguió la reunión con el vicefiscal de Estados Unidos. De Greiff me comentó en México, que preocupaban tanto sus pronunciamientos sobre este tema, que alguna vez, delante del Procurador General de la Nación[204], el Presidente César Gaviria, le suplicó prudencia.

---

203 Kurt Schmoke, fue varias veces alcalde de Baltimore, Maryland, Estados Unidos, por el Partido Demócrata. Consideraba que se debían dar pasos hacia la legalización de la droga. Decía que había que quitarse el sentimentalismo con el debate antidroga: *el esfuerzo del Gobierno estadounidense no ha dado el fruto; es decir, no ha librado a Estados Unidos de las drogas, ni cercanamente. Millones de estadounidenses continúan infringiendo la ley, todos los años, consumiendo o vendiendo drogas ilícitas.*

204 El Procurador se llamaba Carlos Gustavo Arrieta, el mismo que supuestamente asistió a las negociaciones con los abogados de los Rodríguez.

–Casi con lágrimas en los ojos, me pidió que no hablara de legalización, porque eso ponía bravos a los americanos–. Tal vez Gaviria lo hizo porque planeaba ganar el cargo de Secretario General de la Organización de Estados Americanos –OEA– y el apoyo de los Estados Unidos sería indispensable para su triunfo. No sólo la idea del fiscal De Greiff echaría a perder sus aspiraciones, sino también un acuerdo con los narcotraficantes. Finalmente a De Greiff le quitaron la visa para ingresar a los Estados Unidos.

El tema de la legalización de la droga siempre rondó en mi cabeza, porque creo que negarse siquiera a estudiar la posibilidad de regularizar este mercado ilícito suena delirante y hay que debatirlo. Mantener una guerra radical no permite entender el problema que genera más violencia, criminalidad y corrupción, sin obtener efectos prácticos[205]. Los manejos del pasado deberían enseñar a los dirigentes del mundo que la estrategia de la prohibición no dio resultados. La sociedad de los Estados Unidos sufrió una mala experiencia cuando el Congreso aplicó la Ley Seca[206] en 1919, por la cual prohibieron las bebidas alcohólicas. La secuela se volvió catastrófica, porque surgieron las mafias del licor y con éstas apareció la corrupción de las autoridades que debían luchar contra ellas. Durante 14 años que rigió la estrategia, las pandillas no sólo pervirtieron a la sociedad estadounidense, sino que las vendettas en ciudades convirtieron las calles en campos de batalla, hasta que en 1933 el Gobierno resolvió suprimir esa Ley Seca.

Sin embargo, la propuesta de legalizar las drogas, será un tabú difícil de vencer. Tal vez sólo se considerará en el futuro, cuando ya los muertos no se puedan contabilizar.

¿Habría sido positiva la rendición de los capos del narcotráfico de Cali? ¿Se reduciría el narcotráfico? ¿Se ganaría la primera gran batalla contra las mafias?

---

205 Líderes mundiales comenzaron a hablar del tema en 1989, entre ellos George Schultz ex Secretario de Estado de Ronald Reagan, quien fue el primer Presidente de los Estados Unidos en declarar una guerra frontal a las drogas. También la revista *Newsweek* mencionó como defensores de la legalización de las drogas a William F. Buckley, editor y autor conservador y a Milton Friedman, economista conservador, ganador del premio Nobel. El artículo salió el 25 de diciembre de 1989. Schultz y Friedman, eran portavoces de la *Drug Policy Foundation*.

206 El 16 de enero de 1919, el Congreso de los Estados Unidos promulgó la enmienda 18 de la Constitución, cuyo primer artículo decía: *1) Un año después de la ratificación de este artículo quedará prohibida por el presente la fabricación, venta o transporte de licores embriagantes dentro de los Estados Unidos y de todos los territorios sometidos a su jurisdicción, así como su importación a los mismos o su exportación de ellos, con el propósito de usarlos como bebidas.*

Ciertos dirigentes y autoridades no negociaron con los Rodríguez y los 250 capos más, porque no les convenía el pacto, ya que su entrega implicaba renunciar al flujo interminable de sobornos. Una vez en las cárceles, los mafiosos no tendrían que comprar su libertad. Ciertos candidatos que hacían fila para la Presidencia y Congresistas corruptos, perderían su mayor financiación para las campañas políticas, en desarrollo, en esos meses de 1994.

Los Rodríguez resistieron en la clandestinidad mientras sus aliados, que les guardaron lealtad, *trabajaron* como peones para garantizar un nuevo camino. Ellos prepararon astutas *jugadas de ajedrez*, con las cuales arrastraron a Colombia a una de las peores crisis institucionales de su historia.

2
UN PESADO SECRETO

Las preguntas en mi cabeza revoloteaban como si tuviera cientos de avispas tratando de reconstruir un panal destrozado por los vientos. El tiempo pasó y resucitar este tema que parecía sepulto, podría ser doloroso e incómodo para los protagonistas a quienes durante más de una década los vilipendiaron y los juzgaron, sin derecho a defenderse, como corruptos y mentirosos. Tal vez por eso guardaron silencio.

Entonces, mientras viajaba a encontrarme con el principal actor, recordé cada uno de los sucesos que rodearon esta historia. Desde el último intento de rendirse de los hermanos Rodríguez Orejuela, hasta los años que el personaje de la cita que iba cumplir gobernó a Colombia en medio de un escándalo llamado el *Proceso 8.000*[207].

Nueve años atrás, casi dos meses antes de que terminara su mandato, el día que se escogería por voto popular a quien lo reemplazaría, el domingo 31 de mayo de 1998, les hice una jugada periodística a sus asesores, porque sabía que no me permitirían entrevistarlo. Pacté con un colega extranjero para que me cediera su puesto y hacerle una pregunta enseguida de que él depositara su voto en una urna de la Plaza de Bolívar en Bogotá. Calculé que el nombre de mi cómplice estuviera al final de la lista, porque sospeché que una vez formalizara mi cuestión, el Presidente daría media vuelta y suspendería la rueda de prensa. Uno a uno los reporteros nacionales indagaron sobre las elecciones y temas superfluos, que respondió con gratitud. En último lugar me llegó el turno. Cuando me mencionaron, vi su incomodidad y sin dar espacio le hice una pregunta que no salió de mi *alta imaginación*, (término que él usó en el pasado con relación a mi estatura) sino de ciudadanos que, apenados por su gobierno, querían recibir una respuesta del Mandatario:

–*Señor Presidente: ¿Qué siente usted, su corazón, su espíritu, al dejar un país en medio de una crisis nacional, con más desempleo, con violencia y el descontento popular a causa del "narcoescándalo"?*– pregunté con mi vozarrón, en transmisión mundial.

---

207 Se le llamó *Proceso 8000* porque fue el número que le correspondió al caso en el juzgado.

–*Ahora no puedo responderle eso Raúl, pero lo invito mañana para que almorcemos en Palacio y lo discutamos*–, me expresó yéndose, mientras su esposa me observó con sus ojos tristes, mirada que en ella se volvió habitual, tal vez por el sufrimiento que esos cuatro años de gobierno dejaron en su hogar.

Esa entrevista prometida por él, se demoró nueve años. Mientras volaba de Miami a Panamá para cumplir la cita, reflexioné en todo lo que Colombia toleró, pero más en lo que perdió y no por culpa de ese Presidente, llamado Ernesto Samper Pizano[208], sino por quienes lo rodearon y quizá lo aconsejaron equivocadamente, pero también por los que lo embistieron sin piedad.

Lo conocí en Medellín, en mayo de 1991, cuando se desempeñó como Ministro de Desarrollo del gobierno del Presidente Gaviria y le hice una entrevista relacionada con el impacto del *narcoterrorismo* en la economía colombiana.

–*¿Y quién es este?*–, preguntó al viento aquella vez, en una de sus habituales bromas, como sugiriendo no reconocerme. Si hubiese sabido lo que le pasaría en el futuro, le habría respondido: *Una de sus piedras en el zapato del mañana*. En aquella ocasión, su simpatía me inspiró confianza. Lo vi como un dirigente prometedor y con ideas audaces.

Lo que intentaría develar en Panamá, pudiera ser la respuesta a los misterios que rodearon la financiación de su campaña y también el llamado *Proceso 8.000*, conocido en el mundo como *narcoescándalo*.

El ex Presidente Samper Pizano cumplió la cita puntualmente a las seis de la tarde, del jueves 15 de febrero de 2007. Como asesor internacional del *Foro de Biarritz*[209], el Mandatario viajó a Centroamérica y me cedió tres horas de su tiempo. La calidez de su expresión y cortesía rompieron el hielo, después de años sin cruzar ni siquiera una palabra y de escuchar historias que aseguraban que ordenó matar a periodistas y a opositores. Nadie lo podía creer al verlo y conversar con él. Extendiendo su mano para saludarme, se levantó del sillón de la sala de una de las suites del

---

208 Ernesto Samper Pizano nació en 1950 en Bogotá. Abogado de la Universidad Javeriana. Especializado en economía de *Columbia University* en Estados Unidos. Fue Concejal de Bogotá, Senador de la República y Presidente de Colombia.

209 El *Foro de Biarritz*, es un encuentro de personalidades que cada año organiza esa ciudad francesa, con representantes del mundo de la política, los gobiernos, las empresas, la academia y los medios de comunicación, para analizar el estado de las relaciones entre los dos continentes.

hotel Sheraton y después de una breve charla sobre mi propósito de contar su versión, aceptó grabar en cámara de televisión la entrevista, sólo como documento histórico y para sustentar este capítulo de mi libro. Me comprometí a respetar el acuerdo.

Lo encontré rejuvenecido a pesar de sus canas y una calvicie que desde joven fue prematura en él. A sus 56 años, lucía radiante con la piel bronceada y manteniendo su buen humor, una de sus más cautivadoras particularidades. Para calmar los nervios el señor Samper pidió un güisqui a un colaborador suyo, quien sacó una botella de *Johnnie Walker* sello rojo del equipaje personal y lo sirvió en un vaso con hielo. Rompiendo mi regla de no fraternizar demasiado con los entrevistados acepté un trago, más por bajar las tensiones acumuladas por años, que por un auténtico deseo de bebérmelo. Aunque la entrevista no se televisaría, Samper resolvió ponerse un traje y tú, Carolina, entre conversaciones sobre la época que compartiste con uno de sus hijos, le sugeriste usar una corbata de seda rosada que combinó perfectamente con su elegante camisa de algodón.

Habló sin vacilaciones cómo él creía que Fernando Botero Zea[210], el director de la campaña que lo llevó a la presidencia, junto a Santiago Medina[211], el tesorero, planearon una infiltración de dinero ilegal de narcotraficantes para sufragar parte de los gastos de esa cruzada política y que durante los primeros doce meses que duró la etapa inicial del *narcoescándalo*, hasta antes de la renuncia de Botero, éste manipuló la información y le hizo creer a él cosas que realmente no pasaban, evitando ser desenmascarado.

Sin embargo, sorpresivamente el ex presidente Samper Pizano admitió, por primera vez, que él sí se reunió con los hermanos Rodríguez Orejuela en cierta ocasión. Más adelante les contaré cómo y por qué.

---

210 Fernando Botero Zea, hijo del famoso pintor y escultor con su mismo nombre y nieto del estadista Germán Zea Hernández. Estudió Economía y Ciencias Políticas en la Universidad de los Andes en Bogotá. Se especializó en la Universidad de Harvard. Ocupó el cargo de viceministro de gobierno y en 1986 fue elegido al Concejo de Bogotá. En 1990 fue precandidato por el Partido Liberal a la Alcaldía Mayor de Bogotá y después Senador de la República.

211 Santiago Medina, administrador de Empresas de la Universidad Central de Madrid, España. De oficio anticuario y decorador. Dirigió y fue consultor de revistas de decoración. Fue presidente de la Fundación Nuevo Liberalismo de Luis Carlos Galán y varias veces tesorero adjunto del Partido Liberal. En 1990 fue nombrado Presidente de Ecosalud, una institución oficial del gobierno que administraba los juegos de azar. En enero de 1994 asumió la tesorería de la campaña *Samper Presidente*.

Aunque nació en una cuna aristocrática, desde joven el señor Samper comenzó a preocuparse por la gente al escuchar los discursos y los idearios políticos del Presidente Alberto Lleras Camargo[212]. Se calificó él mismo como liberal de centro izquierda con un pensamiento profundamente social y esto lo demostró a través de la historia, inclusive en los años que ejerció la Presidencia y desde que comenzó a saborear las mieles de la política. Por ejemplo, cuando ejerció como presidente de un poderoso centro de estudio y análisis económico[213], promovió debates sobre la pobreza, la distribución del ingreso, la justicia y la marginalidad política, que tal vez le abrieron su camino hacia la presidencia; pero en aquel tiempo hubo una propuesta que lo estigmatizó: *El país debe estudiar la legalización de la marihuana como una alternativa seria para la regulación. La legalización no consiste en dejar la marihuana al garete, sino en enmarcar su cultivo, comercio y consumo dentro de las leyes y normas que rigen nuestra economía, nuestra sociedad y nuestro Estado*[214]. Por tocar ese tema lo señalaron como amigo de los narcotraficantes. No se lo perdonaron jamás. Para mi concepto, fue un desafuero contra él.

Al día siguiente de verme con Samper viajé a Ciudad de México, a cumplir otra cita, esta vez con Fernando Botero Zea. Aunque no se escondía, parecía hacerlo. Pactamos este encuentro tres semanas antes, pero cuando llegué me evadió extrañamente, argumentando *una apretada agenda social*. Sólo recibió mis cámaras de televisión 48 horas después de mí llegada a México, aunque, a solicitud suya, tuvimos una conversación previa en el Hotel *W* de la Colonia Polanco, donde me hospedé, con el fin de *establecer los parámetros de la entrevista*. Se le veía nervioso, quizás porque la Interpol lo vigilaba. Descubrí por lo menos a cinco agentes siguiéndolo aquella tarde. Pendía sobre él una condena de dos años y medio de cárcel, por hurto, agravado por la confianza y cuantía[215]. Alegó ser un *perseguido político* y acusó a

---

212 Alberto Lleras Camargo, dos veces Presidente de Colombia, en 1945, por la renuncia de Alfonso López Pumarejo y en 1958, por elección popular.

213 Ernesto Samper Pizano fue uno de los primeros presidentes de la Asociación Nacional de Instituciones Financieras –Anif–, de 1974 a 1981.

214 La propuesta la hizo Samper, en marzo de 1979, en una conferencia de Anif.

215 El 17 de mayo de 2001, a raíz de una denuncia de Ernesto Samper, la fiscalía culpó a Botero por el delito de hurto, agravado por la confianza. El 30 de abril de 2003 lo absolvió el juzgado 37 Penal del Circuito. La Fiscalía apeló la decisión ante el Tribunal Superior de Bogotá, que lo condenó a 30 meses de prisión y le negó la suspensión condicional de la pena y la prisión domiciliaria. Botero Zea le solicitó a la Corte Suprema examinar la decisión, pero la sala de casación penal decidió confirmarla, en enero de 2007.

Samper de vengarse por atreverse a destapar lo que ocurrió en la campaña presidencial. Esa confesión lo llevó, once años antes, a pagar treinta meses de prisión, tiempo que cumplió en la Escuela de Caballería del Ejército, en el norte de Bogotá[216]. Al salir libre, el 12 de febrero de 1998, Botero Zea viajó a México, donde se sentía como pez en el agua porque nació allí en 1957, en una de las correrías artísticas de su padre Fernando Botero. Siempre que observé su rostro me parecía estar viendo una de las obras del pintor, pero con físico delgado, porque el Maestro hacía figuras voluminosas y gordas. Sus facciones parecían la inspiración del artista.

Al reencontrarme con Botero Zea, él de 50 años, en febrero de 2007, le reclamé por un compromiso que adquirió conmigo en noviembre de 2004, cuando me contó toda su versión de la verdad y prometió guardar silencio hasta que este libro estuviera impreso. Pero a raíz de la nueva condena por hurto, lo tentaron los periodistas colombianos y habló. Me pareció que en algunos aspectos, utilizó el manuscrito de una versión preliminar de este capítulo del libro, que me pidió días antes, como libreto de las acusaciones que lanzó, lo que me causó disgusto.

Me recibió en un pequeño pero refinado apartamento de Polanco donde se mudaba esa semana, decorado con obras de su padre y otros artistas. Su demora en confirmar la entrevista y ciertas reglas impuestas por él, me hizo pensar que planeó todo con el fin de someter el tiempo y tratar de controlar y reducir la conversación. Temía equivocarse. En medio del cuestionario le pregunté por qué se veía nervioso y me dijo que se sentía acorralado por mis preguntas.

Recordé el primer encuentro en otoño boreal de 2004, viaje al cual también me acompañaste tú, Carolina, con la intención de que entendieras más el proyecto de estos relatos. En aquella ocasión Botero y yo confrontamos el pasado por primera vez, cara a cara. Lo intentamos en varias oportunidades, incluyendo un frustrado encuentro en la casa de su padre en Pietrasanta, Italia.

Sentado frente a mí y con simplicidad, en aquella ocasión, relató cuándo inició la pesadilla para él. Me confesó que, diez años antes, el

---

216 Inicialmente Fernando Botero Zea, fue condenado a 90 meses de prisión y a pagar una multa de 1 millón de dólares, en agosto de 1996. La sentencia fue acordada en una negociación entre la fiscalía y el abogado del ex Ministro de Defensa. Por rebaja de pena y otros beneficios terminó pagando sólo dos años y medio de cárcel.

lunes 30 de mayo de 1994, ingresó apresurado al despacho del candidato presidencial Ernesto Samper y preocupado le comentó: *Estamos jodidos. Tenemos un sobregiro de 700 millones de pesos. No hay dinero para la segunda vuelta.* Como director de la campaña liberal *Samper Presidente* sabía que las finanzas iban mal, pero este aviso supuestamente no alteró al candidato.

El día anterior a esa reunión entre él y Samper, el domingo 29 de mayo, se llevó a cabo la primera vuelta electoral y el candidato aventajó a su rival, el conservador Andrés Pastrana, por tan sólo 18 mil votos. Este resultado, visto de forma cualitativa, no favorecía un triunfo fácil en la segunda vuelta[217]. Sin lugar a dudas, el efecto de las elecciones se resumió en cuatro palabras: victoria electoral, derrota política. Debían conquistar terreno para conseguir más votos que marcaran la diferencia en esa segunda vuelta. Entonces, planearon encender la maquinaria electorera de la burocracia, pero para lograrlo el dinero se necesitaba como un combustible vital.

Al principio, Botero no le interesó contar su versión de ese fragmento de la historia colombiana porque temió perjudicarse por la acusación de hurto, juicio del que esperaba ansioso los resultados en esa época de 2004. A pesar de eso, atendía sus negocios exitosamente. Fundó una revista de sociedad llamada Estilo México y se ocupaba de dar los cursos de superación personal Landmark, populares en el mundo empresarial. Precisamente esa vez que me vi con él, organizó uno de esos encuentros en un hotel donde, por 200 dólares, asistían desde humildes mujeres del servicio doméstico, hasta altos ejecutivos y presidentes de compañías mexicanas. Conservaba su elegancia y su aire de ejecutivo *yuppie*[218], a pesar que aquella noche de la reunión lo vi agotado. No sé si porque para él rememorar esa época revivió la pesadilla o simplemente ese día tuvo una jornada difícil.

Verlo frente a frente me causó desconcierto. ¿Por qué terminó enredado en una de las épocas más sucias de la historia colombiana? Botero representó a una prestigiosa familia de la alta alcurnia, que

---

217 En Colombia, cuando un candidato no lograba más del 51 por ciento de los votos, se obligaba a realizar una segunda vuelta.

218 *Yuppie*, del inglés *Young Profesional People*. Perteneciente o relativo al grupo social integrado por jóvenes profesionales activos, de formación universitaria, de altos ingresos económicos e ideología conservadora.

contribuyó a promover el arte y la cultura nacional y como dirigente simbolizó el lado limpio de la política.

Según Botero, el optimismo de Samper, aquella vez que le comunicó el déficit financiero, lo vio sospechoso.

–¿*Qué vamos a hacer?*–, le preguntó al candidato. *"No te preocupes tanto por eso. Ya hay un dinero. Ya hay conversaciones andando"*–, recordó que le respondió, de acuerdo a lo que me dijo en 2004.

–¿*Cómo así?*–, le replicó. Su tranquilidad lo siguió sorprendiendo porque según él, telefoneó a industriales y empresarios que al principio contribuyeron a la cruzada política de Samper[219] y le dijeron que no sólo no hablaron con el candidato, sino que no estuvieron dispuestos a seguir aportando dinero.

Después de la reflexión, Samper le habría explicado:

–*Tuve una conversación con Mestre y no te preocupes por el tema financiero*–. Se refería a Eduardo Mestre Sarmiento, el Parlamentario que vi en la sala de la casa de Miguel Rodríguez, quien en ese tiempo ejercía como Senador del Partido Liberal. Mestre, a juzgar por Botero, guardaba un pasado oscuro, al cual temía.

–*Si se trata de Mestre no quiero saber nada*–, me dijo Botero que le advirtió a Samper.

–*Tú despreocúpate. Yo manejo a Mestre*–, supuestamente le respondió.

Dos años después de esas revelaciones, me precisó que la plática sobre Mestre sucedió saliendo de la sede de la campaña, yendo los dos en una camioneta y las palabras las recordó en forma diferente:

–*Me dijo* (Samper)*: "Fer, va a tocar recibir el dinero de esa gente". Y cuando me habló de "esa gente", entendí inmediatamente que "esa gente" era una referencia al Cartel de Cali e hice una expresión coloquial colombiana: "¡Miércoles!, está fuerte el tema". Y él respondió: "Tranquilo yo me ocupo de ese tema con Mestre", haciendo referencia al senador Eduardo Mestre*–, indicó Botero.

–*Botero ha señalado que al finalizar la primera vuelta sufríamos dificultades financieras, que la Campaña tenía iliquidez y que, entonces, entré en pánico y decidí pactar con el diablo del narcotráfico para*

---

219 Los empresarios que más contribuyeron a la campaña política fueron Julio Mario Santodomingo, Luis Carlos Sarmiento Angulo y Carlos Ardila Lulle.

poder financiar la segunda vuelta. Falso de toda falsedad–, rebatió Samper.

La verdad fue que de la noche a la mañana ya no hubo insolvencia en la campaña. ¿De dónde provino el dinero? En parte, la respuesta podría estar en un almuerzo en casa de un empresario, empleado de un billonario colombiano, acontecimiento del que les hablaré al final de este capítulo.

Santiago Medina, el tesorero, se volvió una abeja de panal distribuyendo la plata. Botero me dijo en 2004 que, aunque veían la tenacidad de ese personaje, el candidato lo ignoraba deliberadamente y por eso éste reclamó airado:

–Yo me parto el culo haciendo esto, pero denme quince minuticos con Ernesto. Sólo pido eso–, imploraba el tesorero en su vulgar estilo de conversar. Según Botero, a raíz de esa presión Medina habló con Samper yéndose en el carro a eventos políticos. En el trayecto supuestamente lo ponía al tanto de la estrategia.

–Nunca estuve con Medina en ningún automóvil durante la campaña. Tuve contactos mínimos con él. Tal vez cuando se hacían las reuniones para recoger fondos o en los clubes–, reconoció Samper.

–¿Medina le mencionó alguna relación con el Cartel de Cali, o con los Rodríguez Orejuela?–, le pregunté.

–Jamás, jamás Raúl, se lo puedo asegurar, ¡jamás hablé con Medina de ese tema!–.

Aunque en ciertos sectores sociales veían a Medina como un intruso en los escenarios políticos, no apareció de la noche a la mañana. Trabajó como tesorero de la campaña de Luis Carlos Galán y del propio Partido Liberal por recomendación del ex Presidente Julio César Turbay. En Colombia se decía que la campaña de Turbay también recibió dineros del narcotráfico.

A Medina le temían, tal vez por su estilo lenguaraz. Acreditado decorador, conocía a famosos y poderosos, en especial a los que prosperaron de la noche a la mañana, *los mágicos,* dispuestos a pagar grandes sumas de dinero para adornar sus casas como palacios con el fin de acercarse o parecerse a la burguesía criolla. Reconocían que gozaba de influencias, pero con ambiciones desmedidas y, además, exhibía *la condición* de homosexual y *esto lo hacía peligroso*, según comentaban los que en Colombia creían que ganarse a un enemigo gay se volvía un dolor de cabeza, tal vez por la homofobia subterránea que subsistió en la sociedad de ese país, a pesar de que algunos de los críticos, practicaban la bisexualidad con derroche.

En la campaña lo vieron como un mal necesario. Según Botero Zea, llegó a ese cargo recomendado por un amigo íntimo del propio Medina, conocido de la esposa de Samper. Reemplazó a Mónica De Greiff[220], hija del Fiscal, quien para Botero hizo una mala gestión: *Era desorganizada porque perdía cheques de las contribuciones.* Supuestamente extravió donativos de Luis Carlos Sarmiento, uno de los empresarios que aportó dinero. En mi primer encuentro con Botero Zea insinuó, en una comida privada que tuvimos en un restaurante, que Samper mantuvo una relación *muy especial* con Mónica de Greiff.

En Panamá, Samper no sólo me dio otra versión, sino que se indignó al escuchar esa alusión de una infidelidad, lo que calificó de *chisme infame de peluquería, propio de Botero y de Medina.*

–*Jamás tuve ninguna relación sentimental con Mónica, y no tengo ningún problema en decirlo, tengo una gran amistad con ella, pero es una afirmación de Botero que oigo por primera vez y que dice muy poco de lo que es él, como caballero–.* ¿Qué intentó Botero al contarme algo tan íntimo? Tal vez quiso convencerme de que Jacquin Strauss de Samper, la esposa del entonces candidato, intrigó para colocar a Medina como tesorero.

–*La insinuación de que Jacquin sugirió* (contratar*) a Medina es una infamia. A Medina lo metió Botero y después supimos por qué y para qué–,* me confió Samper. Según él, lo que aconteció fue diferente.

–*A finales de 1993 mi campaña venía en picada; al llegar de una gira por México, le exigí a Botero que sacara a un publicista argentino que me convirtió en una especie de candidato robot programándome hasta los chistes que podía echar y las frases que debía repetir para que "calara" el mensaje de la campaña; Botero me respondió que me cambiaba la salida del publicista por la de Mónica de Greiff–.* Entonces, Samper consideró que no podía exigirle buenos resultados financieros para la campaña sin darle carta blanca para escoger a su gente y aceptó la propuesta.

---

220 Mónica De Greiff, Ministra de Justicia en el Gobierno del Presidente Virgilio Barco.

–Los dos, Medina y Botero, tenían una vieja relación supongo que por el tema de la venta de obras de arte. Medina debió relacionar a Botero con la gente del Cartel desde antes de la primera vuelta de mi campaña, pues relató que Botero lo envió varias veces a hablar con los de Cali–. Él juzgó que detrás hubo un interés de Botero de hacer creer que toda la maquinación salió de la mente del candidato.

–Porque pienso que ya en ese momento lo que Botero pensaba en armar, era la maquinación criminal para vender la campaña.

Recopilando elementos y pruebas de esa época, me acordé cuando el Coronel Humberto Salamanca me puso sobre mi escritorio la transcripción y una cinta de audio que contenía una conversación secreta de un célebre periodista con un miembro de un cartel de la droga, donde definía la entrega de dinero para las campañas electorales. Esa noche de la entrevista con Salamanca dejé esperando para ir a cenar a la mamá de ustedes, mis hijos, por *enésima* vez. Cumplíamos 11 años de casados el 18 de junio de 1994 y como cayó sábado (igual que el día de nuestro matrimonio), simbolizaba una fecha especial, pero la segunda vuelta electoral se iba a realizar al día siguiente y los preparativos, más lo que conocí, cambió los planes en aquella ocasión y la dejé plantada.

Poseía en mis manos una *chiva* noticiosa, pero surgió en mi cabeza una preocupación: si emitía en *Univisión* el audio de esas cintas que el Coronel Salamanca me ofreció, seguramente el informe periodístico repercutiría en Colombia fastidiando los comicios. La voz de la cinta correspondía a la de un periodista llamado Alberto Giraldo[221], quien conversaba con uno de los hermanos Rodríguez Orejuela. Así se reveló claramente un secreto a voces: la mafia compró la conciencia de dirigentes colombianos y Giraldo ejerció como estafeta del *Cartel*. Pero realmente asombró confirmar que los Rodríguez planearon financiar las campañas electorales, tanto la de Samper como la de Pastrana.

–Si no lo toma, para mañana es tarde–, me dijo el amigo. En ese primer semestre de 1994, soporté una nueva campaña de desprestigio por parte de colegas, en donde me seguían señalando de *hablar mal de Colombia en el exterior* y de *vende patria*. Aunque a esas alturas a mí me interesaba poco lo que pensaban esos enemigos gratuitos y si

---

221 Alberto Giraldo, periodista colombiano, se hizo famoso por su cercanía al círculo intrínseco de la política. Fue asesor de presidentes, senadores y figuras públicas, y muy amigo de ciertos narcotraficantes.

bien, ciertos periodistas me destrozarían públicamente al revelar una noticia de ese tamaño y en pocas semanas me convertiría en un villano, esa no fue mi mayor preocupación. Al conocer las grabaciones, pensé que asumir la responsabilidad de otro escándalo en donde se ponía en riesgo la institucionalidad de la nación, sería una gran carga. Entonces, reflexioné y no las difundí. Además, no fui el único destinatario de las cintas.

Pocos días antes de la visita de mi confidente, la campaña del candidato Pastrana recibió los casetes, pero no se atrevieron a divulgar su contenido antes de las elecciones, aunque en algunas oportunidades el candidato insinuó la infiltración. Incluso, uno de sus hombres de confianza, Luis Alberto Moreno, le pidió al Embajador estadounidense, Morris Busby, que los hiciera públicos. La embajada oficialmente se negó, pero el director de la DEA, un sagaz agente llamado Joe Toft, los distribuyó de manera clandestina, utilizando a una novia suya colombiana[222]. Toft, que conoció la médula de la corrupción de nuestro país, se mostraba molesto con la avenencia que, sectores de la sociedad, mantenían con el narcotráfico y se atrevió a decir lo que ofendió a muchos: *"Sé que el término 'narcodemocracia', cuando se le menciona a los colombianos, no les gusta. Pero es real, muy real. Creo que ustedes ya están en el abismo"*.

El propio Samper, candidato de una de las campañas implicadas en las grabaciones, recibió las cintas que los periodistas colombianos comenzaron a llamar *narcocasetes*.

—*El viernes anterior a las elecciones de la segunda vuelta, cuando me disponía a ir a un viaje, recibí una llamada del Ministro de Defensa, Rafael Pardo, para anunciarme que quería enviarme un material delicado de forma inmediata; lo recibí en el aeropuerto El Dorado. Se trataba de unas cintas que envié a Horacio Serpa y a Fernando Botero, sin saber su contenido, para que las escucharan. Serpa, cuando las oyó, pensó que se trataba de un montaje de la mafia para incriminar las dos campañas. Botero reaccionó distinto, se puso nervioso, manifestó que el tema debíamos trancarlo porque nos haría daño*—, me contó Samper en la entrevista de Panamá. Botero coincide que así ocurrió:

---

222 Joe Toft, admitió varios años después, que él fue la persona que filtró los *narcocasetes*.

–Naturalmente me quedé preocupado y un par de horas más tarde llegó Horacio Serpa y oímos por primera vez los narcocasetes y en ese momento entendí la gravedad de lo que sucedió–, me relató. Samper, recordó que Botero Zea se comportó excesivamente nervioso y repetía: *Esto es gravísimo, esto puede destrozarnos.*

–Fundamentalmente en esas grabaciones estaba la evidencia irrefutable de que una suma importante de dinero del Cartel de Cali ingresó a las arcas de la campaña y entendí no solamente que existía esa evidencia sino que era cuestión de tiempo de que se hiciera pública y que se formaría un escándalo político de gigantescas proporciones–, me contó Botero. Lívidos y pálidos, él y Serpa comprendieron que todo comenzaba a derrumbarse.

–Quedé prácticamente en "shock" (impactado) porque entendí claramente las repercusiones, la trascendencia y las consecuencias que eso iba a tener. Por así decirlo, entendí en ese momento que mi vida (pública) se acabó y literalmente concluyó porque a partir de ahí tuve la certeza que yo acabaría en un enorme problema judicial, tal como de hecho sucedió–, agregó Botero Zea. ¿Por qué pensó que él iba a terminar en un *enorme problema judicial,* si supuestamente fue sólo un actor forzoso del engaño, de acuerdo a lo que atestiguó?

–Del círculo usted parecía el más temeroso ¿Por qué?–, le pregunté.

–Esa es una apreciación suya que respeto. Creo que cada cual lleva su procesión por dentro. En la campaña todos estábamos igualmente nerviosos, preocupados, porque sabíamos esto, tan grave, lo que contenían los "narcocasetes", se filtró e iba a ser un hecho público–.

A los pocos días, en una reunión ofrecida por Santiago Medina en su lujosa residencia en el norte de Bogotá, para ver un partido de la Copa Mundial de Fútbol, celebrada en los Estados Unidos, Samper lo llevó a un salón, según Botero:

–Me dijo palabras más, palabras menos: "Nos agarraron". Haciendo referencia al tema de los "narcocasetes" y agregó una frase, algo por el tenor de: "Que tipos tan bocones". Comprobé no solamente la gravedad de esta noticia que se filtraría a los medios, sino que también el señor Samper lo veía como algo trascendentalmente grave–, concluyó Botero.

–Lo de la casa de Medina es absolutamente falso. Imagínese Raúl, si yo, a esas alturas, ni siquiera conocía el contenido exacto de las famosas cintas y venía agotado de una gira por varias ciudades, me iba a poner a confrontar a Botero en un cuarto cerrado. Repito, lo único que me llamaba la atención era la excesiva importancia que él daba al hecho como si él estuviera involucrado directamente en las acusaciones y que contrastaba con la actitud de Serpa que se preocupó más por el origen de las cintas, su legalidad y su veracidad–, me dijo Samper.

Meses antes, en una visita a Washington, Samper y Botero Zea supieron que correrían un gran riesgo si aceptaban dinero ilegal, porque el propio Robert Gelbard, Subsecretario de Estado adjunto para Asuntos de Narcotráfico, de Estados Unidos, les avisó a los dos que esto podía ocurrir.

–Es cierto, la reunión tuvo lugar. Lo que no se dijo es que con la misma vehemencia de su advertencia le respondí al funcionario que éramos totalmente conscientes de que todas las campañas en Colombia estaban sujetas a este riesgo, no solamente la mía y que en nuestro caso establecimos controles estrictos para evitar esta penetración como un "Código de Ética" y una directiva sobre recepción de dineros. Le ofrecí que Rodrigo Pardo, quien me acompañaba en la gira, le enviaría, con la mayor brevedad, detalles y documentos contentivos de las precauciones que tomamos–.

Si el río suena piedra trae, decía mi mamá. Ante semejante campanazo de alerta, tuvieron que reforzar las medidas de protección para evitar la infiltración.

–Quienes estuvieron cerca de mí en la Campaña sabían de mi obsesiva preocupación por evitar a toda costa cualquier contacto con personas, lugares o recursos cuyos orígenes no tuvieran, absolutamente claridad. Ahora, una advertencia de este tipo en el caso de Colombia sobraba; si Gelbard tuvo desde entonces datos sobre la infiltración, con nombres y montos, ha debido decírmelos y por supuesto no lo hizo–. Aunque el ex Presidente restó importancia al aviso, sería un error arriesgarse a franquear esa vigilancia.

El día de la segunda vuelta electoral muchos guardábamos el secreto de los *narcocasetes*, incluyéndome. Tal vez esperábamos que no resultara verdad, pero lo ocurrido lo juzgamos como la respuesta.

Samper volvió a derrotar a Pastrana, pero con una diferencia mayor, más de 150.000 votos[223]. Al conocerse el resultado, Pastrana convocó a una rueda de prensa, donde dio a conocer públicamente la existencia de la grabación. Su decisión la vieron como tardía.

–Al día siguiente de las elecciones, el mismo lunes 30 de mayo, le pedí al Fiscal De Greiff que abriera una investigación sobre la autenticidad de las cintas y sus contenidos pero que antes de anunciarlo, le consultara a Pastrana si quería que pidiéramos públicamente los dos la investigación como protagonistas de las elecciones para no hacerle daño a la democracia colombiana. Pastrana, a pesar de que su campaña también aparecía involucrada en las versiones grabadas, se opuso airadamente, seguramente porque ya tenía previsto escudarse en el episodio para justificar su derrota y comenzar su campaña contra el país que duró cuatro años–. Además de esa solicitud, el candidato Samper, telefoneó al Presidente César Gaviria, con la intención de escuchar opiniones, quien le respondió: *Eso no es para dañar las campañas, eso es para joderlos después, para hacerles daño a quien gane.*

¿Quién grabó tan acuciosamente estas conversaciones? ¿Miembros de la unidad de *operaciones especiales* de la Brigada *XX* que trabajaban para la mafia?, ¿La DEA? ¿Directamente los Rodríguez para intimidar al candidato ganador? Quien lo hizo inició una de las peores crisis institucionales de Colombia.

Botero Zea me contó que en la noche del martes 21 de junio de 1994, dos días después de realizarse la segunda vuelta, visitó en privado al electo Presidente Samper, en su oficina del barrio Los Rosales.

–Él me dijo que no sabía claramente cómo manejar el problema, lo que por ahora, había que hacer era y la frase textual fue: "Echar a Medina a los lobos". Es decir, crear una zanja entre Medina y el doctor Samper y yo. Distanciarnos de Medina–, frase que, de acuerdo con Botero Zea, lo puso más nervioso. Días después, según él, surgió *una receta* para calmarlo: aprovechando la amistad personal de Samper

---

223 En la segunda vuelta electoral, Ernesto Samper venció a Andrés Pastrana por 156.585 votos, que representaron 50.57 por ciento (3.733.366 sufragantes), frente a 48.45 por ciento (3.576.781 sufragantes) de Pastrana. Fue una de las elecciones de más abstención en la historia colombiana, con un potencial electoral de más de 18 millones de personas. Información obtenida en *Political Database Of Americas*.

con Mónica de Greiff, lo invitaron a un almuerzo en casa del padre de ésta, Gustavo, el Fiscal. En plena comida el Fiscal suscitó la plática de los *narcocasetes*, y afirmó que veía eso como *un asunto más político que judicial* e insinuó que la fiscalía no abriría la investigación. En esa oportunidad, aunque sospechó de una trama preparada, Botero dice que respiró aliviado, porque se sintió seguro. Cuando le pregunté a De Greiff en México, me afirmó que *quizá sí hubo ese almuerzo, antes de que Samper asumiera la presidencia,* pero que *jamás discutió ese tema.* Extrañamente, a los pocos días, la Fiscalía cerró la investigación de los *narcocasetes* porque las grabaciones se hicieron en forma clandestina y las consideraron ilegales. Por esas contradicciones de la justicia, los malos resultaron ser los que espiaron las conversaciones *privadas* y no los que planearon la conspiración para comprar un gobierno. Sin embargo, tampoco investigaron a los que grabaron y aunque hubo funcionarios y oficiales de la Policía que aparentemente estuvieron involucrados en el complot, en asociación con la DEA, nadie indagó por esos personajes.

Pero lo de los *narcocasetes* apenas sería la punta del iceberg. Antes de que asumiera el poder Samper, las autoridades no corrompidas, seguían buscando más pruebas. Un comando del Bloque de Búsqueda, al mando de un Coronel del Ejército de nombre Carlos Alfonso Velásquez[224], apoyado por la DEA, allanó una oficina al norte de Cali que resultó ser la sede administrativa del *Cartel.* En ese lugar encontraron una abrumadora información que comprometió a varias empresas que servían de fachada para pagar sobornos. Entre las pruebas hallaron más de 30 mil cheques girados a políticos, periodistas, militares, policías, artistas, orquestas, jugadores de fútbol y personalidades de la vida nacional e internacional, pero no hubo ninguna evidencia en contra de Ernesto Samper y ni siquiera en contra de Fernando Botero. En el operativo capturaron a un hombre llamado Guillermo Pallomari[225], asesor contable de los mafiosos y quien confesó a los fiscales que trabajaba para los Rodríguez. Sin embargo, a los pocos días lo dejaron

---

224 El Coronel Carlos Alfonso Velásquez, fue uno de los comandantes del Bloque de Búsqueda, Unidad del Ejército, encargada de la persecución al *Cartel de Cali.*
225 Guillermo Pallomari, de origen chileno, trabajaba para los Rodríguez Orejuela. En 1984 fue gerente de Sistemas de Drogas La Rebaja. En 1990, Miguel Rodríguez lo elevó a contador personal de todos sus negocios.

libre, haciendo oídos sordos a los reproches del Coronel Velásquez que hizo un peligroso trabajo de inteligencia[226].

En medio del aturdimiento producido por el escándalo y a pesar de que sus enemigos lo calificaron como una vergüenza, Ernesto Samper Pizano asumió el cargo de Presidente de la República el 7 de agosto de 1994. Nombró como Ministro de Defensa a Fernando Botero Zea, Ministro del Interior a Horacio Serpa Uribe y a Rodrigo Pardo lo distinguió como Canciller de la república. Botero afirmó que hasta le prometió la embajada de España a Santiago Medina para que cumpliera el sueño de que le dijeran *Señor Embajador.* ¿Para qué ofrecerle un cargo si la supuesta orden había sido *echarlo a los lobos*? Ciertamente a Medina le esperaban días aciagos, después de conocerse el contenido de los *narcocasetes* donde quedó en evidencia.

En las primeras semanas del gobierno, en los pasillos y salones del Palacio de Nariño, se sentía un monstruo que asustaba. El *narcoescándalo* colocó a la defensiva a los miembros del régimen. Comenzó a funcionar, según Botero Zea, lo que en política se llama un *Kitchen Cabinet* (un gabinete de cocina), es decir, un grupo de apoyo íntimo para enfrentar la crisis que crecía en forma perversa.

–*Digamos que sí hubo reuniones con la gente cercana, pero las reuniones normales de cualquier gobierno que tiene crisis, que en Colombia no es nada raro*–, me confirmó Samper en Panamá. Supiera o no el Presidente Samper sobre el ingreso de ese dinero a las arcas de la campaña, el *narcoescándalo* se convirtió en un chantaje implícito que pendía sobre su cabeza, como una espada de Damocles, amenazadora y peligrosamente letal para la institucionalidad colombiana.

¿Con quién o con quiénes hicieron los Rodríguez el compromiso de financiar las campañas para recibir beneficios? En otro encuentro con Botero Zea en México, a mediados de mayo de 2007, en el Café Puerta del Cielo en la esquina de la calle Mazarik y Arquímedes en Polanco, cerca de su vivienda, me descubrió algo nuevo. Para él, Medina sólo *cargó las cajas*. Me dijo que el actor vital de la financiación fue Mestre, lo cual confirmó cuando el Senador lo visitó en su despacho del

---

226 Al Coronel Carlos Alfonso Velásquez, el *Cartel de Cali* pretendió sobornarlo. Como no logró convencerlo, lo implicó en un romance con una informante, grabándole videos y tomándole fotos íntimas en una cama de un motel. Con ese material intentaron extorsionarlo pero él, valientemente, enfrentó a los delincuentes y reveló la verdad a la nación.

Ministerio de Defensa a mediados de septiembre de 1994. Después de un saludo formal, Mestre le habló sin rodeos.

–*Escúcheme bien lo que le voy a decir: esto que le voy a mostrar es ciento por ciento legal, ciento por ciento legal, ciento por ciento legal*–, se lo repitió tres veces para lograr la atención de Botero. Inmediatamente puso sobre su escritorio una carpeta color beige, marcada con letra que Botero me dijo reconoció como la de Mestre, que contenía los términos de un supuesto pacto que el Senador esbozó, para la *rendición* de los hermanos Rodríguez Orejuela. Eran copias revisadas y actualizadas de los decretos de Sometimiento a la Justicia que diseñó, dos años antes, el Gobierno del Presidente Gaviria y el Fiscal Gustavo De Greiff, para la entrega de Pablo Escobar.

Botero Zea me dijo que días más tarde, el propio Presidente Samper lo citó en el Palacio de Nariño. Cuando se sentó frente a su escritorio, el Mandatario abrió una gaveta y sacó el mismo fólder que le mostró Mestre. Lo reconoció por la letra. En términos similares dijo que ese *sería un acuerdo que no violaría la ley y permitiría acabar con ese dolor de cabeza: los Rodríguez.* Además le pidió que dilatara los operativos contra los jefes del *Cartel de Cali*, mientras se concluía dicho convenio. Mestre realmente nunca formó parte del equipo financiero de la campaña *Samper Presidente*. Tampoco perteneció al grupo del candidato. Sin embargo, Samper reconoció que Mestre sí visitaba la sede de la campaña.

–*Tuvo una participación marginal como asesor, pues se trataba de un excelente analista político electoral*–. Si Mestre hizo algo más que asesorar en asuntos políticos, me pregunté: ¿el candidato se enteró de esos *otros asuntos*?

–*Jamás hablamos con Mestre ni de plata para la campaña, ni mucho menos del sometimiento de los Rodríguez*–.

Cuando le detallé a Samper mi encuentro con Botero en el Café Puerta del Cielo en México, para lograr su reacción, se mostró impresionado por lo que calificó de *capacidad de Botero Zea para construir montajes con chismes de peluquería que hicieran creíbles sus mentiras.*

–*Públicamente y de manera transparente, durante mi campaña, avalé las gestiones del Fiscal De Greiff para un sometimiento de los Rodríguez, a quienes les ofrecí un juicio justo y una cárcel segura. Más tarde apoyé al siguiente Fiscal, Valdivieso, hasta que me di cuenta que el tema no iba para ninguna parte–*, aclaró el ex Mandatario.

–Lo de mermarle a las operaciones es una acusación falsa. Mi teoría fue que solamente presionando al cartel se someterían a la justicia, de lo contrario no verían la utilidad de hacerlo (los narcotraficantes). *Esta es la verdad de la verdad, lo demás son patrañas de Botero para esconder su "doble agenda" durante el Gobierno: duro hacia afuera y blando por dentro–*, concluyó el tema el ex Presidente.

A finales de 1994 Botero Zea esperaba ansioso la entrega de los *patrones de patrones*, pero pasaron los meses y los Rodríguez no dieron una señal de aceptar el hipotético trato. Algo ocurrió en ese lapso de tiempo que impidió que se rindieran. O los mafiosos se enteraron que la alianza no llegaba hasta el alto nivel presidencial, o simplemente exigieron más, o temieron una trampa.

Una mala jugada abriría las compuertas de una represa llena de suciedades que pocos querían conocer y las revelaciones no serían secretas como las hizo en el pasado Miguel Rodríguez, con su apodo *Colibrí* o *Los Canarios*, sino a viva voz. El silencio a cambio de tranquilidad se sintió como un pacto sobrentendido. Los que hicieron ese compromiso en nombre del Gobierno, quizá temían la respuesta de los mafiosos si alguien amenazara su libertad y la intimidad de la familia, una palabra sagrada para ellos aunque causaron la desgracia de muchas.

Los Rodríguez, que apostaron a recibir un trato especial, presionaron por debajo de las turbulentas aguas donde antes lanzaron un anzuelo con carnada suculenta, sabiendo que en ese río de suciedades, abundaban los peces hambrientos.

Un hecho que sembró sospechas sobre el supuesto pacto que relató Botero, ocurrió el 3 de diciembre de 1994, cuando el Bloque de Búsqueda ingresó a un salón del hotel Intercontinental de Cali, interrumpiendo abruptamente una fiesta infantil de un nieto de Miguel Rodríguez. Éste se sintió con derecho a quejarse. Los militares encargados del operativo, que intentaban arrestar al jefe mafioso, confiaban que semejante acción iba a ser recompensada. No esperaban un jalón de orejas público de Rodríguez, por *asustar a los niños y causarle un trauma irreparable.*

Horas más tarde del allanamiento, Samper convocó a Botero Zea al Palacio de Nariño y, según el entonces Ministro de Defensa, le dio una *orden directa, expresa y además tajante* de filtrar a los medios de comunicación lo siguiente: *Algún tipo de declaración pública diciendo que el Presidente no estaba conforme con procedimientos del Bloque de Búsqueda, que pudieran atentar contra los Derechos Humanos.*

Samper me describió una historia diferente:

–A mí me llama Botero y me dice: "La Policía hizo un allanamiento buscando a los Rodríguez en el hotel Intercontinental, previendo que estaban unos nietos" o no sé quien de uno de ellos, "y esto es terrible, esto va a desatar una ola de terror, hay que tranquilizar la situación" y yo le dije un poco a la carrera, porque me subía en ese momento a un helicóptero con destino a Armenia: "Pues me parece muy mal que ahora estemos allanando fiestas infantiles, salga y diga que este gobierno no persigue a los niños y punto"–, me contó Samper. Por su parte, Botero explicó que, después de la orden que le dio Samper, el Presidente hizo llamar a un periodista de nombre Juan Gossaín[227] para informarle que el Ministro de Defensa lo volvería a telefonear con una *chiva* noticiosa. Me indicó que se retiró del Palacio de Nariño y cuando regresó en su automóvil oficial hacia la oficina, Samper le habló diciéndole que ya podía hacer la llamada a Gossaín. Supuestamente él la esperaba. Botero le platicó al periodista, quien transmitió la noticia filtrada en su noticiero nacional de radio.

–Eso es falso–, me dijo el señor Samper. Lo que sí fue cierto, según él, después lo abordó un reportero cuando llegó a Armenia.

–Un periodista me dijo: "El Ministro acaba de pedir disculpas a los Rodríguez", yo explico: "Hombre lo que pasa es que este Gobierno nunca hará allanamientos en los cuales arriesguen la vida de los niños"–.

–Me parece absurdo señor ex Presidente, porque se entendió como si su Gobierno estuviera pidiéndole disculpas a los Rodríguez, no Botero haciéndolo por su cuenta–, le repliqué.

–¡Claro! Pero qué iba yo a saber que Botero quiso tranquilizar a los Rodríguez y no a la ciudadanía que, por supuesto, podía estar preocupada

---

227 Juan Gossaín se desempeñaba como director de noticias de Radio Cadena Nacional –RCN–. Traté de confirmar con él pero nunca quiso pasarme al teléfono.

porque los organismos de seguridad del Estado irrumpieran armados hasta los dientes en una piñata de niños–, me respondió categórico, sospechando que Botero temió que los Rodríguez lo delataran, si no se excusaba por el supuesto error del operativo militar.

–Botero pretendía amedrentar al gobierno frente a todas esas noticias que llegaban del Cartel de Cali, como Ministro de Defensa, entonces decía que "hay información de inteligencia de que esto va para una ola de terrorismo, que habría un baño de sangre, que desatarían una nueva guerra como la del Cartel de Medellín". Ignoro si Botero y Medina suscribieron compromisos con la gente del Cartel a cambio de los aportes que recibieron seguramente en mi nombre. Ya entrado el segundo año de gobierno, ellos mismos comenzaron a traer mensajes amenazantes en respuesta a los operativos que adelantábamos en Cali, mensajes que Botero, le reitero, acompañaba con advertencias catastrofistas sobre el renacimiento del terrorismo si no obrábamos con precaución y cuidado en el desarrollo de la estrategia–, insistió Samper, recordando que siempre rechazó el tono intimidante de esos mensajes y *sus veladas insinuaciones sobre la financiación de la campaña.*

¿Por qué, en medio de una crisis nacional, Samper no destituyó a Botero Zea, por haber expuesto a su Gobierno a otra vergüenza mundial? El Ex Presidente argumentó que no ejerció mal su Ministerio: *todo lo contrario, se desempeñó con eficacia en varios campos. Inclusive lo condecoró el Vicepresidente de Estados Unidos Al Gore.* Contradicciones de Samper.

En contra de todas las creencias públicas, en enero de 1995, el Gobierno sorprendió al mundo al ofrecer una recompensa de un millón de dólares por cada uno de los Rodríguez y otro tanto por los demás miembros de la organización. Por primera vez la identidad física de los mafiosos se hizo pública. Jamás se imaginaron que al no poder rendirse en el gobierno de César Gaviria y elegir contribuir a las campañas presidenciales de 1994, sus nombres ocuparían por años los titulares de la prensa, la radio y la televisión y comenzaría el fin de su imperio. Ellos pagaron a decenas de periodistas para evitar esa vergüenza pública y perdieron el control.

¿Falló el supuesto pacto? ¿Formó parte del acuerdo con los mafiosos, simular fortaleza contra ellos? ¿Aceptaron ese nuevo trato, para ayudar a *enfriar* la crisis? Se vio extraño que ante la cacería, los Rodríguez otra vez guardaron silencio. Botero se acreditó esa persecución:

–*La ofensiva frontal contra el Cartel de Cali la lideré desde el Ministerio de Defensa con la colaboración eficaz de la Policía y una parte del Ejército colombiano y esa ofensiva resultó exitosa*–, me dijo en México.

–*¿En algún momento el Presidente Samper le ordenó detener el plan para capturar a los Rodríguez?*

–*En varias ocasiones, desde órdenes como hacerme el tonto o el pendejo con respecto a los operativos o claramente instrucciones de suspender o cancelar el operativo. Estas instrucciones dependían fundamentalmente de contactos que él tenía con esa gente por medio de personajes como Rodrigo Garavito*–. Garavito sería uno de los primeros parlamentarios que la Corte Suprema de Justicia llamaría a juicio en el futuro, por haber recibido dinero del *Cartel de Cali*[228].

¿Siendo Samper el Comandante en Jefe de las Fuerzas Armadas y el superior de Botero, por qué no usó radicalmente su autoridad para detener la captura de los Rodríguez? ¿Cómo Botero, siendo subordinado, se pasó por la faja las *recomendaciones* que teóricamente recibió de: *hacerse el pendejo con respecto a los operativos"*? Una contradicción en el testimonio de Botero.

–*Independientemente de cualquier consideración, mi mayor preocupación, cuando se conocieron los hechos de la financiación de mi campaña, fue demostrar, con la persecución del narcotráfico, que estos no afectaban para nada la voluntad inquebrantable de mi gobierno de perseguir el crimen organizado. Yo ofrecí y lo hice público durante la campaña y lo cumplí durante el gobierno, un juicio justo y una cárcel segura para los que se entregaran a la justicia; sabía que para que este ofrecimiento se hiciera efectivo debía que acompañarlo con una mayor presión en su búsqueda*–, arguyó Samper.

Por eso desde los primeros días de su gobierno, ordenó una estrategia secreta. Participaron funcionarios de las embajadas de Estados Unidos y Gran Bretaña. Lo bautizaron *Grupo Winston* y su líder fue un abogado llamado Ramiro Bejarano, director del Departamento Administrativo de Seguridad –DAS–, quien personalmente coordinó los operativos

---

228 A Rodrigo Garavito lo condenaron el 27 de noviembre de 1997 a siete años y seis meses de prisión.

de búsqueda y detención de los jefes del Cartel. Más tarde, Samper incorporó a un General de nombre Rosso José Serrano, visto en Colombia en aquella época como un héroe nacional y considerado por los funcionarios de la Embajada de los Estados Unidos como *superhombre*. Serrano comandaba la Policía Nacional y junto a dos coroneles de la misma institución, a quienes el Mandatario apodó *los tres mosqueteros de la lucha contra las drogas*, formaron parte del *Grupo Winston*.

–Desde entonces establecí lo que internamente llamábamos "los martes de Rosso"; cuando existía alguna decisión de fondo que debía ser tomada, el General me mandaba a decir que quería jugar tenis conmigo o yo lo convocaba; habitualmente jugábamos los martes–. En una de las reuniones, el General Serrano le informó al Presidente Samper, que el Ministro Botero le pidió ver unas pruebas, conseguidas en uno de los allanamientos, antes de remitirlas a la Fiscalía.

–Le ordené al General enviarle una copia de las mismas al ministro y entregar inmediatamente los originales a la Fiscalía–, me confesó Samper.

En medio de la persecución a los jefes del *Cartel de Cali*, empezaron a caer los implicados por el allanamiento a la oficina del contador Pallomari. Las evidencias probaron que periodistas hacían parte de la nómina del *Cartel* y que políticos recibieron plata en forma individual para sus campañas al Congreso y algunos también estaban en la nómina, pero con ese dinero no se sufragó la campaña *Samper Presidente*. La financiación ilegal de la campaña escondió sus propios implicados y el dinero ingresó en forma independiente. En cambio, el *Proceso 8.000* involucró a otros políticos. La opinión pública, sin saber ese trasfondo, entendió que todos hacían parte de un sólo acto de soborno, pero realmente era una compleja red de corrupción, que venía operando desde hacía varios años, especialmente a través de los políticos del Valle del Cauca, maniobrada con métodos de compartimentación estratégica. Los Rodríguez compraron conciencias sin revelar nombres. Entre los políticos sospechaban unos de otros, pero pocos admitían saberlo, ni mucho menos aceptaban que recibían el dinero de *esos indecentes narcotraficantes*.

Cayó primero a quien con tanto recelo y temor observaba Botero Zea, Eduardo Mestre[229], arrestado por figurar en la lista de Pallomari, vinculado al *Proceso 8.000*, y no por la financiación de la campaña *Samper Presidente*. De ningún modo me sorprendió su captura. Tres días después, la Fiscalía notificó a la Corte Suprema de Justicia que, por lo menos, nueve Congresistas estaban siendo investigados por enriquecimiento ilícito[230]. Un mes más tarde, el 25 de mayo de 1995, el periodista Alberto Giraldo se entregó a las autoridades. Aunque su voz se oyó en el audio de los *narcocasetes*, no lo capturaron por eso, sino a causa de que también hacía parte de la lista del contador Pallomari. Igualmente lo acusaron de enriquecimiento ilícito.

En esa época recibí una llamada telefónica de uno de los enlaces del *Cartel*, porque los Rodríguez querían hablar conmigo otra vez. En medio del colosal escándalo mundial, negarse sería un error para un corresponsal de noticias, entonces, viajé a Cali. Cuando estuve frente a Miguel Rodríguez, casi sin preámbulos supe por boca de ese mafioso, que Ernesto Samper, Fernando Botero Zea y otros ministros y asesores del Gobierno, conocían el origen del dinero que entregó su organización a la tesorería de la campaña *Samper Presidente*.

En aquel tiempo no comprendí que eso formó parte de otro movimiento en el tablero del ajedrez, que pudo tener uno de los siguientes objetivos: vengarse por el incumplimiento o simplemente enviar un mensaje a los miembros del gobierno que aceptaron la plata sucia, para que reaccionaran y lo protegieran a él y a su hermano Gilberto. Le advertí a Miguel que esa insinuación sonaba grave y que sólo con su palabra no podía divulgarla, sino que necesitaba un testimonio en cámara, pero él me recordó el obstáculo de hacerlo: no quería perjudicar a su familia saliendo más en la televisión.

Sin embargo, Rodríguez escondía un propósito sucio al citarme. Me manifestó con simplicidad que me iba a dar una *gran chiva noticiosa*.

---

229 A Eduardo Mestre Sarmiento lo capturaron el 20 de abril de 1995. Fue condenado en agosto de 1998 a 7 años de prisión, por enriquecimiento ilícito. Salió libre el 17 de octubre de 1997. Lo recapturaron para que terminara su condena.

230 El 23 de abril de 1995, la Corte Suprema de Justicia de Colombia comenzó a investigar a varios parlamentarios. En la lista estaban Álvaro Benedetti, Jaime Lara, José Guerra de la Espriella, Alberto Santofimio Botero, Armando Holguín Sárria, Ana García de Pechtal, Rodrigo Garavito, Yolima Espinoza y María Izquierdo. También fueron vinculados Hugo Castro Borja, Jorge Ramón Elías Nader, Gustavo Espinoza y muchos otros.

Cuando dijo eso sacó de su maletín una carpeta con documentos y comenzó a develar una presunta relación de un narcotraficante preso en Barranquilla, una ciudad en la costa norte de Colombia, con el nuevo Fiscal, llamado Alfonso Valdivieso[231], quien reemplazó a Gustavo De Greiff[232]. Según Rodríguez, el hombre encarcelado, supuestamente sería un primo hermano del funcionario. Pretendía que hiciera la denuncia, pero le manifesté que no lo iba a hacer hasta verificar las pruebas. Oírlo, más que sospechoso, me pareció divertido: un narcotraficante, a punto de ser capturado, ofreciéndome esa confidencia de la persona que ordenó su arresto. A pesar de su evidente intención le dije que lo investigaría.

En ese viaje aproveché para hacer una historia sobre la tesis de la legalización controlada de la droga. Le volví a pedir a Rodríguez una entrevista, pero él se negó otra vez con el mismo argumento de no lastimar a su familia y me ofreció a dos personajes. El primero, un famoso escritor llamado Gustavo Álvarez Gardeazábal[233], quien en intervenciones públicas criticó la política antidroga de los países consumidores. Rodríguez hizo llamadas y pronto me consiguió el número telefónico del literato. Después telefoneó a un tal Mauricio, a quien le dio instrucciones, como un rey se las imparte a uno de sus súbditos.

–*Ahí tiene a dos personas que le pueden hablar del tema*–, me dijo sin reservas.

–*¿Quién es Mauricio?*–, le pregunté y me respondió sin objeción: *El alcalde de Cali*. El funcionario, un carismático político de la nueva generación llamado Mauricio Guzmán Cuevas, cometió el error de involucrarse con malas amistades[234].

---

231 Alfonso Valdivieso Sarmiento, fue senador, ministro de Educación y diplomático. Era primo del asesinado Luis Carlos Galán Sarmiento.

232 Gustavo De Greiff se retiró el 18 agosto de 1994, dos años antes de cumplir su período legal, porque la *Corte Suprema de Justicia*, consideró que había llegado la edad de retiro forzoso, al cumplir 64 años. En 1995 el *Consejo de Estado* declaró nula la decisión. Con base en eso el ex Fiscal hubiera podido reasumir el cargo pero no quiso hacerlo *para no causarle problemas al país en sus relaciones con el Gobierno estadounidense y así lo hice conocer en un comunicado que publiqué*. Ciertos sectores del Gobierno de los Estados Unidos, no tenían confianza en De Greiff.

233 Gustavo Álvarez Gardeazábal, escribió más de 15 libros. Fue profesor universitario de gran prestigio. Se retiró de la docencia y se vinculó a la política. Fue Concejal de Cali, Diputado a la Asamblea del Valle del Cauca, Concejal de Tuluá, alcalde de Tuluá en 1988 y reelegido en 1992. Después fue Gobernador del Valle del Cauca.

234 Mauricio Guzmán Cuevas, del Partido Liberal (Antes del Nuevo Liberalismo de Luis Carlos Galán). Ejerció como Gobernador del Valle del Cauca (agosto 1990 a octubre 1991). Fue destituido por un escándalo administrativo. Después se lanzó para la alcaldía de Cali y ganó en el periodo de 1994 a 1997.

Las maniobras de Miguel Rodríguez para conseguir esas entrevistas y la manera como utilizó varios aparatos telefónicos habilidosamente, dejaron una intriga en mi, sobre cómo podía hablar, a través de éstos, con aparente libertad. Se rumoraba sobre una red de espionaje telefónico que él y su hermano controlaban desde tiempo atrás. Cuando salí investigué a fondo y descubrí que los Rodríguez empleaban una central telefónica propia. Compraron en los Estados Unidos un ordenador central IBM, donde expertos estadounidenses, contratados por ellos, diseñaron una base de datos que juntó información clasificada de sus enemigos y amigos. Ese ordenador corporativo contenía programas de computador trazados para identificar velozmente de dónde provenía una llamada y hacia dónde iba y al cruzar esta información controlaron los movimientos de los comandos de la Policía o del Ejército que los persiguió. También se daban cuenta de las traiciones. Ellos conseguían saber quién, cuándo y dónde se comunicaban y grababan las conversaciones. Con ese sistema lograron descubrir a soplones y así los silenciaron. En mi cabeza se me encendió el bombillo de la sospecha: ¿Y si desde esa central telefónica se grabaron las conversaciones de los *narcocasetes*, con algún propósito de extorsionar a los miembros de las campañas en el futuro?, me pregunté.

Al día siguiente de la promesa de Miguel Rodríguez, efectivamente el escritor Álvarez Gardeazábal me habló del tema de la legalización de la droga. Afirmó que la dificultad para ganar la guerra contra el narcotráfico se centraba en la enorme adicción de los norteamericanos y la poca atención que le prestaban los países consumidores. El literato, manejando un folclórico estilo, les dijo a los estadounidenses, en forma desafiante, *gringos periqueros*[235]. Él, un firme defensor de la negociación entre el gobierno y los carteles, cuando ocupó la gobernación del Valle del Cauca sufrió una persecución judicial que le cerró su carrera política, quizá por su posición liberal sobre estos temas.

La cita con Mauricio Guzmán ocurrió en una pausa de una correría que hizo el Presidente Ernesto Samper en Cali, donde anunció un excelente plan de desarrollo nacional que llamó *El Salto Social*. Conseguir una entrevista con el Presidente se volvió una misión imposible, más por

---

235 Cuando el escritor Álvarez Gardeazábal decía *periqueros* se refería a los consumidores de cocaína. *Perica* o *perico*, son dos formas populares de llamar la cocaína en Colombia.

sus asesores que por él mismo, entonces dije: aquí mato dos pájaros de un tiro. Samper, probablemente sospechando que los reporteros intentaríamos preguntarle por el *narcoescándalo* y no por su plan de desarrollo social, ese día no quiso hablar con la prensa, pero logré hacerle unas preguntas mientras salía del acto público:

–*Señor Presidente, ¿cómo puede seguir ocultando el origen de la financiación de su campaña, cuando a varios de los congresistas que lo apoyaron los vincularon al "narcoescándalo"?–*, le pregunté mientras caminaba aprisa por las escaleras del edificio de la Gobernación del Valle del Cauca. Me miró e hizo una de sus habituales bromas:

–*Su imaginación es tan alta como su estatura–.* Las carcajadas de sus ayudantes y amigos hicieron ahogar mi siguiente pregunta.

–*Uno de los Rodríguez Orejuela dice que ustedes sí conocían el origen del dinero–.* Supuestamente no escuchó y se esfumó entre la multitud.

En Panamá, en febrero de 2007 le repetí la pregunta y respondió:

–*Los Rodríguez nunca hicieron afirmaciones públicas sobre que yo tuviera conocimiento de estos hechos. Si lo hubiesen afirmado yo los habría desmentido de manera tajante y categórica; aún más, hubiera sido interesante que usted mismo le preguntase a Rodríguez qué evidencias tenía sobre este acto tan grave. Lo que sí pudo suceder es que Botero y Medina convencieron a los Rodríguez, para avalar sus operaciones criminales, de que yo estaba enterado y de acuerdo con ellas–,* insistió el ex Presidente.

Siguiendo con el relato de mi viaje a Cali en mayo de 1995, después de intentar hablar con el señor Samper, me encontré con Mauricio Guzmán, el alcalde. Trató de eludirme, seguramente porque Rodríguez lo dejó en evidencia al contactarlo para mí. Guzmán me parecía un buen político a pesar de sus amistades. Me dio una corta y nerviosa entrevista en un saloncito, casi a escondidas, donde apenas habló de la legalización de las drogas. Al despedirse quedó esperando mi interrogatorio sobre su amistad con los Rodríguez, pero guardé silencio porque con sólo la palabra de Rodríguez no lo podía denunciar. Sin embargo, en el futuro, la fiscalía lo involucraría en el *Proceso 8.000* y lo culparía de lucro ilícito, por haber recibido dinero del *Cartel de Cali*.

Ante el fracaso de no haber obtenido una respuesta plausible del Presidente Samper, a mi regreso a Bogotá abordé a Botero Zea en una ceremonia militar, un día de junio de 1995. Desde que ejerció como concejal del cabildo local, establecimos una amistad profesional y lo admiraba. En un campo del batallón, le pregunté a bocajarro:

–*Estuve en Cali entrevistando a unos conocidos mutuos. Me revelaron que ellos sí financiaron la campaña Samper Presidente. Quisiera hacerle una entrevista*– Botero palideció y le corrieron gotas de sudor por su cara. Sólo atinó a decir que pidiera una cita con su secretaria en las horas de la tarde. Nunca me concedió la audiencia.

Entre tanto, Rodríguez mantenía el interés de probar el parentesco del Fiscal Valdivieso, con un detenido por narcotráfico. Días después me localizó a través de mi teléfono celular y me reclamó, presumiendo mi falta de *buena voluntad* al no hacer pública la supuesta prueba.

–*¿Es que le da miedo? ¿Le quedó grande esta investigación? Esas pruebas que le di también las tienen otros medios internacionales y si no aprovecha lo van a "chiviar"*–, me dijo en un tono altanero.

–Respéteme señor Rodríguez que no trabajo para usted. Estoy investigando, pero hasta que no tenga pruebas que puedan ser difundidas a través de *Univisión*, no voy a revelar nada contra el funcionario–. Rodríguez se quedó en silencio y me colgó el teléfono sin despedirse. Por semanas intenté confirmar las acusaciones, pero no hallé evidencias.

Pasaron los días y los allanamientos buscando a los Rodríguez se veían intensos en Cali y sus alrededores. Parecía una batalla contra el tiempo detenerlos. Tras bastidores, el Gobierno enfrentaba otro gran problema.

–*Cuando se hizo evidente que Santiago Medina hablaría, Botero comenzó a flaquear y a mostrar comportamientos sospechosos como, por ejemplo, solicitar las evidencias obtenidas en los allanamientos antes de que fueran enviadas a las autoridades judiciales*–. Fue cuando el General Serrano le pasó el dato al Presidente. A pesar de esa supuesta imposición de Botero Zea, el 9 de junio de 1995 detuvieron a Gilberto Rodríguez Orejuela y casi un mes mas tarde se entregaron Julián Murcillo y Víctor Patiño Fómeque, alias *El Químico*.

Ante los ojos del mundo, la captura de uno de los *patrones* y el comienzo de la desmembración del *Cartel* pareció aliviar la tensión del gobierno, pero el tesorero Medina siguió siendo la peor pesadilla de quienes sabían la verdad. Desde que se conocieron los *narcocasetes,* Medina chantajeó para lograr que le dijeran *señor embajador.* Botero me dijo que recibió instrucciones de Samper para dilatar el nombramiento.

–*A partir de ahí empecé a desarrollar esa estrategia. Fui la persona que tuve la tarea ingrata de estar en esas conversaciones con Santiago Medina–,* quien agregó que, en realidad, el Gobierno no le asignaría ninguna Embajada.

–*Hasta que en algún momento dado yo le comenté al Presidente Samper que esa estrategia de estar alargando eso se agotó y que no era posible seguir con ese mecanismo y que buscáramos la forma de manejar ese tema, de una manera diferente–.* Lo contradictorio de esta denuncia es que Samper hizo una advertencia pública, respecto a los *narcocasetes,* cuando asumió el poder:

–*Sin esperar los resultados de la investigación de la Fiscalía, declaré después de la primera reunión de empalme en el Palacio de Nariño que si alguien de mi campaña aparecía razonablemente vinculado a los hechos contenidos en las cintas, no sería nombrado en mi gobierno hasta que no se aclarara judicialmente su conducta. Esta declaración tenía nombre propio: Santiago Medina, a quien ya por entonces se comenzaba a mencionar como amigo y enlace de algunos de los personajes aludidos en las cintas–,* recordó Samper, agregando que él supone que ese día *¡comenzó el calvario de Botero!*

De otra parte, el ex Presidente negó haberle dado instrucciones a su Ministro de Defensa, sobre temas que no concernían a su cargo. Realmente esas órdenes las debió haber recibido el Canciller Rodrigo Pardo, facultado en los asuntos diplomáticos, como Ministro de Relaciones Exteriores.

–*Medina aspiraba, legítimamente por lo demás, ocupar un cargo diplomático. Botero anduvo todo el año de 1994 y parte de 1995 buscándole un destino en el exterior. A mí me habló de Barcelona, de Italia, hasta de Grecia. Mi decisión de no nombrarlo, compartida firmemente por el canciller Rodrigo Pardo, "tensionó" tanto las relaciones entre los dos que al final terminó por enfrentarlos–,* me aseguró Samper, e insistió que el único interesado en promover a Medina fue el propio Botero.

–Por cuenta de mi negativa, comenzó a vivir la angustia de que la persona con la cual desarrolló toda la operación de infiltración de los carteles en mi campaña, eventualmente se podía reventar y lo podía comprometer–.

Finalmente para tranquilizar a Medina, me afirmó Botero en México en 2004, se le ofreció ser Embajador en la Organización de Alimentos y Agricultura de las Naciones Unidas –FAO–, con sede en Italia, pero su respuesta, supuestamente, habría sido tajante:

–Me importa un culo la agricultura. Me vale mierda. ¿Acaso me vieron cara de campesino?–.

A finales de julio de 1995, Santiago Medina se entregó a la fiscalía y no tardó en relatar cómo ocurrieron las cosas, según su versión, quizá rencorosa por no haber obtenido un cargo que a él le pareciera digno.

–No me arrepiento jamás, Raúl, de no haber nombrado a Medina, porque mucha gente me dijo después: "Si usted hubiera nombrado a Medina, Medina no hubiera hablado". No, es que yo no tenía ninguna intención de callarle la boca a nadie. Si había algo qué decir, pues yo pensaba que mejor lo dijeran y así se lo afirmé al Fiscal Valdivieso cuando una noche, después de una reunión de inteligencia en Palacio, me dijo que Medina andaba diciendo cosas en los cocteles–, me comentó el ex Presidente.

–¿Botero intentó pagarle a Medina un favor?–.

–Silenciarlo, comprarle el silencio, el mismo silencio que trató de obtener, cuando faltando pocas horas para que Medina diera su declaración ante la fiscalía, creo que sucedió un sábado, me llamó Botero, y me dijo: "Tengo un problema grave con un preso y hay que trasladarlo de cárcel, quiero pedirle su autorización, es un problema grande y no se lo puedo contar por teléfono". Samper le dijo que llamara a Néstor Humberto Martínez, Ministro de Justicia, porque ese despacho se encargaba de los presos. Efectivamente Botero llamó a Martínez, mientras este se encontraba en un teatro y el avión ya había despegado para recoger *el problema grande.* Martínez le reveló al Presidente que después no hubo contacto.

–El Ministro de Justicia nunca autorizó el traslado. Botero presionó al Coronel Peláez, entonces director del Instituto Penitenciario, dándole la orden jerárquica de la reubicación del prisionero–, recordó Samper.

–*Posteriormente nos vinimos a dar cuenta de que el preso que él trasladó en el avión del Ministerio de Defensa, su avión como ministro, se llamaba Víctor Patiño Fómeque, el famoso alias "El Químico"*[236]–, reveló Samper, quien agregó que Botero Zea reubicó al mafioso en la cárcel donde se encontraba Medina, para que lo convenciera de que no hablara. Botero Zea admitió que trasladaron a *El Químico*, pero negó que él tomara la decisión por su cuenta.

–*Lo ordenó directamente Samper. No fue en un avión del Ministerio de Defensa, sino de la Policía*–, explicó. Si eso fue cierto, hubo complicidad de otros funcionarios y tendrán que explicar eso al país. El ex Presidente Samper me dijo que al pasar los años entendió las tretas de su ex ministro.

–*Ahora, después de pasar el tiempo, me doy cuenta que Botero lo que hizo durante las primeras etapas de mi Gobierno, fue simple y sencillamente utilizar su cargo de Ministro de Defensa, para encubrir las relaciones que él tuvo realmente con el narcotráfico, para la "financiación de mi campaña", entre comillas, porque, como quedó demostrado, metió dinero sucio de los carteles y sacó la plata limpia*–.

–*¿Usted cree que Botero mantuvo vínculos con el Cartel de Cali, o con narcotraficantes?*

–*Hombre, no lo sé, yo quisiera pensar que no. Quisiera pensar que quien tuvo los vínculos fue Medina, realmente. La gente sí sabía que Medina decoró las casas de los narcotraficantes, les vendía cuadros. Lo que sí ya no tengo ninguna duda, es que lamentablemente, sea cual sea la manera en que Botero se contactó con ellos, pues estableció unas relaciones que le costaron su carrera. Siempre creí en su inocencia, pensé que Medina lo enredó. Jamás me preocupé porque él pudiera estar con Medina, conviviendo en la "jaula de los lobos", para utilizar su terminología zoológica*–, concluyó Samper el comentario de esta etapa de la crisis.

Cada paso de este *narcoescándalo* se convirtió en taimadas jugadas de ajedrez. Parecía como si los Rodríguez hubieran envuelto a todos en el astuto juego. Sobre cada lado de los oponentes reposaban las fichas caídas del enemigo, desde peones hasta alfiles y caballos.

---

236 Víctor Patiño Fómeque, alias *El Químico,* fue condenado el 13 de febrero de 1996 a 12 años de prisión, pero sólo purgó unos pocos años de cárcel en Colombia y salió libre.

Un día Samper convocó a los integrantes del *Kitchen Cabinet* a una reunión urgente en la Hacienda Hatogrande, la finca campestre presidencial, situada al norte de Bogotá. Estuvieron Botero, como Ministro de Defensa, Horacio Serpa, Ministro del Interior y otras personas. Allí Samper les notificó que poseía en sus manos un resumen de la confesión de Medina ante la Fiscalía. Samper admitió en Panamá que sí hubo esa reunión y que leyeron esa síntesis de la indagatoria:

–Medina declaró en esa indagatoria que Botero se llevó la plata para las cuentas de Nueva York. Y pregunté: "¿Cuáles cuentas de Nueva York, si la campaña no tiene cuentas en Nueva York?". No podíamos tenerlas porque sería ilegal–, aclaró Samper.

–¿Eso se habló en Hatogrande?–.

–Sí, entre otras muchas cosas, cuando estábamos haciendo el análisis (de la confesión de Medina), *y Botero se puso nervioso, dijo: "No, no, hay una confusión, es Medina que está confundiendo las cosas–.*

El ex Presidente me aseguró que un abogado llamado Antonio José Cancino, al escuchar esto, le diría más tarde a su hermano Daniel Samper:

–"¿Sabe qué? Voy a defender a su hermano, porque hoy me di cuenta que es inocente. Su hermano no sabía el tema de las cuentas de Nueva York"–. Por esas cuentas en el exterior, a Botero lo acusaron y lo condenaron en 2007. Eso lo investigué y más adelante les doy los resultados.

Al día siguiente de la reunión en la Hacienda Hatogrande, se convocó a una conferencia de prensa, que, según me aseguró Botero, Samper quiso cancelar una hora antes, pero él se negó. Allí también asistió Serpa. Un periodista preguntó cómo consiguió el Gobierno esa confesión del ex tesorero Medina y en medio de vacilantes respuestas de Botero, en lo que me pareció una intención sagaz de poner en evidencia a Serpa, quedó en claro que ocultaban algo grave.

Las jugadas de ajedrez siguieron avanzando, anunciando un jaque mate.

–El 2 de agosto pudo haber sido el día más amargo de Botero. Temprano, hacia las seis de la mañana, llegó a Palacio para manifestarme su intención de renunciar al Ministerio de Defensa[237]. *Lo*

---

237 La renuncia de Fernando Botero Zea se formalizó el miércoles 9 de agosto de 1995.

llevé al Salón Protocolario, al lado de mi oficina, que los funcionarios de Palacio ya entonces conocían como "el confesionario". Nos sentamos en un sofá y le dije mirándolo fijamente a los ojos: "Fernando, qué pasó en la campaña, dígamelo todo, estoy dispuesto a afrontar lo que sea necesario, con usted, para defenderlo". Él bajó los ojos, se puso a llorar y me dijo con voz entrecortada: "Nada, no pasó nada". Le sugerí entonces que consiguiera un buen abogado y asumiera su defensa.

Para Botero Zea, la reunión donde hablaron de abogados, ocurrió dos o tres semanas antes, después de llegar de un viaje oficial que hizo a los Estados Unidos[238], desde donde se enteró que el Presidente Samper, en un discurso televisado, dijo: *Si hubo dineros del narcotráfico, fue a mis espaldas.* En esa ocasión comenzó a materializarse su desengaño.

El ex ministro explicó que el Mandatario lo llevó hasta el Salón Bolívar y no al Salón Protocolario. Lo obvio hubiese sido que lo invitara al Salón Protocolario porque está conectado directamente con el despacho presidencial en el segundo piso del Palacio de Nariño, el cual es usado para la atención de visitantes ilustres.

En el Salón Bolívar conversaron sobre diversos temas, en medio de lo que me describió, ocurrió entre penumbras. En un momento dado Botero le susurró al oído a Samper: *"Qué consejo me da para manejar esta crisis cada vez más fuerte del gobierno".* Me aconsejó: *"Consígase un buen abogado".* En ese momento le respondí: *"Señor Presidente, con todo mi respeto, si estamos hablando de abogados, los dos necesitamos excelentes abogados, porque los dos somos responsables de esto que pasó en la campaña".* A partir de ese instante se rompió la confianza que aparentemente hubo entre ambos. Botero se sintió *arrojado a los lobos.* Ante sus ojos vio derrumbarse su futuro político y quizá su situación social. Renunció para enfrentar la justicia sin la investidura oficial.

Cuando el domingo 6 de agosto de 1995 cruzó el portal de la Escuela de Caballería, arrestado por orden judicial, empezó a crear en su mente la idea de acusar a los supuestos aliados en la financiación ilegal de la campaña *Samper Presidente.* Al pasar las primeras horas en prisión, recapacitó sobre las lecciones que su padre, el pintor mundialmente famoso, le dio desde niño: ser honesto y digno. Avergonzar al Maestro

---

238 Botero asistía a la reunión de Ministros de Defensa de las Américas, en Williamsburg, Virginia, Estados Unidos, que se realizó el 25 y 26 de julio de 1995.

lo amargó sobremanera. Quizás esto le hizo fortalecer el pensamiento de confesar, aunque contradictoriamente, en los primeros meses, desde la cárcel, pareció defender a Ernesto Samper a capa y espada.

–*Entonces todavía pensaba y lo pude confirmar unas semanas después, cuando presentó su primera versión sobre estos hechos ante la Comisión de Acusaciones, que él, honestamente, defendía la campaña de una eventual infiltración de los dineros de Cali. Que defendía mi actitud frente a cualquier contribución irregular y la existencia previa de controles éticos para evitar cualquier interferencia–,* dijo Samper, rememorando que aquella vez, Botero Zea *en su declaración enfiló baterías contra Santiago Medina.*

El mismo día del arresto de su ministro de Defensa, Ernesto Samper esperaba ansioso el resultado de una orden que él dio personalmente. Una operación que ayudaría a interrumpir el jaque mate que amenazaban perpetrar los *patrones*. Aunque se consiguió aplacar la presión con la captura de Gilberto Rodríguez, el Gobierno se obligaba a seguir demostrando que no les temía. Todo el operativo se coordinó con personal de Bogotá, aunque la acción se llevaría a cabo en otra ciudad. Perseguían al segundo hombre del *Cartel de Cali.*

–*Autoricé el allanamiento del edificio donde supuestamente se encontraba. La Policía lo prefería así por si se presentaban víctimas civiles–.* Sin poder dormir, Samper caminó con agitación por los pasillos de la Casa de Huéspedes Ilustres en Cartagena, lugar de descanso y eventual sede alterna del gobierno. Minuto a minuto el Mandatario recibió datos precisos de oficiales de la inteligencia de la Armada Nacional, que ubicaron a Miguel Rodríguez Orejuela en un lujoso apartamento en un edificio al oeste de Cali. Lo atraparon.

–*Más tarde, en la madrugada, me reportaron el traslado de Rodríguez a Bogotá. A las cinco de la madrugada me dormí–,* rememoró Samper. Se sospechó que esta *captura* pudo formar parte del acuerdo, en este caso, para disminuir el impacto por la detención de Botero Zea. Además, Miguel Rodríguez habría dicho a un oficial: *¿Por qué se adelantaron? ¡Los esperaba mañana!* ¿A qué se refería *El Señor*? Sin embargo, en el momento en que lo presentaron ante la prensa, contradijo lo que me reveló, expresando: *Samper es honesto.* Estos mafiosos siempre jugaban esos juegos. ¿Me mintió la vez del encuentro en Cali?, o, ¿engañó a la prensa ese día de su rendición para no correr el riesgo de que a él y a su hermano Gilberto los juzgaran severamente?

Aunque varios críticos del gobierno elogiaron el éxito de los operativos, la presión contra el Presidente Samper le hizo pedir que lo investigaran. En Colombia, el sistema Parlamentario tiene una Comisión de Acusaciones, órgano constitucional que investiga los hechos por los cuales se incrimina al Mandatario. La comisión acusa ante la plenaria de la Cámara y ésta actúa como juez de primera instancia.

—Renuncié a la instancia investigativa y pedí que me juzgara directamente la plenaria. También tramité una ley para que el juicio fuera totalmente público y se pudiera transmitir por los canales de radio y televisión del Estado. La apertura de esa pesquisa, los *jueces públicos* la vieron como una *lavandería de sus propias suciedades*, porque ciertos Parlamentarios que indagarían al Presidente también los investigaban por haber recibido dinero del *Cartel de Cali* y algunos de ellos hacían parte de la nómina permanente, según la contabilidad de Pallomari. Entonces, su participación la revisó la plenaria de la Cámara, después de distintos conceptos de Magistrados, según Samper, *los que debían declarar lo hicieron.*

La batalla en el tablero de ajedrez siguió avanzando deprisa y corriendo. A los pocos días, el 8 de agosto de 1995, en forma extraña y oportuna, se conoció una grabación hecha 16 meses antes, esta vez del propio Samper, en la que conversaba animadamente con una mujer llamada Elizabeth Montoya de Sarria, que por una frase de él donde le decía: *"Ay, monita, no sea tan retrechera"*, los colombianos la apodaron *La Monita Retrechera. Monita*, porque en Colombia se usa ese calificativo para dirigirse a personas de cabello rubio y *retrechera* para las pícaras, vivas o bribonas. En la cinta se alcanzó a escuchar cuando el tesorero Medina telefoneó a esa mujer y segundos después se la pasó al entonces candidato, quien bromeó con ella, lo que se entendió como una buena amistad. En la grabación telefónica hecha pública por enemigos de Samper, *La Monita* le ofreció un obsequio para el cumpleaños de su esposa.

—No lo vaya a comprar porque le mandé un anillo pero precioso, de un diamantico muy lindo—, le insinuó *La Monita*, sobre la compra del regalo de Samper a su esposa.

–¡Ay!... ¡tan divina!–, respondió Samper.

Seguidamente le anunció la visita de unos personajes, de quienes no se atrevió a mencionar sus nombres por teléfono, en lo que se oyó como un sospechoso juego de palabras y frases cifradas, donde se refería a ellos como los representantes de la Philip Morris, y el Interbank, la primera, una afamada compañía estadounidense fabricante de cigarrillos y el segundo un banco de Aruba y Curazao, islas de las antillas del Caribe.

Antes, el ex Presidente negó que se reunía con Medina y compartiera ese tipo de asuntos: *Tal vez cuando se hacían las reuniones para recoger fondos o en los clubes vi a Medina,* me comentó el señor Samper. ¿Por qué aceptó hablar con *La Monita Retrechera* sobre un tema tan personal siendo el intermediario ese personaje con quien él dice no conversaba en privado?

En esa época, un alto funcionario de la Embajada de los Estados Unidos, me confirmó una conjetura que hice: mencionar a los de la Philip Morris fue la manera de ocultar el nombre de un par de primos hermanos llamados Eric y Alex Manzur, colombianos de origen libanés. Ellos eran propietarios de Manzur Trading Company, una sociedad con ingresos anuales de más de 100 millones de dólares. A los Manzur, las autoridades norteamericanas los señalaron como el mayor clan de lavado de dinero de la región del Caribe, por medio de la venta de Marlboro, licores, comestibles y otros productos como electrodomésticos. Además, mantenían acreditados negocios de hoteles y casinos. Según fuentes de la DEA utilizaban contenedores para transportar cocaína. Pocos sabíamos de esas andanzas, pero sí escuché que distribuían los cigarrillos de la Philip Morris para varios países de Latinoamérica y en especial hacia Colombia donde los vendían sin pagar impuestos. La señora Sarria frecuentaba a los Manzur y tal vez por su ambición de escalar socialmente se ofreció a conseguirles dinero a los políticos.

–*La señora Sarria trató de gestionar unos aportes de firmas internacionales conocidas que se debían concretar en una reunión que nunca se produjo–,* dijo Samper ante la Comisión de Acusaciones de la Cámara de Representantes, en la época del *narcoescándalo.* Si se refirió a la Philip Morris, esa empresa jamás pretendió colaborar con la campaña *Samper Presidente,* ni en forma directa, ni indirecta. En cambio sí lo habría hecho el Interbank, el banco de los Manzur.

Eso lo confirmó un folclórico personaje llamado Samuel Santander Lopesierra, conocido con el apodo de *El Hombre Marlboro*[239], porque introducía de contrabando esos cigarrillos por Maicao, la capital del departamento de La Guajira, en el norte de Colombia, donde gozaba de su fortín financiero y político. Santander Lopesierra negociaba con los Manzur y aunque no pertenecía a la tropa política de Samper, se alineó a su campaña, como sucedía con frecuencia entre grupos del mismo partido. Él confesó, cuando lo extraditaron por narcotráfico a los Estados Unidos en octubre de 2002, que sí entregaron alrededor de medio millón de dólares.

Después se conoció públicamente otra llamada en donde se escuchó la voz de *La Monita* y la de Santiago Medina, dando a entender que los de la Philip Morris (los Manzur) finalmente se entrevistaron con el entonces candidato.

–Fue una grabación prefabricada, donde aparentemente se confirmaba que recibí el dinero y el anillo, que me ofrecieron en la primera comunicación–. Salvo la confesión de Santander Lopesierra ante la DEA, no se halló evidencia de que el dinero de los Manzur entró a las arcas de la campaña *Samper Presidente* o que el anillo de diamantes llegó a las manos de Jacquin, su esposa.

–Por supuesto nunca conocí a los tales señores aunque no descarto que Medina pudo haberles recibido la plata y llevársela para la casa como hicieron con otras donaciones sospechosas, respecto a las cuales él y Botero inferían que yo nunca tendría la posibilidad de entrar en contacto con los donantes–, remató Samper. ¿El Presidente conoció a *La Monita?*. Más adelante les cuento la verdad.

Inesperadamente, Samper enfrentó otro jaque al rey. Los detalles de la confesión de Guillermo Pallomari, el contador del *Cartel de Cali*, se comenzaron a filtrar a los medios de comunicación en septiembre de 1995. Pallomari resolvió delatar a sus jefes y a los beneficiarios del dinero ilegal. El contador lo hizo después de recibir una llamada telefónica de William Rodríguez Abadía, quien asumió la dirección del *Cartel de Cali* al estar presos su padre Miguel y su tío Gilberto. William telefoneó a Pallomari para reclamarle por su intención de entrevistarse con la

---

239 Samuel Santander Lopesierra fue concejal de la ciudad de Maicao en 1986. En 1988 Diputado a la Asamblea del Departamento de la Guajira.

DEA. Las autoridades colombianas ni siquiera pensaban en capturar al contador, pero él sintió pasos de animal grande persiguiéndolo. Es decir, de sus ex jefes. Entonces, envió a su esposa, una mujer llamada Patricia Cardona, a la Embajada de los Estados Unidos en Bogotá, para negociar su rendición ante la justicia de ese país. Al parecer, sicarios del *Cartel* la secuestraron al salir de la Embajada. La llamada de William Rodríguez a Pallomari tuvo la intención de intimidarlo, anunciándole que ellos mantenían prisionera a su esposa y que la matarían si colaboraba con la DEA. A pesar de la amenaza y temiendo lo peor, finalmente Pallomari se entregó a las autoridades de Estados Unidos y un tiempo después, refugiado en un lugar oculto, supo la verdad: a su cónyuge la asesinaron. Él y sus dos hijos desaparecieron para siempre, en el programa de protección a testigos, pero antes de hacerlo dejó un testimonio: la campaña *Samper Presidente* recibió un aporte importante de sus jefes, pero el contador nunca acusó al Presidente.

Tres meses después de la detención de Botero Zea, posiblemente a mediados de noviembre de 1995, la caravana presidencial sorprendió a la guardia de la garita principal de la Escuela de Caballería del Ejército en Bogotá, donde permanecía preso el ex Ministro. Los soldados hicieron el saludo militar protocolario. En uno de los automóviles iba el comandante en jefe de las Fuerzas Armadas, el Presidente Ernesto Samper, quien llegó a la guarnición para visitar a su ex colaborador. Samper, supuestamente, iba con una *buena noticia*. Me dijo Botero que le comentó que congresistas (beneficiarios de los Rodríguez, algunos de ellos presos), proponían agregar engañosamente un artículo a una Ley que titularon de Seguridad Ciudadana. Para acusar a alguien del delito de enriquecimiento ilícito, primero se debía comprobar el origen y la ilegalidad de los dineros. Pretendían invalidar los procesos judiciales que avanzaban en la fiscalía contra Botero Zea y Medina, con relación a la campaña y en la Corte Suprema de Justicia en contra de los parlamentarios que, ajenos a la campaña, recibieron plata de los Rodríguez.

En Colombia se le llamó a esa trampa legislativa *narcomico*, por las travesuras de los micos o chimpancés. Aquella vez, según Botero, Samper se despidió diciéndole: *Ten paciencia que con este proyecto de ley, todo se va a solucionar*. Samper me reveló en Panamá que ese encuentro sucedió en un contexto diferente.

–Montó una de sus conocidas estrategias maquiavélicas para tratar de comprometer al gobierno en dos objetivos que lo beneficiaban directamente. Insistió en verme y entonces fui a visitarlo con Horacio Serpa–. En el camino ambos sospechaban que Botero andaba en conversaciones con parlamentarios presos y sus abogados, aunque no sabían exactamente de qué platicaban. Ya en la Escuela de Caballería, custodiados por soldados del Ejército, Samper, Serpa y Botero hablaron un rato en una oficina. Inesperadamente Botero los invitó a caminar por los campos militares, acompañado por un rabioso perro que vigiló cada paso que daban. Entre el miedo que les causaba ser atacados por el animal, Serpa y Samper, escucharon a Botero.

–Era de noche, lloviznaba. Esa vez Botero "se destapó". Después de reclamarnos airadamente que no lo atendíamos, fue al grano: nos presentó una estrategia para que el Gobierno influyera sobre el Consejo de Estado para que declarara el período del Fiscal Valdivieso como "período institucional", es decir, que debía salir cuando terminara el período que inicialmente debió cumplir Gustavo de Greiff, a quien reemplazó Valdivieso, lo cual reducía a unos pocos meses su permanencia en el cargo.

Gustavo de Greiff, inició su período el 1 de abril de 1992 y debió terminar su gestión, cuatro años después, en abril de 1996, de acuerdo con la Constitución. A raíz de su salida anticipada, por *razones de su edad de jubilación*, el 18 de agosto de 1994, nombraron a Alfonso Valdivieso. Entonces, pretendían reducir el tiempo de Valdivieso a sólo 19 meses y 14 días, llamándolo período institucional, basados en que De Greiff terminaba en abril de 1996.

Por los días de la visita de Samper y Serpa a Botero, el Consejo de Estado ya estudiaba la solicitud interpuesta ante la Sala de lo Contencioso Administrativo. Si lograban *influenciar* a los magistrados para que votaran a favor de interpretar la ley como período institucional, sacando del camino a Valdivieso, el Presidente entregaba otra terna a la Corte Suprema de Justicia, como lo estipula la Constitución, para escoger entre los candidatos al nuevo Fiscal. Si no lograban influenciar al Consejo de Estado, se corría el riesgo de que los jueces interpretaran diferente los términos de permanencia del Fiscal. Por ejemplo, si consideraban el período de Valdivieso como individual, terminaría su gestión en agosto de 1998, cuatro años después de su nombramiento. Eso sería adverso para los implicados en el *narcoescándalo*, porque Valdivieso aparentemente asumió como una meta, hallar la verdad.

–Botero pensaba que el cambio del Fiscal lo beneficiaría. A esas alturas, era obvia la animadversión de Valdivieso por el Gobierno y también clara su disposición de lanzarse a la actividad política. Botero podía suponer que la nueva persona en ese cargo, sería más amiga. Por lo que al gobierno respecta, el nombre para esa o cualquier ocasión ya estaba escogido: Alfonso Gómez Méndez–.

En la misteriosa reunión que me describió Samper, caminando en la lluvia con un perro amenazante, Botero Zea supuestamente les lanzó a él y a Serpa, otro sablazo.

–Al final nos dijo, como si la cosa no tuviera que ver con él, que teníamos que ayudarles a los parlamentarios que impulsaban, desde la cárcel, el tema del "narcomico" para que lo aprobara el Congreso. Le prometimos estudiar sus peticiones–. Al salir de la reunión, de regreso a sus automóviles, Samper y Serpa, sin pensarlo dos veces, tomaron la primera decisión.

–Aunque el Fiscal Valdivieso no era una persona confiable para el Gobierno, porque hacía política con la Fiscalía, decidimos respaldar su permanencia al frente de la misma a través del Ministerio de Justicia–.

El 30 noviembre de 1995, el Consejo de Estado resolvió que el período del Fiscal Valdivieso era individual y no institucional. Siguió al frente de la Fiscalía por un tiempo, pero al parecer lo tentó el poder o lo engañaron mostrándole encuestas falsas donde pronosticaron su gran popularidad para ser gobernante, entonces, renunció casi un año antes de completar la etapa oficial, para lanzarse como candidato a la Presidencia[240]. Meses más tarde se dio cuenta de que las encuestas ya no lo ubicaban como favorito, declinó su candidatura y se alió con Andrés Pastrana, convirtiéndose en el Jefe de Debate de la campaña conservadora. El *Proceso 8.000* quedó en manos de Alfonso Gómez Méndez, a quien lo eligieron de la terna que propuso Samper[241].

---

240 Alfonso Valdivieso renunció el 8 de mayo de 1997.
241 Alfonso Gómez Méndez fue Fiscal de Colombia de 1997 a 2002. Antes ejerció como Procurador, cuando el Sargento Bernardo Alfonso Garzón, denunció a los militares que promovían escuadrones de asesinos.

Con respecto al *narcomico*, cumpliendo el compromiso que adquirieron ambos al salir de la Escuela de Caballería, Samper ordenó a Serpa oponerse públicamente.

–*Horacio Serpa se la jugó, como todo el país lo vio, como un gladiador en la Cámara de Representantes, para hundir esta reforma que, aunque asumía fundamentos teóricos válidos, en ese momento hubiera enviado una señal internacional absolutamente demoledora. Algún día se le hará a Horacio Serpa el reconocimiento que se merece no sólo por los goles que consiguió meter en su carrera pública, sino por los que tapó en muchas ocasiones en defensa de la institucionalidad y siempre en contra del crimen y el delito–*.

A pesar de esa oposición, el Congreso aprobó el susodicho artículo que impedía investigar a una persona por recibir dineros de la mafia. Lo hicieron aprovechando otra noticia extraordinaria, que ellos mismos promovieron: la Comisión de Acusaciones de la Cámara de Representantes, absolvió al Presidente Samper, tal vez para convencerlo de que finalmente les ayudara a salir del hoyo aprobando la ley. El calendario marcaba el 14 de diciembre de 1995. Pero como el sistema político de Colombia precisa que el Presidente autorice o se oponga a una Ley, Samper me afirmó en Panamá, que él procedió de acuerdo con su conciencia.

–*Por razones de Estado consideramos absolutamente impensable que nosotros pudiéramos pasar ese proyecto. Hubiera sido, prácticamente, un poco auto acusarnos de lo que estaba sucediendo. Yo mismo anuncié en una alocución televisada, pocos minutos antes de que se votara y después de la intervención de Serpa en contra, que si la Cámara de Representantes lo aprobaba, yo lo vetaría en el momento de la sanción–*. El artículo del *narcomico* finalmente lo descartó el Presidente.

–*Cuando Botero se dio cuenta de que estos temas no prosperaron, contrató unos costosos asesores internacionales para que le dijeran cómo tenía que hablar para cambiar la versión que ya había dado sobre los hechos de la financiación de la campaña. Fue la primera vez que cambió de versión, ¡luego lo volvería a hacer dos veces más!–*, concluyó Samper.

Casi un mes después, mí amigo y compañero de trabajo Jorge Ramos, conductor de noticias de *Univisión,* llegó a Bogotá en forma secreta, el viernes 19 de enero de 1996. Nadie en nuestra oficina supo de ese viaje, ni siquiera yo. La directora de noticias en ese entonces, una perspicaz ejecutiva cubana–americana llamada Alina Falcón, temió que por una filtración, no sólo perdiéramos la entrevista, sino que arriesgáramos la vida del equipo encabezado por Ramos, la productora Patsy Loris y el camarógrafo Ángel Mattos. Ellos se hospedaron incógnitamente en el hotel del Club El Nogal, un privilegiado centro de fiestas y reuniones de la sociedad colombiana, recomendado por el abogado de Fernando Botero. Dos días después de llegar a Bogotá, el domingo 21 de enero, Mattos encendió su cámara y a la orden de Loris, Ramos comenzó la entrevista que confirmaría los temores de Samper:

–*El Presidente sí sabía del ingreso de sumas importantes de dinero del narcotráfico a su campaña*–, aseguró Botero, después de guardar el secreto 583 días, desde que se conocieron los *narcocasetes*. Samper, preparado para defenderse, recibió a Ramos en la madrugada del martes 23 de enero de 1996, en el Palacio de Nariño. A esas alturas ya conocía de la llegada de mis colegas. Esa noche me propuse acompañarlos a la entrevista, a pesar de creer que el gobierno parecía disgustado por mis reportajes. Ingresamos juntos. Pasamos la seguridad y admiramos la hermosa arquitectura republicana, con perfiles neoclásicos del edificio presidencial, los antiguos muebles, los gobelinos franceses y las obras de arte. Me sorprendió no ver los cuadros del pintor Fernando Botero, el padre del Ministro, pero tiempo después me enteré que los descolgaron en el instante que resolvió acusar a su jefe.

Cuando Ramos, la productora Loris y el camarógrafo subieron al piso superior, los soldados de la Guardia Presidencial me impidieron seguir, segundos después que un asesor de Samper me señalara insolentemente. Imaginé que mi espera sería breve y aguanté con paciencia a que aprobaran mi entrada. En el instante en que los compañeros cruzaron el punto visual desde donde ya no me podían ver, soldados de la Guardia Presidencial me sacaron a la fuerza del Palacio de Nariño. Fui empujado a la calle como un perro. Afuera del edificio, unos individuos me siguieron mientras crucé la Plaza de Bolívar. Los sujetos casi me pisaron los talones y al verme cerca de ser atrapado, golpeé la puerta de la casa del Cardenal católico, contigua a la Catedral de Colombia, donde un sacerdote me auxilió y me dejó refugiarme. Más tarde llamé a mis guardaespaldas y me fui a la oficina. El Presidente Samper jamás se enteró de lo sucedido.

Entre tanto, adentro del Palacio de Nariño, el Mandatario respondió a las preguntas de Ramos, sobre las imputaciones de Botero. Lo acusó de mentir. Su explicación no la creyeron algunos sectores de la opinión pública. Sospecharon que había algo más que un *gato encerrado*, tal vez *un elefante*, utilizando una popular alegoría de la época, que hizo famosa el Cardenal de la Iglesia Católica Pedro Rubiano, al dudar de cómo Samper no supo que ingresaron dineros sucios: *Es como si entrara un elefante en la casa y no lo viera*, expresó el jerarca.

Jorge Ramos planeó regresar a los Estados Unidos dos días más tarde. Iba a hacer el seguimiento a la noticia y preparar otros reportajes. Pero sucedió un extraño incidente que lo obligó a cambiar los planes. Un par de amenazas, recibidas en la recepción del hotel del Club El Nogal, le indicaron que alguien no estaba contento con su trabajo.

–Dígale a Ramos que le vamos a "quebrar el culo" por lo que salió en Univisión–, comentó que escuchó la recepcionista del hotel, en dos llamadas que recibió en el conmutador telefónico. Los guardaespaldas encerraron a Jorge en su cuarto y taparon las ventanas, mientras Mattos, el camarógrafo, salió a vigilar por los pasillos del hotel y por casualidad se topó frente a frente con uno de los sicarios que logró penetrar la seguridad. Mattos no sospechó de inmediato, mientras el supuesto sicario lo esquivó porque lo confundió con un miembro del Servicio Secreto. Cuando me enteré de la llamada, solicité al Departamento Administrativo de Seguridad –DAS–, proteger a mis colegas, pero se negaron. Recurrí a la Embajada de los Estados Unidos, a la Fiscalía y al Ejército, pensando que de esa manera sería más difícil arreglar una maniobra contra mis compañeros. Dispuse de varios vehículos y en uno de éstos salieron ellos. Mattos se encargó de cubrir con chalecos antibalas el cuerpo de Ramos, quien se acostó ocultándose en una silla trasera de la camioneta. Prepararon dos emboscadas camino al aeropuerto, según me revelaría un agente de inteligencia militar, el mismo que supo lo del sicario que confundió a Mattos con un miembro del Servicio Secreto. Montaron dos grupos con cuatro sicarios cada uno. La ruta escogida por la escolta hizo que el plan fracasara[242].

---

242 En un documento de la Embajada de los Estados Unidos llamado *"Informe sobre prácticas de Derechos Humanos en Colombia en 1996"*, publicado por el Departamento de Estado el 30 de enero de 1997, se reseñó *"la amenaza a Jorge Ramos y el posterior atentado contra la vida de Raúl Benoit"*.

Al reaccionar y meditar sobre estos hechos quedé con dudas. Primero, casi nadie supo que Ramos viajó a Bogotá y segundo, se vio demasiado obvio que a escasas horas de la entrevista, llamaron a advertirle que lo matarían. Pocos gobiernos tomarían una decisión así, exponiéndose a que el primer señalamiento lo hicieran contra éste. Aquella vez que amenazaron a Ramos y a mí, juzgué que hizo parte de una confabulación contra Samper. La muerte o el secuestro de un periodista sería capitalizada para desestabilizar más a ese Gobierno.

–*Jamás, como usted lo sabe, herí a un periodista. No sólo no me atreví a quitarle a ningún periodista la posibilidad de criticarme sino que en algunos casos me excedí en tolerancia aceptando críticas e insinuaciones que ofendían mi propia dignidad y la de familia–*, me aseguró Samper.

Quince días después de la revelación de Botero Zea, el 6 de febrero de 1996, la Comisión de Acusaciones de la Cámara de Representantes abrió una nueva investigación contra Samper, considerando los cargos de enriquecimiento ilícito, falsedad, fraude electoral y encubrimiento. Tanto la confesión del ex ministro, como esa pesquisa, la percibieron los Rodríguez como un portazo en sus narices, que ya sentían la llegada de su fin. Entonces, no les quedó otra alternativa que buscar garantizar penas reducidas. Para empezar, sacrificaron piezas de ajedrez. Exigieron a sus subalternos que se entregaran y delataran, con lo que obtendrían disminución de penas. Los que conocí en mi juventud se rindieron sin aparente resistencia: Juan Carlos Ortiz Abadía, alias *Cuchilla*[243]; Juan Carlos Ramírez Abadía, alias *Chupeta*[244] y Diego Varona[245]. Irónicamente, a ninguno de ellos los acusaron de asesinato y tampoco confesaron o delataron por los muertos que causaron. Sólo admitieron narcotraficar y *lavar* dinero.

Estos miembros del *Cartel de Cali* aspiraban a montar su propio tablero de ajedrez, lo que les permitiría seguir operando. Ellos, además

---

243 Juan Carlos Ortiz Escobar, alias *Cuchilla*, se entregó el 29 de marzo de 1996 y confesó que envió a Estados Unidos, durante 1994, 140 kilos de cocaína, en 3 cargamentos. Fue condenado el 13 junio de 1996 a 11 años de prisión. Lo liberaron en diciembre de 2000. Cumplió sólo 4 años de la condena inicial.
244 Juan Carlos Ramírez Abadía, alias *Chupeta*, se rindió ante las autoridades colombianas el 15 de marzo de 1996. Confesó haber traficado entre 1987 y 1995, 30 toneladas de cocaína a Estados Unidos, a través de México. Fue condenado a 13 años de prisión y también liberado en 2001.
245 Diego Varona, confesó haber exportado 20 toneladas de cocaína desde el año 1992 hasta 1994. Fue condenado el 15 de enero de 1997 a 13 años de prisión, pero salió libre a los pocos años por beneficios judiciales.

del acuerdo de entregarle a las Farc los cultivos y laboratorios, abrieron una sede en México que llamaron *Los Manitos*. Para ponerla a funcionar negociaron con un bisoño narcotraficante de nombre Amado Carrillo Fuentes, conocido como *el señor de los cielos*[246]. El contrato decía que de cada dos kilos de droga transportados desde Colombia a México, uno correspondía al *Cartel de Cali* y el otro lo ganaba Carrillo Fuentes. El kilo de los caleños, Carrillo debía llevarlo a los Estados Unidos. *Chupeta,* confesó que altos funcionarios mexicanos recibieron sobornos para permitir ese tráfico[247]. Él y su socio *Cuchilla*, confiaron en el *señor de los cielos*, sin sospechar que ese mafioso mexicano, resultaría ser mejor discípulo, que lo que fueron ellos de los Rodríguez. Aprendió las tácticas, negoció con los proveedores, incluyendo las Farc y se apoderó de varias rutas. Así comenzó para México una etapa trágica que se compararía, en el futuro, con el problema del narcotráfico en Colombia y arrojaría a esa nación a una crisis de corrupción sin precedentes en su historia.

En el tablero de ajedrez parecía llegar el final, pero aún faltaban jugadas estratégicas. Mientras los *otros mafiositos* se rendían, el movimiento de peones, alfiles y caballos de cada lado del tablero, demostró que todos los bandos no renunciaban a dar el jaque mate.

La Monita Retrechera volvió a convertirse en el dolor de cabeza del Presidente Samper. La asesinaron el 2 de febrero de 1996, cuando asistía a una sesión de santerismo, culto que practicaba con su esposo, un ex sargento de la policía llamado Jesús Amado Sarria. Extrañamente, policías llegaron a la escena del crimen y limpiaron todas las evidencias,

---

246 Amado Carrillo Fuentes, de Sinaloa, México, fue el jefe del *Cartel de Juárez*. Decían que murió en un hospital de Ciudad de México, el viernes 4 de julio de 1997, en medio de una cirugía plástica y liposucción, cuando pretendía cambiar su apariencia física. La causa de su deceso habría sido una mezcla equivocada de anestésicos y somníferos, pero los investigadores nunca establecieron si fue accidental o intencional. Algunos sospecharon que fue premeditado debido a sus múltiples enemigos que había adquirido por apoderarse de rutas del narcotráfico sin el permiso de los colombianos, pero eso contradice las evidencias que había sobre cómo Carrillo fue protegido por el *Cartel de Cali*. Vivió en Cali, Colombia y en algunas ocasiones vivió en Cuba privilegiado por el gobierno de Fidel Castro.
247 El periódico El Espectador publicó el sábado 12 de abril de 1997 una noticia sobre la visita de funcionarios de la Procuraduría de México, a una cárcel Bogotá. Allí entrevistaron a Juan Carlos Ramírez Abadía, alias *Chupeta*. La misma noticia fue reproducida por el diario La Jornada, de México, el domingo 13 de abril de 1997. *Chupeta* indicó que un funcionario mexicano llamado Javier Coello Trejo, zar antidrogas en el gobierno del Presidente Carlos Salinas de Gortari, Guillermo Salazar, director de la *Policía de Fronteras* y el General Jesús Gutiérrez Rebollo, quien fue director del *Instituto Nacional para el Combate de las Drogas* en México –INCD–, recibieron dinero para facilitar el paso de la cocaína y la heroína. Gutiérrez enfrentó un proceso militar en México, por sus vínculos con el *Cartel de Juárez*.

según descubrieron agentes del Departamento Administrativo de Seguridad –DAS–. Asimismo, alguien sustrajo el dinero de las cuentas bancarias de *La Monita,* robaron sus joyas, títulos valores y las escrituras de quince de sus propiedades. A su conductor y al jefe de seguridad, los secuestraron, los torturaron e igualmente los mataron.

¿Quién era Elizabeth Montoya de Sarria? Acostumbraba a perseguir a políticos, buscando escalar socialmente. Se hizo invitar a los mítines y se tomó fotos con líderes importantes para ir tejiendo una red de conexiones. Samper cayó en sus juegos y terminó fotografiado junto a ella.

Una de las fotos circuló entre periodistas de Bogotá, al día siguiente del asesinato de *La Monita*. Nadie la quiso publicar. Botero Zea la recibió por medio de un oficial de su confianza, que formó parte del Grupo Élite del Ejército que persiguió a la mafia de Cali. El militar halló la foto en un allanamiento.

–Me pidió una cita y me llevó la foto a la Escuela de Caballería. Me dijo: "No hay derecho que este HP diga lo que dice de usted cuando aquí está la prueba de que Samper estaba en la cama con la mafia"–. Botero la guardó como un tesoro para darle un golpe bajo a su ex jefe y la publicó, meses después, en un pasquín llamado *Desde Mi Celda,* que él escribía y el cual lo censuró el Instituto Penitenciario, después de esa revelación.

Samper rechazó varias veces la veracidad de la presencia de *La Monita* en la foto, lo cual le pesó. En la crisis surgieron diversas versiones. Por ejemplo, Jorge Parga, un fotógrafo jubilado del periódico El Tiempo, que trabajó en el Palacio de Nariño, le informó al Presidente:

–Parga aseguró, después de varios análisis de laboratorios, que se trataba de un fotomontaje en el cual "metieron" a la señora en la foto. Recuerdo que una de sus observaciones tuvo que ver con la extensión de mi brazo–, explicó el ex Presidente, cuando le pedí rememorar esa parte del *narcoescándalo*. Siguiendo el consejo de su departamento de fotografía, Samper mencionó esa hipótesis del *brazo largo* en una nueva entrevista que le hizo Jorge Ramos para *Univisión*, en los días que Botero la divulgó. Mandé a analizar por mi cuenta el retrato en mayo de 2007, con la tecnología del siglo veintiuno y los expertos establecieron que las fuentes de luz indican que todas las personas estuvieron presentes en ese mismo lugar y momento. No se encontraron rastros evidentes

de ningún corte o fotomontaje[248]. Lo del brazo largo lo consideraron como una especulación. El tamaño del cuerpo de *La Monita* y el del señor Samper los compararon con prototipos virtuales y coincidieron en forma precisa.

Finalmente, el ex Presidente me admitió que quizá la foto la tomaron en 1989, cuando asistió a una reunión en el salón de eventos sociales del Club de Ejecutivos *de Cali*, en el piso 18 del Edificio Carvajal, situado en la calle 13 con carrera cuarta[249]. El militar amigo de Botero Zea le dijo que la foto correspondía a una fiesta en un apartamento de *La Monita*, pero las montañas de Cali que aparecen al fondo del retrato, confirman la versión de Samper.

¿Por qué se involucró con una mujer que se beneficiaba de amistades peligrosas?

–Era lo que se decía en Colombia una señora "intensa" que ayudaba a todos los grupos liberales de Cali. A ella la conocí en esa ciudad. Se trataba de una líder que hacía trabajos sociales que eventualmente podían ser útiles para la acción política. Cada vez que yo llegaba a Cali, ella buscaba la manera de hacerse presente–, me confesó el ex Presidente.

Pero hubo algo que nadie pudo ocultar: desde 1980 las autoridades estadounidenses ordenaron investigar a Elizabeth Montoya. La detuvo el FBI el 4 de abril de 1986, con relación a un caso de narcotráfico. La liberaron por supuestas delaciones que hizo. Entre tanto, el nombre de su esposo, Jesús Amado Sarria figuró en una confesión de un piloto de la mafia de nombre Luis Fernando Farfán, capturado el 11 de junio de 1993 en El Salvador, llevando 6 toneladas de cocaína. El piloto aseguró que la droga era de Jesús Sarria.

Años después la justicia colombiana dictaminó que *La Monita* trabajó como gemóloga y su gran fortuna la consiguió vendiendo joyas; asimismo negoció con arte y caballos de paso fino e inversiones inmobiliarias y hoteleras. A su esposo, quien pagó prisión por el delito de narcotráfico, un Juez Penal lo declaró no culpable el 31 de octubre

---

248 11 años antes, el 8 de julio de 1996 un laboratorio privado que usa el FBI para sus pruebas forenses ya había determinado que el retrato no era un montaje.

249 Además de Samper y *La Monita*, en la foto aparece un hombre llamado Fernando Espinosa, jefe de bodegas del Fondo Rotario de la Aduana en el Valle del Cauca y *protector* de los almacenes conocidos como *San Andresitos*, donde venden artículos importados de contrabando. Espinosa fue asesinado. También sale Jesús Amado Sarria.

de 2002. Teóricamente probó que la fortuna de *La Monita*, provino de legítimas empresas mineras y agroindustriales[250].

Durante el año de 1996 Samper enfrentó todo el peso del estigma de encabezar un Gobierno financiado por el narcotráfico, pero como algunos pronosticaron, salió bien librado. El 13 de junio, la Comisión de Acusaciones de la Cámara de Representantes, lo exoneró por segunda vez.

---

250 Jesús Amado Sarria fue capturado en diciembre de 1995. Lo condenaron a ocho años y medio de prisión. Al cierre de este libro, junio de 2007, esperaba una indemnización de casi 8 millones de dólares por haber purgado la pena siendo no culpable.

3
EL JUEGO FINAL: JAQUE MATE

La mujer, a quien solamente identificaré como la Senadora Consuelo, se sentó al lado de la chimenea de un elegante restaurante de Bogotá donde acordamos la entrevista en enero de 1997. Su rostro, por ser popular en la televisión, no quería mostrarlo en público, por eso pretendió disimularse en el contraluz de las llamas y en la penumbra. Según ella, el anonimato la protegía de represalias.

La Senadora me contó que escuchó sobre un grupo llamado *Dignidad por Colombia*, creado por ciertas personas para silenciar a la *gente incómoda*, que llamaban *antipatriotas*. ¿Quiénes eran esas *ciertas personas?* No me lo dijo. ¿Los Rodríguez Orejuela? ¿Gente del Gobierno? ¿Otra vez la Brigada XX?

Ese grupo armado clandestino al parecer lo encargaron de espiar, amenazar y ejecutar oscuras acciones que llegaron hasta asesinatos. Los mercenarios comenzaron a *deshacerse de los problemas* en el momento en que el *narcoescándalo* se salió de control o querían generar más caos en el gobierno.

La Senadora insinuó que quizás ellos mataron a la *Monita Retrechera* y al chofer de Horacio Serpa[251].

Cuando escuché a la Senadora Consuelo sobre ese grupo *Dignidad por Colombia*, sospeché que un hecho que ocurrió en marzo de 1996, que vi como un viejo desquite del narcotráfico, pudo haber sido una acción para crear desconcierto y fastidiar más al gobierno. Si pretendían eso, escogieron mal a la víctima, porque los colegas ignoraron casi por completo el incidente. Ocurrió un sábado en la mañana, cuando resolvimos salir de paseo a la finca de Anapoima. Ustedes, mis hijos, viajaban en un pequeño automóvil junto a su mamá. Yo conducía una camioneta a una corta distancia, con el armamento listo y con el chaleco antibalas puesto. Me intranquilizaba pensar que me agredieran delante de ustedes o los lastimaran en caso de un ataque. Por esa razón un día decidí que viajáramos en carros separados. El riesgo se reducía sólo a mí.

---

251 El conductor personal de Horacio Serpa fue asesinado el 4 de agosto de 1995. Calificado por las autoridades como: *"reacción violenta a un accidente de tránsito"*.

Felipe, apenas tenías 5 años y tú, Carolina, acababas de cumplir 9. Desde que salimos de la casa noté motocicletas que llevaban las luces encendidas y nos seguían. Cuando avanzamos varias cuadras, uno de los motoristas golpeó el espejo retrovisor derecho de mi camioneta, tal vez para simular un accidente y en ese instante atiné a mirar hacia el otro lado viendo que otra motocicleta se acercaba a mi ventanilla, mientras el pasajero sacaba una pistola. En segundos reaccioné y disparé dos tiros hacia ese lado izquierdo. Creo que herí a uno de ellos en una pierna. Inmediatamente giré y disparé dos veces más hacia el lado derecho con el revólver adentro de la cabina. Como de costumbre, ustedes iban asomados por el vidrio trasero del otro carro, lanzándome besos, haciéndome señas y mostrándome cosas en la calle. La ventanilla trasera del vehículo conducido por su mamá, hizo las veces de una pantalla de cine, donde ustedes presenciaron ese momento en que los sicarios dispararon. Por iniciativa propia, mamá aceleró el carro y se perdió entre el intenso tráfico de Bogotá, mientras me quedé rezagado esquivando el ataque. La balacera ocurrió tan rápida que ni siquiera me di cuenta que los tipos desaparecieron en el tráfico. Los disparos que hice desde adentro del carro me dejaron aturdido y mareado. Me quedó un daño permanente en el oído derecho. Nunca recibí una explicación oficial de por qué nadie investigó ese caso.

Aunque, al principio, estos hechos no parecían afectarlos a ustedes, la verdad es que tú, Felipe, recibiste un diagnóstico nada alentador del departamento de sicología escolar. Tuviste que ser tratado por especialistas. El rendimiento académico desmejoró y la actitud ante la vida fue de miedo. Pensabas que podías perder a tus padres y a tu hermana. Eso le contaste a la sicóloga que examinó tu condición. Dejaste de salir a la calle. Te negaste a jugar con tus amigos en sitios abiertos y pocas veces aceptaste acompañar a tu madre a compromisos familiares. Tu mundo giró en torno a las cuatro paredes del hogar. Se excedieron en la persecución contra mí. Me informaron que un funcionario del gobierno intervino para que a ti no te aceptaran en un tradicional colegio capitalino: *Ni por el "chiras" acepten al hijo del que habla mal de Colombia,* recomendaron.

Por tu parte, Carolina, tuviste que soportar las humillaciones y los ataques de profesores. Cierta vez una maestra me confesó privadamente que una de sus colegas le comentó que tú no le simpatizabas por ser la hija del que *hablaba mal de Colombia,* el *vende patria.*

Un año después, en abril de 1998, volví a verme con la Senadora Consuelo.

–*¡Hola antipatriota!*–, me saludó mordazmente. Ella sabía que la palabra me causaba cierta gracia y por eso la acentuaba. Me dijo que escuchó sobre nuevos planes contra mí. A sabiendas que yo mantenía una estrategia de seguridad, que los colegas definían como *paranoica,* se propusieron inventar otros métodos para atacarme. Uno de esos intentos sería generar confusión en un hecho que pareciera accidental.

–*Cuídese de reaccionar con su arma. Dígale a sus escoltas que tengan cuidado al responder las agresiones callejeras*–, me advirtió la Senadora. Pero, según ella, la estrategia iba más allá. Pretenderían involucrarme con jovencitas menores de edad. Estrategia que utilizó Pablo Escobar. La Senadora me dijo que detrás hubo un perverso intento de molestar a la mamá de ustedes.

–*Un flirteo extramatrimonial les caería de perlas para su intención*–, me comentó. En aquel momento inicié una estrategia para contener ese plan. Un escándalo propagandístico sería tan peligroso como un atentado. Proyectaban arrebatarme la credibilidad periodística. Al hacerlo cualquier noticia que difundiera perdería valor. Para protegerme coloqué líneas telefónicas nuevas en la oficina. Reinstalé los detectores de interceptación de llamadas, los cuales guardé desde la muerte de Escobar. Al descubrir que sí grababan las conversaciones inventé un sistema de *desinformación* trazando viajes, rutas y compromisos simulados.

No obstante, no pude evitar que escucharan las discusiones telefónicas con *Nandita.* A ella le molestaban las medidas de seguridad, aunque sabía del peligro que corríamos. Le fastidiaba el uso de armas frente a ustedes, un mal necesario en una nación donde se perdió el respeto por la vida y el derecho a expresarse libremente. También le incomodaba mi temor de ir a lugares públicos y más cuando dormía en la oficina en un colchón debajo del escritorio, ocultándome de los sicarios. Su egoísmo no la dejó entender que para sobrevivir yo tenía que volverme un periodista invisible. Entonces, en ese tiempo mi situación matrimonial llegó al punto de una crisis. Percibí que su mirada y sus actitudes hacia mí reflejaban amargura y cansancio. Dejó de ser la mujer sonriente y feliz con quien me casé quince años atrás. Marchitó el amor, no sólo el peligro inminente, la amenaza de muerte que se cernía sobre mí, sino la búsqueda de una respuesta a la soledad sentimental a la cual ella me arrojó por su actitud indiferente. Admito que le herí el corazón. No justifico mis errores con esta explicación que verán como trivial, pero fue un escenario real vivido por mí. Ambos nos infringimos daño. Asimismo, los celos enfermizos de ella y el favorecer en forma excesiva a sus padres y hermanos, minaron el frágil matrimonio. Todo presagió que el sello de amor que soñamos cuando jóvenes, tan sólo sería una preciosa ilusión: *El día muere en la noche, la noche muere en el día... El fuego muere en el agua, el invierno en la primavera, pero mi amor por ti no morirá jamás...* Esa promesa se quebrantó en el tiempo y un día la separación se tornó inaplazable y llegó en forma dramática. No regresé a casa.

Aparte de eso, la presencia de una joven, estudiante de periodismo que hizo pasantías en la oficina, hija de un General de la república, influyó para que los dos nos alejáramos más. Ella se volvió una persona especial en mi vida. Para colmo de males, esto lo aprovechó un camarógrafo, quien en forma infame se dedicó a envenenar a la mamá de ustedes, contándole detalles de esa amistad y avisándole a qué lugares íbamos a cubrir noticias, para restregarle en su cara estos encuentros, inicialmente de carácter profesional, pero que él se los mostró a manera de romance. En un juego irónico de la vida esos rumores se convirtieron en realidad y esto desató una amarga batalla de *Nandita* contra mí. Ante su desdicha ella prometió no permitir la felicidad de ninguno.

La tristeza que reflejaban en su rostro ustedes, mis hijos, en especial los ruegos de ti, Carolina, para que regresara a casa, pero también mi sentimiento básico de preservación humana, me hicieron decidir volver para estar juntos otra vez. Dispuse no seguir adelante con el divorcio que ya estaba en proceso y le pedí a la estudiante que no volviera más a trabajar a la oficina, rompiendo los vínculos afectivos con ella. Lo hice, aunque del todo la felicidad apenas la abrigaría como una quimera. A partir de ese tiempo salvar el hogar se convirtió en mi mayor desafío.

En medio de esa crisis familiar, artificialmente superada, seguí resistiendo las amenazas de muerte. Una vez fui emboscado por unos individuos de civil que se identificaron como agentes del DAS, advirtiéndome que saliera del país si no quería *oler a formol*. Por esos días, *Dignidad por Colombia* hizo llegar en forma simultánea, a la misma hora y en dos diferentes ciudades, tres sufragios, ofrendando misas por mi alma. Uno de los sufragios llegó a casa de mis hermanas en Cali, otro a la residencia de los abuelos de ustedes, mis hijos y el tercero lo dejaron en la oficina de *Univisión* en Bogotá.

Nunca temí al Presidente Samper, sino a los que se apropiaron de su defensa, tal vez para ocultar sus propias culpas. De ningún modo pude aceptar todas las acusaciones de los enemigos del Mandatario y jamás les creí que él pudiera dar órdenes de esa gravedad, siendo padre de niños de la misma edad de ustedes, que compartían las mismas amistades, frecuentaban iguales clubes sociales, asistían a idénticas reuniones de adolescentes y estudiaban en los mismos colegios, donde también se educaban los hijos de notables familias capitalinas.

Recuerdo que una vez lidié con los papás de amigas tuyas, Carolina, porque se oponían a dejar ir a sus hijas al Palacio de Nariño, donde los hijos del señor Samper programaron una fiesta juvenil. Los otros papás no permitían la visita a la residencia presidencial porque lo veían moralmente impropio. Fundamentaban su prohibición en que al Presidente lo acusaron de corrupción y dejar ir a nuestros hijos sería un mal ejemplo. Mi alegato, en el cual me apoyó tu mamá, se basó en que los niños de Samper y los de otros funcionarios que pudieran haber estado implicados en investigaciones, no debían heredar los supuestos errores de los papás. Finalmente fuiste a la fiesta. Todas esas controversias me parecían ridículas, porque no podíamos impedir esa amistad que, con algunos de esos jóvenes, la conservaste por años.

A pesar de los peligros que corríamos, no quise dejar de informar a nuestra audiencia sobre los hechos noticiosos de Colombia.

El gobierno de Samper estaba por concluir y *Univisión* me anunció que enviaría a María Antonieta Collins[252] para apoyarme en el cubrimiento de las elecciones presidenciales[253]. La acompañó una joven

---

252 En ese tiempo María Antonieta Collins era co–presentadora del *Noticiero Univisión Fin de Semana* y corresponsal principal del programa de investigación *Aquí y Ahora*, de la cadena *Univisión*.

253 Los candidatos fueron tres protagonistas del *narcoescándalo*: Horacio Serpa, el ex ministro de Samper, quien fue *escudero* y amigo del presidente en sus cuatro años de crisis, por el Partido Liberal; Andrés Pastrana, el artífice de la revelación sobre esa corrupción, por el Partido Conservador y el General Harold Bedoya, quien confrontó al Presidente Samper, siendo comandante de las Fuerzas Militares y salió de su gobierno.

productora de nombre Gabriela Tristán y un camarógrafo salvadoreño llamado Guillermo Torres, experto en guerras y situaciones difíciles. En cambio Tristán, aunque talentosa, todavía no conocía esos escenarios de peligro.

Como siempre, la llegada de un equipo de los Estados Unidos se volvía un inconveniente de seguridad para mí, que me obligaba a resolverlo sin incomodar a los que venían. Sin darme espacio a prepararme, al poco tiempo de haber arribado Collins a Bogotá, recibimos en la oficina una corona de flores enviada desde una funeraria. El ramillete mortuorio, llevaba una cinta morada con la leyenda *Jorge Ramos – Raúl Benoit*, como si hubiéramos muerto y nos deseaban que descansáramos en paz. Los encargados de los anónimos pensaron que había sido a Ramos a quien enviaron de *Univisión* y no a Collins. Al poco rato llegó otra corona mortuoria. Ésta llevaba una cinta morada parecida a la anterior pero con la leyenda *Noticiero Univisión*. Más tarde llegó un sufragio en donde ofrecían misas *por el eterno descanso de Jorge Ramos y Raúl Benoit*, incluyendo dos balas y una frase que decía algo así: *No vale la pena que el personal de Univisión siga en el país* y firmaba *Dignidad por Colombia*. Esa noche en el hotel donde se hospedaba Collins y su equipo, la presentadora de *Univisión* recibió un mensaje en la recepción que le advirtió: *Ni Raúl Benoit, ni Jorge Ramos valen la pena para que usted pierda la vida. Lárguese de Colombia o no respondemos* y firmó, *el amigo de las flores*. Al ir aumentando las intimidaciones decidimos simular que se iban. Cancelamos los cuartos y los registramos con un nombre ficticio. Con la imaginación bromista de Collins, quizás usó el seudónimo de una diva mexicana.

Esa misma noche le pedí al General Harold Bedoya que me apoyara con guardaespaldas. Desde la época en que le solicité ayuda para ingresar al pueblo de las autodefensas en El Dorado, no le perdí la pista. Bedoya asistió a las reuniones secretas donde se planeó uno de los golpes de Estado contra Samper, pero por su espíritu democrático no aceptó imponer un Gobierno de facto en Colombia. Sin embargo no guardó silencio. Se enfrentó al Presidente, quien al descubrir la insubordinación lo llamó a calificar servicios en 1997, cuando ejercía como Comandante de las Fuerzas Militares. Al no renunciar en forma voluntaria, el Mandatario lo destituyó fulminantemente. Aplaudido como héroe por sus hombres al salir del edificio, lo exhortaron a lanzarse como candidato presidencial y le picó el bicho de la política. Lo ayudé de manera personal y discrecional en lo que correspondió a sus intervenciones en televisión, porque me pareció honorable que no participó en el rompimiento de la democracia. Consideré que su mandato sería una manera de vencer la crisis nacional.

Bedoya me envió a tres de sus hombres, incluyendo a un Teniente experto en contraguerrilla[254], bautizado por Collins como *James Bond*, porque asumió el papel en toda la extensión del título. A la mañana siguiente Collins me telefoneó desde el hotel y me invitó a un restaurante cerca de la oficina. Viendo lo que sucedía y sabiendo que yo sería el primer blanco de los que amenazaban decliné ir. Pocos minutos más tarde, sin siquiera haber comenzado a comer, dos empleados del lugar se acercaron. Una mujer, llorando y temblando del miedo, preguntó si ellos trabajaban para *Univisión*. Al responder que sí, les pidió que salieran del lugar porque les iban a poner una bomba. Mientras se iban, otros de mis escoltas encubiertos quisieron detener a unos individuos en un vehículo sospechoso, pero estos huyeron disparando contra los hombres. Collins, Tristán y Torres ya iban camino a la oficina, cuando ocurrió el tiroteo. Ellos no se enteraron del altísimo peligro en que estuvieron, aunque comenzaron a recapacitar.

–*Esto ya no es un juego, tú decides qué hacemos*– dijo el camarógrafo Torres.

–*Vamos a someternos a las reglas de seguridad que dispuso Benoit*–, propuso Collins. Un par de horas más tarde, Gabriela Tristán regresó en el primer vuelo disponible a los Estados Unidos. *Esa no era mi lucha*, me explicaría años después.

Collins, convencida de que el disgusto más grande para quienes querían acobardarnos, sería que ella presentara la noticia de la elección presidencial, decidió no darles gusto y salió al aire.

El nuevo Gobernante de Colombia, Andrés Pastrana, a quien derrotó Samper cuatro años atrás, asumió la dirección de la nación el 7 de agosto de 1998.

---

254 Teniente del Ejército John Tamayo, miembro de la escolta del General Harold Bedoya, y a quien también yo conocía de tiempo atrás. Pocos años después, Tamayo renunció al Ejército y se fue a vivir a los Estados Unidos.

Entre tanto, soportando el peso de una molesta cruz, Ernesto Samper comenzó otro vía crucis, en el círculo de los ex presidentes, tratando de recobrar su credibilidad y prestigio que tuvo antes de ser Presidente.

Los Rodríguez siguieron presos, sin obtener ningún beneficio del gobierno de Samper, salvo que no los entregaron a los Estados Unidos. Entre las múltiples acciones del Mandatario, antes de entregar el poder, hizo algo que espantaba a los narcotraficantes: restableció la extradición[255]. Los Rodríguez, temiendo que los enviaran a una cárcel estadounidense, intentaron pasar inadvertidos en sus celdas[256], aunque vivían con libertades poco comunes, desde tener su propio cocinero, hasta recibir visitas privilegiadas. Procuraban mantener todo bajo control, pero sus jóvenes discípulos, frenéticos por el poder que creían tener con la riqueza ilícita, hacían bacanales en sus dormitorios. Lo supe porque me lo contó Gustavo Caicedo, mi ex compañero de colegio. Para él, se convertía en motivo de orgullo relatarme como cada fin de semana le conseguía jovencitas quinceañeras a *Cuchilla*, a su socio *Chupeta* y a Diego Varona, para que hicieran esas fiestas. En una de esas grandes reuniones, que duró varios días, murió una niña estrangulada[257]. No fue la primera muerte en las cárceles. Antes y después varias mujeres fallecieron asfixiadas como consecuencia de un erótico acto sexual, donde simulaban ahorcarlas en el momento de tener las relaciones íntimas, práctica que se volvió común entre la gente joven de Cali.

Los Rodríguez se percataban que esas atrocidades los perjudicaban. Lo que hicieran sus discípulos, ponía las miradas sobre ellos. Ese era el costo de ser *patrones de patrones*, pero poco a poco perdieron el respeto y el *negocio maldito* comenzó a írseles como agua entre manos, a pesar del esfuerzo de William Rodríguez quien, como les dije antes,

---

255 La extradición fue aprobada el 22 de mayo de 1997, para delitos que se cometieran posteriormente a esa fecha.

256 Gilberto Rodríguez fue condenado a 21 años de cárcel. Sin embargo, no recibió el castigo total. Un juez tuvo en cuenta que Rodríguez, aceptó su culpabilidad, se acogió a la *sentencia anticipada,* trabajó y estudió en prisión, por lo que tuvo una pena menor. Obtuvo su libertad en noviembre de 2002, pero en marzo de 2003 lo volvieron a capturar por otros delitos. Miguel Rodríguez fue condenado a 21 años de cárcel. Por trabajo, estudio y otros beneficios, cumpliría casi 11 años. Los abogados de Miguel pidieron su libertad en noviembre de 2002. A punto de salir fue condenado a 4 años más de prisión por un supuesto soborno.

257 La niña se llamaba Carolina Zuleta y el incidente ocurrió el 28 de diciembre de 1998, en la prisión de *alta seguridad* de Palmira. A la fiesta estuvo invitado el director del presidio. Llevaron las orquestas del momento, champaña francesa, cajas de güisqui sello azul, comida en abundancia y por supuesto mucha cocaína.

asumió el control del cartel en reemplazo de su padre Miguel y de su tío Gilberto.

Al pasar el tiempo, tomaron una decisión equivocada. Para que no los enviaran a una cárcel en el exterior, se comprometieron a borrar las huellas del pasado. Encargaron de la misión a un individuo llamado Oswaldo Estrella[258]. Él le propuso a un funcionario de una sucursal bancaria que le permitiera robar la sede, para sacar ciertos documentos guardados allí, los cuales destruiría en otro lugar, pero el empleado le dijo que eso sería complicado porque tendría que utilizar un camión grande para trasportar el material. Entonces, resolvió incendiar el edificio, asesorándose de expertos en química que le sugirieron unos productos sintéticos que avivarían un fuego difícil de apagar con agua. Eligió un fin de semana festivo. Estrella llegó a la oficina bancaria donde se ocultaban las importantes pruebas y puso el químico en lugares estratégicos. Conectó el detonante con un dispositivo de control remoto que mandó a traer de los Estados Unidos y en la noche activó el sistema pero no funcionó. Al día siguiente consiguió una batería nueva para el control remoto y regresó para intentarlo al oscurecer, pero tampoco trabajó.

–*Esto hay que hacerlo a la antigua*–, se dijo asimismo. Se dirigió hasta la estación de gasolina que quedaba cerca al edificio, compró dos galones de combustible, retornó al lugar y vació el carburante con la ayuda del guardia de seguridad de la cuadra. Pasadas las 8 de la noche encendió un fósforo, esperando que la combinación con el químico funcionara y así ocurrió. La explosión lo lanzó por el ventanal hasta la calle. Se sacudió, se levantó y huyó del lugar, mientras un gran incendio destruyó las pruebas. Los bomberos de Cali, para apagarlo, tuvieron que utilizar ocho máquinas extintoras de fuego[259]. Dos años más tarde, a Estrella lo asesinaron[260].

¿Qué almacenaban con tanto celo los Rodríguez en ese edificio? Por años, como buenos mafiosos, guardaron las principales evidencias

---

258 Oswaldo Estrella, ingeniero de profesión.
259 El incendio ocurrió en un *antiguo* edificio del Banco de Colombia, situado en la carrera 15 con calle 10 del barrio San Bosco de Cali, la noche del lunes 10 de enero de 2000. Se indicó que el fuego fue ocasionado por acumulación de gases. Nadie escuchó los testimonios de ex empleados que decían lo contrario: *fue propiciado por manos criminales*.
260 Oswaldo Estrella fue baleado cuando esperaba el cambio de luz en un semáforo de Cali, el 4 de enero de 2002.

del *narcoescándalo* y los sobornos posteriores a ese *Proceso 8.000*. Atesoraban, como un seguro de vida y libertad, desde fotografías y videos, donde aparecían políticos importantes en sus fiestas o en actos de abierta ilegalidad, hasta cheques pagados a los corruptos y cartas donde dirigentes se comprometían a cumplir su palabra para no extraditarlos. Ellos decidieron destruir gran parte de las evidencias, porque les prometieron no mandarlos a los Estados Unidos. Pero sin prever las consecuencias, al ordenar el incendio, los jefes del *Cartel de Cali* cometieron otro de los errores de excesiva confianza con la clase dirigente corrupta: perdieron su pieza más importante para dar *jaque mate*. Al saber que destruyeron las pruebas, los corruptos consideraron que los mafiosos se volvieron vulnerables y entonces les importó un bledo enviarlos a los Estados Unidos[261].

La justicia de ese país guardaba testimonios sólidos, como el de un destacado miembro de la sociedad colombiana, el empresario Harold Ackerman, quien permanecía preso en una cárcel norteamericana, acusado de haber sido coordinador de operaciones del *Cartel de Cali* en el sur de La Florida[262].

En el momento en que vi su nombre en el proceso recordé que lo conocí a mis 17 años. Ackerman ejercía como uno de los propietarios de una compañía llamada Soexco Ltda.[263], que producía ropa juvenil cuya marquilla, Baboo, acreditada en Colombia, confeccionaba camisas y pantalones vaqueros o de mezclilla (en nuestro país se les llamaba *blue jeans*), pero también se beneficiaban de la representación exclusiva de los Jeans Levi´s. Un día fui a uno de sus almacenes más importantes, para que patrocinara mis programas de radio y el periódico escolar. Ackerman me atendió casi de inmediato y con una amabilidad desbordada ordenó comprarme la propaganda. Por un buen tiempo sólo vestí la ropa de Baboo y Levi´s, como parte del negocio.

El caso de Ackerman lo registré como otro ejemplo de miembros de la sociedad colombiana que terminaron involucrados en el *negocio maldito*, aunque no lo necesitaban por ser prósperos empresarios. La ambición los cegó.

---

261 Gilberto Rodríguez Orejuela fue extraditado el 3 de diciembre de 2004.
262 Harold Ackerman fue condenado en abril de 1993, por introducir 100 mil kilos de cocaína y enviar a Colombia millones de dólares camuflados en refrigeradores, entre 1990 y 1992.
263 *Soexco* Ltda., se convirtió en *Soexco S.A. (*Sociedad Exportadora de Confecciones*)*. Años después fue liquidada.

Ackerman delató al *Cartel de Cali* y su testimonio fortaleció el del contador Guillermo Pallomari, quien hizo su acusación antes de evaporarse en el programa de protección a testigos. Junto a esas dos declaraciones, más otras evidencias de agentes encubiertos de la DEA y alegatos de miembros capturados de la organización, la justicia estadounidense consolidó un juicio contra los Rodríguez Orejuela.

En su primera audiencia ante la Corte Federal del Distrito Sur de La Florida, en febrero de 2005, donde inicialmente se declaró no culpable de los cargos, el temido narcotraficante Gilberto Rodríguez Orejuela ya no lucía tan poderoso. Ante el juez, su cara pasó de la perplejidad al sometimiento humillante, cuando se atrevió a interpelar a su enjuiciador con una voz de abuelo bueno.

–Desde que fui extraditado de mi país y encarcelado en la prisión federal de Miami, he estado en una celda que es un módulo de castigo, las 24 horas del día, sin derecho a tomar el sol, ni salir. Sólo puedo ver a mi abogado. Con todo respeto pienso que esto va contra mis derechos y contra la resolución de extradición que dice que no puede haber trato discriminatorio, ni maltratos–, demandó Rodríguez, quejándose además, que después de las 10 de la noche le apagaban la luz de la celda y luego, cada hora, pasaba un guardia con un reflector de color amarillo, alumbrándolo y siguió reclamando: *"Entonces no puedo tener un sueño reparador. Esto es un reglamento draconiano, que me afecta física y sicológicamente, ya que soy un hombre de 65 años de edad,* dijo, mientras el juez le sugirió a sus carceleros:

–¿No le podrán dar uno de esos tapaojos que usan los pasajeros de primera clase en los aviones?– dijo, ironizando y en la sala la gente se carcajeó.

–No, señor Juez, porque hay que verles los ojos, por si acaso les da epilepsia o se suicidan–, dijo un guardia de la prisión.

Pocos días después de esa audiencia llegó extraditado su hermano Miguel[264]. En su primera presentación ante la justicia, renunció a su derecho a la fianza. En la segunda, igual que Gilberto, se declaró no culpable.

El verdadero fin para los Rodríguez Orejuela comenzó el día en que el hijo de Miguel se entregó a la justicia estadounidense, en enero de 2006

---

264 Miguel Rodríguez Orejuela fue extraditado el 11 de marzo de 2005.

y en marzo de ese mismo año, culpó a su papá y a su tío. Si bien pareció lo contrario, esa fue otra jugada de ajedrez, planeada por ellos mismos, con el fin de salvar al resto de la familia, sacrificándose los dos grandes jefes, que a su edad llegaron a un punto de agotamiento. No hubo traición. Esa palabra no hizo parte de su vocabulario. Tampoco la aplicaron cuando estuvieron frente a la justicia de Estados Unidos, esposados y vestidos con un uniforme color caqui, sin lucir sus camisas de seda y sus zapatos italianos. Finalmente admitieron que narcotraficaron, aceptaron algunos de los cargos ante la corte y los condenaron. Encerrados en dos penitenciarías diferentes en Pennsylvania[265], donde sólo pueden ver la luz del sol una hora diaria, se resignaron al castigo. Miguel, de 63 años en 2007, permanecerá en Lewisburg hasta que cumpla 86 y Gilberto, de 68, en White Deer, hasta que cumpla 91 años de edad. La justicia proyectó liberarlos el 9 de febrero de 2030 o quizás antes si se portan bien. En Colombia se tejieron conjeturas, desde que ellos entregarían la prueba reina, ya inexistente, hasta que acusarían a políticos y prestantes miembros de la sociedad. Eso formó parte de las fábulas de prensa, que así mantenían en jaque a los corruptos que vivían asustados porque las autoridades estadounidenses les podían quitar la visa y el privilegio de seguir yendo a *Disney World*. A los estadounidenses sólo les importó castigar a quienes por 30 años inundaron las calles de su país con cocaína y heroína y se les llevaron sus dólares. Esos asuntitos de *república bananera* no hacían parte de la agenda norteamericana.

En Colombia creían que William Rodríguez se esfumó de los registros carcelarios de Estados Unidos. Aunque él y 28 de los familiares de *los patrones de patrones* recibieron protección del gobierno, en un trato que incluyó a su padre y su tío, realmente se encontraba en la Institución Correccional Federal, en Edgefield, Carolina del Sur y se proyectaba su liberación para el 27 de mayo de 2010. Estaría libre a los 44 años. Su trato fue un trofeo dudoso, ganado en la lucha antidrogas, lo cual dejó un sabor amargo entre quienes sufrieron muerte y destrucción a causa de ese *negocio maldito*.

---

265 A finales de septiembre de 2006, los hermanos Rodríguez fueron condenados a 30 años de prisión en Estados Unidos. En la negociación, renunciaron a 2 mil millones de dólares de su fortuna. Otros 10 mil millones de dólares, permanecen escondidos en bancos del mundo, especialmente en los países llamados Tigres Asiáticos, como Taiwán, Hong Kong, Singapur, Corea del Sur, Malasia, Indonesia y Tailandia.

Respecto a los compañeros que conocí en el colegio y los amigos de juventud que se dejaron seducir por los *mágicos*, todos pasaron por la cárcel y los que lograron la libertad cayeron en desgracia, perseguidos por sus enemigos y los que decían ser sus amigos. Algunos de ellos murieron.

A Carlos Maya lo arrestaron. Dos años más tarde sufrió un problema cardiaco y lo trasladaron de la cárcel a la Clínica Nuestra Señora de los Remedios de Cali, donde llegaron cuatro hombres, encañonaron al guardia penitenciario que lo custodiaba y a Maya, de 39 años, en la cama donde convalecía, le propinaron ocho balazos de pistola[266]. Ordenaron su muerte porque se volvió informante de la DEA y acusó a su socio Víctor Patiño Fómeque, alias *El Químico*, quien en esa época ya había estado en la cárcel y salido libre. A *El Químico* lo volvieron a capturar en abril de 2002 por las acusaciones de Maya. Aunque antes de morir Maya se retractó asegurando que lo presionaron agentes de la DEA, su testimonio inicial valió para que a Patiño se lo llevaran a Estados Unidos el 6 diciembre de 2002, para ser juzgado en ese país. Hizo un trato. Delató a Juan Carlos Ramírez Abadía, alias *Chupeta* y a otros narcos. De esta manera, varios familiares de *El Químico*, cambiando de identidad, vivieron felices en algún lugar del sur de La Florida. La última vez que supe de Patiño Fómeque, de 48 años, de acuerdo a la Oficina Federal de Prisiones, figuraba preso en el Centro Metropolitano Correccional de Nueva York y no tenía una fecha prevista de salida, tal vez porque ya gozaba de libertad, en el sistema de protección a testigos.

Juan Carlos Ortiz Escobar, alias *Cuchilla*, lo asesinaron sicarios en complicidad con policías corruptos, el lunes 1 de octubre de 2001, a la edad de 39 años. A Diego Varona, lo asesinaron en enero de 2005, rondando los 43. A Gustavo Caicedo lo mandaron a matar porque le atribuyeron complicidad en el crimen de Varona. Sin embargo, Caicedo, al terminar estos relatos, aún vivía en Cali escondido y sirviendo como *lavaperro* de otros traquetos en ascenso.

---

266 Carlos Hernando Maya Hoyos fue asesinado el miércoles 17 de octubre de 2001. Su arrestó ocurrió el 29 de septiembre de 1999. No sólo fue sentenciado por narcotráfico, sino que la Corte Suprema de Justicia lo condenó a 15 años de cárcel, por los delitos de enriquecimiento ilícito, falsedad de documentos y concierto para delinquir. Al principio él negó ser narcotraficante, pero después pidió contactar a agentes de la DEA y se volvió informante.

Por su parte, en un intento desesperado por borrar su pasado, otro compañero de colegio se mandó a hacer por lo menos cinco cirugías estéticas en su rostro, cambiándose los pómulos, el mentón y los ojos. Paralelamente adoptó una identidad que lo mostró como un inofensivo empresario italiano, radicado en Argentina, de nombre *Marcelo Javier Unzue*, y vivió en un lujoso condominio de Sao Pablo, Brasil, haciéndose pasar por un parroquiano cualquiera, pagando sobornos a corruptos para *no ser visto*. Sin embargo, sus artimañas no lograron evaporarlo del planeta como pretendió, porque a principios de agosto de 2007, a los 44 años, fue capturado y finalmente supieron que el tal *Unzue* era ni más ni menos que Juan Carlos Ramírez Abadía, alias *Chupeta*. Al verlo en la televisión esposado y custodiado por policías federales brasileros, su cara plástica, impresionante, me causó lástima. Parecía un muñeco mal ensamblado, morador de *Neverland,* la casa de sueños sombríos de Michael Jackson en California.

Chupeta, quien al inicio de su carrera delictiva, a finales de los años ochenta, trabajó para Iván Urdinola, posteriormente fue uno de los discípulos consentidos de los Rodríguez en el *Cartel de Cali* y siendo el último sobreviviente de esa organización, se convirtió en un poderoso narcotraficante de los carteles del norte del Valle del Cauca, Colombia. Soportó en su conciencia el peso de haber asesinado a por lo menos 30 familiares y socios de Víctor Patiño Fómeque, por su delación. También mandó a asesinar a otro sinnúmero de enemigos.

El final de esos tristes personajes que frecuenté, lo reconocí como la primera amarga moraleja de esta historia: nadie se salva del infierno cuando se es rozado por el *negocio maldito*, ni siquiera entregándose a la justicia estadounidense, ni devolviendo toda su riqueza y ni aportando evidencias contra otros carteles.

La guerra prosiguió como una condena sin fin.

4
¿LECCIÓN APRENDIDA?

Durante años me intrigó el misterio que rodeó el *narcoescándalo*.

Como les indiqué antes, hubo una gran diferencia entre lo que se llamó en Colombia el *Proceso 8.000* y la financiación de la campaña *Samper Presidente*. En esta última investigaron al tesorero, a 4 ministros y al Mandatario, a quien le abrieron dos procesos, exonerándolo en los dos casos.

De los 4 ministros, la justicia sólo halló culpable a Fernando Botero. A los otros 3 los absolvieron[267]. Al tesorero Santiago Medina también lo juzgaron y lo condenaron[268].

En lo que respecta al *Proceso 8.000*, que reveló los viejos vínculos entre los políticos y el *Cartel de Cali,* que recibían por su cuenta y riesgo pagos frecuentes para su beneficio personal, involucraron a 100 parlamentarios, a 3 Contralores[269] y nada menos que al Procurador General de la Nación, un hombre llamado Orlando Vásquez Velásquez.

Voy a tratar de interpretar hechos y conclusiones, las mentiras y las verdades del *narcoescándalo*.

La frase: y*a hay un dinero... ya hay conversaciones andando,* la cual supuestamente le dijo Samper a Botero al día siguiente de la primera vuelta de la elección presidencial, rondó en mi cerebro desde 2004, cuando me la reveló el ex Ministro de Defensa. ¿En qué contexto y sobre qué aportes le habló el candidato? ¿Fue sobre el ofrecimiento del *Cartel de Cali?*

Posiblemente parte de la respuesta de ese misterio, quedó sepultada tras un evento trascendental, con testigos reales, el cual sucedió el martes 31 de mayo de 1994.

---

267 Rodrigo Pardo, Canciller, renunció el 9 de julio de 1996. Fue absuelto un año después, el 25 de julio de 1997. Horacio Serpa, Ministro del Interior, lo liberaron de cargos judiciales el 19 de diciembre de 1997; Juan Manuel Turbay, Ministro de Comunicaciones, también fue exonerado.

268 Santiago Medina fue condenado por enriquecimiento ilícito *a favor de terceros* y murió en enero de 1999 de una enfermedad renal. Medina permaneció los últimos años detenido en su casa. Mantenía una relación homosexual con un joven, quien lo acompañó hasta sus últimos días.

269 Entre los Contralores Generales de la República investigados, estuvo David Turbay, condenado a 70 meses de prisión, culpable de enriquecimiento ilícito; Manuel Francisco Becerra, ex Ministro de Educación, juzgado y condenado en primera instancia el 22 de agosto de 1997, a una pena de 70 meses de prisión, tras haber sido hallado culpable del delito de enriquecimiento ilícito a favor de terceros; Rodolfo González, detenido el 2 de febrero de 1998, cuya investigación precluyó el octubre de 1999, porque la Fiscalía determinó que no cometió el delito de enriquecimiento ilícito. González murió de 62 años en Bogotá, en julio de 2003.

En una calle del exclusivo barrio Los Rosales, en el este de Bogotá, frente a la residencia de Augusto López, en ese tiempo presidente de Bavaria S.A., una de las empresas más rentables del Grupo Santodomingo, propiedad del billonario Julio Mario Santodomingo, la congestión de escoltas y vehículos blindados preveía que una cita importante iba a comenzar. En el apartamento del empresario López se programó un almuerzo de personalidades. Dos días antes se realizó la primera vuelta electoral y el encuentro podría significar para la campaña *Samper Presidente* la respuesta a los problemas financieros.

Hubo un hecho que definió esa reunión. Entre el candidato Andrés Pastrana y Julio Mario Santodomingo sucedió un distanciamiento, el cual parecía irreconciliable por las críticas que desde el periódico La Prensa, dirigido por Juan Carlos Pastrana, hermano del candidato Conservador, se profirieron contra Santodomingo y su grupo empresarial. Sin embargo, al día siguiente de la primera vuelta circuló en Bogotá un rumor de que esa enemistad se superó, habiendo una supuesta reconciliación de las partes. Al oír esto, Botero Zea buscó a Ricardo Alarcón, presidente de radio Caracol (otra de las empresas de Santodomingo) y le preguntó acerca de la veracidad de ese comentario, expresándole el interés que suscitaba tal posibilidad en la campaña *Samper Presidente*. Alarcón le dijo que él no sabía absolutamente nada sobre ese tema, pero le recomendó hablar con López. Efectivamente, Botero habló con López y de allí surgió el almuerzo en casa de este último.

Samper y Botero, acompañados por Rodrigo Pardo (quien sería el Canciller), llegaron al lugar, confiados en conseguir el dinero. En la mesa del comedor se sentaron los tres, junto a López, Alarcón, Andrés Obregón y un hijo de Santodomingo, también llamado Julio Mario. Alarcón, un viejo conocido mío, con quien coincidimos en los inicios de radio Caracol en Cali, me confirmó que ese almuerzo se llevó a cabo, aunque él no estuvo presente en todo momento y no recordó los pormenores de las conversaciones. Entre sorbos de licor y comida exquisita, hablaron de diversos temas políticos y de las necesidades económicas para vencer a Pastrana en la segunda vuelta electoral.

—Botero mencionó que para atender las necesidades de la segunda vuelta y salir victoriosos, se requería una suma, si mal no recuerdo, de 1.200 ó 1.300 millones de pesos, aproximadamente un millón y

medio de dólares de esa época–, rememoró claramente Augusto López, cuando hablé con él, en una conferencia telefónica que sostuvimos el 5 de julio de 2007. A mitad del almuerzo sonó el teléfono. Llamaba el propio Julio Mario Santodomingo desde Nueva York.

–Después de conversar con Julio Mario, puse al teléfono al Señor Samper–, me aseguró López.

–Augusto López me pasó a Santodomingo para que me felicitara. Me preguntó cómo andábamos de recursos y le contesté que estaba a 1.300 millones de pesos de ser Presidente de Colombia–, recordó Samper, refiriéndose a la llamada del billonario en medio de aquel almuerzo. Samper le comentó que pensó pedirle a él y a otros dos empresarios, Carlos Ardila Lulle y Luis Carlos Sarmiento, que le ayudaran, por terceras partes, a completar el déficit financiero, con lo que podría seguir adelante en la campaña presidencial.

–Él me respondió que se comprometía a conseguirme toda esa suma con gente amiga suya en el exterior y que dejara las contribuciones de Luis Carlos Sarmiento y Carlos Ardila, como una garantía adicional por si todavía algo me faltaba–. Al colgar el teléfono, Samper regresó a la mesa con una sonrisa de oreja a oreja.

–Volví, exultante y les conté la buena noticia a los demás comensales, entonces brindamos–, rememoró Samper, quien emocionado corrió a decirle a su esposa Jacquin: ¡La Campaña está completamente financiada!–.

En la segunda entrevista con Botero Zea en 2007, traté de que me explicara por qué no me habló de ese encuentro antes.

–Usted me dijo en el 2004, que al día siguiente de la primera vuelta se reunió con Samper y le expuso que la campaña tenía un sobregiro de 700 millones de pesos–, le recordé.

–Sí. Al día siguiente de la primera vuelta fue evidente que hubo una situación de crisis financiera y de sobregiro–.

–¿Y usted habló con el candidato y le dijo eso exactamente? ¿Lo que usted me dijo en 2004?

–No hablamos, hicimos una reunión para evaluar la situación financiera al día siguiente–.

–¿En la oficina de él? ¿O en la casa de él?

–Eso ocurrió en el apartamento de él en el segundo piso–.

–*¿Hubo algún encuentro con Augusto López, el empresario de Bavaria?*

–*Sí. Hubo varias reuniones a lo largo de la campaña con Augusto López–.*

–*¿Y después de la primera vuelta?–.*

–*Sí, también hubo una reunión con López para buscar una financiación, un apoyo financiero por parte del Grupo Santodomingo–.*

–*¿En ese momento Julio Mario Santodomingo llamó a Augusto López?*

–*No recuerdo–.* Entonces, le indiqué lo que Samper me dijo en Panamá. En ese instante su rostro cambió y se mostró ofuscado por el interrogatorio.

–*Señor Botero, usted presenció esa reunión–,* lo confronté con firmeza.

–*Pero yo no estaba al otro lado de la línea para ver* (escuchar) *que hablaban ellos–.*

–*¿Usted vio que el señor Samper hablara con el señor Julio Mario Santodomingo?*

–*No me consta eso–.*

–*¿Estando presente usted no se dio cuenta de que Augusto López le pasara el teléfono al candidato Samper?*

–*No me di cuenta, es decir estuve en una reunión, sé que hubo unas conversaciones pero no le podría decir qué se habló por el teléfono. Quiero ser muy veraz, no quiero entrar en afirmar cosas que no me consten–.* Tal vez fue cierto que no pudo escuchar y ver a Samper hablar con Santodomingo, pero me pareció insólito que Botero Zea no recordara el momento tan importante, con testigos, donde golpearon vasos y copas por el resultado de la plática y tampoco se acordó cuando López le pidió coordinar con Carlos Quintero, vicepresidente Financiero de *Bavaria* en ese momento, los pormenores del arreglo. Además, Botero Zea borró una frase que me dijo cuando lo entrevisté en 2004: *"Industriales y empresarios, que al principio contribuyeron a la cruzada política de Samper, me dijeron que no hablaron con el candidato y no estuvieron dispuestos a seguir aportando dinero".* ¿Por qué Botero recordó con plena claridad algunos hechos, pero otros los olvidó? Sin lugar a dudas, la reunión con López y el aporte financiero que hizo Santodomingo se convirtió en la piedra de la discordia.

–Ahí está realmente la coartada de Botero, no le interesaba decir que Julio Mario dio esa plata, después de la primera vuelta, porque ese fue el dinero que él se robó, lo lamento decir en esos términos, pero él se robó ese dinero–. No obstante, Botero me explicó qué hizo con el dinero, más adelante.

Cuando afirmó *ya hay conversaciones andando,* Samper dijo que quizá se refirió a los contactos con Santodomingo. Pero los testigos manifestaron que Botero fue el que buscó la reunión para gestionar la plata ante el billonario en el almuerzo en casa de Augusto López y además estuvo presente, entonces él supo de la negociación, aunque en la primera entrevista de 2004 *lo olvidó*. Por otro lado, el Senador Eduardo Mestre no tuvo influencias tan importantes como para agenciar ante empresarios otro frente de financiación, entonces, si resultase cierta la versión de Botero de que Mestre fue el *encargado* de conseguir más plata, se refería a contribuyentes distintos. Tal vez Mestre lo hizo por su propia cuenta, prometiéndole al candidato Samper que se encargaría de pedir dinero, sin decirle a quién, pero el ex Presidente asegura que Mestre fue sólo un asesor político. En una llamada interceptada por las autoridades, se conoció una conversación de Miguel Rodríguez en donde se quejó de *lo pedigüeños que son los de la campaña Samper Presidente, cuando todo el mundo sabe que Santodomingo está pagando la segunda vuelta.* ¿Quiénes fueron los pedigüeños? ¿Medina?, ¿Botero? ¿Mestre? ó ¿los tres a la vez?

–Botero es un mentiroso patológico. Para Botero, los hechos graves pasaron entre dos personas, en un rincón oscuro de un salón, a la luz de la luna, o metidos en un carro, sin testigos. El problema de los alegatos de Botero, es que no hay ningún testigo que los pueda confirmar, fíjese y verá–, remató Samper, riendo con ironía.

–Pero señor ex Presidente, tampoco usted tiene un testigo que pueda confirmar lo que hablaban los dos sobre esos asuntos secretos que, asegura Botero, sucedieron para financiar la campaña–, le reproché.

–Es cierto, Raúl. Pero, ¿cómo puedo refutar hechos que no sucedieron?, lo que los abogados penalistas llaman "pruebas negativas". Me atengo a los hechos públicos de la campaña, como el caso de la reunión en casa de Augusto López, donde se consiguió todo el dinero y más de lo que Botero mismo decía que necesitábamos para

la segunda vuelta. ¿Para qué buscar plata en otra parte si estábamos sobre financiados?–. Eso es verdad. Si la campaña necesitó 700 millones de pesos para saldar el sobregiro, según Botero le comunicó al candidato, entonces, con la plata de Santodomingo se cubrió ese sobregiro y sobraron $1.299.300.000. Además, disponían de aportes de los otros grupos financieros colombianos.

¿Realmente el *Cartel de Cali* aportó 6 millones de dólares a la campaña *Samper Presidente*?

–Esa cifra se la inventó Robert Gelbard, el subsecretario de Estado estadounidense, en la cual metió al fiscal Valdivieso, uno de los personajes más siniestros en toda esta historia, porque actuó como un fiscal corrupto, no porque se robó plata, sino porque él estableció un sistema de justicia selectiva, "palo para los enemigos y mano blanda para los amigos". Montaron el mito de los 6 millones, pudieron ser más, pudieron ser menos, no le estoy diciendo que tenga la cifra exacta, lo que quiero decirle es que nadie nunca supo, y a lo mejor ni se sabrá, el valor real de la campaña–, me indicó Samper.

Sea cierta o no la cifra, debió ser alta la suma de dinero que se recolectó. Además de los Rodríguez, otros delincuentes ayudaron a financiar la campaña. Los *representantes de la Philip Morris* (los Manzur), habrían dado por lo menos quinientos mil dólares. En marzo de 2007 se supo por boca de otro narcotraficante llamado Hernando Gómez Bustamante alias *Rasguño,* que el *Cartel del Norte del Valle*, también aportó alrededor de 3 millones de dólares. *Rasguño* dijo que un hijo de políticos, testaferro del narcotráfico metido en el narcotráfico, llamado Ignacio Londoño, sirvió como enlace para entregar el donativo[270].

–Yo, por supuesto, me vine a enterar de la existencia del señor "Rasguño" cuando sacó su versión. A Londoño, como a su padre y a su madre, ex alcaldesa de Cartago, si los conocí–, reconoció Samper. Indudablemente para los narcotraficantes, en especial para los que extraditaban a los Estados Unidos, el tema de la financiación de la campaña *Samper Presidente*, se volvió por años en el *caballito de batalla*, de quienes trataban de obtener dividendos legales.

---

270 Londoño desmintió a su subalterno diciendo que esa versión era falsa porque *Rasguño* lo perseguía desde años atrás y que resultaba absurdo pensar que un narco Conservador, de una región ultra–conservadora, como la del norte del Valle del Cauca, aportara dinero a una campaña Liberal.

Dejando a un lado esas elucubraciones, hice cuentas. Sumando los aportes de los carteles, suponiendo que sí ingresaron los 6 millones de dólares de los Rodríguez, la campaña pudo recibir alrededor de 10 millones de dólares ilegales. Más las contribuciones de empresas privadas colombianas calculadas entre 3 a 4 millones de dólares. Más los pequeños aportes de gente confiada que envió cheques y efectivo. Una campaña súper costosa.

–*¿Por qué terminó parte del dinero en sus cuentas personales en Nueva York?*–, le pregunté a Botero Zea.

–*En el momento en que empieza la campaña existía una norma que creaba unos topes* (límites)*, es decir, no podía haber ingresos o gastos en la campaña por encima de 4 millones de dólares*–. Botero Zea decidió prestar sus cuentas en Nueva York para esconder los recursos que sobrepasaban los límites que la ley permitía. Allí depositó los aportes de varias empresas, incluyendo el del Grupo Santodomingo. Botero me explicó que también se recibieron contribuciones en especie, que después públicamente se presumió fue dinero en efectivo.

–*Se hizo lo uno y se hizo lo otro. Por un lado se recibieron donaciones en especie en Colombia para pagar publicidad y, por otra parte, se recibieron estas donaciones de parte del "Grupo Santodomingo", de la "Federación de Cafeteros" y de "Mitsui"*[271] *en mis cuentas personales. ¿Por qué en mis cuentas personales? Porque la única persona que prestó sus cuentas para recibir esos recursos fui yo. Otra equivocación*–, confesó Botero.

–*¿Cuánto dinero pudo haber escondido Botero Zea?*–, le pregunté a Samper.

–*No quiero hacer juicios temerarios como los que hizo él, pero mire, en las cuentas de Botero en Nueva York, por lo menos se pudieron haber desviado de dos a tres millones de dólares*–, respondió.

–*Esa fue la defensa del presidente Samper, dijo que "el elefante" no entró a la casa porque en la puerta me lo robé. Una acusación absurda porque se demostró, hasta con recibos, que "el elefante" sí entró a la campaña y lo repartieron en pequeños "elefanticos" a todas las tesorerías regionales. La acusación de que me robé el dinero de la*

---

271 *Mitsui* de Colombia, es un conglomerado de Japón que invierte en metales, automóviles, agroindustria, bancos, etc.

campaña viene después de que decido colaborar con la justicia y fue una retaliación y una venganza política que buscaba desacreditar mi testimonio–, explicó Botero.

La Fiscalía de Colombia acusó a Fernando Botero Zea de apropiarse de por lo menos 1 millón de dólares, los cuales habría utilizado, en parte, para comprar una finca cerca de Bogotá. Él me mostró títulos y registros notariales que aseguró, aclaraban que esa propiedad la adquirió vendiendo un lote que le cedió su mamá, la señora Gloria Zea, valorado en 1.250.000 dólares, negociación que sucedió, coincidencialmente, en la época en que los Rodríguez hicieron su donativo y llegaron otros aportes de diferentes empresas legales. El dinero de la venta dijo él que, de igual forma, lo depositó en sus cuentas de Nueva York. Las pruebas no las valoró la corte, según argumenta él y por eso lo condenaron. Me señaló que reembolsó el dinero depositado en sus cuentas. Una parte, pagándose préstamos que él mismo hizo de su patrimonio, lo cual evidencié que sí ocurrió y otra cancelando deudas de la campaña. Eso lo corroboraron investigadores de la Fiscalía, conforme a documentos que tuve en mi poder.

Si todos los aportes que llegaron a las arcas de la campaña sumaron más de 14 millones de dólares, descontando el dinero el cual sospecha el ex Presidente Samper que Botero se apropió (alrededor de 3 millones de dólares, en vez de 1 millón como dice la Fiscalía), y suponiendo que los gastos de la campaña fueron sólo 4 millones, como estipulaba la ley, hubo más de 7 millones de dólares de los cuales no se hicieron registros contables y no se supo dónde terminaron. Gran parte de esa plata fue distribuida en cajas de cartón a las tesorerías regionales. ¿Compraron votos? ¿Sobornaron a funcionarios para obtener un resultado en las urnas? Ó ¿Algunos se llevaron para sus casas dinero depositándolo después en cuentas secretas en el exterior? La cifra que supuestamente se robó Botero es mínima con relación al gran flujo que ingresó. ¿Adónde se fue esa otra plata?, me he preguntando desde entonces.

Samper me contó que antes de que declarara Botero, en enero de 1996, él y los otros miembros de su Gobierno, pensaban que el ministro fue víctima de la codicia de Medina.

–La misma noche que habló Botero le pedí a mi hermano Juan Francisco que se dedicara a reconstruir todas las cuentas de la

campaña; lo hizo con una dedicación ejemplar durante los meses siguientes, apoyado en un equipo de abogados y contadores–, me reveló Samper. Entonces, comenzaron a aparecer, según él, amargas sorpresas, desde nombres de personas que hicieron donaciones en dinero, que jamás llegaron a las cuentas de la campaña, hasta información precisa de recursos en efectivo, entregados por Santiago Medina a casas de cambio, para transferirlos a cuentas secretas en Suiza. También descubrió, el hermano de Samper, que hubo transferencias financieras e inversiones inmobiliarias de Botero efectuadas inmediatamente después de la campaña.

–Empezamos a confirmar que la campaña, efectivamente, sí podía haber sido infiltrada por dineros ilícitos y que, más grave aún, Botero y Medina se llevaron para la casa, sin dejar registro alguno, aportes cuya existencia y monto por supuesto ignorábamos–. Samper asegura que el propio Santodomingo le dijo algo que él no quería admitir:

–Julio Mario Santodomingo obsesivamente me repetía, cada vez que lo veía, que Botero "se había quedado con la plata" que él (Santodomingo) *me consiguió para mi campaña–.*

–Un hombre tan rico, como Botero Zea, y de una posición social alta, ¿para qué se iba a robar ese dinero?–.

–Esa es la pregunta que tendría que hacerse él mismo, lo cierto fue que se los llevó para la casa, Raúl y eso no lo he dicho yo, lo dijo la justicia colombiana. Ahora, sin que ello lo justifique, pudo ser por simple ambición. La sentencia de la Corte Suprema de Justicia, avaló las investigaciones de la Fiscalía y el Tribunal Superior de Bogotá, comprobando que Botero, abusando de la confianza, como Gerente de la Campaña, sustrajo cuantiosos recursos de la misma, invirtiéndolos en Colombia o dejándolos en sus cuentas en el exterior–, concluyó Samper.

A pesar de la sentencia que condenó a Botero Zea a dos años y medio de cárcel (la cual quizá no cumpla nunca, porque él es mexicano de nacimiento) él reflexionó que haber hecho pública su confesión lo liberó, en parte, de su mayor peso: la vergüenza de haber manchado el nombre de la familia, aunque en la historia quedó estigmatizado. Alguna vez su padre comentó: *Todos mis hijos han visto lo que es mi vida; todos tienen mi ejemplo y éste no ha sido otro que la dedicación constante a lo que me interesa. Lo que he logrado en dinero, en prestigio o en el aprecio de la gente, lo he hecho aquí, encerrado en un taller. No quiero entrar a analizar las razones por las cuales él llegó a hacer lo que hizo. Esas son razones que no entiendo, ni entenderé nunca.*

¿Qué aprendimos los colombianos del *Proceso 8.000* o *narcoescándalo*? Para conocer la lección que asimilaron, por lo menos, los principales protagonistas, Samper y Botero, resolví preguntárselos. ¿Por qué decidió aceptar ese acto de corrupción y guardar el secreto tanto tiempo?, le indagué a Botero Zea y me respondió: *Una vez que te metiste en la trampa, sigues cavando el hueco más profundo.* Ciertos implicados temían que si revelaban la verdad, se derrumbaba la campaña liberal y se les cerraba la puerta para la siguiente candidatura presidencial.

–*Botero ya pensaba, por lo que se supo en su círculo de amigos, postularse para ser presidente en 1998, cuando yo dejara la presidencia. Otras personas, más suspicaces, piensan que él daba por descontado que perderíamos en la segunda vuelta. En cualquier caso, es posible que él pensara dejar los fondos que sustrajo para financiar su candidatura presidencial en 4 años. ¡Y mire en lo que quedó, por Dios!*–, exclamó Samper, reflexionando que su ex Ministro de Defensa tuvo todas las condiciones para triunfar en la vida.

–*Hijo del maestro Botero y de Gloria Zea, socia de mi mujer en proyectos culturales durante años; nieto del gran liberal Germán Zea; educado en las mejores universidades; politólogo de profesión. Lo vi como el tipo de operador político moderno que necesitaba para mi Campaña; por eso no dudé en vincularlo cuando él me ofreció sus servicios al finalizar el año de 1992 en España. Además, Botero venía del estrato súper alto que me había sido tradicionalmente esquivo por mis posiciones sociales progresistas*–, manifestó Samper, con un dejo de tristeza. Finalmente Botero Zea admitió el error de haber aceptado el acto de corrupción.

–*Lo hice porque puse la ambición por encima de los principios, en contravía de todo lo que me enseñó mi familia*–, concluyó. En sus palabras reconocí la amargura y en sus ojos vi la ansiedad de soportar el peso de la vergüenza. Samper del mismo modo intentó convencerme de su penitencia. Él asumió una carga histórica que lo condenó sin derecho a una defensa pública justa. Tal vez lo estigmatizó su pasado excesivamente franco sobre el tema del narcotráfico.

–*¿En algún momento usted pensó en renunciar?*

–*En una oportunidad sí, cuando vi que afectó a mi familia, una vez que encontré a mi hijo menor, escondido debajo de la almohada porque no quería ver más noticieros y más ofensas personales, en ese momento dije: "no vale la pena arriesgar la familia por esto"*–. Al pasar los años, fortaleció ese veredicto personal de cuidar a los suyos y apartarse de las mieles del poder. Me dijo que, por ahora, no cambiaría la paz del hogar.

–*Por nada en el mundo, empezando por una reelección* (presidencial)–.

–*¿Estaría dispuesto a volver al poder?*–, le insistí.

–*Por esas razones* (los hijos y la familia), *no. Me gustaría, hipotéticamente, por terminar lo que hice en el aspecto social. Pero eso es una fantasía romántica. Creo que pasará tiempo antes de que el costo de volver a ser Presidente compense los costos personales de serlo*–. Allí supe que sí reaparecería de nuevo en el ruedo porque lo advertí como un hombre de convicciones. Le repetí la pregunta que no quiso responder nueve años antes en la *Plaza de Bolívar* de Bogotá: *¿Realmente dejó un país en crisis, con desempleo, violencia y el descontento popular, a causa del narcoescándalo?*

–*Raúl. Colombia es una realidad compleja y ser Presidente es una tarea igualmente compleja. El fantasma de la violencia y el narcotráfico han perseguido por años a los que hemos sido Presidentes de ese sufrido país. Cada uno lleva su cruz a cuestas por cuenta de esa realidad; Belisario Betancur lleva la cruz del Palacio de Justicia; César Gaviria la de la Catedral* (de la cual se fugó Pablo Escobar)*; Andrés Pastrana la del Caguán* (donde los guerrilleros de las Farc hicieron una república independiente); *la cruz de Uribe seguramente será el tema de los paramilitares. A mí, a diferencia de Virgilio Barco, que lidió con el narcoterrorismo, me tocó el karma de la narcocorrupción. Esta produjo, por supuesto, efectos y complicaciones, pero, a diferencia de lo que pensaron mis enemigos, me defendí gobernando, no dejándolo de hacer. Dejé programas de avanzada social que tampoco gustaron a mis contradictores de derecha, como el Sisben*[272]*, la Red de Solidaridad*

272 Sisben –Sistema de Selección de Beneficiarios para Programas Sociales–.

285

Social y los programas de titularización, asentamientos humanos y tierras para las minorías étnicas. Las mayores inversiones extranjeras en la década se produjeron precisamente durante el año de la crisis. Que dejé el país con problemas, por supuesto que sí, pero también trabajé ardua y honestamente para solucionarlos. Tengo mi conciencia tranquila–, ratificó Samper[273].

–Pero en la opinión pública hay una percepción de que en su gobierno, no se hizo suficiente, ¿por qué cree que ocurrió esto?–.

–La crisis del "narcoescándalo" fue una crisis de élites, entre élites, que no tocó a la población, ni la población la sintió como propia. La crisis, más virtual que real, fue la crisis de algunos medios. De su interpretación acomodada de los hechos de mi gobierno; al final, se oponían a todo. Primaba la percepción de los que no tenían interés de que se hiciera mucho, porque obviamente para la gente, cualquier cosa que yo hacía, era una cortina de humo. Me tocó "bailar con la más fea", y eso tuvo un costo adicional, y es que de alguna manera mis enemigos trataron de involucrarme personalmente. De cierta forma me convertí en una especie de chivo expiatorio de un viejo problema, el narcotráfico y sus relaciones con la política, la economía y la sociedad–, me explicó el ex Presidente, quien juzgó con severidad a ciertos colegas colombianos.

–Muchos periodistas, y se lo digo con todo el respeto por ellos, se jugaron la carta de que yo era culpable antes de que los jueces siquiera investigaran y cometieron el gran error ético de su carrera, de convertir la información y convertir su opinión en un instrumento de lucha política al servicio de sus intereses políticos o personales, perdiendo toda objetividad. Prácticamente hicieron alianza explícita o implícita con los conspiradores de facto. A mi juicio, no tuvieron el valor de reconocer que se equivocaron–.

–¿Usted cree que hubo una conspiración?–.

–Por supuesto que hubo una conspiración, y una conspiración de las más graves que se ha vivido en el país en los últimos años. Conspiraron fuerzas externas, personajes lamentables de los Estados Unidos, militares retirados y personas de la derecha ideológica colombiana.

273 A pesar de la crisis del *narcoescándalo*, Samper terminó su mandato con una popularidad del 40 por ciento.

No se trataba de un juego de niños, hubo una conspiración, con hechos de sangre, proyectos de decreto para establecer un gobierno de facto y alianzas siniestras con los grupos paramilitares para tumbarme–, culpó Samper. De acuerdo con lo que se conoció, los niveles de ese complot comenzaron en los cocteles, abanderados por personas de la alta sociedad bogotana y periodistas.

–¿Inofensivos?–, le indagué.

–Inofensivos, aunque de alguna manera legitimaron socialmente a los conspiradores de facto y a los políticos ideológicos que eran los que trabajaron en la ingeniería de un régimen que remplazaría mi gobierno, con decretos listos para cerrar la Corte Constitucional y el Congreso de la República, para cambiar toda la estructura política del país. Finalmente, estaban los conspiradores de sangre, dispuestos a matar para tumbarme, los que asesinaron a Álvaro Gómez Hurtado, y trataron de matar a Antonio José Cancino (su abogado), *porque ellos pensaban de alguna manera, comillas: "Legitimados por los ideológicos y estos por los sociales", que les permitía cualquier cosa, con tal de desestabilizar mi gobierno–.* A Gómez Hurtado lo asesinaron el 22 de noviembre de 1995, a la salida de una universidad, situada cerca de la oficina de *Univisión* en Bogotá. La mañana que lo mataron vi, frente al edificio, a miembros de la unidad de *operaciones especiales* de la Brigada XX y se lo dije a mis colegas. Por alguna razón diferente a que fui testigo ocular de la presencia de esos hombres ahí, la fiscalía los llamó a juicio. Ellos arguyeron que estacionaron en ese lugar porque iban a comprar una vieja edición de la revista Cromos, cuya sede quedaba atrás de mi oficina. Cinco días más tarde, intentaron matar al abogado Cancino. En este caso, la fiscalía también involucró a miembros de la Brigada XX. A varios de ellos los conocí en la época del Sargento Garzón. Cuando fueron a juicio, los exoneraron. Meses antes de su muerte, a Gómez lo invitaron a participar en reuniones secretas con el fin de preparar uno de los golpes de Estado que se planearon contra Samper. Gómez escribió en un editorial de su periódico El Siglo: *"Al que hay que derrocar es al régimen".*

En la conversación que sostuve con Botero Zea en el *Café Puerta del Cielo* a mediados de mayo de 2007, me anunció su intención de revelar los tapados de este asesinato. Por esos días él negociaba con la justicia colombiana ofreciendo una versión de la muerte de Gómez Hurtado, para recibir clemencia por la condena de hurto agravado, pero, al parecer, no logró el acuerdo con la fiscalía. Un mes después, ante mi pedido que me contara lo que pasó, me respondió por la Internet: *"Apreciado Raúl: sobre el tema de Álvaro Gómez no tengo la intención de hablar. No tengo garantías de ningún tipo por hacer esto, ni en el terreno jurídico ni en el terreno de la seguridad. Espero que entiendas. Un abrazo. Fernando."* ¿Cómo pudo seguir guardando el secreto si realmente supo quién ordenó la muerte de Gómez Hurtado? Muchos lo vieron como una infamia contra la familia del líder muerto. ¿Desde la Brigada XX se planeó y ejecutó la muerte del dirigente conservador? Por varios años mantuvieron preso a un Coronel llamado Bernardo Ruiz Silva[274], sindicado como autor intelectual del magnicidio. Lo conocí cuando dirigió la Brigada XX. La noche que la fiscalía lo arrestó estuve a pocos metros de encontrarme con él, para que me narrara los hechos. Cuando noté el operativo, me escondí. A Ruiz no lo volví a ver, pero durante los meses de su cautiverio intercambiamos cartas y me confió lo que él sospechó: *"El magnicidio de Gómez Hurtado fue un crimen de Estado, donde se ve comprometido el régimen–.* El Coronel Ruiz, quedó en medio de una conspiración. *"Me he planteado la siguiente hipótesis: o realmente la Fiscalía está comprometida en este montaje tan ruin y despiadado contra mí, o, hay manipulación y/o complicidad de algunos funcionarios a espaldas del Fiscal General Alfonso Gómez Méndez"–*, me subrayó Ruiz en otra de sus cartas. Siempre creí que lo utilizaron como un chivo expiatorio, quienes planearon la muerte de Gómez Hurtado, que con certeza se encubrieron en su mismo bando y tal vez en el Gobierno de Samper. El Coronel Ruiz fue absuelto cuando el Fiscal General ya no era Gómez Méndez. Cosas raras de la justicia[275].

–¿Usted cree que a Álvaro Gómez Hurtado lo mandaron a matar fuerzas en contra de su Gobierno?

–No me cabe ninguna duda, y creo que lamentablemente la investigación la torcieron, esas mismas personas, convirtiéndola en

---

274 El Coronel Bernardo Ruiz Silva fue capturado el 21 de abril de 1999. En la Brigada XX de Inteligencia, lo llamaban *Don Daniel*.

275 Ruiz Silva fue absuelto por la fiscalía el 20 de mayo de 2003. Por el crimen hay dos personas condenadas: Héctor Paúl Flores Martínez y Hermes Ortiz Durán, a quienes el Juzgado Segundo Penal del Circuito Especializado de Bogotá sentenció a 40 y 8 años de prisión, respectivamente.

"un crimen de Estado" que era la mejor manera de que no se supiera *nada*–. Al parecer lo lograron. Nunca se conoció toda la verdad sobre el crimen.

Samper también sufrió por acciones relacionadas con la Brigada *XX* y el narcotráfico. Recordé cómo en su cuerpo llevaba todavía cuatro balas que recibió en un tiroteo el 3 de marzo de 1989, en el aeropuerto El Dorado de Bogotá, donde sicarios del *Cartel de Medellín*, aliados con miembros del Batallón Charry Solano, mataron al dirigente de izquierda José Antequera. A Samper igualmente lo atacaron y quedó gravemente herido. En aquel entonces venció la muerte después de meses de hospitalización. Casi siete años después la enfrentó por su propia voluntad. Intentó suicidarse.

–Llevaba una pastilla de cianuro que me preparó un amigo médico, la cual tuve siempre en el bolsillo del pantalón, por si llegaba a suceder cualquier episodio en que trataran de coartarme mi vida o mi libertad–. Esto ocurrió en un viaje que hizo a Nueva York, cuando se dirigió a pronunciar un discurso en las Naciones Unidas, desafiando al Gobierno norteamericano que le canceló la visa y temiendo que lo arrestaran por narcotráfico, porque días antes se descubrió en el avión presidencial un cargamento de heroína, puesto allí por cuatro miembros de la Fuerza Aérea Colombiana –FAC– a quienes les encargaron la misión de destruir la poca credibilidad que quedaba de su Gobierno[276]. Juzgué que la intención de inmolarse fue más por dignidad que por cobardía.

–El poder es el ejercicio lamentable de decisiones importantes en solitario–, concluyó Samper Pizano esta entrevista en Panamá, mientras un colaborador le anunció que en la recepción del hotel, lo esperaba el ex presidente de esa nación Ernesto Pérez Balladares para reunirse, en relación con la gira Centroamericana de Samper como delegado del *Foro de Biarritz*. A Pérez lo conocí en Cartagena, Colombia, en un encuentro de presidentes, pero él pareció no recordarme y aunque el señor Samper le subrayó mi nombre y dónde trabajaba, ignoró sus palabras. Samper me ofreció tomarme una foto con el ex Mandatario panameño y cuando tú, Carolina, te preparabas para retratarnos, traté de recordar por qué ese personaje, a quien en su país le decían *El Toro*, no sólo por su corpulencia, sino por su forma de hacer política, me sonaba

---

276 El hallazgo de la heroína en el avión presidencial ocurrió el 20 de septiembre de 1996.

con tanta obstinación en mi cerebro. Entonces recordé su paso por la Presidencia: irónicamente su campaña también la infiltró el *Cartel de Cali* y en su Gobierno se permitió el lavado de dinero del narcotráfico. Una coincidencia del destino de los dos Ernestos.

–¿Usted alguna vez se reunió con los hermanos Miguel y Gilberto Rodríguez Orejuela?–, le pregunté a Samper a quemarropa.

–*Mire Raúl: a lo largo de mi carrera política, sólo tuve una vez un contacto con alguien al margen de la ley y fue, como les tocó a otros ilustres compatriotas, por motivos exclusivamente humanitarios y en condiciones pasajeras y excepcionales–*, me respondió, recordando los difíciles años que vivió la prensa colombiana, al denunciar las actividades y el terrorismo que lideró Pablo Escobar, jefe del *Cartel de Medellín*.

–*Después de haber realizado algunas publicaciones sobre ese Cartel, mi hermano Daniel comenzó a recibir amenazas contra su vida que al principio desestimó; preocupado por su situación, le pedí a Alberto Giraldo que averiguara, a través de los Rodríguez, de quienes era amigo, sobre la verosimilitud de las amenazas contra Daniel. Supongo que ellos, por tener la posibilidad de encontrarse conmigo, le dijeron que averiguaron, y que efectivamente las informaciones eran tan graves que querían dármelas personalmente y me citaron una mañana en la cafetería "El Virrey", del Hotel Tequendama–*, me confió Samper, diciéndome que asistió al desayuno, siendo Senador de la República y Presidente de la Dirección Nacional del Partido Liberal y se encontró frente a frente con los dos narcotraficantes.

–*Allí me confirmaron la gravedad de las amenazas de Escobar y que lo iban a asesinar* (a Daniel) *con arma blanca, o sea con cuchillo, lo iban a acuchillar para que esto fuera un escarmiento para todos los periodistas que se querían meter con la mafia–*, agregó el ex Mandatario.

Efectivamente Daniel Samper me corroboró que supo de una amenaza que el DAS atribuyó a gente de Gonzalo Rodríguez Gacha, alias *El Mexicano*, encargado de esos asuntos *sicariales* en el *Cartel de Medellín*. A los pocos días, en octubre de 1987, Daniel salió a España y optó por exiliarse durante casi dos décadas. Esto coincidió cabalmente con lo que el Sargento Bernardo Alfonso Garzón, *Lucas*, me relató en el pasado, respecto a la acción del grupo de *Operaciones Especiales* del Batallón Charry Solano contra el periodista Daniel Samper. Atando cabos, entendí que asesinarlo le favorecía no sólo al narcotráfico, sino a los militares que lo veían como un hombre de izquierda.

–No me arrepiento de haber asistido a esa cita, hubiera asistido a cualquier cita, con tal de defender la vida y la libertad de mi hermano o de cualquier persona inocente–, concluyó este tema Ernesto Samper.

Al rato me hizo una de sus preguntas al viento, quizá intranquilo por la necesidad de comprender si las nuevas generaciones entenderían esa amarga época colombiana.

–¿Tu crees que Carolina me creyó?– Le respondí que sí. Su cuestión guardó una franca inquietud: la secuela que dejó el *Cartel de Cali* en la sociedad colombiana agravió a las personas que los Rodríguez Orejuela intentaron involucrar. Dándole el beneficio de la duda y suponiendo que sólo fue una mentira la supuesta insinuación a sus subalternos de que: *hicieran lo que tuvieran que hacer pero que él no se enterara* (de recibir el dinero ilegal), Samper habría sido un protagonista más de la red de corrupción montada por el narcotráfico durante la década de 1990 y que, de alguna manera y para fortuna de muchas vidas, reemplazó el *narcoterrorismo* de la de 1980.

–La "narcocorrupción" no nació en mi Gobierno, y lamentablemente tampoco terminó con mi gobierno. Para mí hubiese sido relativamente sencillo haber "prendido el ventilador" de los casos relacionados con droga, política y los políticos en los últimos años; no lo hice y no me arrepiento, porque no quise someter al país a un escarnio internacional de mostrarnos ante el mundo como corrompidos hasta los huesos. Creo que de alguna forma mientras exista la droga, que es el hilo conductor de todas las formas de violencia en Colombia, pasiva y activa, vamos a presenciar hechos dolorosos y de impacto como los que me tocó a mí vivir–. Hubo una verdad prohibida de la que pocos quisieron hablar en voz alta y en público: determinados dirigentes, periodistas y empresarios, pasaron invisibles después de ser tentados por esa maligna vara de pesca de los *mágicos.* ¿Quién los juzgó?

No podía irme sin hacerle otra pregunta a Samper que también rondó en mi cabeza por años:

–Con todo respeto señor ex Presidente, parece usted una persona muy ingenua al no haberse dado cuenta que dineros del narcotráfico

financiaron parte de su campaña. Es decir Botero lo engañó, según usted, y lo engañó Medina–.

–Después de esta larga entrevista, Raúl, tengo que reconocer y lamentar, con pesar que, en efecto, entraron recursos ilícitos a la campaña que me llevó a la Presidencia de la República. Reconozco también que me equivoqué al nombrar a personas que traicionaron mi confianza violando los controles que yo mismo establecí para evitar la contaminación de las finanzas de mi Campaña. Reconozco que estas circunstancias causaron en el país una indignación de la gente que yo comparto, pues, como se demostró, fui la primera víctima de lo que sucedió. Con esa misma sinceridad espero que la gente me crea también que la primera noticia que tuve de la posible ocurrencia de estos hechos fue cuando conocí, 48 horas antes de las elecciones de segunda vuelta, el contenido de los famosos "narcocasetes" que desataron todo el escándalo–.

Al terminar la conversación, nos dimos un apretón de manos y me comentó que hablar sobre ese espinoso tema fue *un buen ejercicio siquiátrico,* porque se deshizo de pensamientos que quiso borrar de su mente por varios años. Cuando lo miré a los ojos me pareció ver franqueza. Por más que ciertas personas no creyeron en su inocencia, hasta octubre de 2007, Ernesto Samper Pizano no formaba parte de ninguna investigación oficial relacionada con la financiación de su campaña, ni en Colombia, ni mucho menos en los Estados Unidos. Tampoco descubrí evidencia de que ordenó a Botero Zea o a Santiago Medina, pedir el dinero al *Cartel de Cali,* salvo las acusaciones de ambos.

Comprobé que en el gobierno de Samper se obtuvieron los más grandes resultados en la guerra contra los carteles de la droga en toda la historia del país. Peter Romero, ex subsecretario para Asuntos Hemisféricos del Departamento de Estado de los Estados Unidos, lo admitió en una conversación privada que tuvimos en Washington en febrero de 2008.

Para concluir y tratando de descubrir más detalles le escribí a Gilberto Rodríguez a la prisión, en julio de 2007. Me respondió en una carta, con cierto tono de rencor: *Es importante que usted sepa, que desde esta prisión de alta seguridad, es imposible para un interno dar una entrevista a cualquier medio de información. Además, no estoy dispuesto a hacerlo, por el momento.* El secreto lo guardó en un lugar de su conciencia porque, por ahora, ni ganaba, ni perdía revelando la verdad prohibida. Sospeché que su silencio tenía que ver con la seguridad de su familia amenazada por la *auténtica mafia* y tal vez con el sueño de regresar vivo a su país, después de cumplir 91 años, sin deberle nada a nadie. O seguramente toda la verdad ya estaba contada.

¿Qué ganó o qué perdió Colombia con el *narcoescándalo*? La respuesta fue: la lección nunca se aprendió. El derrumbe del *Cartel de Cali* no acabó con este problema, por el contrario, comenzaron peores tiempos para el país. Se generó la segunda metástasis de ese tumor maligno. La primera sucedió cuando murió Pablo Escobar. Decenas, posiblemente cientos de nuevos cartelitos independientes, una nueva generación de *traquetos* y *lavaperros*, se adueñó del *negocio maldito*[277].

Pero, todavía más grave, fue una vieja alianza que se consolidó al comenzar el siglo XXI, a sabiendas del daño que hizo Pablo Escobar y más tarde la *narcocorrupción* enraizada en el *Proceso 8.000*. Esa asociación comenzó a mediados de la década de 1980, cuando narcos, militares (que argumentaron *defender la patria*) y políticos oportunistas, crearon las Autodefensas Campesinas –AC–, financiadas principalmente por Pablo Escobar. De las AC nacieron *Los Extraditables* y ciertos políticos y militares corruptos se aliaron con Escobar para eliminar los obstáculos en el camino que les impedía llegar al poder. Cuando él dejó de ser útil, ayudaron a perseguirlo, lo que culminó en su muerte. Enseguida se mancomunaron con los Rodríguez y los grupos que dejó el desmonte del *Cartel de Medellín*, con el fin de seguir recibiendo plata para financiar las campañas políticas. Pero sólo a raíz del *narcoescándalo* o *Proceso 8.000,* mientras la guerra de poderes distrajo a la nación, estas oscuras alianzas se desarrollaron sin medida. Promovieron una creación del entonces Gobernador de Antioquia Álvaro Uribe Vélez[278], que llamó las Cooperativas de Seguridad Privada –*Convivir*–, las cuales recibieron la bendición para funcionar del propio Ministro de Defensa

---

277 Estos nuevos grupos se difundieron desde Colombia hacia México, España, Holanda, Panamá, Honduras, Guatemala, República Dominicana, Costa Rica, Cuba y Estados Unidos.
278 Álvaro Uribe Vélez, fue Gobernador de Antioquia entre 1995 y 1997.

Fernando Botero Zea, cuando asumió el cargo[279]. Las *Convivir* sufrieron una metamorfosis en 1997. Más de 200 de esas cooperativas, con aproximadamente 3.000 hombres armados, formaron las Autodefensas Unidas de Colombia –*Auc*–[280]. En el momento en que se desmembró el *Cartel de Cali*, se asociaron con los grupos que prevalecieron o resurgieron. En pleno *Proceso 8.000* quisieron derrocar a Ernesto Samper y planearon matarlo. A finales del año 2000 emprendieron el *Proyecto de toma del Poder*, dizque para *re–fundar la patria*, con la idea de establecer una dictadura de derecha. Paramilitares, narcotraficantes, dirigentes políticos, alcaldes, congresistas y hasta periodistas, firmaron un acuerdo que se conoció como *El Pacto de Ralito*[281]. Algunos sectores de las élites de Colombia, se confabularon con estos criminales, para su beneficio personal, con la justificación de tener el derecho de escoger el futuro de la nación, asociándose para matar. Profundizaron el infierno que el país vivía con los paramilitares desde la década de 1980. Siguieron arremetiendo contra campesinos e indígenas, rotulándolos como *comunistas*, abanderando una falsa libertad, pero su intención, como siempre, ocultó un trasfondo: apoderarse de las tierras fértiles de los pobres para seguir enriqueciéndose y, subrepticiamente, resguardar los cultivos de coca, amapola y los laboratorios de droga ilícita.

Su meta: perpetuarse en el poder.

Esta perversa intención la investigué profundamente en aquel tiempo. Cuando conseguí las pruebas de toda esa trama y me dispuse a publicarlas, trataron de asesinarme en febrero de 2001. Pero nadie quiso hablar del tema. Al final de este libro les relataré qué pasó con ese atentado.

En 2007, la polémica estalló tarde, porque ya los muertos no se pudieron contabilizar. La gran prensa, que guardó un silencio cómplice en otros tiempos, llamó a esta nueva crisis el *escándalo de la parapolítica* (paramilitares asociados con políticos). Nadie se atrevió a reconocer el

---

279 Decreto 356 de 1994. Las cooperativas "Convivir: tuvieron como objetivo lo siguiente: *"un servicio especial de vigilancia y seguridad privadas y facultadas para utilizar armas con el propósito de agrupar a la población civil alrededor de los militares para que se constituyan en su apoyo por medio de redes armadas y de comunicación para la vigilancia"*.

280 Las Autodefensas Unidas de Colombia –Auc–, fueron lideradas por un criminal llamado Carlos Castaño, quien fue declarado muerto en Colombia, pero realmente cambió de identidad y se refugió en Israel.

281 *El Pacto de Ralito* se firmó en Santa Fe de Ralito, en julio de 2001. También se conoció como *Plan Birmania*.

pasado. Una herencia que dejó el narcotráfico en la historia colombiana. Un legado maldito.

–*Raúl, la "parapolítica" en Colombia, comparado con el Proceso 8.000, se parece a la diferencia entre una fiesta de primera comunión y una orgía*–, opinó Ernesto Samper cuando tocamos el tema tangencialmente. En conclusión, esa alianza no fue nueva y las repercusiones se extenderán por décadas en Colombia. Representa un engendro de mil cabezas que se metamorfosea de acuerdo con las necesidades de cada época.

La lección nunca se aprendió. Eso lo registré en mi memoria como la segunda triste moraleja de esta historia.

CAPÍTULO VII
EL COMIENZO DEL FIN

Escribir, ser periodista, transmitir noticias en países como Colombia se volvió una labor peligrosa porque la libertad de informar tuvo dueño y precio. Decir la verdad costó caro y no se pagó con dinero, sino con la vida o con el silencio. La mordaza se la ponía uno mismo o se la imponían a la fuerza.

1
MISTERIOSO *"ACCIDENTE"* DE UN GUARDAESPALDAS

El detective Carlos Ballesteros[282] no llegó a trabajar una mañana de viernes de junio de 2000. Nadie me explicó por qué.

El jueves estuvimos en la finca de Anapoima y recuerdo cuando *Nandita* le sirvió un vaso de limonada. Hacía un calor infernal de casi 40 grados centígrados, pero se refrescaba con ráfagas de viento, habituales en esa región del Tequendama, una provincia campestre al oeste de Bogotá donde se situaba la propiedad de recreo en la cual descansábamos cuando podíamos. Ballesteros entró sudoroso y sin camisa a la casa principal, llevando terciada la ametralladora y al cinto una pistola 9 milímetros de dotación oficial.

Lo noté alterado y un poco distraído. Me dijo que necesitaba decirme algo importante, pero al día siguiente, en la oficina de Bogotá, porque quería mostrarme un documento. No le presté atención, puesto que los detectives siempre actúan misteriosamente.

Cuando llegamos a la finca, él hizo la revisión habitual del terreno y sus alrededores. Vigiló los puntos débiles, los accesos y las salidas.

---

282 Carlos Ballesteros era detective del Departamento Administrativo de Seguridad –DAS–

El guardaespaldas principal era él y su misión consistía en marcar la estrategia que serviría para escapar en caso de un asalto. Mientras hacía la exploración rutinaria, recordó cómo en esa misma región, la unidad anti secuestros, donde él prestaba servicio antes de ser escolta, rescató a un legendario cacique de la política del partido liberal[283], plagiado por orden de las Farc, al mando de un hombre llamado el *Negro Antonio*.

Todos estábamos nerviosos porque esa misma semana recibí una llamada de Humberto Salamanca, donde me advirtió sobre el peligro de que yo viajara con mi esposa al rancho, porque escuchó sobre un intento de matarme a raíz de una investigación que yo adelantaba sobre las ultraderechistas Autodefensas Campesinas de Colombia –Auc–.

Sin embargo, los rumores sobre asesinarme venían de tiempo atrás. Ballesteros ingresó a reforzar la seguridad, porque un año antes, en junio de 1999, Gustavo Gerena[284], el agente infiltrado como camarógrafo, llegó sorpresivamente a la oficina y me dijo que un comando de las Farc estaba en Bogotá para asesinar a un grupo de personas y en la lista estaba yo. Insólitamente me recomendó que hablara con un comediante de televisión llamado Jaime Garzón, quien se hizo famoso por hacer crítica política en la radio y la televisión, imitando a protagonistas de la vida nacional y creando sus propios personajes de la cotidianidad del país.

Me pareció extraño que Gerena me insinuara hablar con Garzón porque además me dijo que él estaba en la supuesta lista para ser asesinado por las Farc, aunque se rumoraba en ciertos sectores del país, que los que pretendían matarlo encarnaban a las Auc. Tan pronto como pude hablé con él, y gestionó voluntariamente un contacto con las Farc. Mi pregunta: ¿la orden de asesinarme realmente se originó de los altos jefes rebeldes?

Jaime Garzón tardó algunos días en conseguir la respuesta y al comenzar la segunda semana del mes de agosto me llamó y me dijo

---

283 Julio César Sánchez fue secuestrado, según decían, para cobrarle su pasado corrupto. El detective Carlos Ballesteros me relató que él y sus compañeros salvaron la vida de Sánchez liberándolo y junto a su unidad capturaron a varios de los plagiarios que fueron condenados después en un juicio. Eran militantes de las Farc y copartidarios del mismo político. Sánchez se suicidó posteriormente, el miércoles 29 de diciembre de 1999.

284 Gustavo Gerena, fue asesinado a mediados de 2002, cuando se disponía a revelarme otros secretos de la Brigada XX, después llamada CIME. Simularon un atraco callejero, cuando salía de compras con su esposa.

que las Farc negaron que ese plan existiera, agregándome: *Los que te quieren matar, podrían ser los mismos que te avisaron. O ellos saben quiénes son.* A los tres días, el viernes 13 de agosto de 1999, cerca de la emisora donde trabajaba, asesinaron a Garzón de cinco balazos en el pecho y uno en la cabeza, disparos hechos por dos hombres que conducían una motocicleta.

Debido a esa advertencia, después de hacer un estudio de riesgo, el Gobierno ordenó al DAS reforzar mi protección. Aunque inicialmente me negué a aceptar a los detectives oficiales, a mediados de agosto de 1999 accedí, porque el propio Presidente Andrés Pastrana insinuó que si no aprobaba la seguridad, no garantizaba mi vida, porque corría peligro inminente.

Casi 10 meses más tarde, hice el viaje a la finca, el cual les estoy relatando. Ese jueves 1 de junio de 2000, Ballesteros viajaba en silencio, dubitativo y con frecuencia nervioso. Finalmente me hizo generar una mala espina y le confirmé la cita al día siguiente para conversar. Pasadas las 9:30 de la noche llegamos a nuestra residencia. Ballesteros decidió irse rápido, caminando solitario por las callejuelas privadas del condominio, para tomar un taxi en la avenida principal. Iba agotado y hambriento porque, por seguridad, no paramos en la carretera a comer. La jornada se tornó larga y él no quiso cenar en casa. Vivíamos en un apartamento en el barrio Balcón de Lindaraja, en el noroeste de Bogotá. Para mí ingresar al lugar me tranquilizaba y sabía que ustedes, mis hijos, estaban seguros. Una puerta blindada protegía la entrada principal. La mandé hacer al mismo fabricante que hizo las de la Embajada de los Estados Unidos en Bogotá y las de la casa de Gobierno presidencial. Además, el barrio poseía sistemas de seguridad sofisticados, con cámaras de televisión y presencia de guardias y escoltas de personajes, vecinos nuestros. Allí también vivía el Alcalde de la ciudad[285]. A mis escoltas los conocía la gente. Los veían transitar sin problemas. Sin embargo, esa noche al irse a su hogar, Ballesteros no corrió con suerte. Nunca llegó a su casa. Y como les dije, tampoco se presentó al otro día en la mía, ni cumplió la cita en la oficina. Las horas pasaron y nadie reportó la ausencia del escolta, ni siquiera sus jefes llamaron a informar nada.

---

285 Enrique Peñalosa, alcalde Mayor de Bogotá.

Alrededor de las tres de la tarde telefoneé a su familia para preguntar por él y su padre respondió que había sufrido un *accidente*. Extrañamente los colombianos se referían a *un accidente* cuando se cometía un crimen. Solamente hasta ese momento supe que al guardaespaldas le disparó un policía uniformado, cuando, supuestamente, lo confundió con un ladrón, según la versión oficial.

Los hechos ocurrieron a pocas cuadras de nuestra casa, donde Ballesteros cayó mal herido y lo trasladaron a una clínica cercana; permaneció nueve días en estado crítico en la sala de cuidados intensivos, hasta que murió el sábado 10 de junio de 2000[286].

Aunque Ballesteros no murió a mi lado, sí hubo dudas sobre la coincidencia de que ese crimen ocurriera cerca a nuestra casa y a sólo 3 minutos después de abandonar su trabajo y después de las incesantes amenazas contra mi vida. Poco después, Salamanca, me telefoneó una mañana para decirme que al guardaespaldas lo asesinaron porque se negó a aceptar dinero para participar en mi crimen. El caso lo cerraron[287].

A finales de agosto de 2000, *Univisión* decidió reubicarme temporalmente en Estados Unidos, con ustedes, pero no pasó un mes y regresamos al país, como siempre.

Al poco tiempo de volver, una noche de domingo fuimos detenidos por un retén de la Policía, pero noté que los agentes, sin nombre, ni identificación oficial, no paraban a ningún otro carro. Además, durante la requisa, los agentes intentaron provocarme, agrediéndome en forma verbal. Me contuve porque sospeché que escondían ese propósito.

Una semana después un hombre bravucón fingió discutir con una empleada recaudadora de un peaje, obstaculizando nuestro paso. Cuando mis escoltas le pidieron con cortesía que avanzara, sin siquiera mediar palabra esgrimió una pistola y me señaló diciendo que lo amenacé con mi revólver, lo cual fue una falsedad. Ese día también me controlé porque quizás el fanfarrón quería que saliera con mi arma, mientras un cómplice, desde el carro sospechoso, grababa la escena en video para enviarla a la televisión.

---

286 Carlos Ballesteros dejó a una viuda, Sofía y a dos pequeños hijos, Carlos Julio de 7 años y María del Pilar de 5 años.

287 El que disparó contra Carlos Ballesteros fue un patrullero de la Policía llamado Luis Alberto Rivera. Un juez penal militar no lo responsabilizó por el hecho. Fue considerado como una *riña callejera*. Por varios meses recibí amenazas de muerte, advirtiéndome que no declarara en la investigación contra ese Policía.

La trama para silenciarme se estaba cocinando y en mi interior lo sentía. Mi preocupación por cuidarlos a ustedes, mis hijos y cuidarme, abrió aún más, una brecha emocional entre nosotros. Para colmo de males, los roces matrimoniales con *Nandita* crecieron y entonces percibí que mi hogar se desintegraba de nuevo.

2
UN INFIERNO EN UN PARAÍSO

Pasaron los meses y un día de enero de 2001, cuando subía por la carretera rural que llevaba de la finca de Anapoima hacia Bogotá, la misma que visité el día que hirieron al escolta Ballesteros, supe que esa sería la última vez que viajaba a esa zona de Colombia. Quise registrar en mi memoria el paisaje, porque sólo así podía guardar tanta belleza y buenos recuerdos, a pesar del desafío de la guerra de nuestro país. En ese lugar las reglas familiares se olvidaban transitoriamente y ustedes lograban hacer sus travesuras sin regaños.

Una pequeña tropa de guardaespaldas cubría mi retirada. Ese día que viajé a la finca aumenté la seguridad.

La mayoría de los habitantes de la región, sencillos campesinos oriundos de allí y también ex guerrilleros de una antigua amnistía[288], vivían de sembrar fruta y maíz. Pero no salí de allí desilusionado por ellos, sino por la nueva guerrilla que fastidiaba a los campesinos nativos, a los viejos ex guerrilleros, que querían olvidar su pasado y a nosotros, los que ellos consideraban *los ricos*.

Tres encuentros cara a cara con el comandante faccioso de la región, en las últimas semanas, me hicieron intuir que perdimos la tierra, porque poseerla bajo amenaza y sin disfrutarla, fue igual a no tenerla.

La última vez que estuvimos paseando juntos, casi dos meses antes, sucedió un hecho el cual me hizo reconocer que finalmente el infierno nos arrebató el paraíso. Los guerrilleros de las Farc secuestraron a un tío político de ustedes. Ese incidente ocurrió la noche del viernes 10 de noviembre de 2000, cinco meses después de la muerte del escolta Ballesteros.

–*Cállense niñas que no les va a pasar nada... ¿Quién es la hermana de la esposa del periodista?*–, preguntó el que parecía el jefe del grupo rebelde.

–*Yo soy*–, dijo su tía, sin titubear. Ella y su esposo se alistaban para visitarnos. Aquella noche los invité a una velada y aunque siempre

---

288 Algunas de esas tierras fueron otorgadas en un plan de *reforma agraria*, esencialmente a cientos de rebeldes comunistas que entregaron las armas en la década de 1960 y quienes se dedicaron a cultivar maíz y frutas, pero en los tiempos difíciles de recesión muchos tuvieron que vender pedazos de sus posesiones a citadinos como yo, que construimos pequeñas fincas de recreo.

sentían el peligro, el viaje nocturno lo hacían con frecuencia. Su finca quedaba diagonal a la nuestra, pero para ir de un lado a otro, daban una larga vuelta, porque los terrenos los separaba un río. Esa noche me asomé al mirador y alumbré hacia la casa de ellos con una linterna reflector e hice señales, pero no hubo respuesta. Estaba oscuro y sin movimientos, por tanto, supuse que decidieron irse a dormir. Pero ellos realmente vivían una pesadilla. Los guerrilleros se llevaron a mi concuñado. A su esposa e hijas las intimidaron con tomar represalias si avisaban. Los jefes subversivos sabían que mi reacción iba a ser fuerte. Otra noche que intentaron secuestrar a una amiga de una finca vecina junto a mis guardaespaldas perseguimos a los delincuentes en medio del bosque, hasta ponerlos en fuga. Meses después, mientras ustedes dormían, mis escoltas y yo contrarrestamos a un grupo de hombres armados que intentó asaltarnos. Acostumbraba a rondar la hacienda vigilando cada metro, solo o acompañado, con un visor nocturno de luz infrarroja, de los que utilizan los soldados en la guerra. Cuando localicé al grupo, ordené disparar para asustarlos. Los escuché decir: *¡Este hijueputa está preparado!* Y se perdieron en la oscuridad del monte. Cuando ocurría eso, ustedes despertaban sobresaltados en medio del tiroteo nocturno y preguntaban por qué tanto alboroto y mi respuesta siempre fue la misma: *No pasa nada.* Después dejábamos de ir por largo tiempo a la finca. Pero los maleantes no perdonaban la osadía de desafiarlos. Varios perros terminaron muertos; les lanzaban carne envenenada por encima de la cerca.

A mi concuñado lo liberaron al día siguiente del secuestro. Cuando me enteré de lo sucedido fui al campamento rebelde acompañado por el esposo de una de mis hermanas, el mismo que me sirvió de testigo cuando la fiscalía capturó al Sargento Garzón. Él vivía sin miedo. También iba un guardaespaldas encubierto, que fingió ser ayudante.

–*¡Buenas tardes, periodista! Necesitábamos hablar con usted*–, dijo uno de ellos, que se identificó como *Pablo*.

–*Yo también quería hablar. Me enteré que entraron a la finca de mi concuñado y lastimaron a la familia y eso no está bien*– le reclamé.

Pablo, un campesino inculto, usaba una pistola 9 milímetros, un cuchillo y dos granadas que las tapaba con un manta. Alcancé a ver la camisa verde oliva y el escudo de las Farc. Negó que hubiera sido grosero, dijo que tampoco lastimó a la familia y agregó que su misión fue advertirle a mi concuñado sobre un pago pendiente.

–Ustedes saben que no tengo dinero, soy un asalariado y mi concuñado aparenta mucho, pero no posee nada. Es que ustedes creen que los colombianos que tenemos un carro y compramos una tierra para construir una finca somos ricos y en eso están equivocados, lo único que logran es crear antipatía entre la población–, le agregué en tono seguro.

En las siguientes semanas tuve los tres encuentros que les mencioné, tratando de negociar el derecho a disfrutar las propiedades. En uno de los encuentros *Pablo* sacó una computadora portátil, con teléfono satelital y en menos de dos minutos, con el número de mi cédula de ciudadanía, obtuvo la información completa: saldos de bancos, inversiones, propiedades, deudas personales y tarjetas de créditos, de los últimos 10 años.

–La guerra la pagan todos–, dijo *Pablo*. Así hablaba en las tiendas de la región. Borracho advertía que a los *sapos* les cortaría la lengua y a los ricos que no pagaran el *impuesto de guerra* les mocharía las manos y los pies[289].

Finalmente mi concuñado dijo haber pagado una alta cuota. Por cobardía, como la que sienten ciertos colombianos, nunca se atrevió a denunciarlos ante las autoridades, pero yo sí lo hice porque ya no tenía nada que perder.

A través de los años, desde que compramos la tierra, los subversivos merodearon la propiedad, cobrando el *impuesto de guerra*. Nunca mantuve buenas relaciones periodísticas con los comandantes nacionales de las Farc, pero los tratos con los rebeldes de ahí, los percibí más o menos tolerables.

Conocía ese riesgo cuando inicié la aventura de levantar la finca, después de la muerte de Pablo Escobar. En enero de 1994, confiando en

---

289 Pocos días después del secuestro de mi concuñado, *Pablo* llegó a un finca vecina, a 200 metros de la nuestra, para llevarse a una de las hijas de un hacendado. Otro campesino se percató del acto, sacó una vieja escopeta y disparó, hiriéndolo en el estómago. A pesar de eso, en medio del tiroteo que se escuchaba en nuestra casa, los guerrilleros se llevaron a la niña, hirieron al papá y mataron al hermano. *Pablo* secuestró a por lo menos 50 personas y extorsionó a más de 100 familias en esa región, durante el tiempo que fue jefe de finanzas del Frente 42 de las Farc, uno de los más *eficientes* de ese grupo. Producía más de 500 mil dólares al mes en cobro de secuestros y extorsiones. *Pablo*, quien usaba el alias de *el cuñado*, se llamaba José Arnulfo Marín y fue capturado, a finales de enero de 2002, en un hospital de Bogotá, aquejado por las dolencias del disparo que le ocasionó el campesino.

que la situación mejoró, la construí con gran esfuerzo, endeudándome y pasando trabajos. Con una herencia que me dejó el abuelo Henri Joseph, terminé de pagar la tierra. Hacerlo en una zona de violencia centenaria, desafió a quienes se creían dueños de ese territorio. En regiones rurales la ley y la justicia desaparecieron porque los delincuentes tomaron el lugar del Gobierno. A pesar de ese peligro, quise darles un respiro a ustedes. Tú, Felipe, con sólo 3 años y Carolina de 8.

Al año siguiente de comprarla comenzó a surgir el infierno. Los rebeldes llegaron a una de las tiendas del pueblo y me mandaron a llamar. El que me reveló, en ese entonces, la triste realidad que nos esperaba, se hizo llamar *Pedro*. ¡Qué ironía! Estos guerrilleros usaban nombres de santos católicos.

—*Me niego a pagar dinero*— le dije. —*Lo único que puedo hacer es recibirle boletines de prensa y entregarlos a medios de comunicación, pero no participo en ningún tipo de contribución, porque eso sería ilegal y después tendría problemas con las autoridades*—, le señalé. *Pedro* nos dejó de molestar por un tiempo, pero un día apareció nuevamente. En esa ocasión cojeaba porque lo hirieron en un tobillo y llegó a anunciarme que se retiraba de la región para recuperarse. Según él, le dispararon cuando pretendió cobrar la *tributación de guerra* a un empresario de vallas publicitarias que poseía una finca cercana a la nuestra; aparentemente ese señor también se negó a pagar el dinero. Cuando me contó eso, me acordé de un hecho que ocurrió meses atrás. Ese mismo *Pedro* me buscó un día para averiguar sobre un periodista llamado Poncho Rentería, quien visitaba con frecuencia la finca del empresario de publicidad. Según conocí las Farc lo querían matar. Rentería, ganó notoriedad pública ejerciendo como político y escribiendo para revistas y periódicos, comentarios de trivialidades sobre las élites colombianas, pero esencialmente satirizando a la alta sociedad capitalina, de la cual se burlaba sin compasión, aunque muchos fingían no darse cuenta y seguían su juego para mantenerse activos en los círculos sociales.

Aquella vez fui hasta la elegante hacienda del empresario de vallas publicitarias, para apaciguar a los rebeldes y evitar que lastimaran al comunicador. Hablé con él y se lo presenté a *Pedro*, quien al parecer decidió indultarlo. Después de ese incidente, el hacendado de las vallas publicitarias me pidió un favor: quería que le presentara al jefe de la

Brigada XX de Inteligencia, el Coronel Bernardo Ruiz Silva, el mismo que sería acusado en el futuro de ordenar la muerte del candidato Conservador Álvaro Gómez. Ruiz, en mi presencia, se comprometió a ayudar y más tarde le facilitó la seguridad secreta. Se rumoró en la región que varios de los empleados de esa hacienda pertenecían a las fuerzas armadas. Entonces, llegó el tal *Pedro* y hubo el enfrentamiento donde lo lesionaron en el tobillo. El guerrillero se ufanaba al decir que antes de que lo hirieran él mató a los empleados.

El día en que *Pedro* me anunció su retirada temporal, conocí a un hombre alto y corpulento a quien le decían el *Negro Antonio*, comandante del Frente 42 de las Farc. El *Negro Antonio* se volvió el terror de la comarca. Él se enteraba de nuestra presencia o de visitantes en la finca, porque ubicó el campamento rebelde por los lados del rancho de los tíos. Desde allí se veía claramente nuestra propiedad. Si intentábamos pasar inadvertidos, un campesino, informante amenazado y obligado, se encargaba de avisarle con la música del equipo de sonido o la intermitencia de las luces de la casa. Ese mismo campesino les decía a los guerrilleros que yo parecía *enemigo del gobierno* y que los ayudaba a ellos. Tal vez esas palabras me salvaron por largo tiempo. Aunque no siempre ocurrió así.

En 1997, desapareció misteriosamente uno de los cuidanderos, un campesino de otra región del país que contraté porque el anterior se marchó asustado por las intimidaciones y el peligro de trabajar con un periodista amenazado. Las Farc se tomaban la libertad de aprobar o no la presencia de los administradores de las fincas. Numerosas veces ni siquiera los dueños de las haciendas se enteraban de que a sus empleados los interrogaban. El *Negro Antonio* pidió antecedentes de nuestro nuevo administrador y lo llamó a su campamento en la montaña. Después de eso, su esposa me dijo que un grupo de hombres con uniforme militar se llevó a su marido. Las autoridades hallaron un cuerpo torturado y con varias partes de su cuerpo desmembradas. El *Negro Antonio* negó su participación en esa desaparición y prometió ayudar a esclarecerla, pero nunca lo hizo.

Mientras salía del infierno, en ese enero de 2001, recordé el paraíso que dejaba atrás. Los evoqué a ustedes, acompañando a mamá, subidos en los árboles, bajando las frutas frescas. Noté que los árboles de mango estaban cargados. Recuerdo que ese manjar lo compartíamos recién cogido de las ramas. También vi la extensa hilera de mandarinos y naranjos que formaba un pequeño bosque; cuando florecían, antes de la cosecha, la brisa de las tardes traía el aroma de los azahares y esas pequeñas flores blancas, acompañadas de las hojas limpias, las preparábamos en agua aromática que nos hacía descansar con placer.

Asimismo te rememoré a ti, Felipe, cuando buceabas, como un experto nadador de profundidades y Carolina cuando intentabas meter de *contrabando* en la piscina a uno de los ocho perros. La valuada Wendy, tu cachorra preferida. Evoqué cuando pescábamos mojarras o tilapias rojas en ese pequeño lago donde les encantaba navegar. Cada seis meses sembrábamos una buena cantidad de peces, los cuales terminaban en los platos de los invitados o en los refrigeradores de algunos conocidos. Las jornadas de pesca tuyas, Felipe, me parecían divertidísimas y provechosas.

También visualicé a los cuatro papagayos, especialmente al que llamábamos *Roberto*, que se creía perro. Alguna vez me desperté sobresaltado cuando escuché los gritos de *¡Papá! ¡Papá!*, parecidos a los de ustedes; me levanté de la cama, tomé la escopeta, creyendo que los secuestraban y salí al campo, descubriendo que el papagayo *Roberto*, imitaba la voz infantil, alertándome sobre la presencia de gente extraña en la finca vecina. Se burlaba de los visitantes y remataba sus escándalos con carcajadas que nos divertían sobremanera.

Pero los motivos malos que no dejaron disfrutar los buenos, hicieron que ese enero cerrara las puertas de nuestro rancho, mirara por última vez los potreros, los árboles, las casas, la cancha de fútbol que te construí a ti, Felipe, y en la cual nunca jugaste el primer partido, condujera por la polvorienta carretera, escoltado por el grupo de seguridad y decidiera que solamente guardaría en mi memoria las imágenes buenas de esa región. Ese territorio, que abandonaba con tristeza aquel día, podría ser cualquiera en esa hermosa tierra colombiana. Y yo como protagonista, otro paisano que sufrió el acosamiento del *ejército del pueblo*. Los colombianos decíamos en broma que media vida uno se la pasaba soñando con tener una finquita y la otra media, tratando de salir de ella, porque la extorsión, el secuestro y la violencia nos espantaban. Cuando me fui comprendí la razón de nuestra terquedad de conservar esa tierra, un falso símbolo de libertad, un ilusorio paraíso. La razón es que no queríamos ceder al infierno. Creernos dueños fue una falacia. Aguantamos más por orgullo que por valentía.

A las pocas semanas me asignaron cubrir un encuentro entre el gobierno y la guerrilla de las Farc en el Departamento del Caquetá, en el sur de Colombia. La reunión se llevaría a cabo en Los Pozos, un caserío a casi una hora de camino de San Vicente del Caguán[290].

Al llegar, desde el avión miré con admiración ese territorio de la selva tropical, perfectamente verde y tranquila, que no manifestaba a simple vista, la verídica realidad de sus entrañas. Esa región, llamada la *zona de distensión,* estaba ocupada por *el ejército del pueblo* desde que el Presidente Pastrana se comprometió a iniciar esas nuevas conversaciones de paz[291].

No sentí agrado ir allí y verme frente a frente con los rebeldes comunistas, especialmente después de los incidentes ocurridos cerca de nuestra finca. En aquel viaje conocí al legendario *Tirofijo*, a quien llamaban Manuel Marulanda Vélez[292]. Lo vi arrogante a pesar de su incultura y mediocridad para conversar. El apodo de *Tirofijo* se lo dieron los mismos militares, porque según ellos, *donde ponía el ojo ponía la bala.* Este hombre, siniestro símbolo de la insurrección colombiana, surgió cuarenta años atrás, por la incapacidad de los gobernantes en dar al pueblo justicia social. La guerrilla colombiana no brotó de una izquierda rebelde que buscaba la toma del poder con una ideología. No. Germinó de la pobreza y la miseria que dejaron los actos de corrupción, la violencia política y la hegemonía de los ricos y poderosos. *Tirofijo* fue un campesino desplazado por la violencia política que para defenderse y recuperar sus tierras tomó las armas, pero después perdió el horizonte volviéndose bandolero, influenciado por intereses foráneos.

---

290 El jueves 8 de febrero de 2001, estaba programado un encuentro entre el gobierno de Andrés Pastrana y los comandantes de las Farc. Era el tercero de una serie de intentos del presidente por negociar la paz. En junio de 1998, cuando Pastrana era candidato a la presidencia de Colombia, se reunió secretamente con Manuel Marulanda, alias *Tirofijo,* jefe de las Farc, y allí pactaron iniciar negociaciones.

291 El gobierno cedió a las Farc, un territorio de 42 mil kilómetros cuadrados, en 5 municipios (Como el tamaño de El Salvador o Suiza), en el Departamento del Caquetá, en el sur de Colombia. La gente irónicamente llamaba a la zona *República Independiente del Caguán.*

292 Pedro Antonio Marín, alias Manuel Marulanda Vélez o *Tirofijo*, era considerado el guerrillero más viejo del mundo. Nació el 12 de mayo de 1930, en Génova, Quindío. Su primer combate lo realizó en 1964 en el pueblo de Inzá, en el Departamento del Cauca, en Colombia, donde mató a varios Policías.

Las pláticas entre los comandantes guerrilleros y el gobierno duraron dos días y al terminar, allí en Los Pozos se quedaron pocos periodistas. Nosotros montamos una sala de edición en la única pensión del pueblo. La última noche transmitiríamos una historia para el noticiero nocturno. Cuando editábamos el informe periodístico, vi llegar un lujoso vehículo, escoltado por dos camiones repletos de guerrilleros, conducido por *El Mono Jojoy*[293], considerado el segundo al mando de las Farc.

–*¡Periodista, buenas noches!*– me saludó levantando el brazo desde la ventanilla de su vehículo, mientras mis testículos se confundieron con las amígdalas. El temor surgió por la soledad del pueblo. Pero a pesar de eso me mantuve seguro, mirándolo fijamente a su cara. Cuando se estacionó, se bajó de la camioneta y me hizo una seña con la mano, pidiéndome que me dirigiera hacia él. Caminé ya sin temor, porque reflexioné que si intentaba matarme o secuestrarme no lo haría en persona y menos allí, donde acababa de culminar la reunión con el gobierno.

–*Buena noches "Mono Jojoy"*–, lo saludé sin pensarlo. Creí que se iba a molestar por usar su alias, pero al parecer ayudó a romper el hielo. Le pregunté cómo estuvieron las negociaciones y me respondió que *muy fructíferas*. Sabía que mentía. La reunión terminó sin importantes acuerdos, porque en el fondo a los jefes de las Farc no les interesaba llegar a ninguno. Se proponían dilatar el diálogo para seguir en acción por años.

Eran tantas las atrocidades, culpas y maldades que se le endilgaban a *El Mono Jojoy*, que estar frente a frente a unos de los más crueles criminales de la historia de la guerrilla colombiana, se me hizo periodísticamente atrayente. Pocos reporteros tuvieron acceso a este hombre y por eso el momento se presentó como una oportunidad importante. Le pedí una entrevista y accedió con facilidad para el día siguiente. Miré al productor, averiguando en sus ojos la respuesta y sin necesitar hablarnos, accedimos. Esa noche volvimos a San Vicente del Caguán y para hacerlo tuvimos que recibir el consentimiento de *Jojoy*. Lo mismo para regresar. Él autorizó el salvoconducto y al otro día retornamos a Los Pozos. En los retenes guerrilleros ni siquiera nos

---

293 *El Mono Jojoy*, se llamaba Jorge Briceño Suárez y era el jefe militar de las Farc. Tenía 49 años, de los cuales casi 32 había sido combatiente. Ingresó a la guerrilla a los 17 años, a finales de la década de 1960, sin terminar sus estudios primarios.

detuvieron. Alzaban la barricada con sólo una señal de luces. Una vez en el pueblo creí haber llegado tarde y tuve la intención de regresar a San Vicente. *Jojoy* no aparecía, pero oportunamente alcancé a observar su camioneta bajando a alta velocidad desde el otro extremo de la vía. Dejaba a su paso una estela de polvo y hacía frecuentes cambios de luces altas para indicarnos que era él. Lo escoltaban menos guerrilleros que el día anterior. Cuando se estacionó nos saludó en forma amable.

En el momento en que se bajó del carro, alcancé a distinguir fajos de billetes que utilizaba de cojín millonario en el asiento. Algunos billetes cayeron al piso y él, frenéticamente, le ordenó a uno de sus guardaespaldas recogerlos. El hombre lo hizo apresurado. Con mis colegas alcanzamos a calcular la cifra: más de 40.000 dólares. Especulé que el dinero formaba parte de algún pago reciente de un secuestro o una extorsión o también podría ser el pago de la inmunidad, porque en el transcurso del proceso de paz con el Gobierno, las Farc amenazaron con cobrar otro impuesto a colombianos acaudalados[294]. Si alguien quería evitar ser secuestrado o extorsionado, debía viajar o enviar un delegado hasta la *zona de distensión* y pagar el tributo. Empresarios corrieron hasta allá y recibieron un recibo, como garantía, que debían presentar a los comandantes de los frentes rebeldes cuando los subversivos visitaran su finca, su casa u oficina.

Le indiqué que antes de la entrevista quería terminar mi desayuno. *Jojoy* me miró perplejo, pero accedió sin reproches. Dijo que me esperaba afuera mientras yo acababa de comer. Mis compañeros, con preocupación, me recordaron algo que para los colombianos se volvió cotidiano, el miedo:

–*¡Es el Mono Jojoy y es mejor no hacerlo esperar!*–, me dijo el camarógrafo. Le expliqué que servía de lección para esos guerrilleros que creían que los colombianos nos cagábamos en los pantalones cada vez que ellos abrían la boca. Media hora después salí y el productor de noticias me indicó el lugar que escogió para el reportaje. Optó por situarnos detrás de una casona, mostrando una planicie y al fondo una montaña. Allí, debajo de unos árboles instaló las luces y la cámara.

---

294 Como si fueran un gobierno autónomo, las Farc expidieron en la clandestinidad dos leyes: el *impuesto de la paz* que obligaba a los propietarios de capitales superiores a un millón de dólares a aportar el 10 por ciento a la guerrilla comunista y la *Ley Anticorrupción* que exigía a rendir cuentas a los funcionarios públicos.

Antes de comenzar, le pregunté al *Mono Jojoy* por qué decidió conversar con *Univisión* y me respondió que ciertos periodistas colombianos le decían al oído: *Él es el antipatriota, el que habla mal del país y se refiere a ustedes como narcoguerrilla.* Tal vez lo hicieron para generar antipatía de parte de él hacia mí, pero mi importó un bledo. Sí los señalé de *narcoguerrilla.* Él creía que los medios de comunicación de Colombia no decían toda la verdad y que los iba *escarmentar* dándome la entrevista.

–*En todo caso lo que digan ustedes a ellos les toca rebotarlo acá, como siempre les ha tocado hacer*–, afirmó mientras sus labios delineaban una sonrisa irónica. A corta distancia, alrededor de nosotros, se apostaron más de 20 guerrilleros que empuñaban sus armas con actitud desafiante.

Esa mañana el *Mono Jojoy* lució una boina de pana negra, con una estrella militar enfrente y el uniforme camuflado que lo caracterizaba. Puso sobre sus piernas una moderna arma. Repetía una frase que demostró su beligerancia: *Los acuerdos se protegen con el fusil.*

Le pregunté por qué le decían el *Mono Jojoy* y me explicó que cuando los comandantes llamaban a lista, él respondía *Jojojoy* (a veces los campesinos abrevian las palabras o las frases y cambian la fonética; tal vez se refería a *aquí estoy,* en referencia a *¡presente!*). Comentó que se burlaban de la forma corriente de hablar, llamándolo *Jojoy* y que le agregaron el *Mono*, que, como les dije antes, es la expresión usada en Colombia para referirse a las personas de cabello rubio. Sin embargo, él no llevaba el pelo rubio, más bien castaño oscuro y poseía un aspecto indígena, aunque su piel se veía blanca. Los servicios de inteligencia decían que su nombre provenía del gusano *mojojoy*[295]. Aseguraban que se ganó ese apodo porque *era hábil para esconderse como un gusano.*

Con la prensa colombiana *Jojoy* siempre utilizó un lenguaje de guerra, pero aquella vez me dio la impresión que intentaba mostrarse bonachón y preocupado por la miseria de la nación. Pero su gesto, engañoso, pretendía aparentar eso ante la prensa internacional

–*Ustedes dicen ser el "ejército del pueblo", entonces ¿por qué atacan al pueblo?*– Le pregunté. Echó su cuerpo hacía atrás. Advertí

---

295 El *mojojoy*, también conocido como *chiza (phyllophaga obsolete,* nombre científico*)*, es un gusano de color blanco, que cava huecos y se sepulta en la tierra, atacando varios cultivos desde la papa hasta el café.

que pasó saliva, tragando grueso. Se puso incómodo y fijó sus pequeños ojos en mi rostro. Se mojó los labios con su lengua, agachó la cabeza mirando hacia el piso pensativo y respondió:

–*En eso hemos cometido errores. Los cilindros* (de gas), *los explosivos que fabricamos son para* (atacar a) *las Fuerzas Armadas del Estado–,* señaló con su dedo acusador y continuó:

–*Es con ellos que tenemos que enfrentarnos. Pero como esos cuarteles, esas guarniciones militares están dentro de la población civil, entonces caen las bombas y mueren civiles. Más no es nuestra intención. Nosotros estamos analizando si hacia el futuro podemos corregir eso. Si somos el ejército del pueblo, no tenemos porque matar al pueblo–,* concluyó. A *Jojoy* lo percibí como un hombre malicioso e inteligente, aunque poco estudiado pero no analfabeto. Su conversación entraba en contradicción con su rudeza. En un lenguaje elemental explicó a la audiencia de *Univisión* su punto de vista referente al narcotráfico.

–*Nosotros pasamos por las regiones donde hay cultivos. No le podemos decir a la gente: ¡Acábelos! Es un problema de recursos económicos, que le da lo necesario para vivir. Entonces cobramos un impuesto a los compradores. Nos pagan alguna "chichigua"*[296] *y eso es lo que queda para vivir nosotros–,* dijo sin mostrar vergüenza. La verdad era otra. Aunque las Farc comenzaron a beneficiarse del narcotráfico al inicio de la década de 1980[297] y al principio sólo se comprometieron a cuidar los cultivos y laboratorios, ahora los administraban en medio de la manigua. Al Caguán, los compradores de la base de coca y la heroína, llegaban a negociar con ellos, con la libertad que da un *Estado independiente.* En el tiempo de esta entrevista, salían hasta dos aviones llenos de droga cada mes, que descargaban en México y en Cuba. Aquí se desplegó la alianza irreparable y el relevo del *negocio maldito.* Las Farc actuaban como un *Cartel,* el del *ejército del pueblo.* Cada vez que un toxicómano del mundo consumía droga, financiaba indirectamente la guerra civil colombiana y en parte se hacía responsable por los cientos de muertos.

---

296 La palabra *chichigua* se usaba en Colombia y Ecuador para precisar que una cosa o cantidad era pequeña e insignificante.

297 Algunos expertos sobre la violencia colombiana teorizaron que a raíz de la caída del muro de Berlín en 1989 y dos años después la desaparición de la *Unión de Repúblicas Socialistas Soviéticas* –URSS–, las guerrillas de Colombia se aliaron con el narcotráfico, debido a que perdieron su fuente principal de financiación y Cuba no tenía la capacidad para sostenerlos. Pero esto no fue verídico, porque yo conocí los vínculos de la guerrilla con el narcotráfico, antes de que el comunismo en el mundo sufriera ese colapso.

Esa mañana, al terminar el reportaje *Jojoy* me ofreció grabar a *sus tropas* y mandó a pedir la movilización de camiones atiborrados de rebeldes de diversos puntos de la zona para lograr un efecto visual atractivo para la televisión. Mientras llegaban, caminamos juntos por las calles polvorientas de Los Pozos, al mismo tiempo que él daba órdenes e instruía a sus camaradas sobre cómo exponer su poderío militar. Traté de distinguir a *Jojoy*, con su fofa figura en un combate y por más que intenté no pude imaginármelo, por su barriga y porque respiraba con cierta dificultad. Me dio hasta risa pensar que ese hombre que bromeó conmigo, diciendo chistes malos, lo veían como el terror millones de colombianos. En ese momento me atreví a reclamarle a *El Mono Jojoy* por el secuestro y la extorsión que le hicieron sus subordinados a mi concuñado en la finca de Anapoima. Me anunció que hablaría con el comandante del frente rebelde para que reembolsara el dinero con intereses. Quedé perplejo.

En Los Pozos y en San Vicente del Caguán, a simple vista, la vida pueblerina se parecía a la de cualquier región de Colombia y eso pretendía mostrar *Jojoy*, pero hubo algo percibido por mí en forma inmediata. La región la sometieron a una ley revolucionaria que bordeaba los límites de la demencia. A los opositores a la bandera comunista los fusilaron o los desterraron. Acosaron a los religiosos, a quienes obligaron a moderar sus sermones. Cuando entrevistamos a los moradores, simularon estar satisfechos con lo que llamaban *la autoridad guerrillera*. Ellos ejercían la ley y los campesinos los veían como *sus policías* o *sus militares*.

Me despedí de *Jojoy*[298] con el presentimiento de que nunca lo volvería a ver. Quizás en una cárcel de los Estados Unidos, si no lo mataban antes.

Antes de irnos fuimos a una zona rural a pocos kilómetros del pueblo. En un bosque hallé decenas de *cambuches* camuflados. Caminé entre los toldos y en una de esas carpas vi a un hombre, a quien le calculé tener 25 años. Vociferaba órdenes y reprendía a los guerrilleros más jóvenes. En mi cabeza traté de recordar si ese rostro lo conocí en el pasado, pero tardé en identificarlo. No sonrió. Su semblante reflejó el resentimiento en su corazón.

---

298 Jorge Briceño Suárez fue pedido en extradición por los Estados Unidos, por narcotráfico. Las pruebas contra el *Mono Jojoy*, se basaban en un cargamento de más de 7 toneladas de cocaína, que iban a ser enviadas por barco a La Habana, Cuba, incautadas el 4 de diciembre de 1999, en Cartagena, Colombia. Además, el Departamento de Estado de Estados Unidos, tenía evidencia que Briceño supervisó y ejerció control personal sobre importantes transacciones de narcotráfico así como el intercambio de drogas por armas, en varios departamentos del sur de Colombia.

–*Yo lo conozco. Usted fue el que "filmó" mi escuela cuando yo aprendía a ser guerrillero*–, me dijo sin expresión, mientras limpiaba un fusil AK 47.

–*No me acuerdo. ¿Dónde sucedió eso?*–

–*En el Alto Ariari, en los Llanos Orientales. Lo llevé al campo de entrenamiento, lo que nunca debí hacer. Por su culpa castigaron al profesor*–, me dijo. En ese instante recordé su cara y esa historia, escondida en mi memoria por casi catorce años. Su nombre: Mario Alberto, el niño experto en *El capital* y el *manifiesto comunista*. En ese tiempo anhelaba cargar un AK 47 en sus manos y repasé lo que me dijo aquella vez: *soñaba con matar policías y soldados. Tirofijo* y el *Mono Jojoy* le cumplieron su fantasía.

Mirando a su alrededor examiné y me di cuenta que casi todos los combatientes que lo rodeaban se parecían a él cuando lo conocí: niños y jóvenes inexpertos, ignorantes de la verdad y hasta inocentes. Niños y jóvenes con similitud casi miedosa en su actitud; gestos y miradas robóticas y deshumanizadas. Las cosas no cambiaron desde que traté a los primeros rebeldes del *ejército del pueblo*. A estos campesinos incultos, les prohibían hablar, pero no para resguardar la seguridad de la organización, sino para que no nos diéramos cuenta de su grado de analfabetismo y sometimiento. Nunca me cansé de repetir en mis historias periodísticas, durante años, esa crueldad de los jefes rebeldes que usaban a los menores de edad y a las mujeres, para luchar en la guerra colombiana y los situaba como carne de cañón en los combates. Pero para ellos, desconociendo su mañana, solamente les enorgullecía ser soldados del *ejército del pueblo*.

Le hice una pregunta necia a Mario Alberto:

–*¿Terminó sus estudios?*–

–*No. Me metí al frente guerrillero sin pensarlo dos veces, un año después de que usted estuvo en mi pueblo. La revolución no da espera*–, agregó. Tenerlo frente a mí, hablando de los ideales quiméricos que asumían ciertos comunistas, me confirmó mi creencia de que la guerra civil colombiana no terminaría, mientras no se distinguiera el contexto real de un país agotado por décadas de violencia fanática, terrorismo y tendencias ideológicas enfrentadas e irreconciliables. La mayor parte de los que peleaban, en realidad, no sabían por quién y por qué lo hacían.

No lo quise mirar más a los ojos. Ni siquiera me despedí. Mi impresión fue que esos jóvenes ignoraban lo que había en el mundo, como si su universo no sobrepasara la frontera de esas selvas y detrás de las montañas sólo vivía el enemigo. Para ellos no existía una tarde de domingo en familia viendo televisión. Ni un juego electrónico, ni la televisión por cable, ni la Internet. Ni un helado de vainilla. Ignoraban que Colombia tenía grandes ciudades y que millones de paisanos trabajaban hombro a hombro para sacar adelante a la nación honradamente. Tampoco conocían que la mayoría de colombianos estaba en desacuerdo con su lucha comunista.

Cuando el pequeño avión despegó de Florencia y vi otra vez la selva verde, abrigué un temor: allí se percibía semilla de odio y resentimiento difícil de eliminar en las siguientes generaciones y que la guerra no terminaría en Colombia en las siguientes tres o cuatro décadas. Y al llegar a la capital, sobrevolando la Sabana de Bogotá, reconocí que abajo a pocos les importaba esa guerra y lo que sufrían sus protagonistas. Se sentía tan calmado y se veía tan hermosa la panorámica, que cualquiera que estuviera conmigo me hubiera refutado mi teoría sobre cómo desde esa gran urbe indiferente, se gestaron las injusticias de nuestra nación y se originaron guerras con propósitos ambiciosos y personales. A la mayoría de la gente que vivía allí, sólo le importaba asistir a los refinados clubes con campos de golf urbanos, comprar lujosos automóviles, esplendorosos vestuarios y comer costosísimos menús, privilegios de los cuales no estaba en desacuerdo, pero sin olvidar que coexistía esa otra realidad, a la cual debíamos aportarle un grano de arena para mejorarla. A esos privilegiados no les importaba si decía que la guerra la libraban niños o que el narcotráfico la financiaba, o que 80 por ciento de los colombianos vivía en la pobreza.

Oligarcas elitistas, tupidos por el orgullo y francamente injustos.

Aquella vez comprendí que vivíamos un infierno en un paraíso y a la gente de nuestro país la estaba matando, no sólo la guerra, ni la violencia, sino la complicidad de quienes pagaban la extorsión de los guerrilleros para seguir disfrutando de lujos y lo más infame, a esa gente la mataba la indiferencia[299], una manera elegante de ser cruel.

---

299 El 20 febrero de 2002, después de 36 meses de malogrados diálogos, el gobierno de Andrés Pastrana rompió las negociaciones con las Farc. El Caguán, que se había convertido en un fortín del narcotráfico y de los abusos comunistas, aunque ya no era llamada *república*, siguió siendo una zona sin ley y justicia.

3
"MATEN A ESE HIJUEPUERCA, QUE EN COLOMBIA NADIE LO QUIERE"

El hombre que trataba de matarme frente a la casa de los abuelos de ustedes en Cali, disparó tres tiros: uno que golpeó la pared de una casa vecina y otros dos que quedaron incrustados en el piso de la calle. Segundos antes, ese individuo gritó *¡periodista!*, y en ese instante me di cuenta que pretendía atentar contra mi vida. Probablemente por mi gesto, sin mediar otra palabra, comenzó a atacarme.

Poco antes llegué a Cali. El tío de ustedes, mi cuñado, me recogió en el aeropuerto en su propio carro. Desde el terminal aéreo hasta la casa de los abuelos nos escoltaron, en una camioneta oficial, dos detectives del Departamento Administrativo de Seguridad –DAS–, asignados por el gobierno para mi seguridad personal en ese viaje. Al llegar a casa de los abuelos los guardaespaldas se estacionaron unos metros atrás, desde donde vieron al individuo en el momento que comenzó a dispararme. Entonces, me lancé al piso, ayudado por un empujón de mi cuñado. Me arrastré utilizando los codos y las rodillas para mantenerme lo más bajo posible, escondiéndome de la vista del sicario, hasta situarme detrás del carro. Ya acostado en el piso de la acera, escuché el traqueteo de otra arma. Uno de los hombres de la escolta comenzó a repeler el ataque y le propinó cuatro o cinco tiros en el pecho al individuo, pero sólo se sacudió un poco. El sicario cambió de objetivo, lo miró a él, le disparó y lo hirió en una pierna. Al ver esto, su compañero, quien se quedó sentado en el asiento del vehículo oficial, decidió encender el carro, hundir el acelerador y dirigirse hacia el pistolero con la intención de neutralizarlo. Sólo lo protegía el carro, porque él no llevaba armamento. Su acción logró derribar al sicario y lo lanzó hacia un lado, quedando la moto debajo de la camioneta. Seguidamente el hombre se levantó como un androide y puso el cañón del arma en la cabeza del chofer. Con sangre fría el sicario oprimió el gatillo del revólver para matarlo, pero se le acabaron las balas. Al mismo tiempo, cojeando por la herida, el otro escolta se acercó, disparó al individuo hasta que vio que cayó al suelo[300]. Los primeros

---

[300] Los escoltas Mauricio Ruiz y José Concepción López, eran empleados del DAS, entidad del Gobierno colombiano.

tiros no entraron al cuerpo del sicario porque los frenó el chaleco antibalas[301].

Allí, con mis ojos a ras de piso, se me vino a la cabeza una escena de esa mañana. Antes de que me subiera al avión que me llevaría de Bogotá a Cali, *Nandita* me pidió no viajar. Estaba nerviosa porque un presentimiento la perturbó desde días atrás y me dijo que ciertas personas le advirtieron que me cuidara porque corría peligro. Decidí no llevarte a ti, Felipe, por ese temor de tu mamá, expresado con lágrimas cuando partí. Eso me extrañó porque casi nunca lloraba cuando yo hacía un viaje corto y más aún porque nuestra relación matrimonial estaba de mal en peor. Le dejé el armamento que yo utilizaba, porque en Cali había restricción, incluso con salvoconducto.

Al terminar la balacera, a pesar de su dolor y que casi se desmayaba, el guardaespaldas herido me obligó a ingresar a la casa de los abuelos, quienes presenciaron el ataque. Ellos salieron al antejardín para saludarme, pero se quedaron esperándome detrás de la verja. En mi memoria se repetía una frase que escuché cuando el sicario comenzó a dispararme y buscaba mi cuerpo en el piso. La abuela gritaba: *¡No lo mate!,* suplicándole que no me disparara más. Además, quedaron grabadas en mi mente dos situaciones sospechosas: un vehículo que arrancó rápidamente y un individuo que hizo el amague de acercarse, pero después corrió huyendo por las calles del barrio. Ese hombre sería un testigo clave que desapareció por años.

A los pocos minutos de suceder el atentado, dos policías uniformados llegaron al lugar. Automáticamente tuvieron la intención de disparar contra mis escoltas, pero desde la puerta les clamé que no lo hicieran y desistieron. Segundos después se presentó una patrulla con más policías. Pocas veces la autoridad respondía tan rápido. Los oficiales uniformados ni siquiera se fijaron que uno de los hombres de mi escolta estaba herido. Llegaron directamente a atender al pistolero moribundo y lo subieron a la patrulla para llevarlo a un hospital, lo que, al principio, me pareció humanamente comprensible, pero escondían otras intenciones. Al guardaespaldas, desangrándose, no lo quisieron trasladar y le exigieron a mi cuñado transportarlo en su carro. Sin que ninguno de nosotros lo advirtiera, eso formaba parte de un truco para

---

301 El chaleco antibalas desapareció. Solamente quedó como evidencia la camisa perforada por cinco balas, la cual nunca fue valorada como prueba legal y después también se esfumó.

comenzar a desvirtuar la verdad, alterando la escena del crimen, porque al quitar del lugar el carro en que me transportaba, se vició mi coartada de que el sicario disparó por encima de ese vehículo.

Había una confabulación en proceso, un Plan B. En menos de una hora, el jefe de la Policía de Colombia[302] me llamó por teléfono. Me preguntó *que si el bandido estaba muerto* y le dije que cuando lo llevaron al hospital parecía estar muerto. No entendí por qué quería confirmar su fallecimiento, pero supuse que hacía parte del procedimiento. Ninguno de nosotros quería que muriera porque él podía llevarnos a la persona que dio la orden de dispararme. Incluso la abuela, vivamente católica, rezó en esos cortos minutos, rogando para que se salvara el individuo. El jefe policial me asombró al revelarme que el sicario que disparó pertenecía a la Policía uniformada. También me sorprendió la rapidez con que descubrió su identidad. Dos horas más tarde, mostrando ante la prensa una gran foto del agente, anunció que lo destituía del cargo.

Ese día del atentado, a las 6 de la tarde, programé un servicio religioso en memoria de mi tío George en una iglesia de Cali. Lo anuncié a través de los diarios locales, uno de los errores que cometí, porque amenazado de muerte, no debí avisar mi llegada. Mi tío murió en Marsella, Francia, en la semana en que estuve en el Caguán entrevistando al *Mono Jojoy* de las Farc y aunque intenté viajar a Europa para despedirlo, no lo pude hacer por razones de mi trabajo y entonces decidí hacer la ceremonia en Cali, a la cual tampoco pude ir a causa del atentado. Una hora antes de la misa fui obligado por policías a abordar un avión hacia Bogotá. Dos agentes me escoltaron en los últimos minutos en Cali. Uno de ellos me advirtió que entre sus compañeros se decía que el pistolero no estaba solo y que también recibió ayuda de otros agentes aliados en el crimen. Me indicó, además, que en una oficina del comando de la Policía escuchó días antes: *Maten a ese hijuepuerca que en Colombia nadie lo quiere.*

Ya en el avión, de regreso a Bogotá, comprendí que la situación se complicaría. Me pregunté cuál fue mi equivocación. Esa tarde, en la casa de los abuelos, quizás cometí un error: hablar demasiado. La directora de noticias de *Univisión*, Alina Falcón, me ordenó que guardara silencio, pero yo estaba exaltado y furioso, entonces apenas

---

302 General Luis Ernesto Gillibert.

llegaron los reporteros hablé sin tapujos. Les dije que el ataque podría ser un intento de grupos paramilitares para perjudicar el proceso de paz entre el gobierno y las Farc, a raíz de la entrevista con el *Mono Jojoy*.

Les advertí sobre el peligro que corríamos los periodistas ante las bandas de sicarios enquistadas en las Fuerzas Armadas[303]. Les insinué que no denunciarlo los convertía en cómplices de esos criminales y que la prensa debía reflexionar sobre este problema que implicaba la libertad de expresión. Noté cierta molestia cuando les mencioné la palabra *cómplice*. La verdad a veces incomoda. Yo opinaba que ciertos periodistas colombianos, tal vez por el peligro que corrían en el país al ejercer el oficio o por el riesgo de perder su empleo mal remunerado, se volvieron encubridores por acción u omisión. Entonces, en ese instante, en vez de lograr que reflexionaran, provoqué una mayor antipatía contra mí. Cuando empezaron a transmitir la noticia y los comentarios del atentado, recordaron la acusación de que yo *hablaba mal del país*, que algunos de ellos usaban en mi contra.

Hubo otro elemento que nadie quiso mencionar por esos días. A determinados periodistas les revelé que investigaba sobre el proyecto de los grupos de ultraderecha llamados Autodefensas Unidas de Colombia –Auc– (paramilitares), que asociados con políticos y narcotraficantes, planeaban promover una dictadura en Colombia y *re fundar la patria*. Crearían organizaciones no gubernamentales para patrocinar subrepticiamente candidatos al Congreso. Una vez en el parlamento, se encargarían de maniobrar leyes, legalizando a los paramilitares y de paso a los narcotraficantes, que se unieran al plan. Seis años después, a comienzos de 2007, se confirmó que esa estrategia fue real, como expliqué antes, cuando explotó el escándalo llamado en Colombia la *parapolítica*, en el cual se develó que por los menos cincuenta parlamentarios firmaron un acuerdo con los comandantes paramilitares, en *Santa Fe de Ralito*, un caserío en el norte de Colombia, donde

---

303 En Cali operaban por lo menos 18 bandas de sicarios llamadas *las oficinas de cobro,* compuestas por *ex lavaperros del Cartel de Cali y el Cartel del Norte del Valle;* también la integraban soldados del Ejército y agentes de la Policía que servían *horas extras.* El grupo más letal era *Los Yiyos,* integrado por alrededor de 50 sicarios. Algunas de estas *oficinas de cobro* prestaban servicios varios: desde asesinatos, hasta secuestros temporales para obligar el pago de una deuda o ejercían simples presiones para obtener algún beneficio. También realizaban atracos a bancos, almacenes y asaltos callejeros. Muchas personas consideraban a estas *o oficinas de cobro* de Cali como *los intocables.*

pactaron crear ese movimiento que los ayudó a llegar al poder[304]. Una vez en el congreso favorecieron una ley de amnistía, para los miembros de las *autodefensas*, encubriendo a reconocidos jefes de los carteles de la droga, incluso pedidos en extradición por Estados Unidos. Tal como se los advertí a ciertos colegas, el acuerdo lo hicieron en julio de 2001, pocos meses después del atentado contra mí. La iniciativa de amnistiar surgió del propio gobierno del Presidente Álvaro Uribe Vélez. Después de que asumió el poder en agosto de 2002, negoció con las Auc y permitió que unos 30 mil combatientes paramilitares entregaran sus armas y se les dieran privilegios de patriotas, aunque durante años procedieron como los más crueles criminales de la historia colombiana y en 2001 el Departamento de Estado de los Estados Unidos, incluyó a las Auc en la lista de grupos terroristas del mundo. Como les dije capítulos atrás, Uribe cuando fue Gobernador de Antioquia, promovió las Cooperativas de Seguridad Privada –*Convivir*–, que después se descubrió como la primera intención de legalizar el paramilitarismo. ¿Uribe tuvo una responsabilidad en esto? Algún día tendrá que confesárselo a los colombianos.

En ese vuelo de regreso a Bogotá, también me pregunté: ¿Por qué me gané ese estigma de que yo *exportaba mala imagen de Colombia al exterior?* ¿Por qué a través de los años utilizaron esa acusación para desacreditar mi trabajo como corresponsal internacional de noticias? ¿Por decir la verdad sobre lo que planeaban personas que se creyeron con el derecho de imponer la pena de muerte sin código penal? ¿Por denunciar la corrupción? ¿Por no guardar silencio y no agachar la cabeza? Hizo parte de lo que consideré *causa y efecto*.

Todo comenzó en los primeros meses de 1989 cuando llevaba dos años como corresponsal de noticias de *Univisión*. Un periodista hizo un comentario radial que se volvió una muletilla suya: *¿Cuántos dólares se gana Raúl Benoit por hablar mal del país?* [305]. Semanas después, un noticiero de televisión[306] difundió un informe periodístico que ingenuamente les presté, de una protesta violenta por la muerte

---

304 Esto se conoció a comienzos de 2007, por las confesiones del jefe paramilitar Salvatore Mancuso. Varios de los parlamentarios implicados enfrentaron la justicia.

305 Yamid Amat, en ese tiempo, ejercía como Director de Noticias de Radio Caracol.

306 *Noticiero de las 7,* donde tenía intereses financieros y políticos el ex presidente Alfonso López Michelsen.

de un dirigente comunista[307]. Pero el informativo, comentando que mi propósito *era exagerar la noticia,* agregó imágenes de su propio camarógrafo, quien años más tarde pidió asilo político en Estados Unidos, trabajó conmigo en *Univisión* y me reveló lo que hicieron sus jefes. En las imágenes de ese noticiero aparecía tendido en el suelo, protegiéndome de un tiroteo. Aunque un disparo quedó incrustado en el talón de mi zapato, no usé esa toma en mi informe periodístico para *Univisión,* ni tampoco utilicé otra toma donde los revoltosos lanzaron bombas incendiarias contra dos de nuestros camarógrafos. La conducta de los colegas me pareció una broma de mal gusto, pero la realidad, mi trabajo comenzaba a molestar a alguien.

Otro periodista, esta vez en las páginas editoriales de El Tiempo, escribió*: Raúl Benoit es una rata de alcantarilla[308]*. ¿Por qué podría ser tan despreciable para ellos?[309]. Contradictoriamente, en ese mismo diario, en septiembre 22 de 1988, otro columnista escribió: *Para ver buenos informes periodísticos sobre nuestro país, conviene algunas veces mirar la televisión extranjera. Hace poco en el Noticiero Univisión de la tarde, que se transmite desde Nueva York* (realmente era desde Los Ángeles, Estados Unidos)*, pudimos ver un interesante trabajo de Raúl Benoit, el buen periodista colombiano, a quien desafortunadamente, desde hace meses no vemos en nuestros informativos. Su informe sobre la guerra de las mafias fue documentado y serio. Punto a favor es que quien habla de Colombia es alguien que conoce la realidad y la presenta objetivamente.*

En octubre de 1993, cuando Pablo Escobar ponía bombas y mataba inocentes, después de que se fugó de la cárcel La Catedral, la campaña

---

307 El día anterior había sido asesinado José Antequera, miembro de la Unión Patriótica. Ese día resultó herido por coincidencia, Ernesto Samper, quien sería después presidente de Colombia. La protesta ocurrió en el barrio Policarpa, en el sur de Bogotá.

308 El periodista firmaba sus columnas de El Tiempo con el seudónimo de *D´artagnan,* pero su nombre real era Roberto Posada García–Peña. Fue amigo y uno de los más fuertes defensores de Ernesto Samper cuando el *narcoescándalo.*

309 Ese mismo periodista, *D´artagnan,* repitió su ataque en 1997, cuando hizo publicar una carta en la sección editorial de El Tiempo, que tituló *Mala imagen.* La misiva habría sido enviada por una supuesta corresponsal de Orlando, Florida, quien, entre otros reclamos, decía: *Es evidente su aversión* (la de Raúl Benoit) *hacia el presidente Samper y sus colaboradores* (en esa época estaba en pleno fragor el *narcoescándalo*). El mismo mensaje lo volvieron a publicar, dos años más tarde, en un libro que *analizó* los perjuicios de la televisión en la sociedad moderna, titulado *La Televisión nos mató el Alma, la prensa amarillista,* escrito por un hombre llamado Gustavo Castro Caycedo. La sección donde habló de mí, la encabezó así: *Benoit: la peor imagen de Colombia.* Obviamente me mencionaban a mí como uno de esos perjuicios. Decían que cientos de lectores enviaban cartas contra mí, pero siempre publicaron la misma.

contra mí creció. Recuerdo que en el crucigrama de un periódico[310] pedían a los lectores identificar las fotos de estrellas de cine, deportistas famosos, artistas populares de la nación y el mundo, y entre estos *célebres personajes*, el crucigramista publicó mi foto con la leyenda *palabra que le viene como anillo al dedo a este periodista colombiano.* ¿Y saben cuál era la palabra? : *antipatriota*. En ese mismo mes de octubre de 1993, una revista liberal me acusó de cubrir noticias escandalosamente. La crítica la rebatió el respetado escritor y periodista Alberto Zalamea, en ese entonces director de la revista Cromos, en la edición del 18 de octubre de 1993: ...*"Semana" la emprende contra el corresponsal de Univisión en Colombia, Raúl Benoit, por un presunto `cubrimiento escandaloso` del atentado dinamitero contra un bus de la Policía en la noche del jueves 7 en Bogotá. Según "Semana", Benoit transmitió un flash en el que `habló de decenas de muertos y centenares de heridos`. Lo cierto es que Benoit –13 minutos después de producido el atentado terrorista– habló de `un número indeterminado de muertes`, en lo cual tenía razón, y así lo demuestra la grabación. "Semana", lo acusa de `ofrecer una pésima imagen del país en sus informes`. Acusaciones tan irresponsables... podrían producir en nuestro país, hechos delictivos. Benoit, por ejemplo, ya ha sido amenazado por grupos anónimos.*

Del mismo modo otro periodista me defendió diciendo que las críticas asumían más emociones y envidias que razones lógicas y agregó: *Resulta que ahora el problema no es que sucedan las tragedias, sino que los periodistas informen sobre ellas*[311].

A mediados de la década de 1990, la *bola de nieve* creció lo suficiente para que la opinión pública comenzara a creer en lo que comentaban contra mí. *Una mentira repetida adecuadamente mil veces se convierte en verdad*, decía el político alemán Joseph Goebbels.

Siempre me tuve que cuidar de dos enemigos: los asesinos a sueldo y los que me tildaban de *antipatriota* o *vende patria*. Muchas veces sentí estar a punto de sufrir una de dos muertes: la moral o la física. Para cuidarme de un inminente ataque moral, sin darme cuenta me censuré. No quise seguir siendo señalado como el *vende patria*. Para ciertas personas, acusar a un periodista *de hablar mal del país* fue una manera

---

310 El Espacio, periódico liberal, de característica sensacionalista.
311 Germán Yances, dirigía en ese entonces la Tele Revista, una publicación dedicada a la farándula, el cine y la televisión, en el diario El Espectador. El artículo fue publicado el 20 de noviembre 1993.

fácil de echarle la culpa a alguien del verdadero origen del problema. Juzgué con severidad el oficio de periodista, porque dejamos de ser los garantes de la justicia social. El oficio de periodismo sufrió una mala mutación. Cuando comencé lo idealicé diferente: un medio para ayudar a los demás, servir al bien común y al desarrollo de la nación, pero en la época en que medios de comunicación tomaron partido en la guerra o se usufructuaron de esta, se convirtió en una carrera de ambiciones, envidias y pasiones. Dejó de ser el trabajo noble del cual me enamoré en mi adolescencia. Perdí la fe en el oficio y quizás en la gente. Sin embargo, recapacité sobre autocensurarme y entendí que esa medida iba contra mi convicción periodística. Volví a decir toda la verdad. Tal vez esta decisión personal y profesional, avivó los odios del pasado.

En el vuelo de regreso a Bogotá, comprendí que para ciertos colombianos, incluyendo periodistas reconocidos, resultaba más fácil mantenerse bajo la ley de la verdad prohibida.

Al día siguiente del atentado, en la capital, un colega de Cali me telefoneó para decirme que escuchó rumores que me podrían perjudicar:

–*Es posible que se esté fraguando una nueva intriga*–, dijo. Me reveló que en una reunión la noche anterior[312], oyó a un periodista diciendo: *¿Qué por qué la moto estaba debajo de la camioneta?* Entonces, allí un oficial de la Policía insinuó que *podría ser un accidente de tránsito.* Me dediqué por completo a convencer a mis colegas (no a la justicia) que lo que relatamos mis escoltas, los testigos y yo, había sido verdad, mientras victimizaban, sin vergüenza, al sicario.

La actitud más lamentable la tuvo el mismo periodista que se preguntó en 1989 *cuántos dólares se gana Raúl Benoit por hablar mal del país.* Ese locutor promovió una desacostumbrada encuesta virtual en el noticiero nacional de Caracol Televisión, donde manipuló a su audiencia para que respondiera en quién creía: en el policía o en el periodista que él mismo estigmatizó como *antipatriota.* Obviamente ganó el policía. Un columnista criticó esta manera de hacer periodismo: *Un tema que toca con la justicia y que requiere un estudio técnico no puede ser sometido al jueguito sensacionalista de ese tipo de encuestas.*

---

312 Supuestamente a esta reunión asistieron varios periodistas, junto al Alcalde de la ciudad y el Comandante de la Policía de Cali.

Dos hechos hicieron que el viernes 23 de febrero de 2001, tomara una de las decisiones más radicales de mi vida. El primero, el dictamen prematuro de la fiscalía anunciando que no hubo un atentado contra mi vida, sino un *hecho confuso*. El segundo, una amenaza telefónica, con una frase que me traía malos recuerdos.

–*Te vamos a quemar vivo con tu linda esposa y tus hijos, adentro de tu casa. Malparido, ¿te acordás?*–. Ese ultimátum lo escuché 15 años atrás. Resolví que no les iba a dar otra oportunidad de hacernos daño. No podía arriesgarme a perder la vida o seguir sometiéndolos a ustedes al escarnio público y llevarlos a sufrir un linchamiento moral. Salí al exilio, pero no como asilado. En el avión hacia Estados Unidos, vi sus ojos llorosos y la carita triste, lo cual me hizo abrigar, por primera vez, un sentimiento de culpa. El abrazo pareció eterno. Ninguno quería separarse. Cuando llegamos a los Estados Unidos, el recibimiento de mis jefes y colegas de trabajo de *Univisión* me levantó el ánimo. Fui promovido a corresponsal investigador del programa *Aquí y Ahora*.

¿Perdí o gané? Tendría que esperar algún tiempo para descubrirlo. Al pasar las semanas, sufriendo en carne viva el exilio del corazón, creí liberarme de todas las trampas, pero tres hechos inequívocos me dieron el campanazo de alerta de que no me perdonarían haber desenmascarado por tantos años la podredumbre política de mi país.

El primero, ocurrió el día que empezamos a averiguar dónde estaba tu agenda digital, Carolina. ¿Recuerdas? Recién llegamos de Colombia, *Univisión* nos hospedó en el hotel Sofitel, en dos habitaciones contiguas. La agenda digital se te perdió y un día me dijiste que escuchaste el sonido de la alarma del aparato y entonces decidimos buscarla. Revolcamos los dos cuartos. En algún momento se nos ocurrió sacar el cajón inferior de una de las cómodas donde guardábamos la ropa. Debajo de la gaveta, en un espacio oculto, hallamos dos revistas de pornografía gay y para nuestro pavor, adentro de las páginas, pegadas con cinta adhesiva, encontramos bolsas de plástico que contenían una gran cantidad de un extraño polvo blanco que parecía cocaína. Meditándolo, decidimos no contarle esto a nadie, salvo a Alina Falcón, botar por el sanitario el polvo blanco y lanzar las revistas a un basurero lejos de ahí.

El segundo incidente ocurrió a los pocos días. Encontramos en el cenicero del carro, que alquilamos para transportarnos, billetes de dólar que envolvían cigarrillos de marihuana. Sin lugar a dudas quisieron implicarnos en *un asunto de drogas*.

El tercer hecho fue cuando la fiscalía quiso obligarme a regresar a Colombia. A la cabeza de ese organismo del Estado, estaba Alfonso Gómez Méndez, ex abogado de uno de los involucrados en el *narcoescándalo*. *Nanda* viajó a Bogotá para vender las propiedades, porque tomamos la decisión de no volver, y también queríamos cumplir un pacto de los dos: desde que ocurrió el atentado decidimos deshacernos de las armas que por años utilicé para protegerme y con las cuales, en más de una oportunidad, espanté a los asesinos. Había una forma de hacerlo. Antanas Mockus, un popular Alcalde de la ciudad de Bogotá[313] promovió un programa que invitó a desarmarse voluntariamente. El proyecto consistió en fundir las armas y convertirlas en un monumento a la paz. Lo hicimos como una pequeña contribución a esa idea. *Nandita* las entregó en un acto privado ante el alcalde.

Al pasar los días, ella me telefoneó preocupada desde Bogotá. Me dijo que escuchó en las noticias que la Interpol expidió una orden de captura y que me estaba buscando por el mundo para obligarme a asistir a un interrogatorio de la fiscalía. Le recordé que las autoridades sabían que yo vivía en los Estados Unidos, sin asilo político, sólo como residente y que esa me parecía una más de las patrañas de ese proceso. Localizarme hubiera sido fácil porque seguía como empleado de la cadena *Univisión* y periodistas colombianos me llamaban para entrevistarme o para pedirme que los recomendara, fingiendo no haber participado en el linchamiento moral. Además, si durante años pudieron verme en la pantalla para criticarme, ¿por qué me daban por desaparecido o fugitivo?

Sospeché que urdían una nueva trampa para avergonzarme públicamente y basado en eso, los abogados me sugirieron no viajar. Mi declaración ante la fiscalía no sería decisiva en el proceso, por lo tanto los asesores legales propusieron hacer una conferencia por satélite entre los fiscales investigadores y yo. El Fiscal Gómez Méndez, rechazó la propuesta y me exigió presentarme en el despacho de su asistente. Ante la negativa, propusimos trasladar a los agentes investigadores a los Estados Unidos, pero tampoco lo aprobó Gómez. *Nandita* decidió, por su propia cuenta, ir a enfrentar a ese personaje.

---

313 Antanas Mockus, dos veces Alcalde de Bogotá y candidato a la Presidencia.

—Es imposible que no tenga corazón, como dice mucha gente. A mí me parece un hombre sensato—, me dijo a través del teléfono. Le pedí que no lo hiciera porque legalmente me recomendaron evitar contactos a ese nivel. Más que por su popularidad como Fiscal, *Nandita* conocía a Gómez Méndez porque varias veces coincidimos en reuniones de la asociación de padres de familia del colegio donde estudiabas tú, Carolina, el Gimnasio Femenino. La hija de él también se educaba allí. Frente a frente, *Nandita* quería ver el rostro de quien podría estar detrás de una de las tretas de lincharme moralmente. Se le estacionó en su despacho durante horas, hasta que el funcionario la atendió.

—¿Qué garantías tiene Raúl que cuando llegué aquí no lo arresten? Porque la prensa está diciendo que la Interpol lo busca por el mundo—, le dijo mamá. La gente comentaba que Gómez se caracterizaba por su sarcasmo, cuando se trataba de sus enemigos y sonriendo le respondió:

—Usted bien sabe cómo son los periodistas. Se inventan cosas. Dígale a Raúl que no se preocupe, que no le va a pasar nada—, dijo, prometiendo además que ningún medio de comunicación estaría presente y que yo podía entrar por los garajes para brindarme tranquilidad y privacidad. *El que nada debe, nada teme,* decía mi madre. El miércoles 25 de abril de 2001 viajé secretamente a Bogotá. Ya para esa época Gómez Méndez ordenó trasladar la investigación de la regional de Cali a la sede nacional de Bogotá y sin razón alguna, en el archivo oficial de investigaciones, el sumario no lo marcaron con un número (como todos los sumarios, cientos de estos) sino como *Caso Benoit,* con la inequívoca intención de lanzarme a la *picota pública,* y consolidar el plan: *el asesinato moral.*

Aunque Gómez prometió enviar agentes de su oficina al aeropuerto para protegerme, nunca lo hizo. Tampoco me dejó entrar por los garajes. Informaron a la prensa. A un camarógrafo del mismo periodista que decía *¿cuántos dólares se gana Raúl Benoit por hablar mal del país?,* lo situaron adentro del edificio. ¡Qué casualidad! Ustedes se quedaron en los Estados Unidos en casa de Jorge Ramos, quien no sólo me respaldó como profesional sino como amigo. Durante los días de mi ausencia y la de mamá, él nos sirvió de apoyo emocional y moral, a pesar de sus grandes ocupaciones como periodista y como padre. Él me convenció de que no fui responsable de la tragedia colombiana y me hizo sacudir de las culpabilidades que me achacaban mis colegas sobre el *Caso*

Benoit. Pero más significativo, Ramos logró que superara momentos depresivos cuando me ayudó a descartar la peor sentencia que un ser humano pudiera tomar: no querer seguir viviendo.

En la declaración ante la fiscalía repetí lo que dije el día del atentado. Pero no valió de nada. La fiscalía inició una investigación contra mis escoltas, los testigos y contra mí, por *fraude procesal y falso testimonio*.

Tras el *Caso Benoit* quedaron más dudas que respuestas. El ataque lo presenciaron por lo menos diez personas, pero a ciertos testigos les ofrecieron dinero para que cambiaran su versión y a otros los amenazaron. A los que se atrevieron a declarar les advirtieron que si seguían a favor nuestro, podían ir a la cárcel por *calumnia contra el pistolero*. La moto figuraba como robada en los archivos policiales[314] y ningún periodista investigó eso. Vecinos que vivían cerca a la estación policial donde el individuo trabajaba, declararon que le temían y se enteraban de sus andanzas clandestinas. Determinados periodistas recibieron cartas y llamadas telefónicas de víctimas que las golpeó y robó un hombre a quienes identificaron como el sicario del *Caso Benoit,* pero nunca las publicaron. En el lapso de dos años el *Caso Benoit*, lo utilizaron como un arma de intimidación, hasta que se cansaron y un día de marzo de 2003, la fiscalía publicó una conclusión: *La velocidad, la reducción intempestiva de la misma y su tránsito en contravía* (del policía que disparó contra mí) *motivó la reacción de los escoltas, hecho que provocó el cruce de disparos.* También agregó: *Después de las labores de investigación pertinentes, testimonios y recolección de pruebas, el fiscal instructor consideró que la información obtenida de los escoltas, testigos y demás pruebas coinciden con la apreciación de agresión inminente y no se presentaron inconsistencias que llevaran a pensar que mintieron durante el proceso, por lo cual se determinó que el fraude procesal y el falso testimonio fue atípico.* Es decir, fuimos declarados no culpables.

La amenaza no terminó. A finales de noviembre de 2003, cuando intenté publicar por primera vez este libro, el *Caso Benoit* insólitamente lo reabrieron y mis guardaespaldas los arrestaron. Para liberarlos me pidieron pagar un soborno, pero me negué. Finalmente prometí no imprimir estos relatos. Antes de navidad los liberaron[315].

---

314 Meses después la moto fue hallada en otro crimen. Ningún periodista se ocupó de la noticia.

315 En febrero de 2004, un nuevo fiscal hizo una limpieza de la institución, destituyó a decenas de empleados corruptos, incluyendo a por los menos una docena de funcionarios que supuestamente trabajaban como infiltrados del narcotráfico y de los grupos paramilitares.

Un año más tarde, apareció un sujeto que aseguró ser el sicario *número dos*. Me explicó en una entrevista[316] que él se escondió detrás de un árbol, a menos de 50 metros de allí, aguardando a que el tirador principal terminara su trabajo. Dijo que pactaron fingir un robo y así quedaría sepultada para siempre la verdadera razón del crimen. Quizás fue el mismo que vi huir de la escena del atentado ese medio día. Señaló que él estaba encargado de rematarme, pero que al ver la resistencia de mis escoltas decidió abandonar al compinche. Al escuchar su confesión desconfié, porque pensé que buscaba dinero, pero él jamás lo pidió. Sólo quería vengarse porque el otro sicario nunca le cumplió con la paga ofrecida. Lo acusó de colaborar en las Autodefensas Unidas de Colombia –Auc–, pero que también se dedicaba a robar y hacer *otros trabajitos por ahí*.

Todo apuntó hacia el mismo lugar, las Auc. Algunos de sus comandantes ordenaron el atentado, aliados con los narcotraficantes del norte del Valle del Cauca. La entrevista al *Mono Jojoy*, la cual vieron como propaganda a las Farc, y estar al corriente de los planes de las autodefensas de apoyar candidatos al Congreso y a la presidencia para instaurar una dictadura de ultraderecha, precipitaron la sentencia de muerte.

Lo que sí quiero aclararles es que el atentado lo ordenaron esas personas, pero la subsiguiente persecución y la campaña de desprestigio, sólo fue oportunismo de otros enemigos gratuitos para humillarme.

Me intrigó la recriminación pública y exagerada de un Senador de nombre Luis Élmer Arenas, cercano a Álvaro Uribe Vélez en su llegada a la Presidencia. Arenas, un ex agente de policía, admitió en una entrevista que le mandé a hacer sin que supiera que fui yo, que él lideró una investigación privada para *esclarecer el Caso Benoit*. Defendió al sicario, mostrándolo como una víctima. A Arenas lo implicaron después por recibir un supuesto apoyo financiero del narcotráfico para su campaña electoral. Un esbirro de los carteles del norte del Valle hizo la denuncia cuando lo extraditaron a los Estados Unidos[317]. El Senador se defendió

---

316 La entrevista fue grabada clandestinamente en Bogotá en abril de 2005, de la cual conservo varias copias. Esta entrevista la logré gracias a un miembro de una organización no gubernamental, que decía haber intentado revelarle a la prensa y a las autoridades la complicidad de este hombre, dispuesto a confesar, pero que no le quisieron hacer caso. En cambio, atentaron contra su vida y mostró las heridas que evidenciaban un ataque a bala.

317 Carlos José Robayo Escobar, alias *Guacamàyo*, narcotraficante extraditado a Estados Unidos en noviembre de 2006, testificó ante agentes Federales que el Senador Luis Élmer Arenas, recibió 150 mil dólares de Diego Montoya, uno de los jefes de los carteles del norte del Valle del Cauca. Diario El Tiempo, noviembre 25 de 2006.

diciendo: *Fue un miserable montaje.* En agosto de 2007, se conoció un correo electrónico enviado por un jefe paramilitar llamado Iván Roberto Duque, alias *Ernesto Báez*, en donde le pidió a Arenas interceder para recuperar un dinero. Arenas mostró en los correos confianza con otros paramilitares de los carteles del norte del Valle. Posiblemente sólo fue una coincidencia esa amistad con miembros de esos grupos y la defensa que Arenas hizo del hombre que me disparó.

Al sicario lo restituyeron en su cargo como agente de la Policía Nacional a las pocas semanas del atentado. Según me contaron, les advirtió a sus jefes que descubriría toda la verdad si no lo apoyaban. Discretamente lo relegaron a permanecer en un cuartel en una pequeña ciudad en el norte de Colombia, para evitar que se metiera en más problemas. Argumentando amenazas, lo escoltaron por un tiempo, pero lo hicieron para vigilarlo y que no cometiera errores, porque se podría desbaratar la maniobra. En una ocasión me mandó a decir que confesaría si le entregaba un millón de dólares y vida nueva en los Estados Unidos. Cuando escuché la cifra me dio risa. Un sablazo absurdo. Nunca pude confirmar si el pedido del dinero lo hizo él o hacía parte de otra trampa. Todavía sigue en libertad. Cuando terminé de escribir este libro, aún conservaba su trabajo en la ciudad de Tuluá, en el Valle del Cauca, Colombia.

Tarde o temprano la verdad sale a relucir. Durante varios años un hombre llamado Ramiro Cárdenas me buscó para contarme un secreto. Me aseguró que su yerno era un reconocido criminal, ladrón y supuestamente asesino. Ramiro me reveló ante la cámara de televisión, en abril de 2008, que su hijo político había matado a una pareja por robarle una moto en el pasado.

– *Un día a las 8 de la noche, llegó él y un amigo llamado Alejo. Se sentaron a ver la televisión porque decían que se les había dañado una vuelta, por la cual ellos le iban a quitar una moto a un muchacho que iba con una muchacha y le piden al motociclista que entregue la moto. El motociclista respondió "¿yo por qué voy a entregarles mi moto? ¡Gonorrea!" Mi yerno le disparó en la cabeza al conductor y lo mató. Después, al caer la acompañante, también murió–*, confesó Ramiro. Su yerno se llamaba Carlos Emilio Molina, el mismo policía que intentó matarme.

El crimen se cometió en la carrera 1 con calle 38 del barrio Boliviariano en Cali, el viernes 22 de diciembre de 2000, y murió Jairo Arcila Rodríguez, de 27 años y su pareja Dora Julieth Granada.

Casi dos meses después, el jueves 15 de febrero de 2001, horas más tarde del atentado que me hizo Molina, Alejo y otro personaje de quien Ramiro no supo el nombre, llegaron a su casa y le pidieron que reclamara la moto que usó su yerno, la cual estaba confiscada en el DAS. Él se negó, aunque le ofrecieron buen dinero. ¿Qué pasó?, pregunto Ramiro.

–*Molina se embaló. Iba a matar a un periodista*–, le dijeron. Como Molina quedó herido, Ramiro fue hasta la clínica y quiso corroborar lo que le señalaron los peligrosos amigos de su yerno. Convaleciente, le preguntó y él respondió:

–*Le iba a hacer una vuelta a un periodista, pero que se le había dañado porque no sabía que estaba escoltado, pero que si no le tiran la camioneta encima, pues, los acaba a plomo él*–, me dijo Ramiro, agregando que el mismo Molina lo calmó, expresándole que no se preocupara porque el Senador Élmer Arenas ya le había dado instrucciones a él y a la familia de lo que debía decir, por ejemplo que se inventara que él estaba yendo a buscar su almuerzo donde un pariente.

Ramiro tuvo que salir de Colombia hacia España durante 22 meses para salvar su pellejo. Regresó, pero vivía asustado por las amenazas que Molina profería contra él y su hija.

–*No vayan a abrir la boca porque los levanto*–, los amenazó varias veces.

–*No veo justo lo que Molina le iba a hacer a usted y no veo justo que los dos detectives del DAS hayan sido acusados de intento de asesinato*–, concluyo Ramiro,

Entre las cientos de cartas que recibí del público de *Univisión*, hubo una que contenía una reflexión del pensamiento moral y ético del filósofo Chino Confucio: *Uno de los delitos imperdonables es la calumnia revestida con el manto de la verdad para engañar al pueblo.*

EPÍLOGO
LEVANDO ANCLAS

En algún cumpleaños, mi papá, me dio como único regaló una pequeña cartulina donde escribió a máquina un proverbio sánscrito, que conservé como mi tesoro y leo cuando la ansiedad invade mi corazón: "Cuidad este día, porque es vida, la verdadera vida de la vida... En su breve curso se hallan todas las realidades y verdades de la existencia; la bienaventuranza de la perfección, el esplendor de la acción, la gloria de la fortaleza; porque el ayer no es sino un sueño... y el mañana tan sólo una visión; pero el hoy, bien vivido, hace de cada ayer un sueño de felicidad, y de cada mañana una visión de esperanza; cuidad bien por tanto este día".

SIN AMOR NO HAY PERDÓN, SIN PERDÓN NO HAY VIDA

Decía mi madre que el tiempo borra las heridas del corazón y tal vez estaba en lo cierto porque, al pasar los años, los malos recuerdos empezaron a quedar atrás. Cuando cumplí un lustro de ser desterrado de mi país, los recuerdos apenas los advertí como vagas presencias en la memoria que parecían desvanecerse, las cuales ya no me lastimaban.

Una amiga que perdí me dijo con intuición que *el pasado es como un ancla que nos sujeta en una bahía de tristezas y lamentos y que es necesario levarlas para liberarse y seguir adelante.* Gracias a esa alegoría, descubrí la manera de empezar de nuevo.

Pero aunque tuve esa decidida intención, existían marcas indelebles que se negaban a desaparecer. Después de 33 años de periodismo, 20 de los cuales al servicio de mi audiencia en *Univisión*, esas marcas se tallaron en mi mente, en mi cuerpo y en mi alma.

En la mente subsistieron los rostros de los personajes que entrevisté o solamente conocí, desde presidentes, príncipes, reyes y dictadores, hasta guerrilleros, narcotraficantes, asesinos y locos. Quedaron grabados los semblantes de horror y tristeza de cientos de muertos, viudas, huérfanos y víctimas de los conflictos armados; los miles de desplazados por la violencia; los niños a quienes obligaron a participar en esas guerras y la gente que murió de pobreza.

En el cuerpo permanecieron marcas físicas: desde una lesión en mi rodilla derecha, que me fastidió a partir del día que caí al piso cuando sucedió el último atentado, hasta un daño irreversible en mi oído, causado por los disparos en otros incidentes, pasando por fracturas de huesos, úlceras gástricas y alta presión arterial.

En el alma, persistieron dos marcas indelebles, de esas que a simple vista no se ven. La primera apareció a mediados de 2001 en uno de mis viajes de trabajo como corresponsal alterno en Ciudad de México. Después de caminar por el Paseo de la Reforma, donde está el monumento llamado el Ángel de la Libertad, disfrutando precisamente de eso, de Libertad, al llegar a la habitación del hotel y acostarme en la cama, sentí que mi cuerpo comenzó a temblar. Experimenté un profundo pánico, un vacío en mi estómago y la ansiedad me invadió hasta el punto del llanto. Sin reconocerlo, estaba sufriendo un ataque de miedo, un sentimiento que creía proscrito de mí. Sí, miedo, pánico, temor, esa emoción humana que a muchos hombres nos da vergüenza admitir. No cobardía, sino a secas la sensación de miedo. Los sicólogos me dijeron que podía ser un síntoma de estrés postraumático, pero me percaté que fue un despertar a la realidad. Allí entendí que ese nerviosismo lo sentí en el pasado cuando viví en Colombia. Una angustia me desesperaba y me atravesaba la carne hasta los huesos y a veces no me dejaba respirar, comer o amar. Lloraba sin saber por qué, o quizás sí lo sabía: temor a estar diciendo toda la verdad, porque en nuestro país si la expresabas, mandaban a la tumba o al exilio.

La segunda marca en el alma, otro sentimiento malsano, el rencor, me ayudó a sacarla de mi ser un amigo sacerdote llamado Gonzalo Gallo[318]. Ya en el destierro, el cura me visitó en la casa de los Estados Unidos, en

---

318 Gonzalo Gallo decidió colgar los hábitos para dedicarse de lleno a la orientación de las personas. Lo conocí en Cali como párroco de una iglesia a comienzos de la década de 1980.

esos primeros meses del exilio del corazón, cuando sentí desconcierto por perderlo todo y aún no comprendía lo que ganaba. Junto a él logré reafirmar la fe perdida. No sólo la fe religiosa o espiritual, sino la fe en el ser humano, en mi mismo y en el periodismo. Sus palabras me ayudaron a reflexionar sobre lo que sucedió. Él me dijo: *Hay que ver cuánto se pierde con el odio y la culpa, y la inmensa ganancia que hay con el perdón. Primero, debes perdonarte y perdonar con el corazón. Hay que perdonar generosamente. El amor todo lo puede.* Este sacerdote católico me convenció que uno, como ser humano, no se puede carcomer con las cadenas de rabia y odio. Sus palabras me sirvieron para perdonar, no sólo al último hombre que me atacó, sino a los que ordenaron mi muerte, a los que lo protegieron y a los que se aprovecharon del caso para tomar represalia o venganza.

Levar anclas, la frase de la amiga que perdí; enfrentar el miedo y asumirlo, la revelación en México; y perdonar, el bálsamo del curita bueno, tres ejemplos que me ayudaron a sobreponerme a la nostalgia que asumí como mi pena por algo malo que no hice. Al principio se tornó difícil arrancar esas marcas que me producían tristeza y acentuaban el sabor amargo que deja el destierro, pero finalmente lo conseguí.

Busqué el dulce sabor de la vida. Sin reconocerlo al principio, ese caramelo lo tenía entre mis manos: ustedes, mis hijos. Carolina, con tu alegría intacta y tu energía vital y Felipe, quien con tu inocencia infantil expresaste la simpleza de la vida con una frase, la cual quedó grabada en mi memoria y que pagó los sacrificios: *No te preocupes que ahora somos libres,* expresaste refiriéndote a que podías caminar en un parque o montar bicicleta sin guardaespaldas y sin temor a ser víctima de la violencia. Pero Dios siguió recompensándonos. Una *encomienda de París*, más bien un angelito que trajo la cigüeña, llegó a colmarnos de mayor dicha: Michelle, una preciosa niña que nació para probarnos que el Señor estaba a nuestro lado. Ella me acompañó en mis largas jornadas cuando escribí estos relatos y sentada en mis piernas, mientras tecleaba mi computador, inspiró numerosas ideas que quise dejarles como testimonio.

Si bien la vida pareció haber mejorado, todavía guardaba una deuda con ustedes: la soledad y el descuido. En el transcurso del tiempo olvidé que subsistieron en medio de la confrontación, como frágiles criaturas.

Me arrepiento de los días en los cuales no estuve a su lado. Les pido perdón por esa ausencia y por las horas que falté cuando precisaron del cariño y del soporte de un padre. Pero no me arrepiento de haber luchado hasta el final. Un hombre nunca debe rendirse, ni debe importarle perder batallas, lo que sí me hubiera entristecido es no haber participado en esas luchas y tener que contarles a ustedes que jamás lo intenté.

Cuando pudimos sonreír juntos en absoluta paz; cuando disfruté un juego infantil; cuando un atardecer o un amanecer llenaron de júbilo mi espíritu y ver el sol fue el comienzo de un día de maravillas y la luna el inicio de una noche de esplendor; cuando correteamos juntos a las gaviotas pedigüeñas que revoloteaban a nuestro alrededor en una tranquila y exótica playa y fuimos seducidos por la brisa primaveral de una tarde de sol, percibí que ya podíamos ser felices, porque antes sólo me faltaba tenerlos conmigo y que me tuvieran cerca.

Sin embargo, dos espinas quedaron clavadas en mi corazón.

La primera, por esas ironías de las leyes migratorias, no pude volver a ver a mis hermanos. No les dieron la visa para visitarme en los Estados Unidos, aunque fui un aliado de la lucha contra el narcotráfico.

La segunda espina tuvo que ver con el sello de amor que soñamos cuando jóvenes la mamá de ustedes y yo, quebrantado por las circunstancias. Los esfuerzos que por años hice para mantener la familia unida, a pesar de la desdicha que nos dejó la vida, no pude prolongarlos. Me mantuve fiel y queriéndola a sabiendas de la tribulación de ambos y un día, a finales de 2004, ella decidió curar su dolor pidiéndome el divorcio. A pesar de eso, hice hasta lo imposible para persuadirla de que no rompiéramos el matrimonio y que me perdonara por lo que pudiera haber fallado, pero no hubo ninguna razón, ni promesa que le hiciera cambiar de opinión. Por el contrario, cada vez que lo intenté endureció más su decisión y sentí el resentimiento del pasado arrollarme sin piedad. Finalmente logró su plan. Su corazón ya no me pertenecía. La magia de ese amor se desvaneció en otros brazos a los cuales ella se lanzó buscando su propia felicidad. Ya no la llamé *Nandita*, sino simplemente María. Sufrí suficiente por la ruptura del hogar, pero a pesar del dolor, la miré con serenidad, la perdoné y oré por ella para que lograra su propósito de hallar la paz espiritual y la dicha que anhelaba.

Un día, frente al mar, idealicé la paz entre los colombianos, así como lo logré hacer conmigo mismo. Al fondo de la inmensidad del agua azul, separada por miles de millas náuticas, estaba esa tierra que tanto amaba, todavía sumergida en una guerra civil inservible, inútil; pero también sabía que existía la esperanza en los que quedaron allá y los que vivíamos con el corazón en el exilio, aguardando que el tiempo mejorara. Ese día entendí que aunque en la vida hubo caminos largos y difíciles, también esos caminos estuvieron llenos de lugares y parajes donde aprendí y perfeccioné la mente, el cuerpo y el espíritu, lo que me permitió expulsar la maldad y la perversidad que algunos seres humanos pretendieron usar contra mí y en donde también pude conocer la bondad, la compasión y la fortaleza para seguir adelante.

Alguna vez sólo preferí soñar porque la realidad la sentí con crueldad en mi corazón, pero después elegí disfrutar cada minuto de mi existencia y convertir los sueños en realidad. Había llegado el momento de levar anclas y comenzar una época nueva. Comprendí a tiempo, pero irónicamente también un poco tarde para ciertas circunstancias, que sin amor no hay perdón y sin perdón no hay vida.

Papá.

–FIN–

. 547 814-0556
1847 814-0555

(705) 6480746
847- 0548

April   312
      29   855 0005
  11
                   14.00
May 14.